创新型大学生素质教育精品教材

人文与审美素质基础

主审　李韦璇

主编　郝素岭　张树芹　魏巧荣

教·学
资 源

江苏大学出版社
JIANGSU UNIVERSITY PRESS

镇 江

内 容 提 要

本书共有上篇、中篇、下篇三大模块，分别为"文化滋养：传承与弘扬""文学熏陶：吟诵与感悟""美育浸润：欣赏与体验"，每个模块下设若干专题。"文化滋养"部分下设姓氏文化、礼仪文化、汉字文化等九个专题，"文学熏陶"部分下设经典诗歌赏读、经典散文赏读、经典小说赏读、经典戏剧赏读四个专题，"美育浸润"部分下设建筑艺术、音乐艺术、戏曲艺术、书画艺术、舞蹈艺术、影视艺术六个专题。

本书结构清晰，体例新颖，图文并茂，讲述生动，集实用性、指导性、操作性于一体，能对提高学生的人文与审美素养起到积极作用，可作为高等职业学校各专业学生的教材。

图书在版编目（CIP）数据

人文与审美素质基础 / 郝素岭，张树芹，魏巧荣主
编. -- 镇江 ：江苏大学出版社，2024. 10.（2025. 9.重印）-- ISBN
978-7-5684-2244-4

Ⅰ. G521；G40-014

中国国家版本馆 CIP 数据核字第 2024HF6614 号

人文与审美素质基础

Renwen Yu Shenmei Suzhi Jichu

主　　编 /	郝素岭　张树芹　魏巧荣
责任编辑 /	夏　冰
出版发行 /	江苏大学出版社
地　　址 /	江苏省镇江市京口区学府路 301 号（邮编：212013）
电　　话 /	0511-84446464（传真）
网　　址 /	http://press.ujs.edu.cn
排　　版 /	三河市悦鑫印务有限公司
印　　刷 /	三河市悦鑫印务有限公司
开　　本 /	787 mm×1 092 mm　1/16
印　　张 /	21.75
字　　数 /	503 千字
版　　次 /	2024 年 10 月第 1 版
印　　次 /	2025 年 9 月第 3 次印刷
书　　号 /	ISBN 978-7-5684-2244-4
定　　价 /	59.80 元

如有印装质量问题请与本社营销部联系（电话：0511-84440882）

本书编委会

主　审　李韦璇

主　编　郝素岭　张树芹　魏巧荣

副主编　寇　琳　武艳茹　刘　芙　贾　辉

前言

PREFACE

2015 年 7 月，教育部印发《关于深化职业教育教学改革 全面提高人才培养质量的若干意见》，明确指出要加强中华优秀传统文化教育，要求有条件的职业院校要开设经典诵读、中华礼仪、传统技艺等中华优秀传统文化必修课。2017 年 1 月 25 日，中共中央办公厅、国务院办公厅印发的《关于实施中华优秀传统文化传承发展工程的意见》指出，"文化是民族的血脉，是人民的精神家园。文化自信是更基本、更深层、更持久的力量"，"实施中华优秀传统文化传承发展工程，是建设社会主义文化强国的重大战略任务，对于传承中华文脉、全面提升人民群众文化素养、维护国家文化安全、增强国家文化软实力、推进国家治理体系和治理能力现代化，具有重要意义"。2020 年 10 月，中共中央办公厅、国务院办公厅印发《关于全面加强和改进新时代学校美育工作的意见》，对新时代学校美育工作作出总体要求和部署，强调要"全面贯彻党的教育方针，坚持社会主义办学方向，以立德树人为根本，以社会主义核心价值观为引领，以提高学生审美和人文素养为目标，弘扬中华美育精神，以美育人、以美化人、以美培元，把美育纳入各级各类学校人才培养全过程，贯穿学校教育各学段，培养德智体美劳全面发展的社会主义建设者和接班人。"2022 年，党的二十大报告更是明确提出："坚持和发展马克思主义，必须同中华优秀传统文化相结合。"

高职教育作为我国高等教育的重要组成部分，在建设文化强国的过程中所担负的重要职责不言而喻。高职教育不仅要培养学生的职业技能，更要提高学生的人文素养和审美水平，强化学生的文化主体意识。专业知识、专业技能的学习和培养主要是解决如何"做事"的问题，人文素养的积淀和提高则是解决如何"做人"的问题。要做好事，首先要做好人，高职教育要引导学生努力成为既具有严谨的科学精神和科学态度，又具有高尚人格修养、较强的人文关怀意识、良好的人文素质修养和崇高审美追求的身心健全的高素质人才。因此，在高职院校开设旨在弘扬中华优秀传统文化、提高学生人文素质修养和审美水平的公共课程已成为高职教育者的普遍共识。基于此，我们编写了这本

《人文与审美素质基础》。

在编写本书的过程中，编者在教学内容、知识结构、体例设计等方面进行了积极的探索与创新，力求本书兼具实用性、科学性、新颖性和趣味性，并对提高学生的人文与审美素养起到积极作用。

具体而言，本书具有以下特色。

1 立德树人，润物无声

党的二十大报告指出："育人的根本在于立德。"本书积极贯彻党的二十大精神，在讲解知识点的过程中，将德育与人文素质教育和美育有机结合起来，在潜移默化中对学生进行思想教育、理论武装和价值引领，做到显性教育和隐性教育相统一，实现全员全程全方位育人。

2 校企合作，协同育人

本书由拥有丰富教学经验的一线"双师型"教师编写完成。编写过程中，编者对企业用人需求做了深入调研，并得到了相关从业人员的热忱指导与大力支持，无论内容选择还是体例设计都充分考虑了教学大纲的要求与企业的需求，紧密围绕提高学生素养这一目标编排内容，着重强化本书的实用性和针对性，帮助学生将所学知识内化于心、外化于行，使其做到知行合一。

3 理念创新，结构合理

本书切实践行"以学生为主体，以教师为主导，以能力为根本"的教育理念，采用模块化的框架结构与专题式的编写思路。全书分上中下篇三大模块，分别为"文化滋养：传承与弘扬""文学熏陶：吟诵与感悟""美育浸润：欣赏与体验"，每个模块下设若干专题。"文化滋养"部分下设姓氏文化、礼仪文化、汉字文化等九个专题；"文学熏陶"部分下设经典诗歌赏读、经典散文赏读、经典小说赏读、经典戏剧赏读四个专题，每个专题又分若干主题，且根据主题选编文本，既注重文本的经典性，又努力突出内容的形象性、生动性；"美育浸润"部分下设建筑艺术、音乐艺术、戏曲艺术、书画艺术、舞蹈艺术、影视艺术六个专题。

4 模块丰富，内容充实

全书按"学习目标—文化（文学/艺术）视窗—思考训练"的体例编写，各篇再结合不同内容辅以"释疑解惑""课堂互动""以文培元（以文化人/以美育人）""知识链接"等不固定模块，编写体例新颖独特，内容贴近高职学生实际，符合高职教育的目标定位，也为学生自主学习和拓展学习提供了必要的条件和帮助。

5 平台支撑，资源丰富

　　本书配有丰富的数字资源，读者可以借助手机或其他移动设备扫描二维码观看微课视频，也可以登录文旌综合教育平台"文旌课堂"查看和下载本书配套资源，如教学课件、课后习题答案等。读者在学习过程中有任何疑问，都可以登录该平台寻求帮助。

　　此外，本书还提供了在线题库，支持"教学作业，一键发布"，教师只需通过微信或"文旌课堂"App扫描扉页二维码，即可迅速选题、一键发布、智能批改，并查看学生的作业分析报告，提高教学效率、提升教学体验。学生可在线完成作业，巩固所学知识，提高学习效率。

　　本书由河北化工医药职业技术学院教师编写。其中，经典散文赏读部分和礼仪文化、燕赵文化、建筑艺术、音乐艺术、戏曲艺术由郝素岭编写；经典诗歌赏读部分和汉字文化、姓氏文化、饮食文化由张树芹编写；经典戏剧赏读部分和制度文化、服饰文化、影视艺术由魏巧荣编写；经典小说赏读部分由张树芹、魏巧荣和寇琳共同编写；舞蹈艺术和书画艺术由寇琳编写；节日文化由武艳茹编写；科技文化由刘芙编写；与职业应用相关的案例素材由贾辉提供。全书由郝素岭负责统稿。本书编写过程中，参考了相关书籍资料，并得到了学院各级领导的大力支持和帮助，在此一并感谢。由于编者水平有限，书中难免存在疏漏或不当之处，敬请广大读者批评指正。

　　特别说明：

　　（1）本书在编写过程中，参考了大量的资料并引用了部分文章和图片等。这些引用的资料大部分已获授权，但由于部分资料来自网络，我们未能确认出处，也暂时无法联系到原作者。对此，我们深表歉意，并欢迎原作者随时与我们联系，我们将按规定支付稿酬。

　　（2）本书所选案例均来源于真实事件，但为了避免引起不必要的误会，部分人物使用了化名。

　　（3）本书未注明资料来源的案例均为编者自编或根据真实事件、素材改编。

本书配套资源下载网址和联系方式

　　网址：https://www.wenjingketang.com
　　电话：400-117-9835
　　邮箱：book@wenjingketang.com

目录
CONTENTS

上篇　文化滋养：传承与弘扬

中篇　文学熏陶：吟诵与感悟

下篇　美育浸润：欣赏与体验

文化滋养：传承与弘扬

专题一

姓氏文化

学习目标 📖

1. 了解姓氏的产生和发展概况，掌握姓氏的主要来源。
2. 理解名、字、号的含义、特点及其关系，了解姓氏文化的特点和作用。

文化视窗 🪭

姓氏是家族血缘关系的一种标志，是中国传统宗族观念的主要表现形式。姓氏文化是中华文化的重要组成部分，有着深厚的历史和文化内涵，对中华民族的团结富强起到了独特的凝聚作用。

一、姓氏的产生和发展

姓氏是姓和氏的合称。在古代，姓和氏是两个完全不同的概念。

"姓"的产生可以追溯到原始社会后期的母系氏族阶段。当时的社会以母系血统为纽带形成了若干氏族，每个氏族都以图腾或居住地形成了相互区别的族号，这些族号就是姓。姓的出现是原始社会逐步摆脱愚昧状态的一个标志。姓的主要作用是区分血缘、便于通婚（即同姓内部禁止婚配，异姓氏族之间可以通婚）及鉴别子孙后代的归属。子女皆以母姓为姓，因此我国许多古姓都是从"女"字旁，例如黄帝的姬姓，炎帝的姜姓，虞舜的姚姓，夏禹的姒（sì）姓，等等。

"氏"是由姓衍生而来的。由于子孙繁衍，人口增加，同一母系氏族的人们逐渐分成了若干支族，并迁往不同地方生活，每个支族都要有一个区别于其他支族的称号，这个称号就是"氏"。一个氏族分成多少个支族，就有多少个氏。简而言之，姓与氏早期的区别可以总结为：姓代表母系氏族的血统，氏代表氏族的分支；姓是不变的，氏是可变的；姓区别血统，氏区别子孙。

夏商周时期的姓氏具有浓厚的阶级色彩，其作用主要表现在以下两个方面。

（一）姓别婚姻

姓的基本作用是明血缘、别婚姻，"同姓不婚"是一条重要原则。古语"男女同姓，其生不蕃"是古人对优生的正确认识。例如周代的晋、鲁两国不能通婚，因为都姓姬，而秦、晋两国则可以世代通婚，因为秦国姓嬴。因此，为了防止同姓通婚，女子的姓必须十分明确。总的来说，大致有以下几种情况。

（1）尚未成亲的女子，要用姓标明血统，在姓前加上伯（孟）、仲、叔、季来表示排行，例如伯姬、仲姜、叔隗、季姒。因此，我们熟悉的"孟姜女"并不是姓孟名姜女，而是姜姓长女的意思。

（2）女子出嫁之后，可在其姓前冠上原来国家的国名，例如周幽王的宠妃褒姒，即姓姒，来自褒国。

（3）女子嫁给别国的国君，则在其姓前加上配偶的国名，例如卫庄公的妻子姓姜，来自齐国，她可以叫"齐姜"，也可以叫"卫姜"。

（4）女子嫁给别国的卿大夫，则在其姓前加上配偶的氏或邑（即采邑、封邑，是古代国君赐给卿大夫的封地）名，例如赵衰的妻子赵姬，"赵"是丈夫的氏，"姬"是自己的姓；棠公的妻子棠姜，"棠"是丈夫的邑名，"姜"是自己的姓。

"采邑"释义

（5）女子死后在其姓前加上配偶或本人的谥号，例如武姜，是丈夫郑武公的谥号"武"加上自己的姓"姜"；文姜，是本人的谥号"文"加上自己的姓"姜"。

（二）氏别贵贱

先秦时期，氏是贵族地位的标志，只有贵族才有氏，普通百姓一般没有氏。由于男性逐渐成为氏族的主导者，有氏贵族都是男子。男子称氏，可以将自己的地位与财富同其他氏族区别开来，也就是南宋郑樵《通志·氏族略》说的"男子称氏""氏所以别贵贱，贵者有氏，贱者有名无氏"。另外，如果男子的封邑、官职或居住地发生变化，他的氏也会随之变化。如商鞅（见图1-1）原为卫国公孙氏，可称"公孙鞅"或"卫鞅"，后来他被封于商，故而又称"商鞅"。

图 1-1 商鞅

到了战国时期，社会的动荡、变革冲击了严格的等级制度，也使姓氏文化发生了很大变化。随着社会的发展，氏别贵贱的作用淡化，逐渐成为以男性为中心的家族标志。大约在秦汉时期，氏逐渐取代了姓的地位，人们往往以氏为姓，姓与氏全都叫姓，且人人有姓，姓氏逐渐合而为一，这种做法一直沿用至今。

二、姓氏的主要来源

姓氏的来源相当复杂，同姓不一定同源，异姓也可能同宗，大致可以总结为以下几种。

（1）以姓为氏。以最早产生的姓，即真正意义上的姓为氏。这些姓多带女字旁，如姬、姜、妫、姚、姒、嬴等。

（2）以国名为氏。夏商周时期，诸侯国众多，各国子孙后代便以国名为氏，如鲁、卫、晋、滕、齐、宋、陈、焦等。

（3）以邑名为氏。卿大夫及其后代或生活在采邑的人便以邑名为氏，如赵氏的始祖造父，本姓嬴，是周穆王的车夫，后因功受封赵地（今山西洪洞），于是以赵为氏。

（4）以官职为氏。如李、张、宗、钱、史、司马、司空、司徒、司寇、司士等姓。

（5）以爵号、谥号为氏。以爵号为氏的有王、公、侯、王孙、公孙等姓，以谥号为氏的有文、武、穆、宣、简、闵等，如宋穆公之后以穆为氏，齐桓公之后以桓为氏。

（6）以居住地为氏。这类姓氏来源多样，有的源于地名，有的根据居住地的特征或地理位置来命名，例如"西门""百里"表示居住在西门、百里这个地方，"东郭""南郭"则表示居住在城东、城南。

（7）以排行次序为氏。周代以伯（孟）、仲、叔、季作为子孙排行的次序，其后裔则可以此为氏。如老大以伯、孟为姓，老二以仲为姓，老三、老小则分别以叔、季为姓。后代相沿为氏，表示在宗族中的顺序，这也是宗法制度的一种体现。

（8）以职业或技艺为氏，如巫、屠、卜、陶等姓。从事这些职业的人在夏商周时期属于低级贵族，不得封土，但可称氏，后人便以其从事的职业为氏。

（9）皇帝赐姓和因避讳而改姓。皇帝常把"国姓"赐给功臣，以示殊荣。如唐代的许多开国功臣都被赐姓李；明朝的郑成功被赐朱姓。为避讳汉文帝刘恒，恒姓皆改为常氏；为避讳晋景帝司马师，师姓皆改为帅氏。

（10）古代少数民族融合到汉族中带来的姓。如宇文、鲜于、尉迟、慕容、长孙、贺兰等。

（11）某地两家族世代联姻，合姓。如桐乡陆费、桐城陆叶、宿松马朱等。

以文培元

姓氏中国·寻根中原

寻根问祖是中国的文化传统，中国人自古重视家族的根系源流。2023 年 3 月 23 日，"姓氏中国·寻根中原"文化探源活动启动仪式在河南省新郑市黄帝故里举办，该活动是癸卯年黄帝故里拜祖大典的前期重要活动。

在此次活动中，姓氏代表从黄帝故里出发，探访了长葛、禹州、鲁山、郏县、叶县、方城等 30 个姓氏起源地和姓氏郡望地，走进老祠堂，溯源传世家谱，挖掘姓氏文化，用脚步绘制出一张独特的"中原寻根地图"。走访结束后，姓氏代表带着寻根成果回到黄帝故里，共同栽下"寻根树"，组成"姓氏方阵"（见图1-2），礼拜人文始祖轩辕黄帝。

图1-2　姓氏方阵

此外，该活动还以纪录短片的形式真实再现了姓氏代表的寻根历程，能使观众更加了解姓氏文化，有助于姓氏文化的传播。

（资料来源：《"姓氏中国·寻根中原"文化探源活动启动》，《河南日报》，2023年03月24日）

请同学们自主观看该节目，感受灿烂的姓氏文化，并与其他同学交流观后感。

三、中国人的名、字、号

中国人的姓名通常由姓和名组成，其中姓在前，名在后。在古代，人们除了有姓和名，还有字和号，命名体系复杂、考究。

（一）名

中国人取名比较讲究，需要遵循一定的准则，正如《左传》记载"名有五：有信、有义、有象、有假、有类"，即以出生时的情况命名为"信"，以道德品行命名为"义"，以某一事物的形象命名为"象"，借用某一事物的名称为"假"，取婴儿与其父相同之处命名为"类"。中国人的取名传统体现了深厚的文化底蕴，总的来说，具体表现为以下几个特点。

1. 富有时代性

自古以来，人们取名就与所处时代的社会生活密切相关，许多人的名字有鲜明的时代烙印。例如汉代国力强盛，人们生活富足，多祈愿健康长寿，命名多用"安国""延年""延寿""千秋""去病"等；近代社会发生重大变革，人们思想解放，取名深刻地反映出民族意识的勃兴，如"胡汉民""于右任"等；"建国""解放"等名的大量出现，则记载了中华人民共和国的时代巨变。

2. 讲究寓意

中国人取名讲究寓意良好和含义深刻，即字义要吉祥、有内涵，包含着长辈对孩子的美好祝愿和希冀。例如，希望孩子具有某种高尚品德的"忠""义""信"，希望孩子树立远大志向或建功立业的"志远""成功"等，纪念出生时间、地点、家乡的"秋生""港生""桑梓"等。

3. 注重形式

中国人取名还比较注重字音上的形式美，即字的读音要平仄搭配，音韵和谐，谐音要吉利，并且尽量不用多音字和生僻字。总之，名字要易认、易读，叫起来响亮、动听，朗朗上口。

4. 辨识性别

从总体上看，中国人取名时考虑性别早已成为一种约定俗成的社会习俗，男性起名多选用"坚""武""雄"等表现阳刚之美的字；女性起名则多选用"婉""莺""淑"等表现阴柔之美的字，使人望名而辨性。

（二）字

古人不但有名而且有字，取字和成人礼关系密切。依周公礼制，男子成人礼曰"冠礼"，女子成人礼曰"笄礼"，成人礼上取字是中国传统姓氏文化的特色表现。

古人称名称字十分讲究：自称一般用名，以示谦卑，或上对下、长对少；称人则用字，以示尊敬，或下对上、少对长，在多数情况下直呼其名是很不礼貌的。古人取字多"因名取字"，常使字与名的意义互相配合。名与字的关系大致可以分为以下几种。

（1）名与字意义相同或相近。如诸葛亮名亮字孔明，"亮"与"明"同义；周瑜名瑜字公瑾，"瑜"和"瑾"都指美玉，是近义词。

（2）名与字意义相关。如赵云名云字子龙，古人认为"云从龙，风从虎"，"云"与"龙"意义相关；岳飞名飞字鹏举，"飞"与"鹏"意义相关。

（3）名与字意义相反。如孔子的学生曾点，字皙，"点"古义是小黑点，"皙"指肤色白，黑与白意义相反；韩愈名愈字退之，"愈"表示好、胜过，与"退"的意义相反。

（4）名与字的意义取自五行相生。如楚公子壬夫，字子辛，在五行中，"壬"为水，"辛"为金，楚公子名中的"壬"与字中的"辛"就是取自水生于金之意。

（5）以伯仲叔季排行为字，并联系名的意义。如孔子名丘字仲尼，"丘"即山，孔子生于尼山，行二，故字仲尼；班固字孟坚，"坚"与"固"同义，行大，故字孟坚。

（6）名与字都取自典故，即名与字同出一典，如钱谦益，字受之，典出《尚书》"谦受益"。

（7）拆名为字，即根据字体结构或字音把名拆开作为字。如尤侗，字同人；王力，字了一。

（三）号

古人在名字之外还有号，号也是中国姓氏文化中的一个独特现象。号大约起源于春秋战国时期，如"老聃""鬼谷子"等可视为中国最早的号。唐宋时期，号开始逐渐流行起来，明清时期达到鼎盛。这有赖于唐宋以来文学的繁荣发展，也与儒家文化影响下文人的性格有关。一方面，社会上普遍尊崇、敬佩文人雅士，号在一定程度上代表了文人雅士的社会地位；另一方面，骚人墨客也希望用一种委婉曲折的方式来表达自己超然物外的理想和情趣。

号一般由自己来取，也有的是他人所起（即"诨号""绰号"，如"花和尚""黑旋风"等），通常是一人一号，一人多号则称"别号"。文人士大夫多根据自己的性情、爱好、才能、居处环境等来取号，其含义不外乎表达志趣、表明环境、表现藏品、描述形貌等。例如李白因生长于青莲乡而号"青莲居士"；欧阳修因晚年志趣而号"六一居士"，即一万卷书、一千卷古金石文、一张琴、一局棋、一壶酒，再加上他自己一老翁；清朝刘庠因善治经学而号"十三经老人"；金农以其藏砚丰富而号"二百砚田富翁"；《水浒传》中的刘唐因鬓边有一块朱砂记而被称为"赤发鬼"；等等。

课堂互动

请同学们根据自己的名字、兴趣爱好等为自己取号，并与其他同学分享其中深意。

四、姓氏文化的特点和作用

中国姓氏文化以血缘文化的特殊形式记录了中华民族的形成和发展，具有稳定性、民族性、政治性、宗族性、多元性等特点。它不仅直观地体现出中华文化的源远流长、博大精深，生动地反映出社会的发展状况，还形象地记载了中华民族交流融合、繁荣强盛的历程，是民族融合与国家统一的重要纽带。

（一）反映社会发展状况

姓氏是时代的产物，反过来也可以用于反映各个时代的社会发展状况。分析姓氏的来龙去脉，有助于我们了解各个时期的社会经济、政治和文化。原始社会后期，姓氏的出现反映出先民对"同姓相亲，其生不蕃"规律的正确认识，标志着婚姻制度的巨大进步。周代姓氏数量迅速增多，反映出周朝分封制度盛行，同时，严格的姓氏命名和使用规定说明了周朝社会的等级制度十分森严。秦汉时期，姓氏合而为一并且得到普及，反映出国家大一统下中央集权制度的确立和发展。此后各个朝代的姓氏数量总体上持续增多，创制命名的方式日趋多样。

（二）见证民族融合

中华民族自古以来就是一个多元一体的大家庭，各民族之间的交流与融合从未间断，这在姓氏文化的发展中得到了充分体现。例如中华民族始祖之一的黄帝族，在氏族发展壮大的过程中，其姓氏从单一的姬姓扩大为姬、酉、祁、己、滕、箴、任、荀、僖、姞（jí）、儇（xuān）、依等十二姓。

在此后的数千年里，各民族的交流更加频繁，融合更加紧密，姓氏在其中的作用也日益凸显。汉族与少数民族间的赐姓、改姓等现象便是很好的例证。历代帝王通过赐姓来维系统治，客观上有效地推动了民族融合的进程。例如唐代因功受赐国姓李氏的文武大臣，不仅有姓徐、安、杜等的汉族人，还有姓鲜于、阿布、阿跌、舍利、朱邪等的少数民族；郑和本是姓马的回族人，因随明成祖起兵有功而被赐郑姓；等等。再者，改姓的情况也很常见，如北魏孝文帝为了扩大统治基础，促进民族融合，改革鲜卑族旧俗，推行汉化政策，带头将国姓拓跋改为元姓，并将乌兰石氏、步陆孤氏、独孤浑氏等九十九个鲜卑部落姓氏改为乌、陆、杜等汉姓。

由此可见，姓氏文化既是各民族融合的媒介和结果，也是民族交流的佐证。不论是汉族还是各少数民族，都对中国姓氏文化发展作出了重要贡献。

百家姓

知识链接

百家姓

赵钱孙李	周吴郑王	冯陈褚卫	蒋沈韩杨	朱秦尤许	何吕施张
孔曹严华	金魏陶姜	戚谢邹喻	柏水窦章	云苏潘葛	奚范彭郎
鲁韦昌马	苗凤花方	俞任袁柳	酆鲍史唐	费廉岑薛	雷贺倪汤
滕殷罗毕	郝邬安常	乐于时傅	皮卞齐康	伍余元卜	顾孟平黄
和穆萧尹	姚邵湛汪	祁毛禹狄	米贝明臧	计伏成戴	谈宋茅庞
熊纪舒屈	项祝董梁	杜阮蓝闵	席季麻强	贾路娄危	江童颜郭
梅盛林刁	钟徐邱骆	高夏蔡田	樊胡凌霍	虞万支柯	昝管卢莫
经房裘缪	干解应宗	丁宣贲邓	郁单杭洪	包诸左石	崔吉钮龚
程嵇邢滑	裴陆荣翁	荀羊於惠	甄曲家封	芮羿储靳	汲邴糜松
井段富巫	乌焦巴弓	牧隗山谷	车侯宓蓬	全郗班仰	秋仲伊宫
宁仇栾暴	甘钭厉戎	祖武符刘	景詹束龙	叶幸司韶	郜黎蓟薄
印宿白怀	蒲邰从鄂	索咸籍赖	卓蔺屠蒙	池乔阴郁	胥能苍双
闻莘党翟	谭贡劳逄	姬申扶堵	冉宰郦雍	邰璩桑桂	濮牛寿通

边扈燕冀	郏浦尚农	温别庄晏	柴瞿阎充	慕连茹习	宦艾鱼容
向古易慎	戈廖庾终	暨居衡步	都耿满弘	匡国文寇	广禄阙东
殴殳沃利	蔚越夒隆	师巩厍聂	晁勾敖融	冷訾辛阚	那简饶空
曾毋沙乜	养鞠须丰	巢关蒯相	查后荆红	游竺权逯	盖益桓公
万俟司马	上官欧阳	夏侯诸葛	闻人东方	赫连皇甫	尉迟公羊
澹台公冶	宗政濮阳	淳于单于	太叔申屠	公孙仲孙	仉督子车
钟离宇文	长孙慕容	鲜于闾丘	司徒司空	亓官司寇	轩辕令狐
颛孙端木	巫马公西	漆雕乐正	壤驷公良	拓跋夹谷	宰父谷梁
晋楚闫法	汝鄢涂钦	段干百里	东郭南门	呼延归海	羊舌微生
岳帅缑亢	况后有琴	梁丘左丘	东门西门	商牟佘佴	伯赏南宫
墨哈谯笪	年爱阳佟	第五言福	百家姓终		

思考训练

一、填空题

（1）夏商周时期的姓氏具有浓厚的阶级色彩，其作用主要表现在_____和_____两个方面。

（2）古人在人际交往中，自称一般用_____，以示谦卑；称人则用_____，以示尊敬。

（3）号一般由自己来取，也有的是他人所起，通常是一人一号，一人多号则称"_____"。

（4）文人士大夫们多根据自己的性情、爱好、才能、居处环境等来取号，例如李白因生长于青莲乡而号"_____"；清朝刘庠因善治经学而号"_____"。

二、选择题

（1）姓氏的来源有多种，下列姓氏与居住地有关的一个是（　　）。

　　A．司徒　　　　B．孟　　　　C．东郭　　　　D．屠

（2）百家姓中排第一位的"赵"姓，来源于（　　）。

　　A．封地　　　　B．官职　　　　C．谥号　　　　D．排行次第

（3）孔子，字仲尼，根据所学知识推断，孔子在家排行（　　）。

　　A．老大　　　　B．老二　　　　C．老三　　　　D．老四

（4）古人不但有名而且有字，男子取字常常是在（　　）。

　　A．刚出生时　　B．满月时　　C．成人礼上　　D．婚礼上

（5）赵云，名云字子龙，其名与字的关系是（　　）。

　　A．意义相同或相近　　　　　　B．意义相关

　　C．意义相反　　　　　　　　　D．意义无关

（6）黄帝本姓（　　）。

　　A．黄　　　　　　B．酉　　　　　　C．姜　　　　　　D．姬

三、简答题

（1）什么是姓和氏？二者有何关联？

（2）姓氏的主要来源方式有哪些？

（3）中国人的名、字、号分别有什么特点？

礼仪文化

1. 掌握礼仪的概念和本质。
2. 了解中华礼仪的发展过程，掌握礼仪的基本特征。
3. 汲取传统礼仪文化中的精华，做到知礼、明礼、守礼。

文化视窗

我国是具有悠久历史和深厚文化底蕴的文明古国，素有"礼仪之邦"的美称。礼仪文化是中国传统文化的重要组成部分，对中国历史发展影响深远。中华民族自古崇尚礼仪，形成了独具特色的礼仪文化，并在历史的演进中不断发展，传承至今。

一、礼仪的概念和本质

礼仪，即礼节和仪式，是以建立和谐关系为目的的各种行为准则或规范的总和。它是在社会政治、经济、文化等因素的影响下形成的，对人们在一定场合中的特定行为起到规范作用，影响着人们的交际活动，并为人们所认同、接受、遵守。

古语云"礼者，敬人也"，敬人不仅表现在礼貌的行为方式，关键还在于发自内心地尊重他人。礼仪的本质是尊重，需要发乎内而形于外，内礼而外仪。一方面，只有自觉自愿、发自内心地尊重他人，那些外在的行为和仪式才具有意义；另一方面，内心对他人的敬重要通过合乎礼仪的行为表现出来才能被人所感知，内心真诚并对他人充满敬意，行为举止却粗俗不雅，也是比较失礼的。因此，提高礼仪修养必须内外兼修，我们既要不断提升自己的品德和学识，又要注重礼仪规范，做到知礼、明礼、守礼。

二、礼仪的起源和发展

（一）礼仪的起源

礼仪起源于原始社会中晚期，该时期的礼仪比较简单，主要包括明确血缘关系的婚嫁礼仪、氏族内部的尊卑礼制、祭典仪式等。关于礼仪的起源，历来说法不一，其中具有代表性的有以下几种。

1. 祭祀说

祭祀说认为礼仪起源于人们早期的祭祀活动，是一种祭天、祭地、祭鬼神的行为，具有一定的原始宗教性质。例如《说文解字》对"礼"的解释是"禮（简化作'礼'），履也，所以事神致福也，从示从豊，豊亦声""豊，行礼之器也"，意思是礼仪是人的行为准则，用来敬神求福。

礼仪的起源——祭祀说

2. 饮食说

饮食说认为饮食是人们生活的基本内容，饮食方式一经形成、发展、规范，就会衍生出相关礼仪，即使是祭祀活动也离不开饮食。例如《礼记·礼运》记载："夫礼之初，始诸饮食。其燔（fán）黍捭（bǎi）豚，污尊而抔饮，蒉（kuì）桴（fú）而土鼓，犹若可以致敬于鬼神。"意思是礼仪起源于饮食，并从中发展出祭祀仪式：人们用火把米煮熟、把猪肉烤熟，在地上挖坑当酒尊，用手捧酒喝，用草扎成槌子敲打地面来表示击鼓，通过这种仪式表达对鬼神的敬意。仪式中所包含的规则、观念等后来逐渐发展为影响人们行为的规范和制度。

3. 风俗说

风俗说认为礼仪起源于风俗习惯，俗先于礼，礼本于俗。在人们生产劳作过程中产生的风俗习惯会随着社会发展和社会秩序的建立发展成具有规范性的典仪制度，《慎子·逸文》中的"礼从俗"和《汉书·艺文志》所记载的孔子之言"礼失而求诸野"都说明了礼孕育于俗。儒家学派便是遵循了"因俗制礼"的原则，制定出冠礼、婚礼、乡饮酒礼、乡射礼等一系列的礼仪。

（二）礼仪的发展

1. 形成期

夏商周时期，原始的宗教礼仪逐渐发展成符合奴隶社会政治发展需要的礼制。周朝初年，为了巩固统治，周公在殷礼的基础上亲自制礼教民，使礼仪逐渐制度化、系统化，并具有了鲜明的阶级性，史称"周公制礼"。在后续的发展中，周礼与社会政治的结合进一步加强，礼仪的内容得到扩充，典章制度日益完备，并产生了"吉、凶、宾、军、嘉"五种礼制。周礼的核心是强调尊卑等级的规范，即孔子所说的"君君，臣臣，父父，子子"。

中国对礼仪的重视在经典文献中多有体现。《仪礼》是中国最早的关于礼的文献，它

与《周礼》《礼记》合称"三礼"。"三礼"奠定了中国传统礼仪文化的理论基础，被认为是中国古代礼制的百科全书。

2. 变革期

春秋战国时期，以孔子、孟子、荀子为代表的儒家士大夫极力推崇周礼，主张"克己复礼"，宣扬"礼教"，对礼仪的起源、本质和功能进行了系统阐述，全面而深刻地论述了社会等级秩序的划分及其意义。孔子以仁释礼，将仁与礼结合，使传统宗法礼仪变成了道德礼仪。他认为"不学礼，无以立"，将"礼"看作治国、安邦、平定天下的基础，主张"道之以德，齐之以礼"，也就是要用道德、礼仪来治理国家，教导百姓用礼仪规范来约束自己的行为，从而使其做到"非礼勿视，非礼勿听，非礼勿言，非礼勿动"。孟子继承了孔子的礼学思想，主张"仁政"，将封建社会中的人际关系和行为准则概括为"五伦"，即"父子有亲，君臣有义，夫妇有别，长幼有序，朋友有信"，"五伦"是传统礼仪的重要内容。荀子主张寓法于礼，以礼为主，礼法统一。他的礼学思想汲取了儒法两家思想的精华，对后世礼法产生了深远影响。

3. 强化期

从秦汉至清末，不同朝代的礼仪文化虽各具特色，但始终是统治阶级维护封建等级秩序的重要工具。例如，汉武帝独尊儒术，大力推崇"三纲五常"等伦理思想，采用"以礼治国"的治国方略；宋代程朱理学将国家政治与封建礼制紧密结合，过多强调繁文缛节，严重束缚了人性自由。

20世纪初叶，新文化运动猛烈冲击了封建礼制，民主、科学的观念逐渐深入人心，这为以平等、尊重为基础的现代礼仪的形成奠定了基础。中华人民共和国成立后，封建礼制被废除，逐渐形成了以平等相处、友好往来、互相帮助、团结友爱为主要原则的具有中国特色的新型社会文化，这直接影响了当代中国礼仪的面貌。随着社会的发展，传统礼仪被不断赋予新的内涵，礼仪研究与实践日益受到重视，具有时代特征的现代礼仪文化逐渐进入全新发展阶段。

三、礼仪的基本特征

1. 规范性

礼仪的核心特征是规范性。礼仪不仅能约束、规范人们的言谈话语、行为举止，还能作为衡量人们是否自律、敬人的一种标准。要想给人留下懂礼仪、有教养的好印象，就必须遵守约定俗成的礼仪规范。以服饰礼仪为例，在特定场合下，人们的穿着应当自然得体、整洁大方，符合着装要求。再如，在社交场合中，人们通常会用握手或鞠躬来表示问候和尊重；就餐时，人们会遵守基本的餐桌礼仪。

2. 传承性

任何一种文化现象都有其传承性，礼仪文化也不例外，各个国家的现行礼仪都是在古代礼仪的基础上发展而来的，具有鲜明的民族特色，如"老吾老以及人之老，幼吾幼以及人之幼""己所不欲，勿施于人"等行为规范至今仍在社会生活中发挥重要作用。需要注意的是，对于礼仪的传承不能全盘沿用，而应当取其精华，去其糟粕，在正确继承的基础上进行创新和发展。

3. 差异性

俗语说"十里不同风，百里不同俗"。由于自然环境、文化传统、风俗习惯等方面的差异，各地区、各民族的礼仪规范也有所不同，因此，礼仪具有差异性。这种差异性主要表现在两个方面：第一，同一礼仪形式在不同地区、不同民族可能具有不同的含义，如竖大拇指在我国一般表示对别人的赞同、夸奖，而在尼日利亚则被认为是带有侮辱性的手势；第二，不同的礼仪形式在不同时期、不同地区、不同民族也可以表示相同的含义，如荷兰、西班牙等国家的贴面礼与泰国的双手合十礼都表示向对方问候，以示友好。

四、中华传统礼仪

礼仪文化作为中国传统文化的重要组成部分，其内容十分丰富，广泛涉及人们生活的各个方面：出行、坐卧、宴饮、婚丧、寿诞、祭祀、征战……其中具有代表性的礼仪有以下几种。

（一）相见之礼

相见之礼即相见时需要施行的礼节，是古代礼仪的一个重要方面。它主要可以分为揖让礼和跪拜礼。

1. 揖让礼

早在商周时期，人们便在见面时使用揖让礼。后来，在周公制礼的影响下，揖让礼逐渐盛行于天下。揖让礼是古代日常生活中的常用礼仪，无论是在朝堂，还是在普通的婚嫁、宴请等场合，人们相互致谢、祝贺、告别，或向他人道歉、提问、回答时，都会先行揖礼再说话。据《周礼》记载，根据会见双方地位和关系的不同，作揖大致可以分为天揖（见图 2-1）、时揖、长揖、旁三揖等。其中，天揖是拱手前伸而稍上举，多用于祭祀、婚礼等正式场合，面对尊长时也会行此礼；时揖是双手平推向前伸，多用于平辈之间；长揖是拱手高举，自上而下向人行礼，一般对尊长、位高者行此礼，以表恭敬；旁三揖是面对众人行三次揖礼。

图 2-1　天揖

2. 跪拜礼

汉魏以前，人们通常席地而坐，故相见之时行跪拜礼是比较方便的。在古代，跪拜礼频繁用于各种交际场合，用以表示对对方的敬意。《周礼》按照跪拜的动作和对象，将跪拜礼分成九种，称为"九拜"，即"一曰稽首，二曰顿首，三曰空首，四曰振动，五曰吉拜，六曰凶拜，七曰奇拜，八曰褒拜，九曰肃拜"。其中稽首、顿首和空首被称为"正拜"，其他几种拜礼都是正拜的变通。

稽首礼是"九拜"中最重的礼节，一般用于臣子拜见君王和宗庙、社稷、神明的祭祀礼仪。行稽首礼时，施礼者必须屈膝跪地，左手按右手，贴在地上，再缓缓叩首至地，手在膝前，头在手后，停留稍顷后起身。

顿首礼一般用于下对上的敬礼，例如拜见师长。行顿首礼时，除了拜时要急叩头，额触地即起以外，其他动作与稽首礼相同。古人也常常在书信的开头或末尾书用"顿首"二字表达敬意。

空首礼是一种比较轻的拜礼，主要用于平辈之间。行空首礼时，施礼者双膝着地，两手拱合，俯头至手而不着地。

课堂互动

> 请同学们模拟与朋友见面的场景，结合所学知识，互施见面之礼。

（二）言谈之礼

言谈之礼是中华民族谦逊美德的重要表现。根据称呼对象的不同，言谈之礼主要体现在谦称与谦辞、敬称与敬辞的使用方面。

1. 谦称与谦辞

谦称即谦逊的自称，主要是对自己及与自己有关的人的称谓；谦辞是表示谦恭的礼貌用语，主要有以下几种。

（1）谦称自己及与自己有关的人。如孤、寡人，愚兄（向比自己年幼的人称自己）、拙荆（谦称自己的妻子），鄙人、鄙见，敝姓、敝校，小弟（男性在朋友前谦称自己）、小生（青年读书人自称，多见于早期白话），老朽（老年人谦称自己）、老身（老年妇女谦称自己）等。

（2）谦称自己的长辈和比自己年长的平辈，如家父、家严，家母、家慈，家兄等。

（3）谦称自己的晚辈和比自己年幼的平辈，如犬子、小女、舍侄、舍弟等。

（4）表示对方对待自己的行为动作，如惠存（指请对方保存，多用于送人画作、书籍等纪念品时所题的字）、垂询、垂爱等。

（5）表示冒昧地请求别人或自己的行为动作涉及对方，如敢问、敢请、敢烦，拜读、拜访、拜贺等。

2. 敬称与敬辞

敬称又称"尊称"，是对对方表示尊敬的称谓；敬辞是表示尊敬的礼貌用语，主要有以下几种。

（1）对别人亲属的敬称，如令尊、令堂、令兄、令妹、令郎、令爱、令阃（kǔn）（对别人的妻子尊称）等。

（2）对已逝长者的敬称，含有怀念、哀痛之情。如先子、先父、先严、先考（称已故去的父亲）；先母、先慈、先妣（称已故去的母亲）等。

（3）对平辈或晚辈的敬称，如贤弟、贤侄等。对同辈人侄子的敬称如贤阮。

（4）表示与对方有关的事物，如贵干、贵庚、贵姓；高见、高论、高寿；华诞、华府等。

（5）表示对他人施以某种行为动作，如奉送、奉还、奉劝、奉陪等。

知识链接

日常生活中常用的谦辞和敬辞

初次见面——久仰	好久不见——久违	祝贺别人——拜贺	请人指点——赐教
请人帮忙——劳驾	请求方便——借光	叨扰别人——打扰	请人谅解——海涵
看望别人——拜访	探望家人——省亲	中途先走——失陪	请人勿送——留步
请人赴约——赏光	等候客人——恭候	贵宾来到——莅临	归还原物——奉还
辞谢赠品——璧谢	送人礼物——笑纳	人送我物——惠赠	赠送作品——斧正
诗画赠人——雅正	尊长教诲——钧谕	请人决定——钧裁	老人年龄——高寿
老人故去——登仙	称人夫妻——伉俪	女子年龄——芳龄	平辈年龄——贵庚
请人任职——屈就	问人任职——高就	问人姓氏——贵姓	问人表字——台甫
准备出版——付梓	书画稿酬——润笔	赞人见解——高见	称己见解——愚见
请人审查——台览	请阅我信——台鉴	称己文章——拙作	施爱于我——垂爱
看重于我——垂青	友人念我——垂念	问我问题——垂询	降低身份——屈尊
帮我成功——玉成	称人房屋——华府	称人生日——华诞	称人书信——华翰

（三）入坐之礼

传统社会礼仪秩序井然，坐席亦有主次尊卑之分，即尊者上座，卑者末座。一般来说，室内座次以东向、南向为尊，位尊者坐东向西席，位次者坐西向东席（宾主入坐时，则宾客坐东向西席，主人坐西向东席），年长者坐在南向北席，晚辈一般在北向南席。例如《史记·项羽本纪》鸿门宴中描述的座次"项王、项伯东向坐，亚父南向坐……沛公北向坐，张良西向侍"（见图2-2），就非常具体地体现了古代入坐之礼。

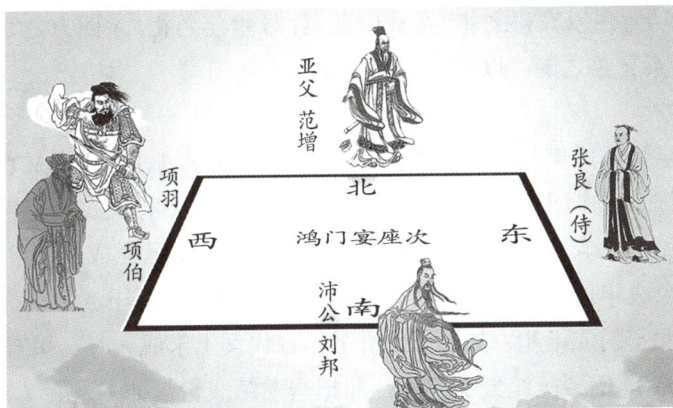

图 2-2　鸿门宴座次示意图

此外，非就餐时，人的身体要尽量靠后，以表谦恭；就餐时，人的身体应尽量靠近食案，以免饮食污染坐席而显得不敬，即"虚坐尽后，食坐尽前"。有贵客光临，应立刻起身致意。

（四）行走之礼

在行走过程中，古人常行"趋礼"，即地位低的人在地位高的人面前走过时，要低头弯腰，小步快走，以示尊敬。传统行走礼仪中，还要遵循"行不中道，立不中门"的原则，即行走时不可走在路中间，应靠边行走；站立时不可站在门中间，这样既合乎礼数，又可避让行人。

（五）中国古代的"五礼"

中国古代有"五礼"之说：祭祀之事为吉礼、冠婚之事为嘉礼、宾客之事为宾礼、军旅之事为军礼、丧葬之事为凶礼。五礼涉及人们生活的方方面面，充分反映了中华民族的尚礼精神。

中国古代礼仪之"五礼"

1. 吉礼

吉礼居五礼之首，其主要内容包括三个方面：一是祭天神，包括祭昊天上帝（即百神之君），祭日月星辰，祭司中（主宗室的神）、司命（主寿的神）、风师、雨师等；二是祭地祇（qí），包括祭社稷（土谷之神）、五祀（五行之神）、五岳，祭山林川泽，祭四方百物等；三是祭人鬼，即祠、尝（春季、秋季祭祀先王的祭名）等祭拜先王、先祖的四时宗庙祭礼。

2. 嘉礼

嘉礼具有喜庆意义，是和谐人际关系、沟通联络感情的礼仪。嘉礼内容丰富，名目繁多，包括人成年、结婚等各个重要阶段的礼仪，以及诸侯、兄弟、朋友之间各类交往的礼仪等。正如《周礼·春官·大宗伯》所载："以嘉礼亲万民；以饮食之礼，亲宗族兄弟；

以婚冠之礼，亲成男女；以宾射之礼，亲故旧朋友；以飨燕之礼，亲四方之宾客；以脤（shèn）膰（fán）之礼，亲兄弟之国；以贺庆之礼，亲异姓之国。"

1）冠礼与笄礼

冠礼是古代男性的成年礼，如图2-3所示。《礼记·曲礼上》记载："男子二十，冠而字。"古代男子到二十岁时要行加冠礼，即在宗庙举行仪式，将头发盘起来，戴上礼帽（即"冠"），并请长辈或嘉宾取"字"。加冠取字即表示该男子已经成年，可以婚娶，并从此可作为氏族的一个成年代表参加各项活动，承担家庭和社会责任。

笄礼是古代女子的成年礼，如图2-4所示。古代女子未成人时，头发分在两侧，年至十五则称为"及笄"，需要行绾发加笄礼，即把垂发绾成髻，插上发笄（簪子），所以笄礼又称"上头""上头礼"。笄礼一般在十五岁举行，主行笄礼者为女性家长，并约请女宾为少女加笄，行过笄礼便表示该女子已经成年，可以婚嫁。如果该女子一直没有许嫁，则可以年至二十再行笄礼。

图2-3 冠礼　　　　　　　　　　图2-4 笄礼

2）婚礼

婚礼在传统文化中扮演着重要角色，它不仅是两个家庭联姻的仪式，还是文化传承的一种重要体现。周朝的婚聘礼仪被称为"周公六礼"，即纳采、问名、纳吉、纳征、请期和亲迎。其中，纳采是指男方请媒人向女方求婚；问名是指男方请媒人询问女方的名字和生辰八字，然后到宗庙里占卜吉凶；纳吉是指男方将卜得吉兆的情况通知女方并送礼订婚；纳征是指男方向女方送聘礼；请期是指男方送过聘礼后选择一个黄道吉日举行婚礼，并将日期告诉女方，以征求女方意见；亲迎是指新郎亲自到女家迎娶新娘的仪式，一般在黄昏之时举行，所以婚礼古称"昏礼"。

3）飨燕之礼

飨燕之礼可以分为飨礼和燕礼，均指设酒宴来款待宾客的礼仪。飨礼是天子为招待诸侯而设的大宴，多在宗庙中举行，重点在于礼仪往来而不在饮食，宴会上的饮食虽然非常丰富，但一般只作为摆设。燕，即宴，燕礼通常是诸侯宴请本国臣子或他国使臣的礼仪，主要用来融洽君臣关系。燕礼属于小型宴会，一般在寝宫中举行，主宾可以开怀畅饮。秦汉以后，飨燕之礼随着社会发展而不断变化，不过历朝天子宴请群臣犹有旧礼遗风。

飨燕之礼对中华饮食文化的形成有深远的影响，如讲究宴席座次、上菜顺序，宾主饮酒、进食次序等，既是饮食文化的重要内容，也是礼仪规范的鲜明体现。

3. 宾礼

宾礼是接待宾客之礼，原指天子款待来朝会的四方诸侯和诸侯派遣使臣向周王问安的礼节仪式。后礼崩乐坏，宾礼由礼制变成礼俗，逐渐演变为平民百姓的通用之礼。

"九宾之礼"是古代宾礼中规格最高、最隆重的礼仪，即周天子朝会"九宾"（公、侯、伯、子、男、孤、卿、大夫、士）时所用的礼节。该宾礼设有九位礼仪施礼官员，由他们传唤、迎接、延引宾客上殿。到了战国时期，周朝衰微，诸侯称霸，原本只有周天子才能用的九宾之礼也为各国诸侯所用，逐渐演变为诸侯国接见外来使节的一种最高外交礼节。

4. 军礼

军礼是古代训练、管理军队的礼仪，主要包括大师之礼、大均之礼、大田之礼、大役之礼和大封之礼。其中，大师之礼是指军队出征前举行的祭祀礼仪；大均之礼是指天子或诸侯在均田地、征赋税时举行军事检阅，以安抚民众的礼仪；大田之礼是指天子定期狩猎的礼仪，用以练习战阵，检阅军马；大役之礼是指国家为营建大规模土木工程，如筑城邑、建宫殿、开河、造堤等而征集徒役时举行的礼仪；大封之礼是指整修疆界、道路、沟渠时的一种礼仪。

5. 凶礼

凶礼是吊唁、哀悯及驱除灾难时的礼仪，主要包括丧礼、荒礼、吊礼、裪（guì）礼和恤礼。其中，丧礼是指哀悼、纪念死者的礼仪及处理殡葬祭奠等事宜时应遵守的礼仪；荒礼是指某一地区或某一国家遭受饥荒、疾疫等时，君主与群臣采取减膳减用、停止娱乐等措施以示体恤的一种礼仪；吊礼是指同盟国遇有死丧或水火灾祸时，进行吊唁、慰问的一种礼仪；裪礼是指同盟国发生祸难、出现重大财产损失时，凑集钱财物品以相救助的礼仪；恤礼是指同盟国遭受外侮或内乱时，派遣使者前往慰问、救济的礼仪。

荀子曰："人无礼则不立，事无礼则不成，国无礼则不宁。"礼仪是整个社会文明形成的基础，也是社会文明最直接、全面的表现。一个社会如果缺乏礼仪，或礼仪标准不规范甚至互相矛盾，就不可能成为一个和谐的社会。因此，我们必须正确认识、继承和发扬传统礼仪文化，从而建立适合中国当代社会的礼仪文化体系，构建和谐稳定的社会。

思考训练

一、填空题

（1）礼仪的本质是_____，需要发乎内而形于外，只有自觉自愿、发自内心地尊重他人，那些外在的行为和仪式才具有意义。

（2）_____是中国最早的关于礼的文献，它与_____《礼记》合称"三礼"。

（3）古代男子的成年礼称_____，一般在_____岁举行；古代女子的成年礼称_____，一般在_____岁举行。

（4）中国古代的"五礼"指的是_____、_____、_____、_____、_____。

（5）在行走过程中，古人常行"_____"，即地位低的人在地位高的人面前走过时，一定要低头弯腰，小步快走，以示尊敬。

二、选择题

（1）"拱手而立"表示对他人的尊敬，一般来说，男子行拱手礼时应该（　　　）。

　　　　A．左手在外　　　　B．右手在外　　　C．左右手合十　　　D．以上都行

（2）在稽首、顿首、空首三种跪拜礼中，头不至地的是（　　　）。

　　　　A．稽首礼　　　　　B．空首礼　　　　C．顿首礼　　　　　D．空首礼和顿首礼

（3）下列选项中，不属于敬称的是（　　　）。

　　　　A．令爱　　　　　　B．高寿　　　　　C．老朽　　　　　　D．奉陪

（4）下列选项中，属于"吉礼"的是（　　　）。

　　　　A．大师之礼　　　　B．恤礼　　　　　C．冠礼　　　　　　D．宗庙祭礼

（5）婚礼属于中国古代"五礼"当中的（　　　）。

　　　　A．嘉礼　　　　　　B．吉礼　　　　　C．宾礼　　　　　　D．军礼

三、简答题

（1）关于礼仪的起源，具有代表性的说法有哪几种？

（2）礼仪的基本特征是什么？

（3）"嘉礼"主要包括哪些内容？

（4）你还知道哪些传统礼仪，与同学们分享、交流。

专题三

汉字文化

学习目标 📖

1. 了解汉字的起源与演变，以及汉字形体所反映的文化信息。
2. 掌握汉字的造字法，了解常用汉字部首表示的意义。

文化视窗 🪭

纵观历史，人类五大文明发源地均有自己的文字。时至今日，古埃及圣书字、两河流域楔形文字和美洲玛雅文字都早已废止，印度梵文也早已不是社会通用文字，仅限于学者研究使用。唯有中国的汉字自诞生起一直沿用至今，展现出非凡的生命力。汉字是中华民族灿烂文化的重要组成部分，它承载着中华民族深远的文化记忆，是中华文化繁荣发展的重要条件。

一、汉字的起源

汉字是目前世界上唯一仍在使用的表意文字，它记录了中华民族五千多年的历史进程，是中华优秀传统文化的重要载体。关于汉字的起源有多种说法，其中具有代表性的有以下四种。

汉字魅力

（一）结绳记事说

结绳记事是古人用以帮助记忆的方法。东汉郑玄注《周易》曰："事大，大结其绳，事小，小结其绳。"《周易·系辞下》有言，"上古结绳而治，后世圣人易之以书契"，即认为汉字起源于上古的"结绳而治"。不过，结绳记事虽具有传达简单信息的功能，但无音无形，不能确切地记录语言。因此，它不仅有别于文字，也不可能直接发展成为文字。

（二）伏羲画卦说

伏羲画卦说认为汉字起源于伏羲所画的八卦图。《尚书·序》记载："古者伏牺氏之王天下也，始画八卦，造书契，以代结绳之政，由是文籍生焉。"意即伏羲氏用画八卦的方法代替了结绳记事，由此产生了文字。后人以伏羲氏为人文始祖，便将汉字的起源与伏羲画卦联系起来。八卦虽有形，其意义只是大致的事类，无法记录社会上千差万别的事物。所以，八卦不过是上古先民一种原始的记事符号，而不是文字。

（三）仓颉造字说

《说文解字·叙》中指出："黄帝之史仓颉，见鸟兽蹄远（háng）之迹，知分理之可相别异也，初造书契。"意思是仓颉在野外的泥地上看到鸟兽足迹，从其纹理中得到启发，开始创造汉字。历代研究文字的学者较为一致地认为：汉字数量繁多，不可能出自一人之手。不过在汉字形成过程中，例如早期的搜集整理阶段，某个人曾经起过特别重要的作用，则是有可能的。仓颉或许就起过此种作用。

（四）图画符号说

其实，汉字的起源，最早应当是原始社会的图画和象形符号。古代先民将日常事物用图画的形式呈现出来，以帮助记忆、表达思想。古文字研究学家认为，这种图画是现实生活的再现，具有独立说明的作用，且不同的图画可以区分不同的信息。当表示某一意义的图画经过了多次重复的信息传递，与这一意义建立起相对固定的联系时，它就具有了图画文字的性质。这种图画可以看作是汉字的雏形，在一些考古发掘和历史遗迹中，人们发现了许多这种图画。例如，在距今约八千年的河南贾湖的龟甲上刻有类似甲骨文的符号；在距今约七千年至五千年的仰韶文化遗址出土的彩陶上描绘着鱼、蛙、鸟、鹿等类似文字雏形的图画；在距今四千多年的龙山文化时期的灰陶大平底盆残片上，刻有十一个笔画流畅、排列规则且有一定章法的符号，后被称为"丁公陶文"（见图3-1）。这说明在甲骨文产生之前，汉字经历了漫长的原始文字阶段。

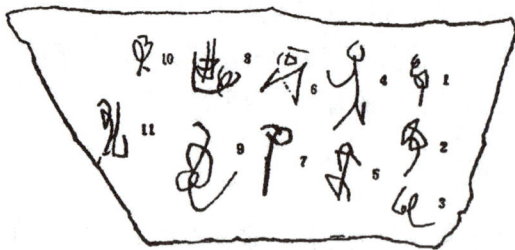

图 3-1　丁公陶文摹写图

课堂互动

你知道上图这些符号分别表示什么含义吗？请与同学们讨论、交流，探索其中深意。

二、汉字的演变

如今我们所能见到的最早的成系统的汉字是商朝的甲骨文，此后数千年间，汉字的形体结构发生过多次变化，形成了多种字体。在各种字体中，甲骨文、金文、小篆、隶书、草书、行书、楷书等是具有代表性的正式通用字体。

汉字演变时间轴

1. 甲骨文

甲骨文（见图3-2）又称"龟卜文""契文""殷契"等，于商代后期王都的遗址——殷墟（今河南安阳西北小屯村）中被发现，是一种占卜记录。商代人们信鬼神、重祭祀，做事之前常占卜。占卜时，人们会在龟甲或兽骨上刻上向鬼神请问的文字，然后对其进行炙烤，再根据其上的裂纹来预测吉凶。这种刻凿在龟甲或兽骨上的文字就是甲骨文。

2. 金文

金文（见图3-3）是铸刻在钟、鼎等青铜器上的文字，又称"钟鼎文"。它应用于商代末期到秦代之前，主要记录了典祀、战争、册封、训诰、律令、盟约等内容，反映了当时的社会生活。金文的出现稍晚于甲骨文，但与甲骨文在较长时间内是并行的，是甲骨文的继承和发展。金文本质上仍然是一种象形文字，不过其结构趋于定型，异体字相对减少，讲究字形美感，比甲骨文更成熟。

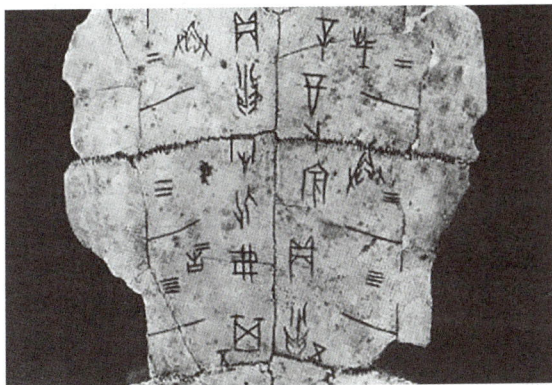

图3-2　殷墟甲骨文

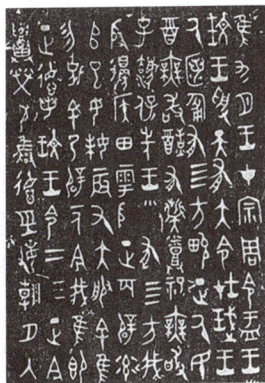

图3-3　西周金文《大盂鼎》拓本局部

3. 小篆

秦始皇统一六国后，为了满足国家政治、经济、文化发展的需要，采纳丞相李斯的建议，实行"书同文"的政策，整理秦国使用的文字，将小篆作为唯一的官方文字。相比之前的文字，小篆（见图3-4）的象形性减弱，符号性增强，构件和笔画趋于线条化，且逐渐开始定型，异体字数量缩减。这在一定程度上减少了汉字认读和书写方面的困难。

图 3-4　秦代小篆《峄山刻石》拓本局部

4．隶书

汉代，隶书（见图 3-5）取代小篆成为主要字体。隶书的出现是汉字演变史上的一次革命性变化，它彻底打破了小篆以前古文字形体的表意性，将汉字变成了横、竖、撇、捺、点、勾等笔画的组合，实现了汉字书写的笔画化，从此汉字失去了象形性，变成了一般文字符号。同时，隶书还对汉字进行了结构定型，为楷书的出现打下了基础，是古文字和今文字的"分水岭"。

5．草书、行书和楷书

随着人们对书写便捷性的要求不断提高，汉代出现了章草，后又演变成今草，今草进一步发展，则形成了笔势连绵、字形变化繁多的狂草。楷书（见图 3-6）起源于汉代，由隶书演变而来，具有形体方正、笔画平直的特点。行书介于楷书和草书之间，通常近于楷书的行书称"行楷"，近于草书的行书称"行草"。

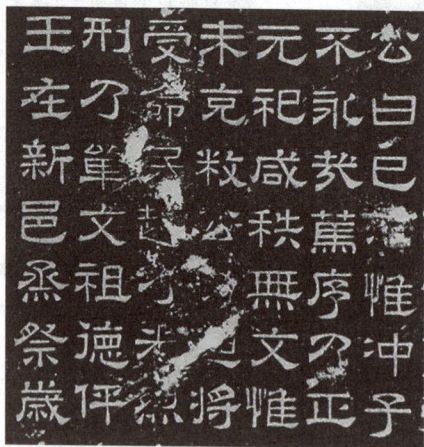

图 3-5　东汉隶书《熹平石经》拓本局部

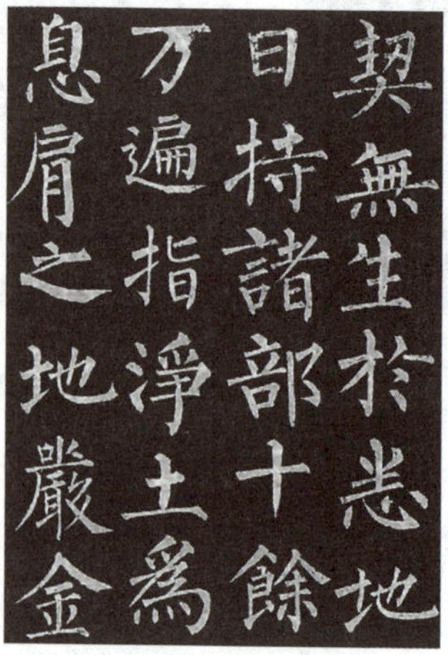

图 3-6　唐代楷书《神策军碑》拓本局部

三、汉字的结构

为了分析汉字结构，汉代学者提出了"六书"之说，这是最早的关于汉字构造的系统理论。东汉人许慎在其著作《说文解字》中运用这一理论分析了九千多个汉字的形体，并探求其本义，许慎把"六书"称为"指事、象形、形声、会意、转注、假借"。六书的具体内容如下。

1. 象形

《说文解字》载："象形者，画成其物，随体诘（jié）诎（qū），日、月是也。"象形字是由原始绘画再经图形符号演变来的，即依照物体的轮廓外形，用弯曲的线条画出其形状。许多描述具体事物的单音节字都属于象形字，如"日""月""虎""丁"等字就是模仿了日之形、月之态、虎之姿、丁之状（"丁"本义是钉子，下图中的小篆字形，上大下尖，酷似钉子形状），如图 3-7 所示。

图 3-7 象形字日、月、虎、丁

2. 指事

《说文解字》载："指事者，视而可识，察而见意，上、下是也。"指事是一种用抽象的指示符号来表达语言中某种概念的造字方法。指事字的构成有两种情况：一种是在象形字上添加指示符号，如"刃"字，是在"刀"的锋利处加一点作为指示符号，表示刀刃；另一种是由纯抽象符号组成，如"上""下"是在弧线的上方或下方用一小横来指示方位，从而表示字义，如图 3-8 所示。

图 3-8 指事字刃、上、下

3. 会意

《说文解字》载："会意者，比类合谊，以见指㧑（huī），武、信是也。"会意是把意义上能发生联系的两个或两个以上的字合并在一起，并通过它们字义的结合派生出新的字义。因此，会意字多为合体字。例如，"莫"是"暮"字的初文，由"日"和"茻"（mǎng，表示众多草木）两部分组成，用日落于草丛之中来表示"日暮"义；"人"字和"言"字合并成"信"字，意思是人言而有信，如图 3-9 所示。

图 3-9　会意字莫（暮的本字）、信

4. 形声

《说文解字》载："形声者，以事为名，取譬相成，江、河是也。"形声字通常由两部分构成，一部分是表示意义或字义的属类，叫形符或形旁；另一部分表音，叫声符或声旁，两者相合而成形声字。声旁与该字读音相同或相似。这类字多为后起字，占汉字的绝大多数，例如"湖"的形旁是"水"，声旁是"胡"，其字义和水有关，读音与"胡"相同；"梅"字的形旁是"木"，声旁是"每"，其字义与树木有关，读音与"每"相近，如图 3-10 所示。

图 3-10　形声字湖、梅

5. 转注

《说文解字》载："转注者，建类一首，同意相受，考、老是也。"关于转注的解释很多，其中较为常见的说法是，同一类的事物用同一部首，同一部首中的字，意义可以相互解释，同时又有声音上的关系。例如"老"和"考"同属"老"部，它们在古代都表示年纪大的意思，可以互为注释。

6. 假借

《说文解字》载："假借者，本无其字，依声托事，令长是也。""假"是借的意思，假借是指借一个已有的字来表示语言中与其读音相同或相近的字。例如"令"原为接受命令之义，后借用为县令的"令"；"然"本是烧的意思，后被然后的"然"借用，人们为了更好地表达烧的意思，就将"然"字加了一个火字旁，即"燃"，用来表示原来的意思。

严格地说，"六书"中的象形、指事、会意、形声属于造字法，而转注和假借属于用字的方法。

知识链接

汉字部首表示的意义

偏旁是合体字的构字部件，主要包括形旁和声旁两类。部首是表意的偏旁，不同的部首能表示不同的意义，同一部首也可以表示多个意义。

1．口部

口的本义是嘴，口部字表示的意义大多与口密切相关，主要有以下几种类型。一是与口有关的器官，如"嘴""喙""喉"等；二是与口有关的动作行为，如"嚼""啃""咬""唱""问""唯（答应）"等；三是与口有关的象声词，如"喈""呱""呦（鹿鸣声）""喔"等。

2．心部

心的本义是心脏，古人认为心是思维的器官，并由此引申出意念、感情、性情、思虑、谋划等意义，心部字主要可以分为性和情两类。性类的字与人的德性和品质有关，如"忠""恭""慈""愚""怠""惰""懦"等；情类的字与人的心理活动有关，如"怨""怒""恐""恨"等。心部偏旁可以写作"心""忄""小"。

3．页部

页本义是头，页部字的意义多与头、面有关，如"顶""额""颊""颈""领""项"等，还可以表示头部动作，如"顾（回头看）""顿（磕头）""颇（本义是头偏）"等。

4．肉部

肉本义是供食用的动物肉，又是人的肌肉、脂肪和皮肤的统称，后引申为蔬菜瓜果的可食部分等意义。肉部偏旁有三种写法：① 写作"肉"时，一般放在字的下部，如"腐"。② 写作"月"时放在字的左边或下部，如"肚""肥""腥""膳（本义是备办伙食，一般指上等的肉）""背""膏（本义是脂肪）"等。③ 变写为"夕"，俗称"斜肉旁"。如"祭"，是手（又）持肉（夕）祭拜的象形。此外，现代的肉部写作"月"时容易与日月的"月"混淆，一方面，我们可以从意义上来加以辨别，如明、朝、朔、期等字和天文时令有关，部首便是日月的"月"；另一方面，从部首的位置上看，表肉部的"月"一般在字的左边和下部，表天文时令的"月"则一般放在字的右旁。

四、汉字形体反映华夏文化

汉字是记录生活、传递信息的重要媒介。汉字形体复杂，与其所表达的意义关系极其密切。透过汉字形体结构，我们可以了解它所承载的丰厚文化信息。

（一）工具使用、制造情况

石器的使用是划分原始社会发展阶段的重要标志，旧石器时代主要使用打制石器，新时期时代则使用磨制石器。例如，"斤"像曲柄斧之形，其尖部的箭头表示斧刃锋利，本义是斧子，后引申为砍伐。

早期的绳子可能是没有经过加工的藤蔓植物或树皮，后来人们才发明了由多股材料绞纠一起的绳索。例如，"丩"（jiū）像绳股相互纠绞之形，现在的"纠"字即该形体添加绞丝旁形成的，又引申为缠绕、聚合、纠正等义，如图3-11所示。

图3-11 反映工具使用、制造情况的汉字斤、丩

（二）家族情况

汉字虽然不一定产生于母系社会，但我们可以根据汉字形休探究母系社会向父系社会过渡时期的家族情况，如图3-12所示。

"宾"是个会意字，下部的"止"表示客人到来，上部的"女"表示女性接待客人，这反映出母系社会中女性地位的尊贵。当时农业尚不发达，渔猎所得也不稳定，女性主要从事的采集工作是人们食物的主要来源，同时女性的生育能力决定了氏族成员的多寡，而氏族成员的多寡决定了氏族的力量和生存能力。

"父"像手持石斧之形，本是"斧"字的初文。在石器时代石斧是非常重要的劳动工具，多由男子使用，所以"父"由指称石斧逐渐演变成称呼使用石斧之人，最初是男性成年人的通称，后来专指自己的生父。现代汉语中，人们称与自己父亲同辈的男性为伯父、姑父、舅父等，从此称呼中可以看出"父"作为上古先民对长一辈男性成年人通称的印记。

图3-12 反映家族情况的汉字宾、父

（三）居住情况

远古时期没有房屋，人们只能自然而居。受南潮北干的气候因素影响，南方人多巢居，即住在树上；北方人则多穴居，即住在洞穴里。后来人们学会利用自然资源建造房屋，南方人多住进了干栏式建筑（简称"干栏"，即由若干木桩支撑的悬空纯竹木结构房屋，如苗族的吊脚楼），北方人则住进木骨泥墙的地面建筑中。我们可以从汉字的形体中窥见传统居住文化的特色，如图3-13所示。

"高"像干栏式建筑之形，上为人所居之室，下为木桩。由于干栏高于一般房屋，"高"后来引申为高低的高。

"向"像一座房子之形，表示半穴居房子的地面部分。其构件"口"表示在墙壁上开了一个窗户，本义是"朝北的窗户"，如"塞向墐户"即堵塞朝北的窗户，以防止寒风侵入。

"邑"上面是一个代表围墙的方框,下面为双膝跪地的人形,本义是人聚居的地方,在城市出现后便表示城邑。由"邑"字变形而来的部首一般出现在字的右边(即右耳刀),汉字中由右耳刀组成的字大多与城镇、地名有关,如邦、都、郭、郡、鄙等。

图 3-13 反映居住情况的汉字高、向、邑

(四)饮食、烹饪情况

野生水果是原始社会人们的重要食物来源之一,所以"果"字很早就被造出,像果实长在树上之形,后引申为结果、成就等义。

"酒"最初写成"酉",像酒樽之形,内部二横表示樽内有酒。后来"酉"用作干支名称,就增水旁做"酒"来表酒的含义。

再者,人类会使用火后,便用火烧、烤食物,如"炙"字为肉放在火上烤,表示烤肉义。之后,人们又发明了煮、蒸等烹饪方法,如"鼎"字上端是鼎的双耳,中间是腹部,下面是三足,其本义是用作烹煮食物的炊具,如图 3-14 所示。后来"鼎"发展成统治阶级表示尊严的庙堂礼器。而且这种礼器只有国君才可拥有,是政权的象征。

图 3-14 反映饮食、烹饪情况的汉字果、酉、炙、鼎

(五)服饰情况

衣服从古至今是人们必不可少的生活用品,我国的服饰丰富多样,许多汉字能够鲜明地反映我国古代的服饰文化,如图 3-15 所示。

图 3-15 反映服饰情况的汉字衣、初、裘、美

"衣"像上衣之形,从功能上来看,衣穿在身上,盖于体表,所以包在物体表面一层的都可以叫衣,如糖衣、炮衣等。

"初"左边是"衣",右边是"刀",意思是用刀裁衣服,表示"作衣之初",后万事的开始都叫"初",引申指最早的、本来的、第一次,如初文、初犯等。

"求"像毛向外的衣形，有袖和领口，其本义是皮衣，后加"衣"写成"裘"。

"美"像一个正面人形头戴羊角或羽毛头饰，表美丽之意。

（六）交通情况

在原始社会，人们没有任何交通工具，出行只能依靠徒步。随着社会的发展，各种交通工具相继被发明和使用，这反映出人们出行方式的变化，有些汉字便反映了此种情况，如图3-16所示。

"步"像两脚一前一后行走之形。其本义就是行走，后引申为步伐。

"走"像人摆动双臂奔跑之形，下面是一个"止"字，表示跑时一脚着。所以"走"的本义是跑。经过汉语词义转移，"走"逐渐变成行走之义。

"舟"像木板小船之形，竖画微曲表示翘起的船头，横画表示链接两侧船舷的横木及座板。由此可见，原始社会时期的人们已经使用船作为交通工具了。

"车"像车的两轮、轴、辕、衡之形，大概是夏商时代的车子形制。

图3-16　反映交通情况的汉字步、走、舟、车

（七）社会经济情况

母系社会人们生产、生活的重要特征是以采集和渔猎为主，有些汉字便反映了此种情况，如图3-17所示。

"采"像覆手（爪）于木（树）上摘取果实之形，本义是摘取。采集主要由妇女担任。

"射"的金文像用手拉弓弦而欲射之形。由于其部首"弓"的小篆讹变成"身"字，"又"和"寸"形近义通，故今楷化作"射"。弓箭的发明大大提高了狩猎效率，使渔猎经济进入了一个新的发展阶段。

旧石器末期，人们从野生禾谷中选育农作物品种来进行耕种，由此开始了农业生产。如"年"像人扛着成熟稻谷之形。《说文解字》云："年，谷熟也。"由于稻谷成熟是一年一次（新石器时期没有两季作物），因此"年"又有一年之义，后引申为年代、岁月、年岁、寿命等。

图3-17　反映社会经济情况的汉字采、射、年

（八）阶级、国家情况

父系氏族代替母系氏族后，父权逐渐上升，男性部落酋长制或部落联盟随之出现，阶级也逐渐产生。这个时期的土地、森林、河流等是公社财产，房屋、家畜、工具、日用器皿等属于个人私有，有些汉字便反映了此种情况，如图 3-18 所示。

阶级出现后，奴隶主为了维护自己的统治地位，制定了刑罚。例如，"辛"像施黥刑（用墨在脸上刻记号）曲刀之侧视形，本是刑具。奴隶身上被刺自然会非常痛苦，故"辛"又引申为酸痛、悲痛、辛苦等义。

"或"从口（像城墙形）从戈（以戈守之），表示用武器保卫国家，是"国"的初文，本义是国家。现代汉语中用作代词、副词、连词、助词等的都是其假借义。

图 3-18　反映阶级、国家情况的汉字辛、或

以文培元

观看汉字节目，感受汉字魅力

《神奇的汉字》是一档全民汉字挑战节目。第一季内容充实，形式丰富，既有干货满满的汉字知识和详细生动的汉字讲解，又有趣味十足的汉字游戏和紧张激烈的汉字文化比赛，深入浅出地阐释了汉字文化。同时，节目还通过对汉字的追本溯源，研究汉字的字形、字义、字音、字源，让人们更加了解凝聚着中国文化精魂的一笔一画。第二季与中国历史紧密相连，以国学知识为依托，深度解读了汉字的魅力。该节目在出题形式上有所创新，将历史、国学、艺术、时尚等领域的元素融入其中，巧妙地引出对汉字历史的深层剖析。

请课后观看《神奇的汉字》节目，感受汉字魅力，并参考该节目，举办一场"神奇的汉字"班级活动。

思考训练

一、填空题

（1）汉字的起源有许多说法，其中具有代表性的有＿＿＿＿＿＿＿＿＿、＿＿＿＿＿＿＿＿＿、＿＿＿＿＿＿＿＿＿、＿＿＿＿＿＿＿＿＿四种。

（2）金文是铸刻在钟、鼎等青铜器上的文字，又称"＿＿＿＿＿＿"。

（3）行书介于楷书和草书之间，通常近于楷书的行书称"_____"，近于草书的行书称"_____"。

（4）《说文解字》载："_____者，画成其物，随体诘诎，日月是也。"

（5）《说文解字》载："_____者，以事为名，取譬相成，江河是也。"

二、选择题

（1）如今我们所能见到的最早的成系统的汉字是（　　）。

    A．金文　　　　　　B．甲骨文　　　C．隶书　　　　　D．小篆

（2）秦始皇统一中国后，将全国文字统一成了（　　）。

    A．楷书　　　　　　B．大篆　　　　C．隶书　　　　　D．小篆

（3）（　　）对文字进行了结构定型，是古文字和今文字的"分水岭"。

    A．楷书　　　　　　B．行书　　　　C．隶书　　　　　D．草书

（4）下列各组字属于同一种造字法的是（　　）。

    A．日　暮　　　　　B．上　下　　　C．刃　梅　　　　D．炙　虎

（5）下列选项中属于会意字的是（　　）。

    A．信　　　　　　　B．湖　　　　　C．丁　　　　　　D．本

（6）下列选项中能够反映我国居住文化的汉字是（　　）。

    A．果　　　　　　　B．鼎　　　　　C．求　　　　　　D．高

三、简答题

（1）汉字的形体演变主要经历了哪几个阶段？

（2）举例说明你对"六书"的理解。

（3）举例说明汉字形体所反映的传统文化。

专题四

饮食文化

学习目标

1. 了解中国食文化的发展历程及特点，饮食中的文化体现，以及主要菜系。
2. 了解茶的种类及特点，理解茶道的精神内涵。
3. 了解酒文化在礼仪、诗歌等方面的体现。

文化视窗

中国饮食品类丰富、膳食繁盛、烹饪技艺精湛，处处体现着中华文化的精要，是中华民族的绚丽瑰宝。其味无穷的佳肴、沁人心脾的茶香和醉彻日月的酒韵将中国饮食文化演绎得多姿多彩、尽善尽美，构成了一道道亮丽的文化风景线。

一、中国食文化

（一）中国食文化的发展历程

中国食文化历史悠久，是中国传统文化的重要组成部分。有巢氏时期，人们处于茹毛饮血的生食阶段。燧人氏时期，人们利用钻木取火的方式炙烤食物，进入熟食阶段。伏羲氏时期，人们学会了渔猎、蓄养，能够获得更多食材，饮食也逐渐丰富起来。神农氏时期，人们发明了陶器，开始蒸煮食物，烹饪技术得到突破性发展。黄帝时期，人们发明了灶和甑（zèng，即蒸锅）（见图4-1），"蒸谷为饭、

图 4-1　双耳甑

烹谷为粥"表明人们会用烹制方法区别食品。同一时期，人们还发现了盐，从此便有了烹调之说，中华民族饮食文化得到进一步发展。

夏商周时期是中国饮食文化的成形时期，此时人们的食物以谷物、蔬菜为主，烹饪技术日益精湛。烹饪鼻祖伊尹对饮食调味的精深研究催生出各种各样的肴馔美味。春秋时期，

孔子提倡的"食不厌精，脍不厌细"成为对后世影响极大的饮食理论。

秦汉时期，中（中原）西（西域）饮食文化的交流促进石榴、芝麻、葡萄、黄瓜、核桃、大蒜等果蔬和一些烹调方法的引入，并促进了许多新菜品的产生，如炸油饼、烧饼等，极大地丰富了人们的饮食。此外，当时人们对健康、长寿的追求也促进了食疗理论的发展。

唐宋时期，国富民强的社会环境使饮食文化达到高峰，主要表现在宴饮场面奢侈、菜品种类极其丰富、拼摆技艺水平高超等方面，其中最具代表性的是烧尾宴。

释疑解惑

> 烧尾宴是指新官上任或官员升迁时，招待前来恭贺的亲朋同僚的宴会，是极尽奢华的唐代五宴（探春宴、裙幄宴、曲江宴、船宴和烧尾宴）之一。

明清时期是饮食文化发展的又一高峰，它在继承唐宋食俗的同时，融合了满蒙饮食习惯，人们的饮食结构发生了很大变化。精美绝伦的"满汉全席"代表了清代饮食文化的最高水平。

（二）中国食文化的特点

中国食文化的特点主要体现在以下几个方面。

第一，在食材选取上，中国食文化强调自然、新鲜和健康，食材种类丰富多样，其中以植物性的烹饪原料为主。主食五谷，辅以蔬菜，外加少量肉食。

第二，在烹饪方式上，中国菜肴以煎、炒、烹、炸而成的热食、熟食为主。古人认为"水居者腥，肉攫者臊，草食者膻"，热食、熟食可以"灭腥去臊除膻"。同时，我国的烹调技法以式样众多、精妙考究、特色鲜明闻名于世，令人惊叹。

第三，在饮食方式上崇尚聚食制。从考古发掘中可见，古代炊间和聚食的地方是统一的，炊间在住宅的中央，上有天窗出烟，下有篝火，厨子在火上做饭，就食者围火聚食。聚食制的饮食方式反映了我国对血缘亲属关系和家族观念的重视。

第四，在食具方面主要使用筷子。筷子一般由竹子制成，在古代被称为"箸"或"筯"。早在殷商时期，古人就已经使用筷子进食了。

（三）中国饮食的文化体现

中国饮食文化博大精深，内涵丰富，在中国传统文化中占有重要地位。在长期的发展过程中，饮食早已超越了维持人们生存的基本功能，成为满足人们精神需求、丰富人生体验的重要方式。

1. 注重审美体验

中国饮食非常注重审美，寄寓了人们的审美情趣、审美理想，这主要表现为人们对味美、色正、形佳、器精的追求。

味美是食物的基本要求，也是菜肴的灵魂。中国饮食讲求甜、酸、苦、辣、咸五味调和，注重食物的本味、熟味、调和味的互相补充、互相渗透。美味的食物不仅会使人食欲大增，也能给人带来极大的精神享受，有益于身心健康。

中国菜肴非常注重色彩效果，讲究食材原料本色、作料颜色的有机搭配，给人以赏心悦目的视觉美感。

中国菜肴还注重菜品的外形带来的装饰美感，如用西瓜、萝卜等雕刻出栩栩如生的人物、花卉、虫鱼等造型，能使菜品展现出艺术品般的精美之感。

中国饮食器具种类繁多，包括质朴的彩陶、清雅的瓷器、庄重的铜器、秀逸的漆器、华丽的金银器、剔透的玻璃食器等。精美的食器与色香味俱佳的菜肴相得益彰，呈现出一种和谐之美。

2．讲究养生之道

儒家认为"凡饮，养阳气也；凡食，养阴气也"，饮食是人们生存与保持健康的必要条件之一。中国传统饮食追求合理膳食、以食养生，即膳食不仅要为人们提供足够的热量和所需的营养，还要注重各种营养素之间的比例平衡。再者，中国传统饮食还讲求适量原则，忌暴饮暴食；讲究"天以五气养人，地以五味养人"，即人要根据地域特征和时令变化适当调整饮食，以保持身体强健。

3．融入人文内涵

中国传统饮食与人们生活的各个方面密切相关，展现出多姿多彩的人文景观，其中具有代表性的有以下几个方面。

时令荐新——追先祭祖。中国人在饮食上喜尝新，即品尝新收获的果实，享受自然的恩赐。在尝新的同时，古代还有"荐新"的习俗，即用时令新物祭祀祖先，通过这个方式追思先人。"荐新"是中华民族非常悠久而厚重的人文传统。

年夜饭、月饼（见图4-2）——怡悦亲情。中国传统节日的饮食能营造出浓厚的团圆、和谐气氛，是传统家庭观念的一种体现。例如，除夕之夜全家老少围坐一堂，品尝年夜佳肴，其乐融融；中秋之夜阖家团圆，赏月抒怀，品赏月饼，尽享团聚之乐。

百家饭、七家米——和睦邻里。俗话说"远亲不如近邻"，古代有搜集"百家饭""七家米"的食俗。夏至之日，乡邻们会互相集饭，邻里关系因此而更亲近。江苏无锡人则是集合七家米为饭，互祝平安。

重阳糕（见图4-3）、百事大吉盒——寄托情愫。中国人常借节日的饮食活动来抒情、畅怀、言志，表达对美好生活的向往和追求。例如九九重阳节，人们要游宴登高，以畅秋志，吃重阳糕，糕谐音"高"，寓意吉祥、步步登高。再如，春节时，人们会将荔枝、龙眼、桂圆、红枣、花生等盛满一盒供食用，称之为"百事大吉盒"，以此寄托人们对诸事如意的美好祈愿。

图 4-2　月饼

图 4-3　重阳糕

（四）中国八大菜系

中国菜肴流派众多，其中影响最大、最具有代表性的当数鲁菜、川菜、苏菜、徽菜、湘菜、浙菜、闽菜和粤菜，俗称"八大菜系"。

1. 鲁菜

鲁菜起源于山东，是历史悠久、技法丰富、比较凸显烹饪功力的菜系。鲁菜以鲜咸、味醇、清香而著称；重视火候，善于制汤，海鲜菜尤见功力；装盘丰满，造型大方，菜名朴实。代表菜品有九转大肠（见图 4-4）、鲅鱼水饺、八仙过海闹罗汉、德州脱骨扒鸡、泰安豆腐、博山烤肉等。

鲁菜

2. 川菜

川菜是有"天府之国"美誉的四川在丰富的物产条件基础上所形成的独特菜系，具有浓郁的地方特色。川菜品类丰富，味道多样，选料广泛，粗料精做，菜式的适应性强；口味清鲜与醇浓并重，以麻辣著称，素有"食在中国，味在四川"之誉；雅俗共赏，居家饮膳色彩和平民生活气息浓厚。代表菜品有夫妻肺片（见图 4-5）、毛血旺、宫保鸡丁、水煮肉片、麻婆豆腐、峨眉雪魔芋等。

图 4-4　九转大肠

图 4-5　夫妻肺片

3. 苏菜

苏菜即江苏菜，以扬州、淮安、南京、苏州等地的地方菜为主，因此又被称为"淮扬菜"。苏菜的总体特点是选料严谨，制作精细，注重配色，讲究造型，菜肴四季有别。烹调方法以炖、焖、蒸、烧、炒为主，并重视调汤，讲求原汁原味；口味清鲜，肥而不腻，淡而不薄，酥烂脱骨而不失其形，滑嫩爽脆而不失其味。代表菜品有松鼠鳜鱼（见图4-6）、清炖蟹粉狮子头、三丝鱼卷、凤尾虾、霸王别姬、蟹黄鱼肚、彭城鱼丸、文思豆腐、金陵盐水鸭等。

4. 徽菜

徽菜即徽州菜，擅长烹调山珍野味，精于烧炖、烟熏和糖调，重油重色；注重刀工与火候，山乡风味浓郁。代表菜品有腌鲜鳜鱼（见图4-7）、毛峰熏鲥（shí）鱼、火腿炖甲鱼、无为熏鸡、八公山豆腐、黄山炖鸽等。

图 4-6　松鼠鳜鱼

图 4-7　腌鲜鳜鱼

5. 湘菜

湘菜即湖南菜，其特色是以水产品和熏腊原料为主体，多用烧、炖、腊、蒸等烹调方法；口味上偏重鲜咸香辣，油重色浓，姜豉突出。代表菜品有湘西外婆菜（见图4-8）、冰糖湘莲、剁椒鱼头、辣椒炒肉、金鱼戏莲、永州血鸭、东安鸡、腊味合蒸等。

6. 浙菜

浙菜即浙江菜，是以杭州、宁波、绍兴和温州四地风味为代表的地方菜系。浙菜注重原味，鲜咸合一；擅长调制海鲜、河鲜与家禽，富有鱼米之乡风情；形美色艳，典故传闻多，饮食文化的格调较高。代表菜品有荷叶粉蒸肉（见图4-9）、西湖醋鱼、东坡肉、龙井虾仁、西湖莼（chún）菜汤、嘉兴肉粽、油焖春笋、冰糖甲鱼等。

图 4-8　湘西外婆菜

图 4-9　荷叶粉蒸肉

7. 闽菜

闽菜即福建菜，以福州、闽南、闽西三地的地方菜为主。闽菜以烹制海鲜而著称，口味清鲜、爽淡，尚甜酸，且汤菜居多，作料奇异，有"一汤十变"之誉。代表菜品有佛跳墙（见图4-10）、龙身凤尾虾、七星丸、烧橘巴、梅开二度、福州鱼丸、漳州卤面、海蛎煎、厦门沙茶面、荔枝肉等。

8. 粤菜

粤菜即广东菜，用料奇特而又广博，烹饪技法广集中西之长，趋时而变，勇于创新；口味随季节而变，通常夏秋时力求清淡，冬春时偏重浓醇；点心精巧，大菜华贵，有"食在广州"的美誉。代表菜品有白切鸡（见图4-11）、三蛇龙虎凤大会、金龙脆烤乳猪、红烧大裙翅、南海大龙虾、红烧乳鸽、煲仔饭、菠萝咕噜肉等。

图4-10　佛跳墙

图4-11　白切鸡

课堂互动

我国源远流长的乡土文化孕育出博大精深的饮食文化。请选择自己家乡具有代表性的传统美食，了解相关的典故、传说及做法，并与其他同学分享、交流。

二、中国茶文化

（一）茶的起源和传播

茶，古称"荼"，又称"茗""槚（jiǎ）""荈（chuǎn）"。远古时期，人们把茶当作一种药材，据《神农本草经》载，"神农尝百草，日遇七十二毒，得茶而解之"，这里的"茶"就是如今的"茶"。

世界茶文化发源于中国，早在秦代以前，我国四川一带已有饮茶习惯。秦汉时期，这一习惯由四川传播开来。唐宋时期，饮

中国茶文化的起源与传播

茶之风逐渐普及全国。公元805年，日本最澄和尚从长安（今陕西西安）将茶种带回日本，由此开启了日本的饮茶史。17世纪以后，中国的茶叶陆续传入南亚、欧美地区，使茶成为一种世界性的饮品。

（二）茶的种类

我国产茶历史悠久，茶区辽阔，茶树生长环境各异，品种繁多。根据茶叶采制、加工工艺的不同，我国的茶大致可以分为绿茶、白茶、黄茶、青茶、红茶和黑茶六大类。

1. 绿茶

绿茶是一种不经发酵的茶，其干茶色泽和冲泡后的茶汤、叶底皆以绿色为主调。科学研究结果表明，绿茶中保留的天然物质成分，对防衰老、防癌、杀菌、消炎等均有特殊效果，为其他茶类所不及。绿茶的代表品种有信阳毛尖（见图4-12）、西湖龙井、洞庭碧螺春、六安瓜片等。

2. 白茶

白茶是一种不经发酵、不经揉捻的茶，最早出现于宋代福建茶产区的贡茶园，因其外表满披白毫、如银似雪而得名。白茶性清凉，具有退热降火之功效。白茶的代表品种有贡眉（见图4-13）、白毫银针、白牡丹等。

3. 黄茶

黄茶是我国独有的茶类，属于轻发酵茶。黄茶在制作过程中加入了闷黄（在高温、高湿条件下对茶叶进行加工，从而使茶叶变黄）的工艺，因而具有色黄、汤黄、叶底黄的特点。黄茶主要产于湖南、湖北、四川、安徽、浙江和广东等地，代表品种有君山银针（见图4-14）、广东大叶青，北港毛尖、蒙顶黄芽、霍山黄芽等。

图4-12 信阳毛尖　　　图4-13 贡眉　　　图4-14 君山银针

4. 青茶

青茶又称"乌龙茶"，是一种半发酵茶。青茶制作精细，成品茶既有绿茶的鲜爽，又有红茶的浓醇，具有提神、消食、止痢、解暑、醒酒等功效。青茶主要产于福建、广东、台湾等地，代表品种有铁观音（见图4-15）、大红袍、冻顶乌龙等。

5. 红茶

红茶是一种全发酵茶，以适宜的茶树新芽叶为原料精制而成。红茶因其叶片、冲泡后的茶汤及叶底呈红色而得名。红茶的代表品种有祁红（即祁门红茶）（见图4-16）、滇红、宜红、金骏眉等。

6. 黑茶

黑茶是我国特有的茶类，属于后发酵茶，因为叶色多呈暗褐色而得名。其原料粗老，加工制造过程中堆积发酵的时间较长。黑茶的代表品种有云南普洱茶（见图 4-17）、湖南安化黑茶、四川边茶等。

图 4-15　铁观音 　　　　图 4-16　祁红 　　　　图 4-17　普洱茶茶饼

知识链接

中国十大名茶

1959年全国"十大名茶"评比会评出了中国十大名茶：西湖龙井、洞庭碧螺春、黄山毛峰、庐山云雾茶、六安瓜片、君山银针、信阳毛尖、武夷岩茶、安溪铁观音、祁门红茶。中国十大名茶代表了中国的茶叶品种与精湛的生产制作工艺，展现出中国独特的茶文化魅力。

其中，西湖龙井产于浙江杭州西湖周围的群山之中，属于绿茶。冲泡后香气清高持久，香馥若兰；汤色杏绿，清澈明亮；叶底嫩绿，匀齐成朵，芽芽直立，素有"色翠、香郁、味醇、形美"四绝之誉。

洞庭碧螺春产于江苏吴县（今属苏州）太湖洞庭山一带，属于绿茶。其外形紧结纤细，卷曲如螺，嫩绿隐翠。冲泡后茶叶徐徐舒展，清香幽雅，汤色碧绿清澈，叶底柔匀，饮后回甘，鲜爽生津。

黄山毛峰产于安徽黄山一带，属于绿茶。其外形细扁稍卷曲，状如雀舌，绿中泛黄，身披银毫。冲泡后汤色清碧带杏黄，香气持久似白兰，滋味醇甘，韵味深长。

庐山云雾茶产于江西庐山，最早是一种野生茶，后东林寺名僧慧远将其改造为家生茶，属于绿茶。庐山云雾芽肥毫显，条索秀丽，香浓味甘，汤色清澈，是绿茶中的精品。

六安瓜片产于皖西大别山茶区，尤以六安、金寨、霍山三县所产茶品最佳，因成茶呈瓜子形而得名，属于绿茶。六安瓜片是无芽无梗的茶叶，由单片生叶制成。其色翠绿，香清高，味甘鲜，耐冲泡，具有帮助消化、清热解毒等功效。

君山银针产于湖南岳阳洞庭湖中的君山，因其茶芽挺直，布满白毫，形似银针而得名，属于黄茶。冲泡后茶芽悬竖于汤中并冲升至水面，而后徐徐下沉，再升再沉，如此反复，最多可达三次，足称趣观。

信阳毛尖又称"豫毛峰"，产于河南信阳，因条索紧直锋尖，茸毛显露而得名，属于绿茶。信阳毛尖素来以"细、圆、光、直、多白毫、香高、味浓、汤色绿"的特点而饮誉中外。

武夷岩茶产于闽北武夷山一带，属于乌龙茶，茶树生长在岩缝之中。其外形呈弯条形，汤色橙黄清亮，香气带花、果香，叶底呈绿叶红镶边，滋味醇厚甘爽。武夷岩茶是中国乌龙茶中的精品，其代表品种有大红袍、白鸡冠、水仙茶、肉桂茶等。

安溪铁观音产于福建安溪，是我国著名的乌龙茶品种。制成的茶叶条索紧结，色泽乌润砂绿。冲泡后汤色金黄浓艳似琥珀，有天然馥郁的兰花香，滋味醇厚甘鲜，极富层次。

祁门红茶又称"群芳最""红茶皇后"，产于安徽黄山的祁门一带。祁门红茶条索紧细秀长，汤色红艳明亮，香气似果似兰，清鲜持久。

（三）中国茶道

1. 茶道的形成与发展

茶道是品赏茶的美感之道。中国茶道形成于中唐时期，陆羽是中国茶道的奠基人和煎茶道的创始人，被后人尊为"茶圣"。他的《茶经》论述了茶的性状、品质、产地、种植、采制、烹饮、器具等内容，是世界上第一部茶叶专著。茶道在宋元明清时期得到继承发展，并逐渐盛行。中国先后产生了煎茶道、点茶道、泡茶道三种形式。

2. 茶道的精神内涵

中国茶文化在几千年的发展过程中孕育出独特的茶道精神。它体现了我国传统文化所追求的高雅、和谐、尊礼尚德的精神境界，是中国茶文化的重要组成部分。中国茶道的精神内涵丰富多样，历来众说纷纭，其中"和、清、怡、真"为大众所广泛认可。"和"是指以和为贵，以茶会友，以茶待客，反映了中华民族素来崇尚的中庸之道，体现了茶道的和谐之美；"清"是指清洁、清廉、清心、清寂等，主要讲求人身体和心灵上的清净；"怡"是指怡情、养性，讲求在以茶悟道的过程中怡然自乐，得到精神上的怡悦，同时以茶养生；"真"是指真理、真诚，讲求在品茶中坦诚相待，沟通思想，领悟茶中蕴含的哲理。

3. 茶道的构成要素

茶道包括茶艺、茶礼、茶境、修道四大要素。茶艺是指备器、选水、取火、候汤、习茶的一套技艺；茶礼是指茶事活动中的礼仪规范；茶境是指茶事活动的场所、环境；修道是指通过茶事活动来怡情修性、悟道体道。

其中，茶艺是泡茶与饮茶的艺术，蕴含着深厚的历史渊源和丰富的文化内涵。中国是茶艺的发源地，由于茶叶种类多样，茶的冲泡方法、步骤、饮用方式等也不尽相同。泡茶与饮茶的过程大体上可以分为八个步骤：

（1）白鹤沐浴（洗茶），用开水洗净茶具并提高茶具温度。

（2）乌龙入宫（落茶），按一定比例放茶，如图4-18所示。

（3）悬壶高冲（冲茶），将开水冲入茶具使茶叶转动、露香。

（4）春风拂面（刮沫），用茶盖轻轻刮去漂浮的泡沫。

（5）关公巡城（倒茶），将茶水依次巡回注入各茶杯，如图4-19所示。

（6）韩信点兵（点茶），在茶水倒到最浓时，一点一点地滴到各杯中，使茶汤浓淡一致。

（7）赏色嗅香（赏茶），观赏杯中茶水颜色，拿起茶盖细嗅茶香。

（8）品啜甘霖（品茶），边啜边嗅，浅杯细饮。

图4-18　乌龙入宫

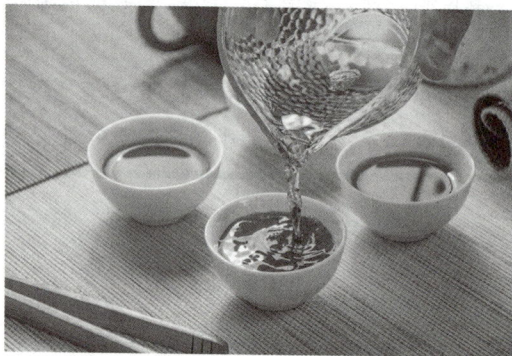

图4-19　关公巡城

此外，要想入口一杯好茶，精茶、真水、活火、妙器此茶艺"四要"是不容忽视的。精茶是指要靠感官品鉴茶的形、色、香、味，定出茶品优劣；真水是指泡茶的水要具备清、活、轻、甘、冽的特性；活火是指煮茶的火要用炭烧的活火；妙器是指品茶器具要精妙美观。

三、中国酒文化

在中华五千年的文明史中，酒渗透于社会生活的各个领域，不仅具有实用价值，还凝结了人们的物质生产和精神创作的精华，诠释了中华民族独特精彩的酒文化。

（一）酒德和酒礼

自古以来，人们在饮酒时都十分注重酒德。早在《尚书·酒诰》中就明确了酒德基本规范："饮惟祀"（只有在祭祀时才能饮酒）、"无彝酒"（不要经常饮酒，以节约粮食）、"执群饮"（禁止民众聚众饮酒）、"禁沉湎"（禁止饮酒过度）。

古人饮酒讲究以"礼"为要，以"令"为趣。古代的酒礼主要体现在祭祀与宴请活动中。祭必用酒，饮酒必祭，古人通过酒来表达敬天、敬地、敬神、敬祖先的意愿，除了对使用的酒有所要求以外，对酒的添加次数也有规定。祭祀活动中酒礼仪式的流程大致如下：祭祀的人在祭桌前肃立，双手举杯，默念祈祷；然后分三次将酒洒在地上，并保持杯中有所剩余；最后将剩余的酒在身前洒成半圆形，礼毕。古代宴会上的饮酒礼仪大致分为拜、祭、啐、卒爵四步，即先做出拜的动作，表示敬意；接着倒一点酒在地上，以祭谢大地生养之恩；然后浅尝酒味，并加以赞扬；最后举杯饮尽。

宾主之间也应饮酒依礼，敬酒有序。一般来说，主人先斟酒并向客人敬酒称为"献"；客人饮毕，再回敬主人称为"酢（zuò）"；主人将客人的敬酒饮毕又自饮后，再次斟酒回敬客人称为"酬"。客人之间相互敬酒称为"旅酬"，客人依次向他人敬酒称为"行酒"。敬酒时，双方都要避席起立。晚辈在长辈面前饮酒称为"侍饮"，通常要先行礼，再坐入次席。一般长辈命晚辈饮酒，晚辈方可举杯；若长辈酒杯中的酒尚未饮完，则晚辈不能先将自己酒杯中的酒饮尽。

（二）酒与诗

酒与诗自古就有不解之缘，诗增酒趣，酒扬诗魂。在古典诗歌中，到处都可以"看"到酒的影子，"闻"到酒的醇香，如《诗经·小雅·鹿鸣》中的"我有旨酒，以燕乐嘉宾之心"，曹操的"对酒当歌，人生几何？""何以解忧，唯有杜康"，陶渊明的"欢然酌春酒，摘我园中蔬"等。

唐代诗酒文化

唐宋时期是我国古诗词发展的全盛时期，也是酒文化迅速发展的时期。唐代诗人开创了一种特有的诗酒浪漫情怀，代表人物当推"斗酒诗百篇"的李白。其诗作将饮酒的情趣表现得淋漓尽致，如"两人对酌山花开，一杯一杯复一杯。我醉欲眠卿且去，明朝有意抱琴来""看花饮美酒，听鸟临晴山"等，可谓诗酒风流。再如，杜甫的"宽心应是酒，遣兴莫过诗"、白居易的"何处难忘酒，天涯话旧情"、王维的"劝君更尽一杯酒，西出阳关无故人"等诗句堪称神来之笔，令人拍案叫绝。

💚 知识链接

五齐三酒

"五齐三酒"是古人对酒的不同分类。按照酒的清浊程度的不同，酒被分为五等，称为"五齐"，即泛齐、醴齐、盎齐、缇齐、沉齐。泛齐是酒糟浮在酒面上的酒；醴齐是酒糟与酒液混合的酒；盎齐是酒液呈白色的酒；缇齐是酒液呈红色的酒；沉齐是酒糟下沉，酒液澄清并分离出来的酒。

按照酿制时间的不同，酒可分为三种，即事酒、昔酒、清酒，称为"三酒"。事酒是因事而新酿的酒，酿制的时间较短；昔酒是可以短期储藏的酒，冬酿春熟，其味道稍醇厚一些；清酒是冬酿夏熟，酿造周期最长且去掉酒糟的酒。

思考训练

一、填空题

（1）唐宋时期的饮食文化达到高峰，主要表现在宴饮场面奢侈、菜品种类极其丰富、拼摆技艺水平高超等方面，其中最具代表性的是_____。

（2）中国的八大菜系是指_____、_____、_____、_____、_____、_____、_____、_____。

（3）中国十大名茶之一的西湖龙井属于六大品种茶中的_____茶。

（4）茶道是品赏茶的美感之道。它包括_____、茶礼、_____、修道四大要素。

（5）宾主之间也应饮酒依礼，敬酒有序。一般来说，客人之间相互敬酒称为"_____"，客人依次向他人敬酒称为"_____"。

二、选择题

（1）人们对味美、色正、形佳、器精的追求体现了饮食中的（　　）。

A．审美体验　　　B．养生之道　　　C．人文内涵　　　D．以上都行

（2）"西湖醋鱼"属于（　　）菜系。

A．苏菜　　　B．浙菜　　　C．鲁菜　　　D．粤菜

（3）下列选项中不属于川菜的是（　　）。

A．毛血旺　　　B．水煮肉片　　　C．麻婆豆腐　　　D．菠萝咕噜肉

（4）青茶又称"乌龙茶"，是一种（　　）茶。

A．发酵茶　　　B．半发酵茶　　　C．不发酵茶　　　D．全发酵茶

（5）下列选项中不属于茶艺"四要"的是（　　）。

A．精茶　　　B．活火　　　C．浊水　　　D．妙器

三、简答题

（1）举例说明中国食文化在食材选取、烹饪方式、饮食方式、食具等方面有哪些特点。

（2）中国茶道的精神内涵是什么？你认为我们应该如何通过茶道提高个人修养？

（3）举例说明酒文化在礼仪、诗词等方面是如何体现的。

专题五

服饰文化

学习目标

1. 了解不同时代的服饰特点，感受人们审美观念的变迁，从而提升认识美、欣赏美的能力。

2. 探索中国服饰蕴藏的文化内涵，弘扬传统服饰文化。

文化视窗

中国服饰文化历史悠久，积淀丰厚，它与不同民族、不同时代的物质文明和精神文明密切相关，是当时社会的经济状况、政治制度、思想意识、审美观念等的集中体现。探究服饰的发展演变有助于了解当时人们的生活方式和风俗习惯，对研究民族文化的发展轨迹也有一定帮助。

一、服饰的演变

服饰的基本要素包括样式、材质、色彩、图纹和配饰。在历史发展的长河中，中国服饰从初具雏形到制式成熟，其各个要素无不随着社会发展而不断变化，并且在不同的历史阶段表现出不同的特点，共同反映了我国服饰的发展演变。

（一）样式

旧石器时代晚期，山顶洞人已经能够用兽皮、鸟羽、草茅等材料缝制衣服，用于御寒或在捕猎、作战时保护身体。到了新石器时代，人们发明了纺织技术，随后出现了一种自肩及膝、上下衣沿平齐的细腰状长衣，被称为"贯头衣"。

夏商周时期的服装，一般是上衣下裳、以宽带束腰的形制，穿在上身的称为"衣"，穿在下身的称为"裳"，如图 5-1 所示。衣长一般齐膝上下，下身有裤子或胫（jìng）衣，领型有交领、圆领、大翻领等多种形式，袖子一般为窄袖型。

图 5-1　夏商周时期的"上衣下裳"

　　春秋战国时期，出现了一种上下连制的服装——深衣。其基本特征是右衽、交领、直裾、长袖，衣长垂及脚踝，领、袖、襟、裾等常用彩色纹锦镶边，即所谓"衣作袖、锦为缘"也，如图 5-2 所示。

　　秦代的服装样式基本沿袭了战国深衣旧式，大致分为曲裾（衣服前襟加长，掩至背后用腰带系扎）和直裾两种。除深衣外，官服开始流行袍服。袍服是上下一体裁剪的（即用一块布裁出上衣和下衣，中间无接缝，自然一体），袖有长短两种样式。

　　汉代的服装样式主要有袍、襦（短衣）、裙等。汉袍多为大袖，袖口有明显收式；领子以袒领为主，一般裁成鸡心式，穿时露出里面衣服的衣领；衣领和袖口都饰有花边。汉袍根据下摆形状分为曲裾袍和直裾袍。曲裾袍与深衣相似，交领，领口较低，以便露出里衣，有时露出的衣领多达三重以上，称为"三重衣"，如图 5-3 所示，其通身紧窄，下长曳地，下摆呈喇叭状，行不露足，盛行于西汉。直裾袍的大襟为直线状，下摆为平直状，流行于东汉。汉代女子还将襦与裙搭配着穿，即襦裙，一般上襦短至腰间，多为窄袖、右衽、交领；下裙长至垂地，多以素绢四幅拼合而成，上窄下宽；另在裙腰两端缝上绢带，以便系结。

图 5-2　战国晚期绢锦深衣

图 5-3　三重衣

魏晋时期，受老庄、佛道思想的影响，人们向往清静无为、超然物外的人生境界，而这种追求自由自在、不受传统束缚的意识反映在服饰上就形成了宽衣博带的衣着风格。这一时期，男子服装主要是衫，其特点是交领直襟，长衣大袖，另有对襟式衫，可敞胸而穿，不系衣带。衫不仅穿着方便，还能体现洒脱、俊雅之风，因而大受欢迎。女子服装继承了汉代传统，贵族女子长裙曳地，衣袖宽大，腰间用一块帛带系扎，优雅而飘逸；普通女子则上身穿偏瘦的衫或襦，下身穿宽大的裙子或裤子，"间色裙"是这一时期的特色裙装，如图5-4所示。

隋代的服装样式变化不大。妇女多着小袖长裙，系裙到胸部以上，并以丝带系扎，给人一种俏丽修长的感觉。

唐代政治、经济、文化繁荣发展，与东西方多国交流频繁，其服装样式兼容并包、广采博收，无论官服还是民服、男服还是女服，都表现出开放、浪漫的气质及鲜明的时代性和强烈的民族性。圆领袍衫（见图5-5）是隋唐时期男子普遍穿着的常服，其特点是右衽、领袖和襟处有修饰缘边、袖有宽窄区别、衣长及膝下踝上。普通百姓则大多穿开衩及腰的齐膝短衫和裤。唐代女子主要穿襦裙，即上着短襦或抹胸，外着罗衫佩披帛，或加短袖半臂衫；下着长裙，裙腰上提至腋下，如周昉《簪花仕女图》中的贵族妇女便是这种装束，如图5-6所示。

图5-4 间色裙　　图5-5 《步辇图》中的圆领袍衫　　图5-6 《簪花仕女图》局部

宋代的服装样式趋向修长、纤细，风格朴素无华，这与宋代的政治、经济、文化，尤其是"程朱理学"思想密切相关。宋代男装大体上沿袭唐代样式，多穿交领或圆领长袍，有紫衫、凉衫、帽衫、襕衫等。宋代女子服装有袄、襦、衫、褙（bèi）子（见图5-7）、裙、裤等。褙子是极具宋代特色的服饰形制，男女皆穿，既舒适得体，又典雅大方。它以直领对襟为主，前襟不施襻（pàn）纽，左右腋下开长衩，袖有宽、窄两种，衣长有齐膝、膝上、过膝、齐裙等多种，通常穿在襦裙之外。宋代的裙修长大气，裙腰由唐代的腋下高腰下降至腰间，裙幅变窄。

元朝是我国历史上第一个由少数民族（蒙古族）建立的大一统王朝，各地经济、文化的不断交流促进了汉族服饰与少数民族服饰的互相影响，为这一时期的服饰文化注入了新的活力。元代男装主要是质孙服和辫线袍。质孙服上衣连下裳、上紧下短，在腰部有很多衣褶。辫线袍是元代最为流行的袍服，其特点是右衽交领或圆领、大襟、紧袖、下摆宽大、腰间有横褶、侧面钉有纽扣，面料多采用织金锦，如图5-8所示。元代贵族女子多穿衣长且下摆宽大的袍子，衣袖形似灯笼，袖口窄小，袖身宽肥，称为"团衫"；平民女子则多着黑褐色粗布或绢做的左衽、窄袖、腰束宽带的长袍。

图5-7　褡子　　　　　　　　　　　图5-8　辫线袍

明代的服装样式以袍衫为主。官员穿的补服（明清两朝官员所着的服装）近似唐代圆领袍衫，盘领右衽，两侧各多出一块，称为"褉"（衣摆）。明代女子服装主要有衫、袄、霞帔、褙子、比甲、裙子等，其中，比甲类似于如今的背心、坎肩，明清之际特别流行，为秋冬所常穿，是女子衣橱中不可或缺之物。

清朝是满汉文化交融的时代，也是我国服装样式改变较大的一个时期。长袍马褂（见图5-9）是清代男子的日常服饰，长袍是立领偏襟，衣身前后两面接缝相连，下摆有两开衩、四开衩和无开衩等类型；马褂的造型为对襟、平袖，衣长至腰，前襟缀纽扣。清代女子服装满汉特色并存，清代初期，汉族女子还保留着明代穿着打扮，时兴小袖衣和长裙，到晚清时都市妇女已开始去裙着裤；满族女子的旗装（见图5-10）颇具特色，其外轮廓呈长方形，衣服上下不取腰身，衫不露外，偏襟右衽，用盘纽作为装饰，有两幅或三幅假袖，衣外加坎肩或马褂。后来流行的旗袍就是在旗装的基础上改良而成的。

图5-9　长袍马褂　　　　　　　　　图5-10　旗装

辛亥革命后，结合了中西服装特点的男式套装——中山装应运而生，并成为时下人们的主要服装样式，其主要特点是立翻领，上下左右各有一个带盖子和扣子的口袋，如图5-11所示。时至今日，中山装仍是人们出席重要场合的首选服装。

该时期女性的服装以上衣下裙的学生装和改良旗袍（见图5-12）为主。此时的旗袍多为胸襟略宽松、腰身微紧、臀部稍宽、下摆略收的样式，后来的旗袍款式几经变化，表现为领子或高或低、袖子或长或短、开衩或高或低、腰身或紧或松等。旗袍是中华民族最经典的传统服饰之一，至今仍然受到许多人的喜爱，它是中国服饰文化的一块瑰宝，展现了自然美与含蓄美的统一。

图 5-11　中山装　　　　　　图 5-12　旗袍

以文培元

身边的华服

2020年农历三月初三，由中国青少年新媒体协会等组织主办的第三届"中国华服日"线上晚会开幕。本次晚会以"与子同袍，共克时艰"为主题，以网络直播结合系列线上活动的方式开展，邀请嘉宾进行华服走秀和歌舞表演，用一场中国传统文化盛典来弘扬"岂曰无衣？与子同袍"的民族精神。

查找"中国华服日"的相关资料，举办一场以"华服"为主题的班级活动，请同学们谈谈自己对华服的理解，感兴趣的同学可着华服参加，身体力行地传扬中国传统服饰之美。

（二）材质

中国服饰的材质丰富多样，主要有毛、葛、麻、丝、棉等。原始社会时期，服饰材料源自花叶、树枝、树皮等天然植物和动物皮毛，正如《后汉书·舆服志》中记载，"上古穴居而野处，衣毛而冒皮"。后来人们掌握了纺织技术和皮革鞣化技术，这使得皮裘的美观性和舒适性大大增加，又因其获之不易，穿着裘皮逐渐成为地位身份的象征，如《礼记·玉藻》中所载，"锦衣狐裘，诸侯之服也"。

早在新石器时代，人们就已经掌握了葛藤纤维制作衣物的技术。周代曾专设"掌葛"官职。后来各朝代文献中也不乏记载，例如《诗经·采葛》中的"彼采葛兮，一日不见，如三秋兮"；《越绝书》中的"使越女织制葛布，献于夫差"。葛布的质地比麻布更柔软，颜色更淡雅，主要为乳黄色。在古代，平民百姓常穿葛布制的衣服。

麻出现的时期与葛大致相同，新石器时代，人们就能用野麻纤维纺成线、织成布，如《淮南子·修务训》中记载"神农氏修地理，教之桑麻，以为布帛"。《诗经·陈风·东门之池》中的"东门之池，可以沤麻"说明当时的人们已经掌握了比较成熟的沤麻脱皮方法。与葛相比，麻的生长周期短，因此在秦汉以后，麻布渐渐代替了葛布的地位。西汉时期，麻布还远销东亚、印度等地区。魏晋南北朝时期的军服多用麻布。唐宋以后麻纺技术得到进一步提高，这使得麻织物的品种和麻布的生产数量增多，麻布的质量也更加精良。

中国是世界上最早养蚕、缫丝、织绸的国家。传说嫘（léi）祖是中国第一个种桑养蚕的人，据《通鉴纲目外记》记载"嫘祖始教民育蚕，治丝茧以供衣服"。早在新石器时代，人们就已经能织出精细的丝绸衣物了。商周时期，蚕桑业较以往有了很大发展，家蚕养殖技术的日益成熟促进了蚕丝的大量生产，锦、罗、纱、绫、缎等丝织品也相继产生。秦汉以后，丝绸生产逐渐形成了完备的技术体系。不过，由于蚕丝生产工艺复杂，丝织品价格昂贵，历来只有统治阶级和富家贵族才穿得起丝绸衣服，普通百姓仍以麻、葛为主要衣料。

魏晋南北朝时期，棉花种植技术传入中国，早期种植在海南、福建、新疆等地区，宋末元初开始在内地大量种植，不过，当时的棉花加工技术还比较落后。直到1295年前后，黄道婆将纺织工具和棉纺织技术从海南崖州（今三亚）带回中原，并大胆改革、推陈出新，将之传授乡里，由此掀起了一场"棉花革命"，极大地推进了纺织业的进步。相比养蚕缫丝，棉花的产量较高，棉织品的生产成本和售卖价格也比较低廉，再者，棉制衣服穿起来十分亲肤、舒服，因此迅速成为大众喜爱的主要衣料。

（三）色彩

中国服饰的色彩体现了深厚的文化底蕴，反映了沧桑的历史变迁。汉族传统服饰以青、红、黑、白、黄五种色彩为正色，并在不同朝代各有侧重，展现出丰富的色彩文化和时代特征。

在原始社会，人们以红色为尊。黄帝时期，上衣玄下裳黄，黑色成为那个时代崇尚的色彩，这种情况一直延续到夏代结束。商代则崇尚白色。周代五行学说成型，为了与五行对应，人们引入青色，与红、黑、黄、白四色一起构成五色，并以此五种正色为贵，杂色为卑。春秋战国时期的服饰色彩多样，其中齐桓公尤爱紫服，以至于举国尽穿紫色。

秦汉时期是服饰色彩发展的一个重要阶段，秦代服饰以黑为贵，并规定男性服饰以黑色袍服为最高等级，三品以上的官员穿绿袍，平民则穿白袍。从汉代开始，衣服色彩有了明确法令，平民一律不得穿带颜色的服装，只能穿本色麻布衣，如董仲舒的《春秋繁露》中记载"散民不敢服杂彩"，直到西汉末年平民才被允许穿青绿之衣。

唐代服饰绚丽多彩，以黄色、紫色为尊，并规定黄色只有皇帝和皇室宗亲、贵臣才可穿用，他人僭越穿用则为犯罪。另外，唐代还用服装的色彩来区分官职品级，即三品以上服紫、五品以上服朱、六品服绿、七品服青。宋代官员服色沿袭唐制并稍作改变，即三品以上服紫、五品以上服朱、七品以上服绿、九品以上服青。

明代服饰尚红，红色作为正色具有比较尊贵的地位，在皇室贵族中被广泛使用；民间服饰色彩则以平淡素雅为主。到了明代中后期，人们的思想开始逐渐解放，染色技术和染料得到了空前发展，民间也不断出现色彩鲜艳的服装，并开始广泛使用红色。到了清代，红色仍是皇族或权贵的重要等级标志，并崇尚正色。

（四）图纹

服饰图纹的发展历史和表现形式都与人们的生活息息相关。在漫长的历史发展中，中国服饰出现了各种具有不同象征意义的图纹。从先秦时期的抽象简洁到秦代以后的整齐工整，再到明清时期的写实细腻，服饰图纹的发展反映出不同时期人们审美情趣的变化。

十二章纹

商代的服饰图纹主要以云雷纹、菱形纹、回龟纹、几何纹为主，并采用连续的构图形式，强调韵律美。周代出现了用于冕服之上的十二章纹（见图5-13），每个图纹都有其象征意义，表现出当时人们崇尚自然的审美意识，也是我国服饰图纹披上阶级色彩的开始。

图5-13　十二章纹

释疑解惑

十二章纹是绘、绣在冕服上的图案图纹，是夏、商、周及以后封建社会时期服饰等级的标志。十二章纹图案包括日、月、星辰、山、龙、华虫、黼（fǔ）、黻（fú）、宗彝、藻、火和粉米。

隋唐的服饰图纹继承了周代的严谨和战国的舒张，又融合了秦汉的明快和魏晋的飘逸，服饰图纹的风格趋于丰满圆润，构图匀称饱满，如唐代盛行一时的缠枝图案。此外，这时的服饰图纹多取吉祥美好的寓意，图案多为祥鸟、瑞兽、团花等，构图对称，成双成对，华丽丰满。图纹在唐朝也是区别官员地位官阶的标志之一，武则天延载元年（694）定制官员袍服上的图纹有狮、麒麟、虎、豹、鹰、龙、鹿等，这也是明清补服的萌芽。明清时期用不同的袍衫色彩和各式图案来区分官阶大小，建立了明确的官员补服制度，一般来说，官员袍衫前后各有一块方形刺绣图案的补子，文官图为飞禽（见图5-14），武官图为猛兽。

图 5-14　明代一品文官飞鹤补服

民间服饰喜用富含吉祥寓意的图纹，如"八仙过海""群仙祝寿""百鸟朝凤""鸳鸯戏水""松鹤长寿""锦上添花""蜂蝶争春""金玉满堂"等，都具有独特的象征含义和文化内涵。

先秦时期服饰的图纹主要由龙、凤、虎等组成，尤以蟠龙飞凤纹、对凤对龙纹、龙凤相蟠纹和龙凤虎纹最为精美。唐宋时期流行将松、竹、梅绣在一起，称为"岁寒三友"，是君子高洁的象征；或将芙蓉、桂花、万年青绣在一起，寓意"富贵万年"。明代比较常见的是在团云和蝙蝠中间嵌一团状"寿"字，寓意"五蝠捧寿"；或者以莲花、忍冬、牡丹花等为基本形象，并穿插一些枝叶和花苞，再经过变形、夸张，组成一种既工整端庄，又活泼奔放的装饰图案，这种服饰图纹在当时颇为流行。

（五）配饰

配饰是服饰的重要组成部分，造型精致、色彩和谐的配饰可以装点服装，起到锦上添花的作用，有的配饰还具有较强的实用性。中国服饰中的配饰主要包括首饰、帽、鞋、腰带、包袋、袜、伞、扇等。

1. 首饰

在北京周口店山顶洞人遗址中发现的磨制骨针和用动物的骨头、牙齿等做成的装饰品，可佩戴于头、项或手臂上，是最早的有据可考的首饰。新石器时代的仰韶文化和龙山文化中的陶笄、骨笄、骨簪等也是早期首饰的代表。

夏商周时期，首饰种类丰富起来，出现了骨、角、玉、金、铜等材料制成的发饰、耳饰、冠饰等，其中以细腻、纯净的玉制饰品最为突出。在商代，玉更是作为君子的象征被赋予了温润而泽之意，佩玉成为社会时尚。

春秋战国时期的女子流行插笄（秦汉以后多称簪），发笄有骨、石、陶、蚌、荆、竹、金、铜、玉、象牙、牛角、玳瑁等多种材质。人们还仿玉烧造出质地明莹的彩色琉璃珠，并做成珠串系在衣带间作为饰物。

汉代的金饰和金丝镶嵌工艺水平高超，制作出各种金珠项链并饰以美丽花纹。该时期还流行用假髻来打造头型，并在头上插步摇（即以金银丝编为花枝，上缀珠宝花饰，下垂五彩金玉的古代女子首饰，因行步则动摇而得名）（见图5-15）作为装饰，即"头安金步摇，耳系明月珰"。此后，步摇一直是颇受古代女子喜爱的首饰，到唐代尤为盛行。

汉代及以后还有各种各样的钏镯（见图5-16），戴在手脚腕及臂上，质地有金、银、铜、玉等。隋唐以后，首饰花样更为繁多，形式各异，如钗、钿（diàn）、梳篦、朝珠、璎珞等，材料有金、玉、珍珠、猫眼石、珊瑚等，制作十分讲究，图案也是各式各样。

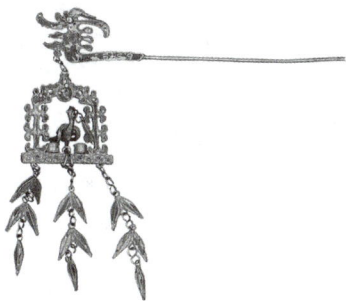

图5-15 清代点翠镀金鸟架步摇

图5-16 清代金镶九龙戏珠手镯

2. 帽子

在古代，帽饰、发式等被称为"首服"，既能御寒遮羞、防御隐蔽，又具有装饰作用。上古时期的人们就已经制出了多种发式。商周时期，冕冠的出现标志着首服制度已有了雏形。后来，帽子得到很大发展，且名称繁多，有冠、巾、帽、冕、幞（fú）头等。

秦汉时期，男子的首服为巾冠制，即以幅巾或帻（zé）包首，再戴上冠帽。该时期以冠定职，男子样式繁多的冠帽是区分等级的基本标志，典型的有冕冠（见图5-17）、长冠、通天冠、高山冠、进贤冠、武冠、方山冠、远游冠等。汉代女子的发式多为绾髻，有堕马髻、盘桓髻、百合髻、飞仙髻、垂云髻等。

魏晋南北朝时期，男子首服以头巾为主，当时流行的是"角巾"；这一时期女子的发髻颇为随性飘逸，蛇髻、飞天髻等样式受到当时女子的追捧。隋唐男子的首服主要是幞头，后来人们又在幞头里面增加了一个固定的饰物，称为"巾子"；这一时期女子出门习惯用薄纱罩住头身，称"幕帷"或"幕罗"，后发展成帷帽，如图5-18所示。

宋代首服为幅巾制，文人雅士都以裹巾为雅。宋代女子上至王妃下至百姓都喜戴冠，常见的冠有角冠、凤冠、龙凤发钗冠、珠冠等。

元代首服呈现出多民族融合的特点，其中颇负盛名的是女子的"顾姑冠"（见图5-19），又称"罟罟冠"，这种冠细而高，外形似花瓶，冠顶的饰物则视佩戴者身份地位而定。元代汉族百姓则多用巾裹头，无一定格式。

图5-17　冕冠　　　　　图5-18　戴帷帽的仕女俑　　　　图5-19　顾姑冠

明代是一个重视衣冠的朝代，男子帽巾样式繁多，其中为人所熟知的有乌纱帽（乌纱帽的双翅因戴者官职、身份不同而各异）、翼善冠、梁冠、四方平定巾（为普通百姓所戴）等。

清代官员的礼帽有凉帽、暖帽之分，形式大抵相同，用来区分官阶等级的标志是帽子上的顶珠和花翎。普通百姓则常戴瓜皮小帽、毡帽、风帽等。

3. 鞋子

中国最早的鞋子样式极其简陋，后来逐渐出现了用树皮、草类纤维编结出来的草鞋、麻鞋、树皮鞋等。

古人称鞋为"履"。履的种类繁多，根据质料可以分为布帛、草葛和皮甲三种类型。样式上以鞋头上翘为常见，称为"翘头履"（见图5-20），如唐代的翘头履多以罗帛、纹锦、草藤、麻葛等质料为履面，其履底薄，履帮浅，翘头做成凤头、虎头等形象，生动逼真。

魏晋南北朝时期流行穿木屐，它是一种装有双齿的木底鞋子，自天子至文人、士庶都可以穿着。隋唐时期人们普遍着靴，靴有长筒、短筒、圆头、平头、尖头等多种款式，有的绣有虎头图案或鞋身饰有锦纹。此外还有重台履、云履、笏（hù）头履等。宋元时期，靴的样式较多，其中具有代表性的有鹅头靴、云头靴（见图5-21）、花靴等，造型和色彩随衣搭配。

自明代起，穿靴有了等级制度，普通百姓禁止穿靴。到了清代，男子穿便装时常穿鞋，穿公服时则需要穿靴子；满族女子则穿旗鞋，俗称"花盆鞋"；普通百姓常穿的鞋有草鞋、棕鞋、芦花鞋等。

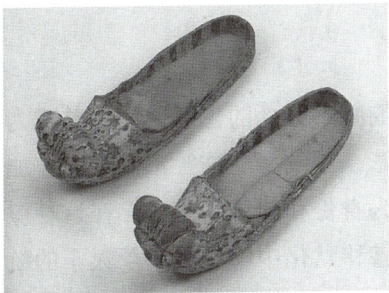
图 5-20　翘头履

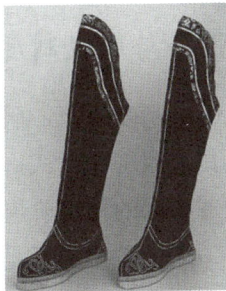
图 5-21　清代蓝色漳绒串珠云头靴

二、服饰中的文化体现

服饰作为一种文化形态，贯穿了历史发展的各个时期。服饰从诞生起，就自然而然地融合了当时社会的经济状况、政治制度、风俗习惯及人们的审美情趣等，在日积月累的积淀中构筑成了中国独特而富有魅力的服饰文化。

（一）服饰与审美观念

服饰的演变生动地反映了历史的变迁，通过不同时代服饰风格的差异，我们可以窥见各个时代下人们的审美观念，例如商代服饰华贵庄重、汉代服饰简朴大气、魏晋南北朝服饰随性飘逸、唐代服饰绚丽华美、宋代服饰清丽典雅。各朝各代的服饰风格各异，但无不体现出那个时期人们的审美倾向。

（二）服饰与哲学思想

中国服饰文化提倡遵循自然法则，保持人与自然的和谐共生，这符合中华民族历史悠久的人文精神，反映了"天人合一"的哲学思想。中国古代的服饰虽然随着封建王朝的改朝换代而不断改制，但是样式、材质、色彩、图纹、配饰等无不体现了"礼义""天人相和"等思想内涵。早在封建社会初期就已出现的上衣下裳制就鲜明地体现了古人对天地自然的崇拜和敬仰。《周易·系辞下》记载："黄帝、尧、舜垂衣裳而天下治，盖取诸乾坤。"可见衣裳形制依据天地、尊卑、阴阳等来确定。这种服饰形制成为中国服饰的典型并沿用至今。

此外，中国服饰一直遵循保暖与美观、阶级象征与吉祥寓意等的统一，追求服饰与自然、社会、人的和谐与协调，即将服饰看作大自然的产物及各方面条件综合作用的结果。正如《考工记》所言："天有时，地有气，材有美，工有巧，合此四者，然后可以为良。"

🔍 释疑解惑

"天人合一"的思想以辩证和整体的思维看待宇宙万物，强调人应该顺应自然，与自然和谐共生，认为人与天地自然密切相关，人的各种行为要符合天地阴阳的变化，这样才能达到"天人相合"的和谐状态。

（三）服饰与等级制度

中国古代等级制度森严，服饰作为人们必不可少的生活用品日益成为统治阶级巩固统治的重要工具，服饰在样式、材质、色彩、图纹、配饰等不同方面被加以严格区分。不同服饰代表着不同的社会阶层，服饰成为身份和地位的象征。在这种服饰等级观念的约束和熏陶下，无论是官员还是平民，在潜移默化中都会服从于天子的统治，服饰的区格俨然成为一种统治手段。例如隋唐朝服实行品色衣制度，以朝服色彩来区分官阶大小，佩戴的革带所用的材质不同，代表的身份也不同，该时期的服色还能区分人们的社会地位和阶级等级，如平民用白色，屠夫、商人只许用黑色，士兵穿黄色等，任何等级都不可随便使用其他等级的服色。

（四）服饰与文化交流

中华民族历来重视与世界各国的商业贸易和文化交流。自商周开始，中国的丝绸就已经辗转贩运到中亚、印度一带。春秋战国时期，丝绸就传到了欧洲，丝绸衣服为罗马贵族所钟爱。汉代，大量的丝帛锦绣通过丝绸之路不断西运，大大促进了中国服饰文化的传播。到了唐代，中国与世界各地交流频繁，中国服饰也因此传到世界各地。时至今日，东亚地区的一些国家，仍把富有唐代服饰特色的服装作为正式礼服，可见其影响之深远。同时，众多外国使者云集长安，将其服饰文化带入中国，对异国服饰的兼收并蓄，使唐代服饰绽放出璀璨夺目的光辉。如今，世界时装界的"中国风"日益流行，并在样式、材质、色彩、图纹等方面都强调突出中国文化元素。

📖 知识链接

中国少数民族服饰

中国疆域辽阔，不同的自然环境和生产、生活方式决定了南北方少数民族的服饰风格各有特点。生活在高原和草原的少数民族，多以袍为主。而南方少数民族地区适宜种植棉麻，因此棉布和麻布成为他们的主要衣料，湿热的气候也决定了其服饰以短窄款为主。

蒙古族男女老幼一年四季都喜欢穿长袍，俗称"蒙古袍"（见图5-22）。蒙古袍的特点是宽大袖长、高领右衽，多数下端不开衩。袍子的边沿、袖口、领口多以绸缎花边，"盘长""云卷"等图案或虎、豹、水獭、貂鼠等动物的皮毛作为装饰。腰带是蒙古族服饰不可缺少的部分，一般用棉布、绸缎制成，色彩多与袍子的颜色相协调。男子腰带上还要挂上"三不离身"的蒙古刀、火镰和烟荷包。

藏族服饰（见图 5-23）的基本特点是长袖、宽腰、大襟，色彩对比强烈。藏袍以粗纺厚毛呢为面料，左襟大，右襟小，一般在右腋下钉一个纽扣，或用彩布做两条飘带，穿时系结。藏靴底高两寸，靴腰高至小腿，靴面或用红绿相间的毛呢装饰，或绣有图案花纹，靴头向上隆起。藏族人们喜欢戴用金丝或银丝绣织图案的金花帽，还喜欢佩饰，耳穿大环、手戴金银首饰、项戴珠链，尤其会在腰间挎长剑、佩腰刀，以显示粗犷彪美的民族个性。

藏族的服饰美

维吾尔族男子喜欢穿袷（qiā）袢（pàn），其右衽斜领、无纽扣，用腰带扎腰。女子则喜欢穿色彩艳丽的连衣裙，外面套绣花对襟背心，戴耳环、手镯、项链等配饰。男女皆喜欢戴绣花小帽，穿皮靴，如图 5-24 所示。

苗族男子的服饰一般为大包头，衣服为对襟式或大襟，下着长便裤，并用银饰点缀。苗族女子的上衣为窄袖、大领、对襟短衣，衣领、袖口、衣摆点缀颜色艳丽、制作精美的纹饰；裙装是富有特色的百褶裙，色彩斑斓。苗族人喜欢戴纯手工制作的银饰，在绣衣上钉银饰所制成的银衣是苗服中的精品，银衣的前襟、后背、衣袖、下摆等位置均有各种形状的银片、银铃等。苗族姑娘胸前常有硕大的银锁，银锁一般采用浮雕形式，饰有龙、狮、鱼、蝴蝶、绣球等图纹，意在祈求平安，俗称"长命锁"，如图 5-25 所示。

图 5-22　蒙古族服饰　　　图 5-23　藏族服饰

图 5-24　维吾尔族服饰　　　图 5-25　苗族服饰

思考训练

一、填空题

（1）夏商周时期的服装，一般是_____、以宽带束腰的形制。

（2）秦代服装样式基本沿袭了战国深衣旧式，大致分为_____和_____两种。

（3）明清时期用不同的袍衫色彩和各式图案来区分官阶大小，一般来说，官员袍衫前后各有一块方形刺绣图案的补子，文官图为_____，武官图为_____。

（4）汉族传统服饰以_____、红、_____、白、_____等五种色彩为正色，并在不同朝代各有侧重，展现出丰富的色彩文化和时代特征。

（5）商周时期，_____的出现标志着首服制度已有了雏形。

（6）中国服饰文化提倡遵循自然法则，保持人与自然的和谐共生，这符合中华民族历史悠久的人文精神，反映了"_____"的哲学思想。

二、选择题

（1）新石器时代出现了一种自肩及膝、上下衣沿平齐的细腰状长衣，被称为（　　）。

　　A．裘衣　　　　　B．贯头衣　　　　C．胡服　　　　D．深衣

（2）下列选项中不属于汉代襦裙特点的是（　　）。

　　A．窄袖　　　　　B．右衽　　　　　C．圆领　　　　D．上窄下宽

（3）宋代著名女词人李清照可能会穿着下面哪种服饰。（　　）

　　A．褙子　　　　　B．三重衣　　　　C．间色裙　　　　D．旗装

（4）用于冕服之上的十二章纹，每个图纹都有其象征意义，它出现在（　　）。

　　A．夏代　　　　　B．商代　　　　　C．周代　　　　D．秦代

（5）袷袢是（　　）的特色服装。

　　A．藏族　　　　　B．苗族　　　　　C．蒙古族　　　　D．维吾尔族

三、简答题

（1）中国传统服饰有哪些要素？

（2）观看一部古装影视剧，分析其人物着装是否符合所处时代的服饰特点。

专题六

制度文化

学习目标

1. 了解我国古代的教育制度、政治制度和经济制度。
2. 探索我国古代各项制度的历史背景与文化内涵，加深对制度文化的理解。

文化视窗

制度是维系国家政权、促进社会发展的具有较强组织性和规范性的法令礼俗。制度文化包括国家的行政管理、人才培养选拔、司法体制、经济政策等内容。中国古代制度文化大致可以分为教育制度、政治制度和经济制度三个方面。

一、中国古代教育制度

教育是培养人才、传承文明的根本途径，对推动社会进步有着不可替代的作用。古人十分重视教育，强调尊师重教。中国古代教育制度历经数千年的发展演变，形成了独具特色的教育体系。

（一）中国古代教育制度的发展

中国古代教育制度起源很早。远古时期没有固定的教育形式、教育场所、教育制度，教育活动与生产实践相统一，主要表现在长者通过口耳相传、身体力行的方式来传授生活经验、劳动技能等，如"燧人氏教民钻木取火""伏羲氏教民结网捕鱼""神农氏教民制耒耕作"等传说即反映了原始社会的教育情况。

夏商周时期就已出现了学校。《孟子·滕文公上》载："设为庠序学校以教之。庠者，养也；校者，教也；序者，射也。夏曰校，殷曰序，周曰庠，学则三代共之，皆所以明人伦也。"夏代出现的"庠""序""校"三种教育形式是学校的雏形。商周两代的学校都由国家管理，即"学在官府"。西周的学校结构和教育制度更加完善，学校分为国学与乡学两大系统，并逐渐形成了一个以礼、乐、射、御、书、数"六艺"为主体的教育体制。

春秋战国时期，教育体制发生了重大变化，教学重心开始由天子向诸侯国、由官府向民间转移，出现了"天子失官，学在四夷"的局面，一些知识分子聚众讲学，兴办学堂，私学随之兴起，官学与私学并重的教育双轨制逐渐形成。孔子是创办私学的第一人，继而出现了墨子、孟子、荀子等一批闪烁着智慧光芒的民间私学大师，他们是创办私学、传播学术文化的先驱。在私学兴起的同时，官学也有一定的发展，如齐桓公在都城设立的"稷下学宫"，当时有数千士人到此讲学、就读，学术气氛相当活跃。

汉代的学校也分官学和私学两类。官学由国家直接管理，包括中央政府主办的太学和鸿都门学，地方政府主办的郡国学和校、庠、序。其中，太学以教授儒家经学为主，是汉代传授知识、研究学问的最高学府。鸿都门学是东汉灵帝时期设立的一所专科性质的学校，主要教授辞赋与绘画创作、文字书写等内容，其教育突破了汉代"独尊儒术"的藩篱，为后世学校设立各种新科目开辟了道路。郡国学与中央的太学相对应，主要设立在地方各行政区域，旨在为各郡培养官吏，并推行道德教化。

根据修习层次的不同，汉代私学可分为书馆和经馆两类。书馆又称"书舍"，针对启蒙阶段，主要从事识字和书法教育；经馆又称"精舍""精庐"，比书馆的层次高，是著名学者聚徒讲学的场所，其中程度较高的相当于太学。

魏晋南北朝时期战乱不断，太学时兴时废，官学式微，私学较盛。晋代在太学之外另设国子学，专收五品以上的公卿大夫子弟入学，是面向士族贵胄的教育。南朝宋文帝时期设立的儒学、玄学、史学、文学四馆，是中国古代建设专科学校的先例。该时期的私学继承了汉代私学传统并有了长足发展，教学内容除了传统经学外，还包括玄学、佛学、道学等。

隋唐时期是中国教育制度的大发展时期。隋文帝时期设立了专门的教育行政机构——国子寺，以国子寺总辖国子学、太学、四门学等。隋炀帝时期国子寺更名为国子监，并沿用至清代，如图6-1所示。

图6-1 北京国子监

唐代形成了完备的教育制度。中央官学分为普通教育、特殊教育和职业教育三个系统。其中，普通教育以国子监为主体，下设国子学、太学、四门学、书学、算学和律学六学。特殊教育主要是为了满足高等贵族子弟的教育需求，只招收皇室近亲、外戚、宰相、一品功臣的子弟，包括门下省所设的弘文馆，东宫所设的崇文馆，礼部所设的崇贤馆等。职业教育在唐代颇具规模，包括专事研习道教经典的崇玄馆，设有医科、针科、药科等科目以专门培养各类医学人才的太医署，研究天文历法的司天台等。唐代的地方官学主要有府学、州学和县学三级学校，县以下又有乡学、市镇学和里学。

唐代以后，学校教育与科举选士紧密结合。明清时期，中央官学仅设国子监。国子监的长官称为"祭酒"，由学识渊博、声望较高的儒者担任；入国子监学习的人称为"监生"；在国子监就读的外国留学生称为"夷生"。监生的主要学习内容是程朱学派注释的"四书五经"、《资治通鉴》等。

（二）书院

书院是我国古代教育制度中有别于官学和私学的独特的教育组织形式。书院初创时，组织结构比较简单，主持者既负责书院的组织管理，又要承担日常教学工作。而后随着书院的发展，生徒增多，规模扩大，开始有了协助主持者管理和教学的辅助人员，教学分工更细，组织结构也更加完善。

书院最大的特点在于其教学为教育而非科举服务，以传道、求道、学道为主旨，充分发挥教育"涵养德性，变化气质"的作用。书院教学不受地域限制，门户开放，学风自由，注重将学生自修与教师指导相结合，将优美的自然环境与和谐的人文环境相结合。学生接受教育是为了钻研学问、修身养性、完善自我。

书院源于唐，盛于宋，衰于清，历时千载。唐代较早设立的官办书院有丽正修书院，后更名为集贤殿书院；私办书院有张九宗书院。宋代官学衰微，各地名儒、学者和地方官吏为了填补官学的空白，纷纷兴办学校以培育人才，书院由此兴盛起来。北宋的著名书院有白鹿洞书院、岳麓书院、嵩阳书院、应天府书院、石鼓书院等。

到了南宋，官学腐败，书院得到进一步发展，其中尤其以岳麓书院、白鹿洞书院、丽泽书院、象山书院最为著名，被称为"南宋四大书院"。明初注重官学，提倡科举，书院渐趋衰落。明中叶以后，以王守仁、湛若水等为代表的儒学名士借书院宣传学术思想和政治主张，书院教育又繁荣起来。

1. 白鹿洞书院

白鹿洞书院（见图6-2）位于江西九江庐山五老峰南麓的后屏山之南，素有"海内第一书院"之誉。唐代贞元年间，李渤在此读书，其间曾养白鹿以自娱，这里因而得"白鹿洞"之名。南唐昇元四年（940），官府在此建学馆，称作"庐山国学"。北宋初年，当地乡贤将其扩建为白鹿洞书院。朱熹、陆九渊、王守仁等名士都曾先后在此讲学。朱熹在教学过程中认真总结教育经验，自拟《白鹿洞书院揭示》，对教育目的、为学之序、修身之道、处事之要等做了明确的阐述和详细的规定。这一学规后来被广泛接受和传播，成为元明清时期的书院乃至官学的办学纲领和学规范本。

图 6-2　白鹿洞书院

2. 岳麓书院

岳麓书院（见图 6-3 和图 6-4）位于湖南长沙湘江西岸的岳麓山山脚。北宋开宝九年（976），潭州知州朱洞在原有僧人所办学校的基础上创立了岳麓书院。大中祥符八年（1015），宋真宗召见岳麓山长周式，御笔赐书"岳麓书院"四字门额。书院初创时设有讲堂 5 间，斋舍 52 间，其中，讲堂是老师讲学的场所，斋堂是学生平时读书、学习兼住宿的场所。岳麓书院历史上经历多次战火，曾七毁七建，现存主要建筑是清代遗构。

图 6-3　岳麓书院

图 6-4　岳麓书院大成殿内部

3. 嵩阳书院

嵩阳书院位于河南省登封市城北约 3 千米处的峻极峰下，因坐落在嵩山之南而得名。嵩阳书院始建于北魏太和八年（484），原为嵩阳寺，宋初更名为太室书院，景祐二年（1035）重修时改称"嵩阳书院"，并设院长掌理院务。理学奠基者程颢、程颐兄弟曾在此讲学，此后，嵩阳书院成为宋代理学的发源地之一。

4. 应天府书院

应天府书院位于河南商丘睢阳区商丘古城南湖畔。应天府书院由五代后晋时的商丘人杨悫（què）开办，又称"应天书院""睢阳书院"。北宋大中祥符二年（1009），宋真宗赐名"应天府书院"；后应天府（今河南商丘）升为南京，成为宋代陪都，因而应天府书院又称"南京书院"；庆历三年（1043）改称"南京国子监"，成为北宋最高学府，是中国古代书院中唯一一座升级为国子监的书院。北宋时期的书院多设于山林胜地，唯应天府书院设于繁华闹市之中且人才辈出，后来随着晏殊、范仲淹等人的加入，应天府书院逐渐发展成为北宋最具影响力的书院之一。

5. 石鼓书院

石鼓书院（见图6-5）位于湖南衡阳石鼓山上，北宋景祐二年（1035），宋仁宗钦赐匾额"石鼓书院"。石鼓书院是湖湘文化的重要发源地之一，韩愈、朱熹、辛弃疾、范成大、文天祥、徐霞客、王夫之等都曾到此游览、讲学，徐霞客曾赞誉"石鼓书院兼具滕王阁、黄鹤楼名胜之优越"，朱熹曾作《衡州石鼓书院记》。

图6-5 石鼓书院大观楼

（三）历代教育大家

1. 孔子

孔子是春秋时期的思想家、教育家、政治家，儒家学派创始人。他倡导"有教无类"（见图6-6），认为人无论贫富贵贱都可以入学受教育，他广泛招收学生，促进了学术文化的下移和平民教育的普及。孔子还主张"学而优则仕"，围绕"礼"（道德规范）和"仁"（最高道德准则）展开教学，强调学校教育必须将道德教育放在首位，并且以身作则，言传身教，教导学生立志、克己、力行、内省、勇于改过。孔子是在教学实践中最早运用"因材施教"方法的教育家，他了解学生的个性特征，根据各个学生的具体情况采取不同的教育方法，培养出许多德才兼备、出类拔萃的人才。

图6-6　孔子杏坛讲学图

2. 墨子

墨子是春秋战国时期的思想家、教育家、军事家，墨家学派创始人，其核心思想是"兼爱""非攻""尚贤"。墨家教育极具特色，强调教育的实用性和社会性，注重科学技术的教育和对思维能力的训练。在教育方法上，提倡主动、创造、实践、量力，致力于培养出具有高尚的道德品质、广博精深的学识、高超的辩论技能的"兼士"。

墨子与墨家学派

3. 孟子

孟子是战国时期的教育家、思想家、政治家，儒家学派的代表人物，他是孔子学说的继承者，自言"乃所愿，则学孔子也"。孟子热爱教育事业，以"得天下英才而教育之"为人生大趣。他不仅授徒讲学，培养出乐正子、公孙丑、万章等杰出才俊，还与弟子一起著书立说，著有《孟子》一书记录其教育思想。"性善论"是孟子教育思想的理论基础，他认为人性本善，教育能保持和培养人的这一本性。孟子继承和发展了孔子"有教无类"的教育思想，将全民教育当作实行"仁政"的目的和手段，既主张"设为庠序学校以教之"以加强学校教育，也力倡当政者要身体力行，以作表率，从而教化百姓，使其"明人伦"。在教学方式上，孟子主张"深造自得"（知识要经过自主学习、钻研来获得）、"盈科而后进"（要想进步、提高，必须打好坚实的基础，循序渐进，日积月累）、"以其昭昭使人昭昭"（教育者要先受教育）、"教亦多术"（教诲人的方法有很多种，教育者要因材施教）等。

4. 颜之推

颜之推是北齐教育家、文学家，其传世之作《颜氏家训》是我国最早的系统完整的教育专著，被誉为"家训之祖"。该书以传统儒学思想为核心，从各个方面总结、概括了家庭教育的目的、内容与方法。颜之推认为教育的目的在于培养治国人才，主张"德艺周厚"，即既要树仁义、修德行，又要通各艺。他强调家庭教育，认为良好的家庭教育能够使儿孙"绍家世之业""立身扬名"；提倡"早教"，认为幼年是学习的关键期，提出了"教子婴稚，及早施教"的观点和"目不邪视，耳不妄听，音声滋味，以礼节之"的胎教方法，并指出孩子诞生以后就向其讲明孝、仁、礼、义之道，并引导其践行，使其养成习惯，从而立身成材。

5. 韩愈

韩愈是唐代著名的教育家、思想家、文学家。他是儒学的卫道者，主张恢复儒学的独尊地位，认为教育应使人们重新认识儒家的仁义道德。他强调尊师重道，其作《师说》阐释了从师求学的道理，肯定了教师在"传道""受业""解惑"等方面的重要作用，是教师论的名作。在治学态度和学习方法上，他主张勤奋、深省，反对散漫、放任，即"业精于勤，荒于嬉；行成于思，毁于随"，同时注重挖掘、扶植人才，认为"世有伯乐，然后有千里马。千里马常有，而伯乐不常有"。韩愈热心于授徒讲学，在教学中总是"讲评孜孜，以磨诸生，恐不完美，游以诙笑啸歌，使皆醉义忘归"，其教育思想对后世教育的发展产生了重要影响，至今仍有借鉴意义。

6. 王安石

王安石是北宋时期杰出的教育家、思想家、政治改革家、文学家，他的教育思想深受其改革主张的影响。在教学上，他强调学以致用，认为学习要与实践相结合，反对死记硬背儒家经典，崇尚学习实用的礼法、乐教、刑罚、政令等；反对"文武异道"，主张文武并重。此外，他还广设学校，统一了大学用书，对我国后世教育发展产生了深远影响。

7. 王守仁

王守仁是明代著名的教育家、思想家、文学家、哲学家。王守仁的教育思想以其"心学"理论为基础。他认为教育能去除物欲对良知的遮蔽，即"学以去其昏蔽"，从而达到"明其心""致良知"的效果；强调实践和行动对道德修养的重要作用，以"知行合一"思想为指导，提出了"静处体悟""事上磨练""省察克治""贵于改过"等观点。王守仁还十分重视儿童教育，认为儿童教育应顺应儿童的性情，注重激发儿童的学习兴趣，使其"趋向鼓舞，中心喜悦"。

二、中国古代政治制度

政治制度主要是指国家政权的组织形式及与之相关的政治领域的各项制度。中国古代政治制度的体系详备、复杂，主要包括最高首领传位制度、中央行政制度、地方行政制度、选官制度、监察制度、法律制度等。这些制度相互关联，共同构成了中国古代社会的政治框架。

（一）最高首领传位制度

1. 禅让制

原始社会时期，推选最高首领实行的是禅让制。禅让制是社会生产力水平低下的产物，远古时期人们的生存条件恶劣，需要依靠集体的力量，共同劳动、平均分配食物才能生活下去，因此推选贤能、公正的首领是至关重要的。相传尧为部落联盟领袖时，人们推举舜为继承人，尧对舜进行了三年考核。舜继位后，同样用推举的方式，经过治水考验，立禹为继承人。禹继位后，举皋陶（yáo）为继承人，皋陶早死，又举伯益为继承人，最后族人拥戴禹之子启为王。

课堂互动

你知道中国历史上哪些关于"禅让"的故事？请自行查阅资料，了解这些故事中关于禅让制的相关内容，并与其他同学分享、交流。

2. 王位世袭制

王位世袭制是古代帝位（后各级爵位的继承也实行这种制度）世代继承的政治制度。原始社会末期，禅让制被破坏，启建立了夏朝，实行王位世袭制。王位世袭制由此成为我国古代重要的政治制度，后来成为封建君主专制制度的基本特征之一，并沿袭了几千年之久，是我国进入阶级社会的标志。

（二）中央行政制度

1. 先秦的中央行政制度

先秦时期，中央行政制度已初具规模。夏代有辅佐夏王的六卿，其中司空为六卿之首，后稷掌管农业，司徒主管教化，大理主管刑狱，共工管理营建百工，虞人掌管山泽畜牧。此外，夏代已初步建立了掌管军事、农事和赋税征收的机构。商代建立了以商王为中心的中央机构，辅佐商王的主要大臣是尹，其下设有主管力役的司徒、主管工程的司空和主管刑狱的司寇。西周时期，中央行政机构进一步发展，三公（太师、太傅、太保）负责辅佐、指导、监护周王，三公之下设有三事大夫（掌管民事的常伯、掌管政务的常任和掌管司法的准人）。该时期处理国政的事务官分属卿士寮和太史寮两大机构，卿士寮下有司徒、司马和司空三个事务官，分别掌管农事、役徒征发和营建；太史寮是掌管历法、祭祀、占卜、文化教育等事务的行政机构。

2. 三公九卿制

秦汉时期实行三公九卿制。三公即丞相、太尉和御史大夫，分别负责辅佐皇帝处理全国事务，协助皇帝掌管全国军队，以及掌管图籍奏章、监察百官。三公互不统属，都直接隶属于皇帝，便于皇权集中。九卿是位于三公之下分掌各项行政事务的众多官职的合称，历代九卿名称不一，通常指奉常、郎中令、卫尉、廷尉、典客、宗正、治粟内史、少府、太仆。三公和九卿（见图6-7）均由皇帝任免、调动，一律不得世袭。三公九卿制是专制主义中央集权制度建立的标志，对以后历代王朝的行政制度产生了深远影响。

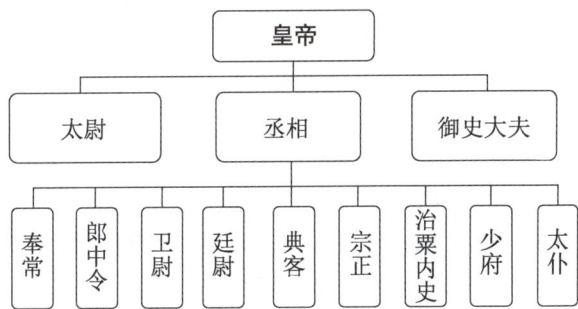

图 6-7 三公九卿制示意图

3．三省六部制

三省六部制（见图 6-8）是隋文帝综合汉魏以来的行政制度而创立的一种新的中央行政制度。三省是中央最高行政机构，包括尚书省、中书省和门下省，三省的最高长官都是宰相。其中，中书省负责草拟和颁发皇帝诏令，门下省负责审核政令，尚书省负责执行各项重要政令。六部是尚书省的下设机构，包括吏、户、礼、兵、刑、工六大部门。三省六部分工明确，彼此相互配合、监督。该制度组织严密，体系完整，有力地提高了行政效率，加强了中央集权。它在中国历史上有着重要的地位和影响，后世各朝代的中央行政制度多以其为基础，或稍加变化，如唐代的三省制变为二省制和一省制，元代的中书省是全国最高行政机构，明代废除中书省与丞相而分权六部等。

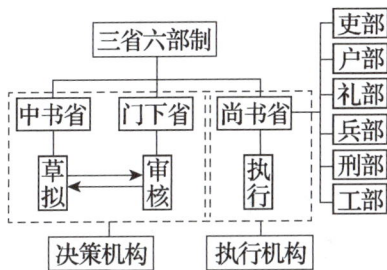

图 6-8 三省六部制示意图

（三）地方行政制度

中国古代地方行政制度是中央集权制度的产物，它经历了多次重要变革，从西周的分封制到秦代的郡县制，再到后来的州郡县制、行省制等，每个时期的地方行政制度都有其特点。

西周时期实行分封制，周王室把土地分给王族和功臣，让他们在地方上做诸侯，以辅佐周王。诸侯有权管理、划分封地内的土地和百姓，继续逐级分封，同时也必须服从周天子的命令，定期朝贡，随时准备接受调遣，随从作战。春秋战国时期，地方割据严重，分封制逐步被郡县制所取代。秦代普遍推行郡县制，秦始皇将全国分为若干郡，每郡又下设若干县，郡、县长官均由皇帝任免，不得世袭。郡县制将全国各地的每户人家都纳入国家政体之中，实现了中央对地方政权直接有效的管理，大大削弱了地方政权的独立性，加强了中央集权，为历代王朝所沿用且不断加强和完善，影响十分深远。例如，西汉时期实行郡国并行制，即推行郡县制的同时又分封同姓诸侯。东汉时期，郡、县二级制演变成了州、郡、县三级制。隋代将州、郡、县三级制改为州、县二级制，取消了作为中间层级的郡。

辽代为少数民族政权，其治下的汉族与契丹等民族在政治、经济、文化、生活方式等方面存在很大差异。统治者基于此现状，因俗而治，实行"蕃汉分治"的双轨制，即"以国制治契丹，以汉制待汉人"，设置南面官和北面官。其中，南面官由汉人和契丹人协同担任，沿用旧制；北面官均由契丹人担任，其权力比南面官更大。

元代疆域辽阔，为了加强对各地的有效管理，元世祖忽必烈创立了行省制度。全国共设立 10 个行中书省（简称"行省"），既代表中央分驭各地，又为地方保留一定权力，形成了中央集权与地方分权相结合的体制。行省制是古代多民族统一国家的中央与地方权力结构不断调整、完善的产物，是继郡县制后我国政治制度的又一项重大变革。

八旗制度是明后期女真首领努尔哈赤建立的一种制度，初设时有黄、白、红、蓝四旗，万历四十三年（1615）增设镶黄、镶白、镶红、镶蓝四旗，八旗之制由此确立。八旗制度按军事组织形式把女真人编制起来，由贵族控制，具有军事征伐、行政管理、组织生产等多项职能。它是清王朝统治全国的重要支柱，曾为巩固多民族统一的国家、保卫边疆等作出了重要贡献。

清朝八旗制度

（四）选官制度

《礼记》有言"天下为公，选贤与能"。古代官吏是君主统治国家和臣民的重要媒介，吏治的好坏往往关系到一个朝代的兴衰。我国历代统治者为了巩固其统治地位，都十分重视对各级官员的选拔和任用，并根据社会政治、经济制度建立了选官制度。

夏商周时期实行世卿世禄制，官员的任命以世家贵族和家族血缘为根据，选官范围限定在贵族阶层。在这种制度下，贵族子弟世世代代享有政治、经济等方面的特权，即"公门有公，卿门有卿，贱有常辱，贵有常荣，赏不能劝其努力，罚亦不能戒其怠惰"。

春秋战国时期，随着诸侯争霸和各国变法，各国在官吏选拔上开始广泛推行军功爵制，即把军功大小作为选拔官员的重要标准，只有立下功劳的人才能得到俸禄和爵位。这一制度打破了贵族对官职的垄断，提高了军队的战斗力，对古代中国的政治、社会结构产生了深远影响。

汉代建立了以察举制为主、征辟制为辅的一整套选官制度。察举制是一种自下而上的选官方式，主要由地方长官在辖区内考察、选取人才并通过"孝廉""贤良""方正"

"茂才"等名目举荐给上级或中央，经过一定的考核后再委以其官职。两汉察举举荐的人才以孝廉居多，因此人们也常用"举孝廉"来指代察举制，如曹操就是孝廉出身。征辟制是一种自上而下的选官方式，包括征召和辟除两种：征召是由皇帝下旨聘请声望极高、品学兼优的人担任要职；辟除是由中央或地方高官聘任有才能的人为僚属，委以官职。

魏晋南北朝时期实行九品中正制，即按门第家世选拔与录用官员的制度。九品是划分人才优劣的九个等级，中正是品评人才的官职名称，一般由中央有名望的官员兼任。中央相关机构会依据中正对士人评定的品第来授予相应官职。九品中正制最初的主要评议标准是家世和才能并重，到西晋时变得更看重门第家世，出现了"上品无寒门，下品无士族"的现象，该制度也逐渐成为世家大族垄断官吏选拔、培养私家势力、维系政治特权的工具。

科举制是中国古代通过考试选拔官吏的制度，因采用分科目取士的办法而名"科举"。科举制始创于隋，发展于唐，形成于宋，盛行于明清，继而衰落。科举考试不论出身、贫富，打破了世家大族对文化和政治资源的垄断，使优秀的寒门子弟也有机会进入仕途。与世袭、举荐等选官制度相比，科举考试是一种更公平、公开、公正的选官方式，对扩大和巩固封建统治的政治基础具有重要意义，对隋唐以后中国的社会结构、政治制度、教育制度等都产生了深远的影响，是中央选才用人制度的一大进步。不过，明清时期的"八股取士"严重束缚了人们的思想，阻碍了社会政治、文化等的发展。1905 年，延续了 1 300 多年的科举制度被废除。

知识链接

明清科举制度概述

明清时期科举制度渐趋完备，科举考试分乡试、会试、殿试三级录取。殿试以后，一般还要经过朝考才能分配官职。

童生试是县试、府试和院试的合称，参加考试的人称为"童生"。通过这一阶段考试的应试者可以获得参加正式考试的资格。这三次考试及格以后即为"生员"，也称"庠生""秀才"。秀才享有可免除徭役、见官不拜、状子直呈、罪不用刑等特权，但不能出仕为官。

乡试是一省范围内的考试，通过乡试的人称为"举人"，其中第一名称为"解元"。举人可以继续参加会试，也可以出仕为官。

会试是全国范围内的考试，由礼部主持，因而又称"礼闱"。通过会试的人称为"贡士"，第一名称为"会元"。

会试之后接着举行殿试，殿试由皇帝亲自主考，通过殿试的人称为"进士"。发榜时采用金榜，因而考中进士又称"金榜题名"。殿试是科举考试的最高层次，分三甲取士，一甲取三名，第一名称为"状元"，第二名称为"榜眼"，第三名称为"探花"；二甲若干，赐进士出身；三甲若干，赐同进士出身。

连续考中乡试、会试、殿试第一名的被称为"连中三元"。

（五）监察制度

中国古代监察制度是一种为监督政府官员而设立的国家监督制度，旨在维护国家法律、法令的统一实施。这一制度萌芽于战国时期，成形于秦汉时期，隋唐以后得到发展。

秦代中央设御史大夫监察百官，地方各郡设监御史监察地方官吏。西汉时期，汉武帝将全国划分为 13 个州，每个州设一名刺史监察诸侯王及地方高官。魏晋南北朝时期，各朝监察机构名目不一，但体制与汉代大体相同。隋代时，中央的监察机构仍为御史台，改御史中丞为御史大夫，改检校御史为监察御史，专门掌管外出巡察事务。唐代在隋代监察制度的基础上继续发展，监察机构更加完备，中央设御史台，各地设监察御史（先后称按察史、采访处置使、观察处置使等），专门巡察所属州县。宋代在地方设通判来监察地方官，通判可直接向皇帝报告。元代全国分为 22 个监察区，各区设肃政廉访使常驻地方来监察地方官吏。明清时期设立都察院（即最高监察机关），作为都察院属官的监察御史虽然官职较低，但权力很大，可以"大事奏裁，小事立断"。此外，明代还建立了御史出使巡察地方的制度，将地方分区监察和中央监察相结合，专设礼、户、吏、兵、刑、工六科，以"稽察六部百司之事"；同时增设厂卫特务机构，监视百官与平民。

中国古代监察制度内容丰富，特色鲜明，是古代国家治理体系的重要一环，在打击贪官污吏、澄清吏治，打击地方割据势力，维护中央集权，谏正皇帝过失、防止决策失误等方面发挥了积极作用。

（六）法律制度

中国古代法律制度是中国古代政治制度的重要组成部分，经历几千年的发展，逐步形成了沿革清晰、特色鲜明的法律体系。

夏商周时期的法律是奴隶制法律，以习惯法为主，礼刑并用，法律即刑律。夏代法律总称为"禹刑"，《周礼·秋宫·司刑》载："夏刑大辟二百，膑刑三百，宫刑五百，劓刑各千。"刑罚的出现标志着夏代法律制度的产生；商代法律总称为"汤刑"，商代的刑法十分严酷，有死刑、肉刑、流刑、徒刑等；西周的法律制度更趋成熟，《周礼》中包含刑法、民法、行政法、诉讼法等内容，《吕刑》中对犯人施行刑罚的规定多达三千条，同时明确规定了罚金等级和赎刑制度等。春秋战国时期，各诸侯国陆续制定并颁布了成文法，如魏国人李悝（kuī）制定的《法经》。

自秦汉至明清，各朝各代先后制定了许多法律，使古代法律制度日趋完善，如秦代的秦律，汉代的《九章律》，魏晋南北朝时期的《魏律》《晋律》《北齐律》，隋代的《开皇律》，唐代的《武德律》《贞观律》，宋代的《宋刑统》，明代的《大明律》，清代的《大清律例》等。

中国古代的审判机关是中国古代法律制度的一部分，主要承担着代表国家行使审判权的职责，在不同朝代有不同的设置和名称。早在奴隶制时代，中央就已设置专门从事司法审判的职官，如周代的司寇。秦代以后，皇帝掌握最高审判权，并设立审判机关，如大理寺、大理院等。

三、中国古代经济制度

中国古代经济主要由农业、手工业、商业三部分组成。其中，自给自足的小农经济一直占据着主导地位，历代各朝还制定了各项扶植农业的制度。

（一）"重农抑商"的经济政策

重农抑商是中国古代的基本经济指导思想和重要经济政策，其主张是重视农业、以农为本，限制工商业的发展。这一政策适应了自给自足的自然经济的需要，促进了古代农业经济的发展。历代统治者大多把农业作为国家的根本产业，政策方面向有利于农业发展的方向倾斜，并采取一系列督促、鼓励、组织农业生产的措施，以稳定农业生产秩序。例如，商鞅变法规定奖励耕种，汉武帝时期抑制富商大贾势力，明清时期对商业加征商税、实行"海禁"政策，都是重农抑商的体现。

（二）土地制度

中国古代土地制度主要分为土地国有制和土地私有制。原始社会生产力发展水平低下，人们只能依靠团体力量共同劳动，以求共同发展。因此，该时期的土地为氏族公有制，收获的产品由氏族全体成员平均分配。

井田制出现于商周时期，属于土地国有制，它规定一切土地属于国家，由此出现了"溥天之下，莫非王土；率土之滨，莫非王臣"的局面。君主将各地区的土地分封给诸侯，诸侯可再向下分封。各级贵族虽占有土地，但不得转让或买卖，同时要定期交纳贡赋。春秋以后，随着生产力的发展，大量荒地被开发出来，私田增多，井田制已无法适应社会发展要求，而后逐渐瓦解。战国时期各国相继变法，废井田、授予百姓土地、允许土地买卖、按军功大小奖励宅田等是变法的重要内容。从此，土地私有制成为我国土地的基本形态，并沿用了两千多年。此外，封建统治者为了解决战后经济凋敝、人口稀少、土地荒芜不耕等问题，曾实行国有土地管理制度，以之作为土地私有制的补充，以恢复生产、稳定社会秩序，如北魏至唐代前期实行的均田制，它按人口将土地分配给农民耕作，并收取赋税，这一制度在唐中叶便被废止。

（三）赋役制度

中国古代赋役制度是历代封建王朝为巩固国家政权而向人民征收财物、调用劳动力的经济制度。不同历史时期的赋役制度既有相承性，又有其时代特征，都与当时的生产力发展水平相一致。

1. 赋税制度

春秋前期，管仲在齐国推行土地赋税改革，实施"相地而衰征"（根据土地的不同情况分等级征收农业税）的赋税制度。春秋后期，鲁国实行"初税亩"，即国家按土地面积征税的田赋制度。秦代"令黔首自实田"，即命全国百姓自报所占土地的数量并按此统一征收赋税，另有户赋和口赋。到了西汉，相对完整的赋税制度逐渐形成，该时期的赋税主要有田赋、口赋和献费三种。初唐实行租庸调制（"租"是交纳谷物的田租，"庸"是力役，"调"是交纳布帛）；中唐推行两税法，即地税按亩征粮，户税按每户所拥有的财产征钱。宋代实行方田均税法，即在清丈土地的基础上重新均定田赋。明代张居正改革后，重新丈量土地，清查隐田，实行一条鞭法，即按人丁和田粮摊派徭役，将各种赋、役、杂税合并为一条，一律折银交纳。清康熙年间推行"滋生人丁，永不加赋"制度，雍正年间则实行"摊丁入亩"的办法。

综上所述，中国古代赋税主要有田赋、户税、杂税三种。随着经济的发展，赋税由实物为主逐步向货币为主转变。赋税制度取决于生产关系和生产力的发展状况，赋税的征收必须适应生产力的发展水平。

2. 徭役制度

战国时期战争频繁，军役和杂役混征。秦代徭役沉重，各项徭役征调的人数不下百万。西汉徭役主要有正卒、戍卒和更卒三种，同时出现了以赋代役，即应役者交纳了更赋（代役税）后，便可不去充役。唐代的两税法将力役和杂役并入两税，从此赋税和徭役逐渐由分离并征发展为二者合一。宋代免役法是在征收免役钱（应役者按户籍交纳以代徭役的费用）、助役钱（免役者补助雇役的费用）之后，由政府以役钱雇役，从制度上确立了募役制。明代的一条鞭法取消了力役征调，改为由政府募役，役银摊入丁粮（按人口征收的税粮）。清代实行"摊丁入亩"之后，赋税和徭役完全合一。

以文培元

夯实制度的中华文化根基

中华文明是世界上唯一绵延不断且以国家形态发展至今的伟大文明，其伟大成就不仅体现为曾经长期领先世界的古代科学技术、经济发展水平，也体现为"经纬区宇，弥纶彝宪"的治国理政智慧。为政以德的政治伦理、礼法并用的治国主张、修齐治平的抱负理想、政在养民的民本思想、协和万邦的外交之道等政治理念的思想价值对于当今时代的国家治理依然具有重要借鉴意义。中华文明在发展中创造的三省六部制、行省制、科举制等制度文明，以及在言谏监察、推贤任能、富民教民等方面的制度探索，也给当今时代的国家治理带来许多启示。

"史者，所以明夫治天下之道也。"一个国家选择什么样的治理体系，是由这个国家的历史传承、文化传统和经济社会发展水平所决定的。中华优秀传统文化在创造性转化、创新性发展的过程中逐渐融入中国式现代化的伟大进程，为推动社会主义政治文明发展、展现中国特色社会主义制度和国家治理体系的显著优势提供了丰厚文化滋养。在新时代的新征程中，我们既要向前看也要向后看，既要进一步全面深化改革，继续完善和发展中国特色社会主义制度，推进国家治理体系和治理能力的现代化，也要不断汲取中华优秀传统文化中蕴含的丰富治国理政思想和智慧，不断夯实中国特色社会主义制度和国家治理体系的中华文化根基。

（资料来源：张广生，《夯实制度的中华文化根基（思想纵横）》，《人民日报》，
2024年07月11日第09版）

思考训练

一、填空题

（1）春秋战国时期，教育体制发生了重大变化，_____与_____并重的教育双轨制逐渐形成。

（2）隋唐时期是中国教育制度的大发展时期。隋文帝时期设立了专门的教育行政机构——国子寺，隋炀帝时期国子寺更名为_____，并沿用至清代。

（3）岳麓书院、_____、_____和象山书院被称为"南宋四大书院"。

（4）中国古代书院中唯一一座升级为国子监的书院是_____。

（5）_____是我国最早的系统完整的教育专著，被誉为"家训之祖"。

（6）_____和_____是中国历史上两种主要的最高首领传位制度。

（7）两汉察举举荐的人才以孝廉居多，因此人们也常用"_____"来指代察举制。

二、选择题

（1）我国历史上创办私学的第一人是（　　　）。

    A. 老子　　　　　　B. 孔子　　　　　　C. 荀子　　　　　　D. 韩愈

（2）下列选项中，不属于唐代中央官学教育系统的是（　　　）。

    A. 普通教育　　　　B. 特殊教育　　　　C. 艺术教育　　　　D. 职业教育

（3）"兼爱""非攻"是思想家（　　　）的观点。

    A. 老子　　　　　　B. 庄子　　　　　　C. 孔子　　　　　　D. 墨子

（4）下列选项中，不属于"三公九卿制"中"三公"的是（　　　）。

    A. 丞相　　　　　　B. 太傅　　　　　　C. 御史大夫　　　　D. 太尉

（5）科举考试中，乡试合格者称举人，乡试的第一名称为（　　　）。

    A. 状元　　　　　　B. 会元　　　　　　C. 解元　　　　　　D. 探花

（6）下列选项中，不属于中国古代赋税的是（　　　）。

    A. 力役　　　　　　B. 田赋　　　　　　C. 户税　　　　　　D. 杂税

三、简答题

（1）搜集我国古代著名的教育故事，了解其深意。

（2）选取一个角度，谈一谈你对我国古代政治制度的理解。

专题七

节日文化

学习目标

1. 了解具有代表性的中国传统节日，体会各具特色的节日习俗。
2. 探索中国传统节日所蕴藏的文化内涵，增强传承、发扬中华优秀传统文化的责任感和使命感。

文化视窗

中国传统节日植根于中华文明的沃土，它不仅生动地记录了中华民族丰富多彩的社会文化生活，也承载着中国人民对美好生活的希冀与憧憬，是中华儿女血脉相连的文化基因和精神纽带。传承、弘扬优秀传统节日文化，是维护民族团结和社会和谐、增强文化自信的重要途径。

一、汉族传统节日

在漫长的历史发展过程中，汉族逐渐形成了具有民族特色的传统节日，其中最具代表性的有春节、元宵节、清明节、端午节、中秋节、重阳节等。

中国传统节日

（一）春节

春节（农历正月初一）是中华民族最隆重、最盛大的传统节日。它是中国农历一年的开始，"元"者，始也，因而古人又称春节为"元日""元旦""元正""元辰""新岁"等。1912 年，我国开始采用国际通用的公历纪元，以每年的公历一月一日为新年，称为"元旦"，自此，"元旦"不再作为春节的别称。

"年"的概念最初来自农业，古人将谷物的生长周期称为"年"。再者，夏历将月亮的圆缺周期称为"月"，一年划分为十二个月，每月初一不见月亮的那天称为"朔"，月圆之日称为"望"，正月朔日的子时称为"岁首"，也叫"年"。中国人习惯称过春节为"过年"，过年通常从腊月廿三或廿四（小年）的祭灶开始，可以持续到二月二龙抬头，其中除夕（农历一年的最后一天）和春节为节日的高潮。

春节期间的习俗丰富多彩，主要有贴门神、贴春联，吃年夜饭（见图7-1），守岁、压岁、拜年、祭祀等，春节期间家家户户都洋溢着欢乐祥和的气氛。

图 7-1　年夜饭

在中国传统文化中，门神的形象以威武的神怪和严肃的武将为主，如神荼、郁垒、钟馗、秦琼、尉迟敬德、赵云、马超、孟良、焦赞等。人们将其画像贴于门上，希望驱邪避灾、祈愿家人平安，表达了人们对幸福生活的向往。

据史料记载，春联的最初形式是古时家门口悬挂的刻有神荼、郁垒名字的"桃符"。五代时期，后蜀国主孟昶（chǎng）题写的"新年纳余庆，嘉节号长春"被认为是中国最早的一副春联。宋代民间悬挂桃符的现象已相当普遍，王安石《元日》中的"千门万户曈曈日，总把新桃换旧符"便是对这一风俗的生动描绘。到了明代，桃符正式被写在红纸上的春联所取代，贴春联也成为春节的重要习俗并流传至今，表达了人们对新年的祝福和对美好生活的期待。

年夜饭是新年前的重头戏，特指除夕阖家欢聚时的盛宴。年夜饭的饭食丰盛且各种菜肴寓意深长，如鱼寓意"年年有余"、年糕寓意"步步高升"、鸡寓意"大吉大利"、形似元宝的饺子寓意财富和吉祥等。再者，在传统习俗中，人们吃年夜饭前要先拜神祭祖，以表感念，祈愿庇佑。守岁是春节期间的又一重要习俗，意在守望幸福，体味亲人相聚的祥和欢乐，这一习俗早在西晋周处的《风土记》中就有记载"除夕达旦不眠，谓之守岁"。此外，在新的一年到来之前，长辈要给晚辈派发"压岁钱"，寓意压住邪祟、平平安安。

春节期间拜年能够增进人们之间的交流和了解，维系亲情和友谊；祭祀则表达了人们对神明、祖先的敬畏、感恩和怀念，同时祈求在新的一年中能得到更多的佑护和福祉。

春节期间，全国各地的大街小巷都热闹非凡。一些地区还盛行踩高跷、跑旱船、舞龙灯、耍狮子、逛庙会等娱乐活动，是人们欢度春节的重要方式。

春节习俗虽南北各异、东西有别，但都寄托了人们对新年的美好期待和真诚祝愿，是中国传统文化中注重亲情、讲信修睦的重要体现，凝聚着中华民族独特的道德观念和民族情感，承载着中华民族深厚的思想精华和文化内涵。

（二）元宵节

农历正月十五是新年的第一个月圆之夜，古人称夜为"宵"，所以这一天被称为"元宵节"。元宵节由来已久，在西汉就已受到重视，汉武帝正月上辛夜在甘泉宫祭祀"太一"的活动被后人视作正月十五祭祀天神的先声。司马迁参与制定的《太初历》将元宵节列为重大节日。隋唐宋元以来，元宵节更是盛极一时。

元宵节当晚，人们会赏花灯（见图7-2）、猜灯谜、吃汤圆、舞龙灯等。元宵赏灯习俗始于汉代，兴于唐宋。如今，元宵节期间各地灯市火树银花、游人如织、热闹非凡。猜灯谜是伴随赏花灯而产生的另一民俗活动。北宋时期，猜灯谜尤为盛行，苏轼、秦观、黄庭坚、王安石等名士都是制作灯谜的高手。猜灯谜活动兼具知识性和趣味性，是元宵节期间人们喜闻乐见的娱乐方式。元宵节还有吃汤圆的饮食习俗，寓意团团圆圆。

图 7-2　花灯

（三）清明节

清明本是反映自然界物候变化的时令节气之一。随着时间的推移，清明逐渐与和它邻近的寒食节、上巳节融合。到宋元时期，清明便成为一个以祭祖扫墓、踏青出游为主要习俗的传统节日。祭祖扫墓寄托了人们感恩先祖、继志述事的情怀，体现了中华民族饮水思源、慎终追远的人文精神。同时，清明时节万物复苏、气清景明，正是游春赏花感受大自然勃勃生机的好时节，进而感恩大自然的馈赠、体味生命的美好与珍贵、增强对生命过程和生命意义的认识。

清明节的由来

清明是气候的清明，山青水绿气清景明；清明亦是心境的清明，淡泊坚定宁静致远；清明还是政治的清明，国泰民安和谐幸福。所以清明节不只寄托着人们祭奠先祖怀念逝者的忧思，还蕴含着亲近自然、热爱生命的快乐和愉悦，清明节的文化内涵兼具人文性与自然性，丰富而深刻，和谐而统一。

知识链接

介之推与寒食节

关于寒食节的起源有多种说法，一般认为与春秋时期的介之推有关。据说，介之推曾随晋献公的儿子重耳流亡在外多年。有一年，介之推和重耳逃到卫国，一个叫头须（一作里凫须）的随从偷光了重耳的资粮，逃入深山。一时间，重耳没有了粮食，饥饿难忍。为了让重耳活命，介之推把自己腿上的肉割下了一块，与采摘来的野菜一同煮成汤给重耳食用。重耳知道后大为感动，声称有朝一日做了君王，要好好报答介之推。

后来，重耳重回晋国，成为"春秋五霸"之一的晋文公。他赏赐了追随自己流亡的其他臣属，却没有赏赐介之推，于是介之推带着母亲隐入绵山。晋文公得知后，便亲自带广众人马前往绵山寻访。谁知绵山蜿蜒数里，重峦叠嶂，谷深林密，难以找到介之推。晋文公求人心切，听信了小人之言，下令放火烧山。没料到大火烧了三天，仍旧不见介之推出来。后来，有人在一棵烧焦的柳树下发现了介之推母子的尸骨。晋文公悲痛万分，下令厚葬母子二人。

为了纪念介之推，晋文公下令把绵山改名为"介山"，在山上建立祠堂，并把放火烧山的这一天定为寒食节，晓谕全国，每年这天禁忌烟火，只吃寒食。

（四）端午节

农历五月初五是端午节，又称"端阳节""重午节""龙舟节""浴兰节"等。2009 年 9 月，联合国教科文组织正式将端午节列入人类非物质文化遗产代表作名录，这是我国首个跻身世界非遗名录的节日。

关于端午节的起源，自古有"辟邪说""祭龙说""纪念屈原说""纪念勾践操演水师说""纪念伍子胥或曹娥说"等多种说法，其中影响最大、流传最广的是"纪念屈原说"。根据史料记载，公元前278年的农历五月初五，楚国大夫、爱国诗人屈原因政治理想无法实现又无力挽救楚国的危亡，悲愤交加，毅然自投汨罗江，以身殉国。屈原投江后，楚国百姓纷纷划舟觅其踪迹，并用竹筒盛米投入江中以诱鱼，

端午节的饮食习俗

希望护全屈原之体，后来演变成赛龙舟、吃粽子的习俗，如图7-3和图7-4所示。此外，

民间还有端午节饮雄黄酒、佩香囊、挂菖蒲与艾草、系五彩丝等习俗。时至今日，端午民俗早已成为中华民族寄托驱瘟避灾、迎祥纳福的美好愿望，传递爱国主义情感和奋发向上的民族精神的重要载体。

图 7-3 赛龙舟

图 7-4 粽子

课堂互动

请自行查阅资料，了解关于端午节起源的其他传说，探索其中的文化内涵，并与其他同学讨论、交流。

（五）中秋节

农历八月十五是中秋节。根据我国传统历法，一年分为四季，每个季节又可分为孟、仲、季三个阶段，农历八月为秋季的第二个月，故称为"仲秋"，而八月十五又在"仲秋"之中，故称"中秋"。

关于中秋节的起源有两种说法。一说起源于"秋社"，即古人为了庆祝谷物丰收，在秋收时祭祀土地神，以答谢神的庇护，所以中秋节可能是秋社遗留下来的习俗。一说源于古代帝王秋天祭月的礼制，由此形成的拜月、祭月习俗逐渐传入民间。大约在隋唐时期，中秋节成为固定的节日。到明清时期，中秋节已成为与春节齐名的主要传统节日之一。

中秋时节，月圆如盘，月光皎洁，赏月（见图 7-5）和吃月饼是中秋节的重要习俗。从天上月圆到家人团圆，人们将人月两圆的美好意境与和睦如意的人伦理想巧妙地结合在一起，使得承载着阖家团圆幸福、人与自然和谐统一这一文化内涵的中秋节成为中国传统节日中最具诗意的节日之一。

图 7-5　中秋赏月

（六）重阳节

农历九月初九是重阳节，又称"老人节""重九节""登高节"。在古代，九为阳数，象征着吉祥、幸福、光明，九月初九是两个阳数结合，故称"重阳"。

据记载，古人在九月农作物丰收之时要举行祭天帝、祭祖先的活动，这是重阳节作为秋季丰收祭祀活动而存在的原始形式。至魏晋南北朝时期，重阳日宴饮、赏菊的习俗在文人雅士中已颇为流行，如陶渊明《九日闲居》中的序文"余闲居，爱重九之名。秋菊盈园，而持醪靡由，空服九华，寄怀于言"，就抒发了其重阳日赏菊而无酒的惆怅与感伤。到了唐代，重阳被正式定为国家节日并沿袭至今。重阳节有登高远眺、赏菊饮酒、佩戴茱萸等很多颇具时令特色的习俗，这些习俗无一不体现了古人热爱大自然，追求人与自然和谐共生的美好愿望，是"天人合一"哲学思想的集中体现。另外，重阳节也是老年节，九在数字中是最大的，"九九"又与"久久"同音，有长久、长寿的吉祥寓意，所以重阳节历来受到人们的重视，是弘扬中华民族孝亲敬老优秀传统文化的重要载体。

除了上述六大传统节日之外，乞巧节、中元节、寒衣节、腊八节等传统节日同样蕴含着丰厚的文化底蕴。

二、少数民族传统节日

（一）蒙古族传统节日

1. 那达慕大会

那达慕大会（见图 7-6）是蒙古族的传统节日，多选择在牧草茂盛、牛羊肥壮的七八月份举行。在蒙语中，"那达慕"的意思是娱乐或游戏。那达慕大会除了有传统的"男儿三艺"（即摔跤、赛马、射箭）比赛项目之外，还增添了民族歌舞、马拉雪橇、骆驼爬犁、蒙古象棋、投掷布鲁（早期蒙古族狩猎和游牧时所用的投掷、打击工具）等极具民族特色的民俗活动。

图 7-6 那达慕大会

2. 白节

白节又称"白月""查干萨日"，是蒙古族一年之中最隆重的节日，相当于汉族的春节。传说白节与奶食的洁白有关，含有祝福吉祥如意的意思。

白节从每年腊月三十开始，直到来年的正月十五或正月月底才结束。腊月三十晚上，全家老少会穿上节日盛装，欢聚一堂，拜贺新年，彻夜不眠。通常要先烧香拜佛，然后晚辈向长辈献哈达、敬酒、礼拜。整个白节期间，蒙古族人都会骑着骏马，带上崭新的哈达和美酒去亲友家拜年。

（二）藏族传统节日

1. 藏历新年

藏历新年是藏族一年中最盛大的节日，从藏历正月初一开始连续庆祝十五天。藏历十二月初，人们便开始准备年货。十二月中旬，家家户户准备酥油和白面，并陆续炸卡赛（果子）。新年前夕，每家每户都要准备"切玛"（用木料制作，外面绘有各种花纹图案的五谷斗），人们会在里面装满酥油拌成的糌（zān）粑（ba）、炒麦粒、人参果等食品，在上面插青稞穗，并点缀一些小块酥油。"切玛"寓意着过去一年的好收成，同时寄托着人们预祝新的一年风调雨顺、五谷丰盈的愿望。除夕前一天，每家每户要大扫除、贴年画、挂经幡。除夕之夜，每家每户会聚在一起共享年夜饭，围着火塘喝酒吃肉，通宵达旦。

藏历初一，人们会将青苗、油馃子、羊头、五谷斗等摆在茶几上，预祝新的一年人寿粮丰。初二，亲友之间会相互登门拜年祝贺，互赠哈达。初三至十五，人们会开展丰富多彩的娱乐活动，如唱藏戏、跳藏舞（见图 7-7）、拔河、赛马、射箭、投掷等。

图 7-7 藏族舞蹈

2. 雪顿节

雪顿节于每年藏历的七月初举行，为期三至五天。雪顿意为酸奶宴。在雪顿节期间，有隆重而热烈的藏戏演出和规模盛大的晒佛仪式，所以雪顿节又称"藏戏节""展佛节"。节日期间，人们会穿着鲜艳的节日服饰，扶老携幼，带上酥油茶，前往藏戏演出场地，他们席地而坐，一边饮茶，一边欣赏藏戏，享受节日的欢乐。

（三）回族传统节日

开斋节也称"肉孜节"。伊斯兰教历九月是斋戒之月，凡是符合条件的成年男女都要进行为期一个月的斋戒。斋戒满一个月后，天空出现新月时，即斋戒结束，可开始正常饮食。如果由于天气原因没有看见新月，则推迟一天。斋戒结束的第二天即为开斋节。开斋节这天，人们会早起沐浴、更衣、燃香，然后到清真寺做礼拜。此外，人们还要挨家挨户地互致节日问候，宰牛宰羊来招待宾客亲朋。

以文培元

欣赏古典诗词，感受传统节日魅力

中国古典诗词与中华传统节日关系密切，历代文人雅士创作了许多描写中华传统节日的古典诗词。请同学们欣赏下列诗词，在精练的语言与和谐的韵律中感受传统节日的魅力。

春节

元　日

[宋]王安石

爆竹声中一岁除，春风送暖入屠苏。

千门万户曈曈日，总把新桃换旧符。

元宵节

青玉案·元夕

[宋]辛弃疾

东风夜放花千树，更吹落，星如雨。宝马雕车香满路。凤箫声动，玉壶光转，一夜鱼龙舞。

蛾儿雪柳黄金缕，笑语盈盈暗香去。众里寻他千百度，蓦然回首，那人却在，灯火阑珊处。

清明节

寒　食

[唐]韩翃

春城无处不飞花，寒食东风御柳斜。

日暮汉宫传蜡烛，轻烟散入五侯家。

端午节

端　午

[唐]文秀

节分端午自谁言，万古传闻为屈原。

堪笑楚江空渺渺，不能洗得直臣冤。

中秋节

水调歌头·明月几时有

[宋]苏轼

丙辰中秋，欢饮达旦，大醉，作此篇，兼怀子由。

明月几时有？把酒问青天。不知天上宫阙，今夕是何年。我欲乘风归去，又恐琼楼玉宇，高处不胜寒。起舞弄清影，何似在人间。

转朱阁，低绮户，照无眠。不应有恨，何事长向别时圆？人有悲欢离合，月有阴晴圆缺，此事古难全。但愿人长久，千里共婵娟。

重阳节

蜀中九日

[唐]王勃

九月九日望乡台，他席他乡送客杯。

人情已厌南中苦，鸿雁那从北地来？

思考训练

一、填空题

（1）过年通常从腊月廿三或廿四的祭灶开始，一直持续到二月二龙抬头，其中_____和_____为节日的高潮。

（2）据史料记载，春联的最初形式是古时家门口悬挂的刻有神荼、郁垒名字的"_____"。

（3）关于中秋节的起源有两种说法：一说起源于"_____"；一说源于古代帝王秋天_____的礼制。

（4）那达慕大会是_____的传统节日，多选择在牧草茂盛、牛羊肥壮的七八月份举行。

二、选择题

（1）下列选项中，（　　）被认为是中国最早的春联。

    A．四海升平家业顺，五湖共庆福寿长

    B．千门万户曈曈日，总把新桃换旧符

    C．生意兴隆通四海，财源茂盛达三江

    D．新年纳余庆，嘉节号长春

（2）我国有一个传统节日源于纪念介子推，这个节日是（　　）。

    A．元宵节   B．乞巧节   C．寒食节   D．重阳节

（3）民间清明节有郊游踏青的习俗，而赛龙舟、佩香囊、挂艾蒲等则是（　　）的习俗。

    A．春节   B．端午节   C．中秋节   D．重阳节

（4）我国首个跻身世界非遗的节日是（　　）。

    A．春节   B．端午节   C．中秋节   D．重阳节

（5）关于清明节的文化内涵，下列选项中表述不正确的是（　　）。

    A．清明节就只是感念祖先盛德的日子，所以清明是悲伤的，逢清明节不能说节日快乐。

    B．清明因"气清景明、万物皆显"而得名，这个时节阳光明媚、草木萌动，是郊游赏花的好时节，古人称为"踏青"。

    C．清明节兼具人文和自然的内涵，不只有扫墓祭祖慎终追远的忧思，也可以是亲近自然热爱生命的快乐和愉悦。

    D．清明本是反映自然界物候变化的时令节气之一。

（6）每年（　　）的老年节是弘扬中华民族孝亲敬老优秀传统文化的重要载体。

    A．三月初三　　　　　　　　B．八月十五

    C．九月初九　　　　　　　　D．九月初十

（7）苏轼的《赤壁赋》开篇提到"壬戌之秋，七月既望，苏子与客泛舟游于赤壁之下"，你认为苏轼游赤壁是在哪一天？（　　）

    A．农历七月初一　　　　　　B．公历七月初一

    C．农历七月十五　　　　　　D．农历七月十六

三、简答题

（1）春节是我国最重要、最隆重的传统节日，回顾所学知识，谈谈你对春节文化内涵的理解。

（2）查找资料，了解自己家乡的传统节日民俗。

专题八

科技文化

学习目标

1. 了解中国瓷器的发展史及特点。
2. 了解中国古代的水利技术和造船技术，感受科技的力量。

文化视窗

中国古代科技是中国传统文化的重要组成部分，体现了古代劳动人民的智慧和创造力，对中国和世界的历史进程起到了推动作用，在世界文明史上占有重要地位。

一、瓷器文化

中国是瓷器的故乡，在英文中，"瓷器"（china）与"中国"（China）同为一词，充分说明精美绝伦的中国瓷器是中国文化的杰出代表。几千年的制瓷史不仅展现了我国不断革新的制瓷技术，也反映出人们不断提高的瓷艺审美水平。

中国瓷器之美

（一）早期瓷器

中国瓷器从陶器发展演变而来。大约在商代中期，就出现了符合构成瓷器的基本要求的"原始瓷"，且历经西周、春秋、战国各时期基本没有间断。东汉至魏晋时期，制瓷技艺大大提高，生产的青瓷质量精良，胎质坚硬细腻，改变了瓷器的原始面貌，标志着中国瓷器生产进入一个新时代。

（二）隋唐瓷器

到隋唐时期，瓷器进入繁荣发展阶段。隋代北方瓷器进一步发展，众多窑系林立，出现了许多新的瓷器品种。

唐代著名的瓷器是青瓷与白瓷。青瓷以越窑瓷为代表，窑址主要分布在今浙江慈溪上林湖一带（古越州）。越窑青瓷以胎质细腻、釉面清莹、质如碧玉、造型典雅著称，不少诗人都歌咏过越窑青瓷的美，如唐代陆龟蒙在《秘色越器》就对越窑青瓷的釉色有"九秋风露越窑开，夺得千峰翠色来"的评价。白瓷以邢窑瓷为代表，窑址位于今河北临城、内丘一带（古邢州）。邢窑白瓷胎质坚实，釉面光滑，色泽雪白莹润，风格朴素淡雅，曾与越窑青瓷齐名，世称"南青北白"，如图8-1和图8-2所示。陆羽《茶经》评价邢瓷和越瓷为"邢瓷类银，越瓷类玉""邢瓷类雪""越瓷类冰"。此外，唐代出现的瓷器新品——彩瓷，为后来瓷器的彩釉和彩绘开辟了新天地。

图 8-1　唐代越窑淡青釉双龙瓶

图 8-2　唐代邢窑白釉小壶

（三）宋代瓷器

宋代是我国瓷器发展的鼎盛时期。宋瓷集历代陶瓷工艺之大成，品类繁多，器型多样，在胎质、釉料和制作技术等方面有了新的提高，瓷烧技术纯熟，瓷器的精细程度让人叹为观止，达到了瓷艺美学的新境界。当时，全国各地出现了很多窑场，以北方地区的钧窑、定窑、磁州窑、耀州窑和南方地区的龙泉窑、景德镇窑最为著名，后来又逐渐发展成以这些名窑为中心的窑系，即"宋代六大窑系"。

知识链接

宋代六大窑系

1. 钧窑

钧窑的窑址位于今河南禹州，因在唐宋时为钧州所辖而得名。钧窑始于唐代，盛于北宋，至元代衰落。钧窑以烧制铜红釉为主（见图8-3），蚯蚓走泥纹是钧窑瓷器的特征之一，此外还有蛙卵纹、牛血纹等纹饰。钧瓷胎质细腻、釉质肥厚，

图 8-3　宋代钧窑玫瑰紫蓝釉鼓钉水仙盆

烧制后其表面会呈现出自然温润、丰富多样的色彩，体现了北宋制瓷技艺的高超水平。古人曾用"夕阳紫翠忽成岚"等诗句来形容钧瓷釉色灵活、变化微妙之美。

2. 定窑

定窑的窑址位于今河北曲阳润磁村、燕川村一带，因古属定州而得名。定窑创烧于唐代，极盛于北宋，终于元代，以产白瓷著称，兼烧彩瓷。定窑白瓷胎质薄而轻，釉层略显绿色，流釉如泪痕，装饰有刻花、划花、印花诸种。故宫博物院收藏的定窑白瓷孩儿枕（见图8-4）是定窑瓷器的代表作之一。

3. 磁州窑

磁州窑是我国宋代北方最大的一个民窑体系，其窑址位于今河北磁县漳河两岸的观台镇东艾口村、冶子村附近，因古属磁州而得名。在河南、陕西、山东等地的其他民间瓷窑也广泛烧制此类瓷器，因而泛称"磁州窑系"，如鹤壁窑、禹州扒村窑、淄博磁村窑等。

磁州窑瓷器的釉色丰富，主要有白釉、黑釉、酱釉、绿釉等，其中尤以白釉黑彩瓷器最为著名，如图8-5所示。磁州窑瓷器以刻划花、铁锈花、红绿彩、窑变黑釉为主要工艺，以图案和绘画的结合为主要特色，一改宋代以前的单色瓷器装饰方式，开创了白地黑花釉下彩绘瓷器的先河，逐渐形成了刚劲豪放、潇洒自如的独特艺术风格，同时也为宋代以后景德镇青花及彩绘瓷器的繁荣发展奠定了基础。

图8-4 宋代定窑白瓷孩儿枕

图8-5 宋代磁州窑白地黑花婴戏纹腰圆枕

4. 耀州窑

耀州窑的窑址位于今陕西铜川王益区黄堡镇附近，因宋代属耀州而得名。在唐代，耀州就是陶瓷的著名产地，主要烧制白瓷、黑瓷和青瓷。宋代，其制瓷技艺达到鼎盛，成为我国"六大窑系"中最大的一个窑系。宋代晚期，耀州窑主要烧制青瓷（见图8-6），胎薄质坚，釉色匀静，风格苍翠淡雅。装饰技法多刻花、印花，结构严谨造型丰满，线条自由流畅，纹饰题材丰富多变，且多源于自然界和人们的日常生活，常见的有牡丹、莲花、龙、凤、鱼等图案。

5. 龙泉窑

龙泉窑的窑址位于今浙江龙泉大窑村、金村等处。宋代是龙泉窑制瓷技艺繁荣发展的关键时期，主要烧制青瓷（见图8-7）。该时期的龙泉青瓷以白胎为主，胎体较厚，釉色以粉青、梅子青为代表，有厚胎薄釉与薄胎厚釉之分，以简练、纤细的花纹为主要装饰，常见纹饰有鱼纹、蕉叶、金枝、荷花等。

图8-6　宋代耀州窑青釉刻花瓶　　　图8-7　宋代龙泉窑青釉盘口瓶

6. 景德镇窑

景德镇窑位于今江西景德镇，因北宋景德年间烧制的精美瓷器而著称。景德镇窑自唐代起即烧制青瓷，至北宋时以烧制青白瓷为主，釉色白中泛青、青中见白，为景德镇窑的新创。景德镇窑所产青瓷色发灰，白瓷色纯正，素有"白如玉、薄如纸、明如镜、声如磬"之誉。至明代，景德镇成为全国瓷器烧制中心，烧造出多种名贵蓝釉、红釉、甜白釉瓷器，被誉为"瓷都"。

（四）元代瓷器

元代制瓷技艺有所创新，出现了成熟的青花瓷（见图8-8），创烧了釉里红瓷（见图8-9），使中国绘画技巧与制瓷技艺的结合更趋成熟，具有鲜明中国风格的釉下彩瓷器自此发展到一个新的阶段。青花瓷始于唐代，兴盛于元代，成熟的青花瓷出现在元代的景德镇，其纹饰构图丰满，颜料虽只用蓝色，但深浅浓淡的层次变化却极其丰富多样，色彩典雅明快，为后世青花瓷的繁荣与长久不衰奠定了基础。釉里红瓷是将以金属铜元素为呈色剂的原料按照所需图纹绘在瓷器胎坯的表面，再施以透明釉入窑高温烧制而成，技术条件要求十分严苛，烧制难度很大。

图8-8　元代青花鬼谷子下山图罐　　　图8-9　元代釉里红凤纹瓜棱双耳罐

（五）明代瓷器

明代，全国制瓷业以景德镇为中心，盛况空前，"工匠来八方，器成走天下""昼间白烟掩空，夜间红焰烧天"是当时盛况的真实写照。明代瓷器以青花瓷为主，造型极为丰富。在青花瓷工艺不断革新发展的基础上，明代彩瓷的发展有了新的飞跃，其中最具代表性的是成化年间创烧出的色彩丰富且配色自如的斗彩。它在釉下青花轮廓线内添加釉上彩，是釉下青花和釉上彩相结合的一种彩瓷工艺，如图 8-10 和图 8-11 所示。

图 8-10　明代成化斗彩鸡缸杯

图 8-11　明代斗彩怪石花蝶纹罐

（六）清代瓷器

清代瓷器制作技艺达到顶峰。清代彩瓷在明代基础上创造出更多出彩的颜色釉品种，其中以珐琅彩（见图 8-12）和粉彩（见图 8-13）最为突出。该时期瓷器大量外销，为满足欧洲市场需求产生了广彩。外销瓷器不仅丰富了陶瓷品种，也促进了中国瓷器文化的广泛传播和制瓷技艺西传。中国瓷器成为欧洲早期瓷器的楷模。

图 8-12　清代珐琅彩双环瓶

图 8-13　清代粉彩鼻烟壶

以**文**培元

云游故宫博物院

　　故宫博物院目前收藏有180多万件文物，其中绝大多数属于清代宫廷遗存，今称"清宫旧藏"。清宫旧藏有的源自前代皇室的递藏，有的系由宫廷营造体系——内务府造办处与苏州、南京、杭州三织造共同承旨制作，另有每逢年节地方官吏的贡品，也不乏来自古代少数民族政权的礼品或与西方国家交往获赠的礼品。这些文物历经岁月淘洗，成为中华民族悠久历史和灿烂文化的物证。

　　请同学们登录故宫博物院官方网站，云游其中的珍宝馆、青铜器馆、陶瓷馆、钟表馆，了解丰富多彩的藏品，感受博大精深的传统文化。

二、水利技术

（一）都江堰

　　都江堰水利工程位于四川省都江堰市境内，是岷江上的水利枢纽，由战国时期秦国李冰父子主持修建，是全世界迄今为止年代最为久远、唯一留存、以无坝引水为特征的宏大水利工程。

　　该工程核心系统包括鱼嘴分水堤、飞沙堰溢洪道、宝瓶口引水口三大主体工程和百丈堤、人字堤等附属工程（见图8-14），各部分相辅相成，共为体系，科学地实现了自动引水分流、自动排沙、自动调控岷江内外江水量，使人们免遭水患。

都江堰的设计原理

　　都江堰自建成之日起，两千多年来经久不衰，至今仍承载着防洪、灌溉和水运的功能，使川西平原成为"天府之国"。都江堰的建造以不破坏自然，充分利用天然的地理地貌为前提，变害为利，使人、地、水三者高度协调统一，充分体现了"天人合一"的哲学思想，被视为世界水资源利用的典范。

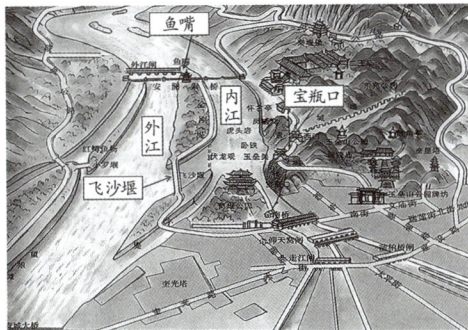

图8-14　都江堰水利工程示意图

（二）京杭运河

京杭运河是中国古代贯通南北的水路交通大动脉，它南起余杭（今属杭州），北到涿郡（今属北京），途经今浙江、江苏、山东、河北四省及天津、北京两市，贯通海河、黄河、淮河、长江、钱塘江五大水系，全长近 1 800 千米。京杭运河是世界上开凿时间最早、距离最长、规模最大的人工河道，是我国仅次于长江的第二条"黄金水道"。它最初是春秋吴王夫差为讨伐齐国而开挖的邗沟，隋代时大幅度扩修并贯通到都城洛阳，元朝翻修时弃洛阳而取直至北京。它是中国古代劳动人民建造的一项伟大工程，对中国南北地区的经济发展与文化交流，特别是对运河沿线地区的繁荣发展起到了巨大推动作用。

京杭运河

（三）坎儿井

坎儿井是干旱地区开发利用地下水的一种古老的地下水利工程，普遍存在于新疆吐鲁番和哈密地区。这一水利工程早在《史记》中便有记载，时称"井渠"。坎儿井的工作原理是利用山体的自然坡度，将春夏时节渗入地下的雨水、冰川及积雪融水引出地表，对土地进行分流灌溉。不同地区的坎儿井在具体构造上均有其不同的地域特点，一般来说，一个完整的坎儿井系统包括了竖井、暗渠（地下渠道）、明渠（地面渠道）和涝坝（小型蓄水池）四个部分。据《清史稿》等资料记载，清嘉庆十二年（1807）仅吐鲁番坎儿井就有30 多处。1957 年新疆坎儿井数量有上千条，灌溉面积达两万多公顷，对发展当地农业生产和满足居民生活需要等都发挥了重要作用，被当地人们称为"生命之源"。

三、造船技术

中国是世界上造船历史最悠久的国家之一，早在新石器时代，先民们就已广泛使用了独木舟和筏。我国古代的造船工艺精湛，技术高超，对世界造船技术产生了深远的影响。中国古代木船形制多样，其中具有代表性的有沙船、福船、广船和鸟船，被称为"中国四大古船"。

（一）沙船

沙船是一种方头方尾的平底木船，因适于在水浅、多沙滩的航道上航行而得名，又称"防沙平底船"。唐宋时期，沙船的基本构造已经成型，成为北方海区航行的主要船型。沙船方头平底，吃水浅，甲板面宽敞，多桅多帆且桅高帆高，利于使风，善于行沙涉浅，在沿海航运中发挥了重大作用。同时，沙船上还装有"太平篮"，风浪大时装上石块悬于水中可增强船身的稳定性。早在 10 世纪初，中国沙船就已远航到爪哇（今印度尼西亚地区），15 世纪郑和下西洋也有大队的沙船随航。

郑和下西洋

郑和下西洋是明代永乐、宣德年间，由郑和担任正使，先后 7 次率领船队进行的海上远航活动。这场跨越了东亚地区、印度次大陆、阿拉伯半岛及东非各地的大航行，被认为是当时世界上规模最大的远洋航海项目。其总航程达到 7 万多海里，航行足迹遍及 30 多个国家和地区，打开了中国至东非海岸的海上交通，促进了中国与周边各国经济、政治和文化上的交流，在中国航海史上留下了浓墨重彩的一笔。

在航行过程中，郑和船队将航海天文定位方法与导航罗盘的使用相结合，提高了测定船舶航向的精确度，展示了中国古人通过长期实践所掌握的精湛航海技术。这一历史事件开启了中国"敢为天下先"的历史新纪元，同时也揭开了世界大航海时代的序幕。

（二）福船

福船又称"福建船"，是按福建造船工艺建造的木帆船的总称。福船是一种尖底的大型海船，底尖上阔，首尾高昂，船底龙骨突出，尾部封板结构呈马蹄形，两舷边向外拱，舷侧有护板加固。

福船特有的双舵设计，使之在浅海和深海都能进退自如，既可用于远洋航行，又可作为深海战舰。郑和下西洋船队的主要船舶——宝船，采用的就是适于远洋航行的福船船型。古代用于作战的福船一般分四层，下层装土石压舱，二层住兵士，三层是主要操作场所，上层是作战场所，便于观察敌情，调动兵力，以克敌制胜。正如戚继光所著《纪效新书》中的描述"福船乘风下压，如车辗螳螂，斗船力而不斗人力，是以每每取胜"。

（三）广船

广船始产于广东，又称"广东船"，是一种深水型木船。广船与福船的大小、船型接近，头尖体长，上宽下窄，两端上翘，结构坚固，有较好的适航性能和续航能力。广船具有多孔舵和水密隔舱的结构特点。在帆船遇到急流时，舵叶上的菱形小孔能通过排水来减小涡流对船舶的阻力，因而广船的回转性能较好，操纵起来方便、灵活。水密隔舱既可以用来存放货物，又可以提高船只的安全性能，当其中一个舱进水时，只要及时密封其他舱位，船只就不会下沉。

（四）鸟船

鸟船是浙江沿海一带常使用的海船，因其船首形似鸟头而得名，又称"浙船"。古代浙江人认为是鸟衔来稻谷种子，才造就了浙江的鱼米之乡，所以把船头做成鸟首状。由于鸟船船头眼上方有条绿色弯曲的眉，因而又称"绿眉毛"。

鸟船船体狭长，尖首阔尾，船尾高翘，由纵通龙骨、多道横向水密隔舱、护舷木等构成，结构坚实，可用于航海。鸟船一般还配船桨，有风驶帆，无风驶桨，操作灵活。鸟船盛行于明清时期，是古代东亚海上丝绸之路的重要交通工具，也曾是郑和船队中用于运送粮草物资的重要船型。

课堂互动

请自行查阅资料，了解四大古船的发展历史及相关典故，搜集图片，分析它们各自的特点，并与其他同学讨论、交流。

思考训练

一、填空题

（1）宋代六大窑系是指钧窑、_____、_____、耀州窑、_____和景德镇窑。

（2）_____是将以金属铜元素为呈色剂的原料按照所需图纹绘在瓷器胎坯的表面，再施以透明釉入窑高温烧制而成，技术条件要求十分严苛，烧制难度很大。

（3）都江堰水利工程位于_____省都江堰市境内，是岷江上的水利枢纽。

（4）坎儿井是干旱地区开发利用地下水的一种古老的地下水利工程，普遍存在于新疆_____和_____地区。

（5）中国古代木船形制多样，其中具有代表性的有沙船、福船、广船和鸟船，被称为"_____"。

（6）沙船上还装有"_____"，风浪大时装上石块悬于水中可增强船身的稳定性。

二、选择题

（1）中国瓷器从陶器发展演变而来。大约在（　　）中期，就出现了符合构成瓷器的基本要求的"原始瓷"。

    A．夏代　　　　　　B．商代　　　　　　C．春秋　　　　　　D．战国

（2）唐代著名的瓷器是青瓷与白瓷。青瓷以（　　）瓷为代表，白瓷以邢窑瓷为代表，世称"南青北白"。

    A．钧窑　　　　　　B．定窑　　　　　　C．越窑　　　　　　D．长沙

（3）清代瓷器大量外销，为满足欧洲市场需求产生了（　　）。

    A．珐琅彩　　　　　B．斗彩　　　　　C．粉彩　　　　　D．广彩

（4）世界上里程最长的人工运河是（　　）。

    A．京杭运河　　　　B．苏伊士运河　　C．巴拿马运河　　D．隋唐大运河

（5）郑和下西洋船队的主要船舶——宝船，采用的就是适于远洋航行的（　　）船型。

    A．沙船　　　　　　B．福船　　　　　C．广船　　　　　D．鸟船

三、简答题

（1）简述中国瓷器的发展史。

（2）我国有哪些古代水利工程目前仍在使用？结合所学知识，谈一谈它们的文化价值。

燕赵文化

学习目标

1. 探寻燕赵文化的历史底蕴，感受燕赵文化的独特魅力。
2. 了解燕赵文化的不同表现形式，自觉继承、发扬燕赵文化，增强文化认同感和自豪感。

文化视窗

历史上对于燕赵地域的界定，有广义和狭义两种。广义的燕赵泛指北起阴山南麓，南至黄河，西起太行山脉，东至渤海，包括现在的河北、北京、天津和山西、辽宁、内蒙古的部分地区。狭义的燕赵指今河北省。由于今天河北的大部分地区在战国时期分属于燕国和赵国，因而被称为"燕赵之地"。本专题所介绍的燕赵文化以古今河北文化为研究对象。

燕赵文化主要是指以河北地域为依托，在历史发展过程中形成并不断发展而来的文化的总称，包括思想观念、生活方式、风俗习惯、制度、艺术等各个方面。燕赵文化是一种独具特色的地域文化，主要表现为展现人们生产、生活方式的多彩文化遗产，以及不胜枚举的文化名人等多个方面。

一、燕赵戏曲文化

在历史发展的长河中，燕赵地区形成了独树一帜的地方戏曲文化。燕赵戏曲文化形式多样、剧种丰富，其中具有代表性的有河北梆子、评剧、丝弦、唐山皮影戏等。

1. 河北梆子

河北梆子大约形成于 1820 年至 1850 年间，系由清乾隆年间先后传入河北的秦腔和山西梆子演变而成，广泛流行于河北、北京、天津及东北、山东的部分地区，是颇受人们喜爱的地方剧种。2006 年 5 月，河北梆子被列入第一批国家级非物质文化遗产名录。

河北梆子属于板腔体，演唱时以梆子击节，演奏乐器主要有板胡、笛子、梆子、笙等。其唱腔兼具高亢激越与委婉凄楚的风格特点，擅长表现慷慨悲壮的情绪。河北梆子的传统剧目有 500 多个，其中影响较大的经典剧目有《金水桥》《杜十娘》《蝴蝶杯》《宝莲灯》《教子》《秦香莲》《断桥》《苏武牧羊》等。另外，田际云、郭宝臣、侯俊山、魏连升、刘喜奎等都曾是誉满燕赵地区的优秀演员，他们精湛的表演既为观众带来了不同凡响的审美体验，也为河北梆子的繁荣发展作出了重要贡献。

2．评剧

评剧是河北省主要地方剧种之一，有着广泛的群众基础。评剧起源于 20 世纪初的唐山，广泛流传于华北、东北各省，是在民间曲艺"莲花落"的基础上，吸收了梆子、京剧、皮影戏、二人转等的音乐与表演形式逐渐发展起来的，又称"平腔梆子戏""落子戏""蹦蹦戏"。

评剧以唱功见长，唱词浅显易懂，唱腔朴素、生动、细腻，演唱明白如诉，字正腔圆，具有丰富而强烈的表现力。评剧属于板腔体，有慢板、快板、散板、二六板等多种板式。其演奏乐器主要有梆子、板胡、二胡、三弦、琵琶、竹笛、笙等。评剧的表演形式活泼、自由，善于表现现实生活，地域色彩和生活气息浓厚，因而广受人们喜爱。

成兆才是评剧创始人之一，也是第一位评剧剧作家，其代表作品《花为媒》《杨三姐告状》等已成为评剧的经典保留剧目。中华人民共和国成立后，评剧进入新的繁荣发展阶段，一批精彩纷呈的现代戏纷纷上演，如李再雯（艺名小白玉霜）主演的《金沙江畔》、韩少云主演的《小女婿》、新凤霞主演的《刘巧儿》、魏荣元主演的《夺印》等剧目一直以来广受好评。

3．丝弦

丝弦是燕赵地区特有的古老剧种之一，因主要以弦索、三弦等弦乐器伴奏而得名，又称"弦腔""弦索腔""河西调"。大约在明初，丝弦就已经流行于河北省的中部和南部广大地区。丝弦有东、西、南、北、中五路流派，其中石家庄丝弦流行于河北省大部分地区、晋中地区东部及雁北地区，属于中路丝弦。

石家庄丝弦唱腔别具一格，真声唱字与假声拖腔结合，旋律激越悠扬，慷慨奔放。其表演崇尚技巧，人物刻画传神，具有热烈激昂、粗犷豪放的特点，常用技巧有耍髯、耍牙、耍鞭、耍碗等，带有朴实、敦厚的乡土气息。石家庄丝弦的剧目丰富多样，既有颇富民间情趣的生活小戏，也有反映宫廷斗争的袍带大戏，大部分为本剧种的传统剧目，也有部分剧目是从老调、晋剧、昆曲、京剧、河北梆子等剧种中移植而来的，其中常演的剧目有《赶女婿》《白罗衫》《花烛恨》《李天宝吊孝》《空印盒》《金铃计》等。

4．唐山皮影戏

皮影戏是一种用兽皮或纸板剪制形象并借助灯光照射，由演员操控影人形象来表演的戏曲形式，集精美的雕刻工艺、灵巧的操纵技巧和长于抒情的唱腔音乐于一体。据民国《滦县志》记载："用薄片透明之驴皮，雕成人物等形，夜间于台上架纸窗，借灯光照映，远视之意态生动，惟妙惟肖，故谓之影戏。"唐山皮影戏（见图 9-1）起源于明代末期，流行于河北的唐山、承德、廊坊等地区及东北三省各市县，极受当地群众喜爱。

图 9-1　唐山皮影

唐山皮影戏多用滦县乡音唱白，以唱功见长，风格独特，唱词多为七字句或十字句，演奏乐器主要有四弦、二胡、扬琴、大阮、唢呐等。其人物角色可以分为"生""小（旦）""髯（老生）""大（花脸）""丑"等行当，各个行当都有独特的造型、唱腔和表演程式。唐山皮影戏的剧目俗称"影卷"，有连演十几晚的连台本戏，也有只演一晚的单出戏，还有演几分钟到十几分钟的寓言剧，如《五峰会》《花木兰》《火焰山》《刘胡兰》等。

二、燕赵文化名片

燕赵文化自战国时期产生，至今已经有两千多年的历史，在这漫长的历史进程中，燕赵文化的内容和形式不断丰富、发展和完善。活跃于燕赵大地上的各种精美工艺、精湛技艺无一不生动地体现着燕赵文化的深刻内涵，业已成为燕赵文化的特色名片。

1. 蔚县剪纸

蔚县剪纸产生于明代，是我国唯一一种以阴刻为主、阳刻为辅的点彩剪纸。蔚县剪纸以千刻不落、万剪不断的精美技艺在中国剪纸界自成一体，并于 2006 年 5 月入选国家级非物质文化遗产名录。它以宣纸为原料，用小巧锐利的刻刀刻制，再点染明快绚丽的色彩，即所谓"阳刻见刀，阴刻见色，应物造型，随类施彩"，整个工艺流程包括画、熏、浸、刻、染、包等六道工序。

蔚县剪纸多出自民间艺术家之手，作品题材广泛，涉及神话传说、历史故事、戏曲人物（见图 9-2）、戏剧脸谱、古装仕女、名胜古迹、花鸟虫鱼（见图 9-3）、喜丧节俗等内容。这些作品构图饱满，造型生动逼真，色彩对比强烈，刀工细致入微，体现了剪纸艺人丰富的想象力和精湛的技艺。

图9-2　蔚县戏曲人物剪纸　　　　图9-3　蔚县花鸟剪纸

💡 释疑解惑

　　阴刻是把图案自身剪刻掉，剩下图案以外的部分，如图9-4所示。阳刻是把图案以外的空白部分剪刻掉，保留图案原有的点线面，如图9-5所示。

图9-4　阴刻剪纸　　　　　　　图9-5　阳刻剪纸

2. 武强年画

　　武强年画是河北武强的传统民间工艺品之一。武强年画产生于宋元时期，明代初具规模，清代趋于成熟并具备了相当高的造型设计和镌刻水平。武强年画采用木版水色套印纯手工制作而成，风格古朴雅拙，构图饱满，造型夸张，色彩明快，线条粗犷。

　　武强年画的形式多样，品种繁多，有门画、神画、历画、窗画、灯画、中堂、对联、条屏等几十个品种。题材也很广泛，主要包括神话传说、戏曲故事、人物形象（见图9-6）、节令习俗、花鸟虫兽（见图9-7）、新闻时事等，大多寓意吉祥。武强年画既能体现吉庆热闹的节日气氛，又能反映当地的民俗民情，是历代劳动人民智慧的结晶。武强年画是北方年画的杰出代表，民间有"南桃（苏州桃花坞）北柳（天津杨柳青）论画庄，农家年画数武强"的说法。

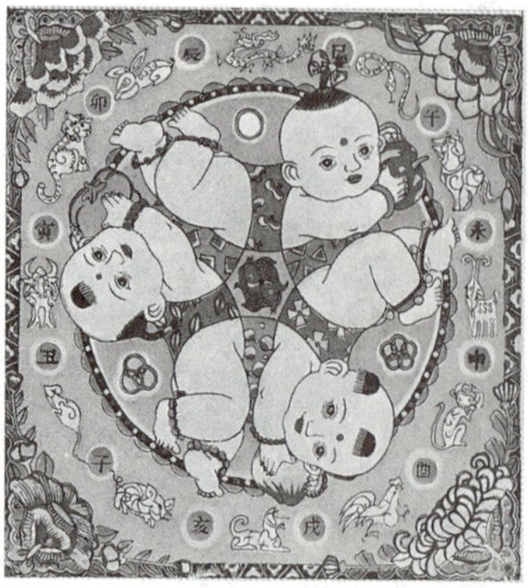

图 9-6　武强 "六子争头" 年画

图 9-7　武强 "母子虎" 年画

3. 吴桥杂技

河北吴桥是闻名世界的杂技之乡，吴桥杂技（见图 9-8）历史悠久，群众基础深厚。无论街头巷尾，还是田间麦场，甚至在饭桌前、土炕上，吴桥人都可以随时翻一串跟斗、叠几组罗汉、变几套戏法，故有 "上至九十九，下至才会走，吴桥耍杂技，人人有一手" 的民谣。

吴桥杂技以 "惊" "险" "奇" "绝" 的艺术特色而著称。1987 年创办的中国吴桥国际杂技艺术节更是让吴桥杂技名扬天下，杂技节所设的最高奖——金狮奖也成为世界杂技界最受瞩目的奖项之一。2006 年 5 月，吴桥杂技入选国家级非物质文化遗产名录。

图 9-8　吴桥杂技

4. 曲阳石雕

河北曲阳是中国雕刻之乡。曲阳石雕始于汉代。唐宋时期，曲阳成为我国北方汉白玉雕像的雕造中心。明清时期，曲阳石雕工艺更加精巧，享有 "天下咸称曲阳石雕" 的盛名。中华人民共和国成立后，曲阳石雕艺人先后参加了人民英雄纪念碑、人民大会堂、天安门等的修复、赵州桥重修等重大工程。2006 年 5 月，曲阳石雕入选国家级非物质文化遗产名录。

曲阳地区储量丰富、质地细腻、经久耐磨的大理石是石雕的优质原料。曲阳石雕的雕刻技法不一而足，有圆雕、浮雕、透雕等。雕刻题材相当广泛，既有神话故事，也有古今人物；既有飞禽走兽，又有游鱼花卉……造型逼真，技法细腻，线条流畅，成品既有高达数米的巨雕，也有长度不足一寸的微雕，具有很高的艺术欣赏价值和收藏价值。

释疑解惑

　　圆雕是不附着在任何背景上，可以从各种角度观赏的、完全立体的雕塑。浮雕是在材料底面上雕出凸起形象，非独立的、有背景的一种雕塑。透雕又称"镂雕"，介于圆雕和浮雕之间，是在浮雕的基础上，将浮雕纹样的背景部分全部掏空的一种雕塑。圆雕、浮雕和透雕有时也指相应的雕刻技术或手法。

5. 赵州桥

赵州桥（见图9-9）又称"安济桥"，位于河北赵县，相传为隋代匠师李春和众多石匠集体建造，距今已有1 400多年的历史，是世界上现存最早、跨度最大、保存最完整的单孔坦弧敞肩石拱桥，被誉为"天下第一桥"。

赵州桥的桥体用青灰色砂石石料建成，全长64.4米，桥面宽约10米，有28道拱券，每道券独立砌筑，便于灵活地针对每一道拱券进行施工。桥身两肩各设有两个跨度不等的圆形小拱，这些小拱既能减轻桥身自重，节省石料，又可以减轻洪水对桥梁的冲击，同时增强建筑美感。赵州桥的建造工艺独特，首创的"敞肩拱"结构形式，对后代的桥梁建筑有着深远的影响，具有较高的科学研究价值。

赵州桥的建造工艺

图9-9　赵州桥

以文培元

非遗探寻

非物质文化遗产是指世界各族人民世代相传并视为其文化遗产组成部分的各种传统文化表现形式，以及与传统文化表现形式相关的实物或场所。它是一个国家和民族历史文化成就的重要标志，是优秀传统文化的重要组成部分。

河北文化底蕴深厚，不仅拥有大量的物质文化遗产，也拥有众多珍贵的非物质文化遗产，其中包括8项世界级非物质文化遗产代表项目，100多项国家级非物质文化遗产代表项目，近千项省级非物质文化遗产代表项目，如河北梆子、蔚县剪纸、吴桥杂技、井陉拉花、衡水内画、杨氏太极拳等。这些非物质文化遗产是燕赵儿女宝贵的精神财富和智慧结晶，也是中华文明的瑰宝。

沧州武术文化

请同学们搜集、了解河北的非物质文化遗产，感受其中蕴含的文化内涵，并与其他同学分享、交流。

三、燕赵文化名人

燕赵大地历史悠久，人杰地灵，自古名人、英雄辈出，如荀子、董仲舒等思想家，郭守敬、郦道元等科学巨匠，荀慧生、裴艳玲等戏剧名家，行为和思想体现燕赵文化精神的历史文化名人更是数不胜数。

1. 荀子

荀子（约前313—前238）（见图9-10），名况，字卿，时人尊称他"荀卿"，战国时期赵国人，是我国著名的思想家、教育家、文学家，儒家学派的代表人物，先秦诸子百家的集大成者。荀子在继承前期儒家学说的基础上，吸收各家之长并建立起自己独特的思想体系，发展了古代唯物主义。荀子反对天命和迷信，强调"制天命而用之"，政治上主张礼治和法治并用；在人性问题上，荀子提出"性恶论"，强调后天环境和教育对人的影响。荀子的代表作品《荀子》是儒家学派的重要著作，内容涉及哲学、逻辑、政治、道德等诸多方面，结构严谨，说理透彻，善用比喻和排比，对后世的说理文章产生了一定影响。

图9-10　荀子

2. 赵胜

赵胜（？—前251），战国时期赵国宗室大臣，赵武灵王之子，战国四君子（即楚国的春申君黄歇、齐国的孟尝君田文、魏国的信陵君魏无忌和赵国的平原君赵胜）之一。赵胜初为赵惠文王之相，后又为赵孝成王之相，他重义重德，礼贤下士，从善如流，是治国理政、救国于危患的社稷之臣。他尽散家财，发动士兵坚守城池，联魏合楚，击退秦军，解邯郸之围的典故至今仍为人所颂扬。

3. 赵云

赵云（？—229），三国时期蜀国将领，字子龙，常山真定（今河北正定）人，以勇猛善战著称。赵云初从公孙瓒，后追随刘备，为主骑，先后参加过博望坡之战、长坂坡之战、江南平定战，指挥过入川之战、汉水之战、箕谷之战等，战功赫赫，被称为"常胜将军"。赵云武艺高强、赤胆忠魂，其单骑救主、汉水破曹的故事广为流传，为后人所敬仰。

4. 郦道元

郦道元（约470—527）（见图9-11），字善长，范阳涿县（今河北涿州）人，南北朝时期北魏的地理学家、文学家。郦道元出生于官宦世家，自幼好学，博古通今，曾随父亲到山东访求水道，后又游历了山东、山西、河南、河北、安徽、江苏、内蒙古等地，勘察水流地势，了解当地的风土民情，历时多年撰写了《水经注》这一地理巨著。全书共40卷，详细记述了1252条河流的发源地点、流经地区、支渠分布、古河道变迁、农田水利建设工程等情况，以及与这些河流相关的历史故事、神话传说、物产风俗、渔歌民谣等。《水经注》文笔隽永，

图9-11 郦道元

描写生动，既是一部具有重要科学价值的地理著作，也是一部具有较高文学价值的山水游记散文集，对后世的游记散文影响颇大。

5. 郭守敬

郭守敬（1231—1316），字若思，顺德邢台（今属河北）人，元代杰出的天文学家、数学家、水利专家、仪器制造家。郭守敬在天文、历法、数学、水利等方面都取得了卓越的成就。例如，与王恂、许衡等人共同编制的《授时历》是中国古代最先进、施行最久的历法。郭守敬为修历还创制和改进了简仪、圭表、候极仪、浑天象、仰仪、立运仪、景符、窥几等十几种天文仪器，在全国各地设立了27个观测站，进行了大规模的"四海测量"，测定了夏至日的表影长度和昼、夜时间的长度，为编制新历提供了较为精确的数据。郭守敬还领导、参与了西夏治水、大都治水工程，其灌溉、防洪、漕运三位一体的治水思想以及不畏艰难、躬行实践的治水精神为后人治水防洪积累了宝贵经验。

郭守敬在世界科学技术史上享有崇高地位。1970年，为了纪念郭守敬，国际天文学会将月球上的一座环形山命名为"郭守敬环形山"；1977年，国际小行星中心将小行星2012命名为"郭守敬小行星"。

6. 纪昀

纪昀（1724—1805），字晓岚，号石云、观弈道人，献县（今属河北）人，清代著名学者、文学家，乾隆年间进士，官至礼部尚书、协办大学士。纪昀一生博览群书，工于诗歌及骈文，长于考证训诂，他主持编写了《四库全书》，并纂定《四库全书总目提要》及《四库全书简明目录》，著有文言笔记小说《阅微草堂笔记》和诗文集《纪文达公遗集》。时人及后世学者对纪昀的文学成就多给予了较高评价，如鲁迅先生在《中国小说史略》中曾盛赞纪昀笔记小说的艺术风格，称其"隽思妙语，时足解颐；间杂考辨，亦有灼见。叙述复雍容淡雅，天趣盎然，故后来无人能夺其席"。

7. 张之洞

张之洞（1837—1909），字孝达，号香涛，晚年自号抱冰，河北南皮人，晚清重臣，曾任翰林院编修、四川学政、湖北学政、两广总督、湖广总督等职，洋务派的代表人物之一。张之洞主张经世致用、振兴实业，重视改革教育、广开新学，先后创建了汉阳铁厂、湖北枪炮厂、马鞍山煤矿、湖北织布局、湖北缫丝局等重、轻工业企业，开办了广东水陆师学堂、广雅书院等学校，可谓武备文事并举。此外，他与曾国藩、李鸿章、左宗棠并称为"晚清四大名臣"，著有《张文襄公全集》。

8. 李大钊

李大钊（1889—1927），字守常，河北乐亭人，中国共产党的主要创始人和早期领导人之一，新文化运动的主要倡导者之一。

李大钊同志的一生同马克思主义在中国传播、中国共产党的创建及奋斗历史紧密相连。青年时代的李大钊就已立志要致力于民族解放事业，以寻求"挽救民族、振奋国群之良策"为己任。1913年，他东渡日本，进入早稻田大学学习，开始接触社会主义思想和马克思主义学说。1915年，为揭露日本帝国主义的侵略野心，他积极参加留日学生的抗议斗争，针对"二十一条"撰写了通电（即将宣布某种政治主张的电报拍给有关方面，同时公开发表）《警告全国父老书》，号召全国人民举国一致，保卫祖国锦绣河山。

1916年回国后，李大钊积极投身新文化运动，宣传民主、科学思想，时任北京《晨钟报》总编辑、《甲寅》日刊编辑，后又参加《新青年》编辑部工作，同陈独秀一起创办了《每周评论》，成为新文化运动的主将。1917年俄国十月革命胜利后，他备受鼓舞，连续发表了《庶民的胜利》《布尔什维主义的胜利》《新纪元》等文章和演说，热情讴歌十月革命，有力地传播了马克思主义思想。中国共产党成立后，李大钊代表中央指导北方地区的工作，先后发动了开滦大罢工、二七大罢工等著名斗争，后又领导北方党组织，发动群众，开展了轰轰烈烈的反帝反军阀斗争。1927年4月6日，李大钊被捕，同年4月28日被北洋军阀政府杀害，牺牲时年仅38岁。

李大钊同志不仅是一位伟大的革命者，还是思想文化界的一位杰出人物。他留下了大量著作、文稿和译著，内容涉及哲学、经济学、法学、历史学、伦理学、美学、新闻学、图书管理学等诸多领域，为20世纪中国的思想文化建设作出了重要贡献。

9. 荀慧生

荀慧生（1900—1968），名词，又名秉超，艺名白牡丹，字慧声，号留香，河北东光人，著名的京剧表演艺术家，"荀派"艺术创始人，与梅兰芳、尚小云、程砚秋并称"四大名旦"。

荀慧生的唱腔以柔媚婉约著称，其表演熔青衣、花旦、闺门旦、刀马旦等角色的表演特点于一炉，并根据剧情发展和人物性格的需要，吸收了小生、武生及其他行当的表演技巧，甚至将外国舞蹈步法融入其中。他还在继承传统的基础上发挥个人特长，对剧本、唱腔、念白、身段、服装、化妆等进行大胆改革与创新，形成了别具一格的艺术风格。他塑造的许多经典的女性形象，或娇雅妩媚，或清秀俊美，风采各异且符合大众审美，代表作品有《元宵谜》《棋盘山》《红娘》《绣襦记》《玉堂春》等。

10. 裴艳玲

裴艳玲（1947—），原名裴信，河北肃宁人，著名河北梆子表演艺术家，京剧武生表演艺术家。裴艳玲出生于梨园世家，戏曲功底深厚，5岁就登台演出，1960年进入河北梆子青年跃进剧团，曾于1985年和1995年获得中国戏剧表演艺术最高奖——梅花奖。

裴艳玲的嗓音高亢嘹亮，行腔如行云流水，技艺娴熟，戏路宽广，文武皆备，"唱念做打"俱佳。其表演出神入化，塑造的形象极具魅力，有"活钟馗""活林冲""活武松"之称，代表作品有《宝莲灯》《哪吒》《八大锤》《夜奔》《钟馗》等。

燕赵文化内涵丰富，历史悠久，以鲜明的特色在全国范围内一枝独秀，各种文化遗产无一不闪烁着燕赵文明的智慧之光。在新的历史时期，我们要深刻认识和探索燕赵文化的深厚内涵，传承、弘扬燕赵文化，根据时代需要不断赋予其新的内涵，从而提升河北的文化品牌，使燕赵文化为构建和谐河北、建设沿海经济发展强省提供智力支持和精神动力。

思考训练

一、填空题

（1）_____是评剧创始人之一，也是第一位评剧剧作家，其代表作品《花为媒》《杨三姐告状》等已成为评剧的经典保留剧目。

（2）唐山皮影戏多用_____乡音唱白，以唱功见长，风格独特，唱词多为七字句或十字句，演奏乐器主要有四弦、二胡、扬琴、大阮、唢呐等。

（3）赵州桥是世界上现存最早、跨度最大、保存最完整的单孔坦弧敞肩石拱桥，被誉为"_____"。

（4）"战国四君子"是指楚国的_____黄歇、齐国的_____田文、魏国的_____魏无忌和赵国的平原君赵胜。

（5）《水经注》的作者是_____。

（6）"晚清四大名臣"是指_____、_____、_____和张之洞。

二、选择题

（1）下列选项中，不属于燕赵戏曲文化的是（　　）。

    A．河北梆子   B．评剧   C．丝弦   D．豫剧

（2）河北蔚县以（　　）艺术而闻名。

    A．剪纸   B．石雕   C．年画   D．杂技

（3）闻名世界的杂技之乡是河北（　　）。

    A．曲阳   B．南皮   C．吴桥   D．乐亭

（4）下列选项中，曾获得过"梅花奖"的是（　　）。

    A．荀慧生   B．尚小云   C．程砚秋   D．裴艳玲

（5）下列选项中，不属于燕赵文化名人的是（　　）。

    A．赵云   B．苏轼   C．纪昀   D．李大钊

三、简答题

（1）搜集产生于燕赵大地的成语故事，举办成语故事会，掌握这些成语的意义和用法。

（2）搜集资料并制作家乡文化宣传 PPT，感受家乡文化的深刻内涵和独特魅力。

中篇

文学熏陶：吟诵与感悟

经典诗歌赏读

1. 了解诗歌的基本知识，培养对诗歌的热爱之情。
2. 掌握阅读与鉴赏诗歌的主要方法，能够独立鉴赏诗歌作品，提高文学鉴赏能力。
3. 背诵部分诗歌，感受、领悟诗歌蕴含的思想感情，陶冶性情，提高修养。

文学视窗

一、诗歌概述

诗是一种用高度凝练的语言，形象表达作者丰富的思想情感，集中反映社会生活，并具有一定节奏和韵律的文学体裁。它来源于上古人类的原始宗教、神话传说、劳动号子和民歌。古时很多诗是可以歌唱的，常和音乐、舞蹈结合在一起，因此也称为"诗歌"。

我国是诗歌的国度，诗歌在我国有着悠久的历史。在这漫长的历史进程中，产生了无数的杰出诗人，他们创造出了众多优美的诗篇。从《诗经》、楚辞到乐府民歌，从魏晋诗歌到唐诗、宋词、元曲，它们一脉相承，又风格迥异，是我国文学宝库中的璀璨明珠。

我国的古典诗歌从形式上看，可以分为诗、词、曲三大部分。

（一）诗

诗可分为古体诗与近体诗两大类。古体诗与近体诗是唐代形成的概念，主要是从诗的音律的角度划分的。

1. 古体诗

古体诗有四言体、五言体、六言体和七言体等，大致押韵，不讲究平仄，句数不限。它既包括唐以前的"古诗"（《诗经》、楚辞、乐府诗、文人五言诗等），也包括唐代开始出现的"古风"与"新乐府"等。汉代以后的古体诗常常使用"歌""行""吟""引""曲"等字眼，如《茅屋为秋风所破歌》《琵琶行》《梦游天姥吟留别》《李凭箜篌引》等。

2. 近体诗

近体诗又称"今体诗""格律诗"，是始创于齐梁时代，到唐代定型成熟的一种诗体，包括律诗和绝句。近体诗要求诗句字数整齐划一，有五言和七言之分，简称"五律""七律"或"五绝""七绝"。律诗共八句，分为四联：首联、颔联、颈联、尾联。其中颔联和颈联的上下两句必须是对偶句。律诗要求全诗通押一韵，一般押平声韵，其中偶数句必须押韵，首句可押可不押。律诗每句中用字要平仄相间，每联上下两句平仄要相对，上一联的对句和下一联的出句平仄要相同。这里的平仄一般是说"一三五不论，二四六分明"，即指每句的第二、四、六字必须讲究平仄，第一、三、五字不作要求。绝句每首四句，其格律要求与律诗相同。

知识链接

《诗经》

《诗经》原称《诗》或"诗三百"，在汉代被尊为儒家经典，是我国第一部诗歌总集，收录了从西周初年到春秋中叶大约五百年间的三百零五首诗歌，反映了当时社会的各个方面，描述了复杂的社会生活及人民大众的思想感情，具有很强的现实主义精神，是我国现实主义文学的源头。《诗经》依据音乐的不同分为"风""雅""颂"三部分。"风"是指各地方的民间歌谣，"雅"是贵族的宫廷正乐，"颂"是周天子和诸侯用以祭祀宗庙的舞乐。《诗经》的主要表现手法是赋、比、兴。其中直陈其事叫"赋"，譬喻称"比"，先言它物以引起所咏之词为"兴"。赋、比、兴与风、雅、颂合称"六义"。《诗经》多以四言为主，兼有杂言。

《诗经》的发展

（二）词

词又称"诗余""长短句""曲子词"等，是配合宴乐乐曲而填写的歌词。词的特点是：调有定格，句有定数，字有定声。每首词都有曲调名，即词牌。每个词牌之下的所有词的片数、句数、字数、字的平仄及用韵等都有固定的格式。根据字数的不同，词可分为长调（91 字以上）、中调（59—90 字）和小令（58 字以内）。词有单调和双调之分，单调只有一段，双调则分两段，两段的平仄、字数相等或大致相等。词的一段叫一阕或一片，前一段叫"前阕""上阕"或"上片"，后一段叫"后阕""下阕"或"下片"。词按风格主要可分为豪放派和婉约派。

（三）曲

曲又称为"词余""乐府"。曲即元曲，包括散曲和杂剧。散曲起于金，盛于元，体式与词相近。可以在字数定格外加衬字，较多使用口语。散曲主要有小令（又名"叶儿"，短小的曲子）和套数（又名"套曲"）两种形式。套数是由多首曲牌连缀成套的曲子，至少有两曲，多则有几十曲。全套套数以第一套的曲牌作为曲牌名，且必须同一宫调。

知识链接

词牌与曲牌

1. 词牌

词牌，又称"词格"，是填词用的曲调名。词最初是伴曲而唱的，曲子都有一定的旋律、节奏，这些旋律、节奏的总和就是词调。词调的格式很多，人们为了区分并记住它们，便给它们起了一些名字，这些名字就是词牌。词牌的名称有的来自乐曲名，如《菩萨蛮》《西江月》等；有的取自一首词中的几个字，如《忆秦娥》《忆江南》等；有的本来就是词的题目，如《渔歌子》《浪淘沙》等。有的词在词牌之外还有词题，二者一般没有任何关系。

2. 曲牌

曲牌是元明以来南曲、北曲等各种传统填词制谱用的曲调调名的统称。古代词曲的创作原是"选词配乐"，后来逐渐将其中动听的曲调筛选保留下来，依照原词及曲调的格律填制新词，遂成"曲牌"。每支曲牌都有专名，如〔折杨柳〕〔后庭花〕〔虞美人〕〔懒画眉〕〔点绛唇〕〔朝元歌〕等。每一支曲牌都有固定的曲调、唱法、字数、句法、平仄等格式，可依据固定的格式，填写新词。如果用一支曲牌不足以写成一段故事，就用若干支曲牌，依照剧情一支支串联起来，从而构成一折戏或一个剧本。每支曲牌的风格各不相同，不能随意使用。对于音律风格大致相同的曲牌，古人又将其归纳为一类，称为"宫调"。

另外，我国古代诗歌也可以按照题材分类，主要有写景抒情诗（包括山水田园诗），即歌咏山水名胜、描写自然景色的抒情诗歌；咏物言志诗，即对所咏之物的外形、神韵、品格等进行描摹，以寄托诗人感情，表达诗人精神、品质或理想的诗；即事感怀诗，指诗人因某件事受到触动，借此抒发感慨（如怀亲、思乡、念友）的诗；怀古咏史诗，即以历史典故为题材，或借古讽今，或寄寓个人怀才不遇的感伤，或对沧桑变化、昔盛今衰抒发感慨的诗；边塞征战诗，即描写边塞风光和戍边将士的军旅生活的诗。

到了20世纪初叶，我国又出现了一种新诗体，称为"新诗"或"现代诗"。它是兴起于五四时期，有别于古典诗歌、以现代白话作为基本语言手段的诗歌体裁。新诗不受押韵、平仄和对仗等规范的约束，形式相对自由。如戴望舒的《雨巷》、徐志摩的《再别康桥》、贺敬之的《回延安》、舒婷的《致橡树》等。

二、诗歌的阅读与鉴赏

诗歌的阅读与鉴赏，是捕捉初感、充分想象、深切感受和深入理解的过程，也是一个再创造的过程。在这一过程中，运用一些方法可以帮助我们更好地鉴赏诗歌。

1. 考析词义，疏通章句

鉴赏诗歌，首先必须弄懂诗歌的字词，解决语言疑难，疏通章句。因为有的词会有多个读音、多个义项，因此读者要先搞清楚该词在诗中读哪个音，用的是哪个义项（本义、引申义、比喻义等）。尤其是古代诗歌，会有许多费解的古代用语和典故，有时为了适应平仄、韵律和篇幅的要求，在选词造句等方面不得不做一些特殊的处理，这就更需要我们查明词义，了解典故，疏通诗句，从而正确掌握诗歌的思想内容。

2. 知人论世，以意逆志

"知人论世""以意逆志"均是孟子的主张。所谓"知人论世"是指要想正确地理解和把握文学作品的思想内容，就必须了解作者的为人和写作的时代背景；所谓"以意逆志"，是说我们在欣赏诗歌的时候要结合自己的生活经验，也就是把自己当作诗人，以己"意"去"逆"（揣度、领会）作品中的诗人之志，从而求得对作品内容和主旨的准确理解。但是，读者对诗歌的理解总不免有自己的观点和认识，不可能和作者完全一致，因此我们的"己意"应该是在对作品客观分析的基础上形成的，而不应该掺杂主观的偏见和臆测，否则就会歪曲诗歌的本意。所以"以意逆志"之"意"应是作者之意与读者之意的统一。

3. 感知意象，探究意境

意象是融入了主观情意的客观物象。如"梅"这个词表示一种客观的物象，当诗人把它写入作品，并融入自己的人格、情趣和美学理想时，它就成了一种意象。由于古代诗人反复运用，"梅"这一意象便逐渐与清高芳洁、傲雪凌霜的意趣紧密联系起来。

一首诗从字面看是词语的连缀，从艺术构思的角度看则是意象的组合。诗人经常通过各种意象来委婉地表达个人的思想感情。如温庭筠《商山早行》中的"鸡声茅店月，人迹板桥霜"是"鸡声""茅店""月""人迹""板桥""霜"六个意象的巧妙组合。单个来看，六个意象每个都可以用来描写早行之辛苦，而多个意象排列组合在一起，行人的羁旅之愁与行路之苦就得到了更强烈的表现，使读者脑海中形成鲜活的情境画面：天色薄明，逆旅在外的人在乡野茅店的一声声鸡鸣的催促中顶着寒霜，匆匆上路了，月光下乡野板桥上的寒霜已经印上早行者的足迹。因此，我们在鉴赏诗歌时，既要仔细品味意象本身所蕴含的独特丰富的情感信息，又要充分了解意象所凝聚的文化内涵及象征意义。

意境是诗人的主观情意和客观物象互相交融而形成的艺术境界，具有空间性、场景性、和谐性和含蓄蕴藉、余味无穷的特点。它可以是一个完美和谐的艺术空间，也可以是一个相对完整的生活场景。有的诗歌全篇呈现为一个统一完备的空间或场景，如柳宗元的《江雪》呈现出在荒无人烟的冰天雪地之中，一个老渔翁正驾着一叶扁舟悠然垂钓于寒江之上的场景。有的诗歌中某几句可以构成一个相对完整和谐的空间或场景，如杜甫的《绝句》"江碧鸟逾白，山青花欲燃。今春看又过，何日是归年"中的前两句描绘出一幅富有生气的优美画面：雪白的水鸟飞翔在碧波荡漾的江面上，火红的花朵在青翠的山上盛开。十个字写出了江、鸟、山、花四景，绿、白、青、红四色，天上地下，有动有静，表现出大自然的生机勃勃和无限美好，令人赏心悦目，心旷神怡。这两句所呈现出的辽阔而壮丽的空间，自成一意境。我们鉴赏诗歌时，只有用心去领悟、想象、探究诗歌中所描绘的各种意境，才能更好地体会诗歌的美感和意蕴。

意象与意境既有联系又有区别。首先，它们具有共同的审美特征：其一，它们都是作家根据抒情达意的需要从生活中选择、提炼出来的，都是主客观的统一；其二，它们都有生动而具体的可感性和可内视性，如叶燮所说的"呈于象，感于目，会于心"（《原诗》）。其次，意象与意境又有区别：意象具有单一性和独立性，表现在作品中是一个个词语，代表单个的景、物或事实，是构成意境具体的、细小的单位；意境是由多个意象有机组合构成的，具有整体性和统一性，通常指整首诗、几句诗或一句诗形成的境界，相当于一个生活场景。

4. 展开想象，激发情感

想象是诗歌鉴赏中必不可少的要素，离开了想象，读者就无法完成对诗歌的鉴赏。首先，文学作品是语言的艺术，而语言是抽象的符号，要想把它转化为鲜明的艺术形象，就离不开想象。其次，与小说、散文等文学形式相比，诗歌存在语言省略、叙述中断和叙事要素缺略等结构特点，这就需要读者运用想象去填补诗歌结构上的空白，使之连贯、完整。如马致远的《天净沙·秋思》中写道："枯藤老树昏鸦，小桥流水人家，古道西风瘦马。"三句话包含九个名词、九个意象，我们要运用想象在头脑中将其转化成具体形象的画面：傍晚时分，太阳落山了，枯萎的藤缠绕着光秃秃的老树，树上的乌鸦发出凄厉的哀鸣。小桥旁溪水边，几处人家炊烟袅袅。长途跋涉的游子，带着满身的疲惫，牵着瘦骨嶙峋的马儿在枯草连天的野外艰难地行进，一阵秋风袭来，不由得打了个寒战。

除了展开想象，鉴赏诗歌时读者还要投入内心情感。情感在文学欣赏中具有强大的推动力，没有真实的情感投入，就没有真正的欣赏活动。其中共鸣和净化是欣赏作品的最高境界。共鸣是一种心灵感应现象，指读者与作者的思想感情互相沟通、交流融合，同忧同喜。净化是共鸣的进一步发展，指读者通过欣赏活动，实现去除杂念、提升人格、趋向崇高的自我教育过程。当我们阅读与自己的经历、情感、心境相似的诗歌时，会感同身受，与作者达到心灵上的共鸣，对诗歌的理解自然精准、深刻，从而使思想得到净化。

5. 感悟内涵，言外求意

有一些诗歌，表面上的意思很明了，或描景咏物，或写史怀古，但实际上却有另外一层内涵和意蕴，或有感于时事，或有感于作者自己的身世遭遇等，即古人所言的"言外之意，象外之象"。我们要在理解和把

诗意信仰

握诗歌文字的表面意象的同时，感受、领悟其中所蕴含的深刻内涵与哲理，力求探究出其中的"言外之意，象外之象"。

三、名作赏读

体验人生　感悟生命

登幽州台歌①

陈子昂

📖 导读

陈子昂（659—700），字伯玉，梓州射洪（今属四川遂宁）人，唐代文学家。年少时就是富于浪漫的豪侠性格。武则天光宅元年（684）中进士，因上书论政，为武则天所赏识，任麟台正字，后转任右拾遗。后因痛感自己的政治抱负和进步主张不能实现，辞官返乡。最后因被人诬陷而入狱，忧愤而死。他标举汉魏风骨，反对柔靡之风，所作诗歌指斥时弊，风格高昂清峻，是唐代诗歌革新的先驱。

这首诗作于武则天万岁通天二年（697）。当时，陈子昂随武攸宜北征契丹，兵败之际，他向武攸宜提出治军和攻敌建议，却被降职。在极度苦闷忧愤的情况下，陈子昂登上蓟北楼写下此诗。

前不见古人②，后不见来者③。
念天地之悠悠④，独怆然⑤而涕⑥下！

赏读指南

"前不见古人，后不见来者"是说像燕昭王那样能够礼贤下士、任人唯贤的古代明君，现在再也见不到了；而"我"心中所渴望出现的后世的贤明君主，又还没有出现，真是生不逢时啊！

---

① 选自《唐诗鉴赏辞典》，上海辞书出版社，2013年。幽州台，即蓟北楼，又名蓟丘、燕台，是传说中燕昭王为求贤而筑的黄金台。

② 古人：古代的明君贤士。

③ 来者：后世的明君贤士。

④ 悠悠：长远得无穷无尽的样子。

⑤ 怆（chuàng）然：伤感的样子。

⑥ 涕：眼泪。

"念天地之悠悠，独怆然而涕下"的意思是：当登台远眺时，只见茫茫宇宙，天长地久，而一个人的生命又是如此短暂，不禁感到孤单寂寞，悲从中来，怆然流泪了。

这首短诗通过抒发诗人登楼远眺、攀今吊古所引起的无限感慨，揭示了正直、多才的知识分子却处境困厄的社会现实，表达了诗人在理想破灭时孤寂郁闷的心情，具有深刻而典型的社会意义。全诗语言苍劲奔放，富有感染力，是历代传诵的名篇。

行路难①

李白

导读

李白（701—762），字太白，号青莲居士，自称祖籍陇西成纪（今属甘肃天水）。据传其生于中亚的碎叶城（今吉尔吉斯斯坦北部），幼时随父迁居绵州昌隆（今四川江油）青莲乡。青少年时代在蜀中求学漫游，志向远大。25岁离蜀开始周游全国各地，交友论文，声播四海。42岁时，应诏赴长安，供奉翰林，受到唐玄宗李隆基的特殊礼遇。但因恃才傲物，为权贵所不容，不久即遭谗去职。安史之乱中，曾入永王李璘幕府，后永王兵败被杀，李白以"附逆"罪流放夜郎（今属贵州），途中遇赦。晚年漂泊困苦，62岁时卒于当涂。

李白是继屈原之后又一位伟大的浪漫主义诗人，被称为"诗仙"。他的诗歌反映了盛唐时期的社会现实和精神风貌，体现了他正直傲岸的性格、豪放不羁的气概和积极入世的精神。其诗风率真自然而又想象丰富、雄奇飘逸，感情奔放豪迈，充满浪漫色彩，词采瑰玮绚丽，以古体、绝句见长。有《李太白集》传世。

本诗是李白三首《行路难》的第一首，写于天宝三载（744）李白被权贵排挤离开长安之时。

金樽②清酒③斗十千④，玉盘⑤珍羞⑥直⑦万钱。
停杯投箸⑧不能食，拔剑四顾心茫然。

---

① 选自《唐诗鉴赏辞典》，上海辞书出版社，2013年。
② 金樽（zūn）：古代盛酒的器具，以金为饰。
③ 清酒：清醇的美酒。
④ 斗十千：一斗值十千钱（即万钱），形容酒美价高。
⑤ 玉盘：精美的食具。
⑥ 珍羞：珍贵的菜肴。羞，通"馐"，味美的食物。
⑦ 直：通"值"。
⑧ 投箸（zhù）：丢下筷子。箸，筷子。

　　欲渡黄河冰塞川，将登太行雪满山。

　　闲来垂钓碧溪上，忽复乘舟梦日边①。

　　行路难，行路难，多歧路②，今安在？

　　长风破浪③会④有时，直挂云帆⑤济⑥沧海！

赏读指南

　　诗的前四句写朋友出于对李白的深厚友情和被弃置的惋惜，设宴为他饯行，而他却"停杯投箸""拔剑四顾"，一片茫然，表现了他内心的苦闷抑郁。

　　"欲渡黄河冰塞川，将登太行雪满山"表面写"行路难"，实际暗指人生路上的艰难险阻。但李白并未因小人进谗、被"赐金放还"而消沉，而是要继续追求人生理想。"闲来垂钓碧溪上，忽复乘舟梦日边"写出诗人在茫然之中，忽然想到两位开始在政治上并不顺利，而最终大有作为的人物——吕尚（姜太公）和伊尹，于是又重拾信心。

　　"行路难，行路难，多歧路，今安在？"表现出诗人虽然信心有所增加，但想到现实时又一次感到人生道路的艰难：前路崎岖，歧途甚多，要走的路，究竟在哪里呢？但是最后诗人凭借积极入世的愿望、毅力和决心，唱出了充满信心展望未来的千古名句："长风破浪会有时，直挂云帆济沧海。"他相信，尽管前路障碍重重，但终有一天会到达理想的彼岸。

　　全诗感情跳荡纵横，既充分显示了黑暗污浊的政治现实对诗人宏大理想抱负的阻遏，反映了诗人内心的苦闷、愤郁和不平，也突出表现了诗人的倔强、自信和他对理想的执着追求。

---

　　① 闲来垂钓碧溪上，忽复乘舟梦日边：这两句暗用典故，姜太公吕尚在渭河边垂钓时，遇到周文王，后助周灭商；伊尹曾梦见自己乘船从日月旁边经过，后被商汤聘请，助商灭夏。这两句表示人生的旅途充满变数，诗人对实现自己宏大的理想抱负仍充满期待。

　　② 歧路：岔路。

　　③ 长风破浪：比喻实现政治理想。

　　④ 会：当。

　　⑤ 云帆：高高的船帆。船在海里航行，因水天相连，船帆好像出没在云雾之中。

　　⑥ 济：渡。

浣溪沙①

苏轼

导读

苏轼（1037—1101），字子瞻，号东坡居士。眉州眉山（今属四川）人。北宋著名文学家、书画家。散文方面，他与欧阳修并称"欧苏"，同时也是"唐宋八大家"之一，其文汪洋恣肆，明白畅达；诗作方面，与黄庭坚并称"苏黄"，其诗清新豪健，善用夸张比喻，独具风格；词作方面，与辛弃疾并称"苏辛"，其词开豪放一派，对后代影响深远；书法方面，与黄庭坚、米芾、蔡襄并称"宋四家"；绘画方面则与文同共同开创了湖州画派。

这首词是作者于宋神宗元丰五年（1082）三月游蕲水清泉寺时所作。元丰二年（1079），苏轼因诗中有所谓"讥讽朝廷"的言论，被罗织罪名入狱，史称"乌台诗案"。后于元丰三年（1080）二月被贬为黄州（今湖北黄冈）团练副使。在黄州期间，苏轼因病就医，病愈后与医生同游清泉寺。苏轼胸襟坦荡旷达，樵夫野老的帮助，亲朋故旧的关心，州郡长官的礼遇，山川风物的吸引，使他拨开眼前的阴霾。这首乐观的呼唤青春的人生之歌，当是在这种心情下吟出的。

游蕲水②清泉寺，寺临兰溪，溪水西流。

山下兰芽短浸溪。松间沙路净无泥。萧萧③暮雨子规④啼。

谁道人生无再少，门前流水尚能西。休将⑤白发⑥唱黄鸡⑦。

赏读指南

这是一首蕴含人生哲理的小词，体现了作者热爱生活、乐观旷达的人生态度。

上片写清泉寺的风光：山下溪水潺潺，岸边兰草才抽出的嫩芽浸泡在溪水中。松柏夹道的沙石小路经过春雨的冲刷，洁净无泥。时值日暮，松林间的杜鹃在潇潇细雨中啼叫着。这是一幅多么幽美宁静的山林景致啊！

下片触景生情，生发感慨和议论。江水东流不返，正如人的青春年华只有一次一样，

---

① 选自《苏轼词集》，上海古籍出版社，2009年。浣溪沙，词牌名。

② 蕲（qí）水：今湖北浠水县，在黄州东。

③ 萧萧：通"潇潇"，雨声。

④ 子规：杜鹃的别名。

⑤ 休将：不要。

⑥ 白发：老年。

⑦ 唱黄鸡：感慨时光的流逝。因黄鸡可以报晓，表示时光的流逝。

都是不可抗拒的自然规律，曾使古今无数人为之悲叹。而作者此时面对西流的兰溪水，却产生了奇妙的遐想：既然溪水可以西流，人为什么不可以重新拥有青春年华呢？年华虽可老去，但人不能暮气沉沉，而应保持一种年轻乐观的心态。

这首词写景纯用白描，清新淡雅；抒情别出心裁，富有哲理。整首词情景交融，情理结合，浑然一体，体制虽小，却意味深长。

相信未来①

食指

> **导读**
>
> 食指（1948—），原名郭路生，朦胧诗代表人物，被称为"新诗潮诗歌第一人"。20岁时创作的《相信未来》《这是四点零八分的北京》等诗曾以手抄本的形式在社会上广为流传。2001年，食指与已故诗人海子共同获得第三届人民文学奖诗歌奖。著有诗集《相信未来：食指诗选》《食指　黑大春现代抒情诗合集》等。

当蜘蛛网无情地查封了我的炉台，
当灰烬的余烟叹息着贫困的悲哀，
我依然固执地铺平失望的灰烬，
用美丽的雪花写下：相信未来。

当我的紫葡萄化为深秋的露水，
当我的鲜花依偎在别人的情怀，
我依然固执地用凝露的枯藤，
在凄凉的大地上写下：相信未来。

我要用手指那涌向天边的排浪，
我要用手掌那托住太阳的大海，
摇曳着曙光那枝温暖漂亮的笔杆，
用孩子的笔体写下：相信未来。

我之所以坚定地相信未来，
是我相信未来人们的眼睛——
她有拨开历史风尘的睫毛，

---

① 选自《食指的诗》，人民文学出版社，2000年，有改动。

她有看透岁月篇章的瞳孔。

不管人们对于我们腐烂的皮肉，
那些迷途的惆怅，失败的苦痛，
是寄予感动的热泪，深切的同情，
还是给以轻蔑的微笑，辛辣的嘲讽。

我坚信人们对于我们的脊骨，
那无数次的探索、迷途、失败和成功，
一定会给予热情、客观、公正的评定，
是的，我焦急地等待着他们的评定。

朋友，坚定地相信未来吧，
相信不屈不挠的努力，
相信战胜死亡的年轻，
相信未来，热爱生命。

1968 年

赏读指南

　　整首诗构思巧妙。前三节写怎样"相信未来"，后三节写为什么"相信未来"，最后一节呼唤人们带着对未来的信念去努力，去热爱，去生活。诗歌语言质朴，思想深刻，个性鲜明，令人折服。通读全诗，我们能真切感受到诗人那撼人心魄的信念——无时无刻不在渴望和憧憬着光明的未来，以及在逆境中自我鼓励、矢志不渝地为理想和光明而努力奋斗的坚强意志。

假如生活欺骗了你①

普希金

导读

　　普希金（1799—1837），俄国诗人、小说家，19世纪俄国浪漫主义文学的代表人物，史称"俄罗斯文学之父"。他出身于贵族地主家庭，一生倾向革命，与黑暗专制进行着不屈不挠的斗争，他的思想与诗作多次引起俄国沙皇统治者的不满，曾两度被流放，但他始终不肯屈服，最终在沙皇政府的阴谋策划下与人决斗而死，年仅38岁。他的作品

_____

　　① 选自《普希金诗集》，北京出版社，1987年。

是高涨的俄国民族意识和贵族革命运动在文学上的反映。代表作有诗歌《自由颂》《致大海》《致恰达也夫》《假如生活欺骗了你》等，诗体小说《叶甫盖尼·奥涅金》，长篇小说《上尉的女儿》。

《假如生活欺骗了你》是一首哲理抒情诗。该诗写于 1825 年，正是普希金被沙皇流放期间。那时俄国革命如火如荼，诗人却被迫与世隔绝。在这样的处境下，诗人仍没有丧失希望与斗志，他热爱生活，执着地追求理想，相信光明必来，正义必胜。

假如生活欺骗了你，
不要忧郁，也不要愤慨！
不顺心时暂且克制自己，
相信吧，快乐之日就会到来。

我们的心儿憧憬着未来；
现今总是令人悲哀：
一切都是暂时的，转瞬即逝，
而那逝去的将变为可爱。

1825 年

穆旦①译

赏读指南

诗的前四行告诫人们在面对困苦时要坚定自己对生活的信心，要有信心去战胜一次又一次的暴力压迫。生活中不可能没有痛苦与悲伤，欢乐不会永远被忧伤所掩盖。诗的后四行则试图理性地解释悲伤和泪水有害无益。无论灾难何时发生，都要豁达从容，勇敢面对，如此才能看到雨后彩虹的绚烂，体会到历经重重磨难之后人生的幸福。

吟咏生活　品味情感

上邪②

汉乐府民歌

导读

汉乐府指由汉代乐府机关搜集、整理并流传下来的汉代诗歌。汉乐府掌管的诗歌按作用主要分为两部分，一部分是供执政者祭祀祖先神明使用的郊庙歌辞，其性质与

---

① 穆旦（1918—1977），原名查良铮，中国诗人、翻译家。
② 选自《乐府诗集》，上海古籍出版社，2016 年。

《诗经》中的"颂"相同；另一部分则是从各地采集的民间歌谣，世称"汉乐府民歌"。

汉乐府民歌传世的共有一百多首，多为"感于哀乐，缘事而发"之作。其语言通俗，贴近生活，句式多变，以杂言为主，并逐渐趋向五言。诗歌多采用叙事写法，故事情节较为完整，对人物的刻画细致入微，这标志着我国叙事诗进入一个更趋于成熟的发展阶段。其中《陌上桑》和《孔雀东南飞》是我国叙事诗的名篇。

爱情题材的作品在汉乐府民歌中占有较大比重，由于它们多来自民间，或出自下层文人之手，因此在表达爱与恨时，显得泼辣大胆，毫无掩饰。本文即为汉乐府中的爱情诗名篇。

上邪①！我欲与君相知②，长命无绝衰③。山无陵④，江水为竭，冬雷震震⑤，夏雨⑥雪，天地合，乃敢与君绝！

赏读指南

这是一首誓言形式的情歌，表现了一位心直口快的姑娘对其爱慕的男子炽热的爱和对爱情的坚定与执着。

诗歌构思奇特。开篇指天为誓，直率地表示"我欲与君相知，长命无绝衰"，表达了自己对所爱之人的深厚情感和对爱情忠诚的承诺。转而以"与君绝"落笔，从反面设誓，通过出人意料的逆向想象，实现比正面平铺更有情味的效果。主人公设想了三组奇特的自然变异，作为"与君绝"的前提条件："山无陵，江水为竭"，即山河消失了；"冬雷震震，夏雨雪"，即四季颠倒了；"天地合"，即再度回到混沌世界。这些设想荒谬、离奇，根本不可能发生，从而把"与君绝"的可能从根本上排除了，传达出主人公对爱情坚贞不渝的态度。

---

① 上邪（yé）：上天啊！上，指天。邪，语气词，表示感叹。

② 相知：相亲相爱。

③ 长命无绝衰：使爱情永不衰绝。命，使。

④ 山无陵：高山变为平地。陵，山峰，山头。

⑤ 震震：形容雷声。

⑥ 雨（yù）：动词，落。

点绛唇①

李清照

导读

李清照（1084—约1155），宋代女词人，婉约派代表人物之一。号易安居士，齐州章丘（今属山东济南）人。其父李格非为当时著名学者，丈夫赵明诚为金石考据家。早期生活优裕，与赵明诚共同致力于书画金石的搜集与整理。金兵入据中原后，流寓南方，不久赵明诚病死，李清照境遇孤苦。所作词，前期多写其悠闲生活，后期多悲叹身世，情调感伤，有的也流露出对中原的怀念。形式上善用白描手法，语言清丽。论词强调协律，崇尚典雅、情致，提出词"别是一家"之说，反对以作诗文之法作词。其诗作留存不多，部分篇章感时咏史，情辞慷慨，与其词风不同。代表作品有《一剪梅·红藕香残玉簟秋》《声声慢·寻寻觅觅》《醉花阴·薄雾浓云愁永昼》等。

蹴②罢秋千，起来慵整③纤纤手。露浓花瘦，薄汗轻衣④透。
见客入来，袜刬⑤金钗溜。和羞走，倚门回首，却把青梅嗅。

赏读指南

作者抓住富有个性特征的一连串动作，撷取充满生活气息的细节来展示人物的神态和心理，成功刻画出一个天真活泼的少女形象。

上片写少女荡秋千尽情嬉戏的场面。在"露浓花瘦"的暮春季节，温度适宜，少女着"轻衣"荡秋千，以致浑身"薄汗"。第三句巧妙运用双关、比喻等手法，既点明了清晨花园的环境，又将汗透轻衣的少女暗比沾满露珠的鲜花，使得人物形象更加鲜活生动。

下片写外客来访，少女匆忙躲入闺中的场面。为了躲避外客，慌张到"袜刬金钗溜"，既惟妙惟肖地写出了人物的动作，又真切细腻地展示了人物的心理。结尾处作者巧妙地让少女"倚门回首"，佯装"却把青梅嗅"，实则暗地里端详来客，更突出了她天真活泼、略带顽皮的性格。读过之后，少女的形象似与青梅那清新隽永的香气一起长久地留在心间。

① 选自《李清照诗词选》，中华书局，2023年。
② 蹴（cù）：踩，踏。这里指荡（秋千）。
③ 慵整：懒洋洋地整理。
④ 轻衣：纱料或绸料做的衣服。
⑤ 袜刬（chǎn）：穿着袜子行走。

诉衷情①

陆游

📖 **导读**

陆游（1125—1210），字务观，号放翁，越州山阴（今浙江绍兴）人，南宋著名文学家、史学家。少时深受家庭爱国思想的熏陶。宋高宗时参加礼部考试，但因受秦桧陷害而仕途不畅。宋孝宗即位后，赐进士出身，曾任镇江、隆兴通判。中年入蜀，投身军旅生活，后官至宝谟阁待制。晚年退居家乡。其诗今存九千多首，内容极为丰富，与尤袤、杨万里、范成大齐名，四人并称"中兴四大家"，亦作"南宋四大家"。著有《剑南诗稿》《渭南文集》《南唐书》《老学庵笔记》等。

陆游一生以抗金复国为己任，无奈请缨无路，屡遭贬黜，晚年退居山阴，壮志难酬。"壮士凄凉闲处老，名花零落雨中看。"（陆游《病起》）历史的秋意，时代的风雨，英雄的本色，艰难的现实，共同酿成了这一首悲壮沉郁的《诉衷情》。

当年②万里觅封侯③，匹马④戍梁州⑤。关河梦断何处⑥？尘暗旧貂裘⑦。
胡未灭，鬓先秋⑧，泪空流。此生谁料，心在天山，身老沧洲！⑨

赏读指南

上片回忆当年壮志凌云、奔赴南郑抗金前线的勃勃英姿；本欲为国戍边，杀敌立功，可又不为朝廷重用，致使内心充满惆怅。词以"当年"二字唤起往日豪放军旅生活的回忆，情绪高亢。"梦断"一转，形成强烈的情感落差，慷慨化为悲凉。一个"暗"字将岁月的流逝、人事的消磨化作布满灰尘的暗淡画面，饱含惆怅之情。

下片写理想与现实的矛盾。放眼西北，仇敌未灭，壮志未酬，而自己已年近七十，内心不免沉痛愁苦。"胡未灭，鬓先秋，泪空流"三个短句声调短促，写梦醒后的悲凉心情，

---

① 选自《陆游词集》，上海古籍出版社，2011年。
② 当年：作者在南郑（今属陕西汉中）一带地方参军任职期间。
③ 觅封侯：寻找建立功名、取得封侯的机会。
④ 匹马：单独骑着马，此处指独自从军。
⑤ 梁州：今陕西汉中一带。
⑥ 关河梦断何处：前线关河无踪迹可寻了。关河，关塞和河防，这里指汉中前线险要的地方。梦断，梦醒，意谓像梦一样消逝。
⑦ 尘暗旧貂裘：貂皮衣服落满灰尘、陈旧变色。比喻闲散日久，没有建功立业的机会。
⑧ 鬓先秋：鬓发早已像秋霜那样白了。
⑨ "此生谁料"三句：我本想在前线杀敌保国，哪里料到这一辈子却老死在乡下湖边呢？天山，借指抗金前线。沧洲，水边，古代隐者所居。陆游晚年隐居在绍兴镜湖边上的三山村。

表达作者从理想到现实的幻灭感。最后三句总结一生，直抒胸臆。"谁料"二字写出了往日的天真与今日的失望，理想与现实可谓天差地别。词人犹如一心要搏击长空的苍鹰，却被折断羽翼，落到地上，在痛苦中呻吟。

全词说尽忠愤，回肠荡气，既抒写了陆游"烈士暮年，壮心不已"的报国壮志，使词作富有风骨凛然的崇高精神；又充满了"报国欲死无战场"的无奈和压抑之情，使词作形成了百折千回的悲剧情调。

我是一个任性的孩子①

顾城

导读

顾城（1956—1993），中国当代诗人，朦胧诗派的代表人物。顾城1962年开始写诗，1975年完成《生命幻想曲》，奠定了其创作风格。1980年以后专事创作。1988年赴新西兰，被聘为奥克兰大学亚语系研究员，讲授中国古典文学。后辞职隐居新西兰激流岛。顾城被称为"以一颗童心看世界的'童话诗人'"，但在他充满梦幻和童稚的诗作中，却充溢着一股不可名状的忧伤。著有《黑眼睛》《灵台独语》《顾城诗集》《顾城散文选集》《顾城童话寓言诗选》《城》，以及长篇小说《英儿》（与谢烨合著）等。

这首诗创作于1981年3月，集中体现了顾城的审美理想——追求一个纯净、和谐，没有矛盾，使人心情愉快的世界。

我想在大地上画满窗子，让所有习惯黑暗的眼睛，都习惯光明。

也许
我是被妈妈宠坏的孩子
我任性

我希望
每一个时刻
都像彩色蜡笔那样美丽
我希望
能在心爱的白纸上画画
画出笨拙的自由
画下一只永远不会

---

① 选自《顾城的诗》，人民文学出版社，2023年。

流泪的眼睛
一片天空
一片属于天空的羽毛和树叶
一个淡绿的夜晚和苹果

我想画下早晨
画下露水所能看见的微笑
画下所有最年轻的
没有痛苦的爱情
画下想象中
我的爱人
她没有见过阴云
她的眼睛是晴空的颜色
她永远看着我
永远，看着
绝不会忽然掉过头去

我想画下遥远的风景
画下清晰的地平线和水波
画下许许多多快乐的小河
画下丘陵——
长满淡淡的茸毛
我让他们挨得很近
让他们相爱
让每一个默许
每一阵静静的春天的激动
都成为
一朵小花的生日

我还想画下未来
我没见过她，也不可能
但知道她很美
我画下她秋天的风衣
画下那些燃烧的烛火和枫叶
画下许多因为爱她

而熄灭的心
画下婚礼
画下一个个早早醒来的节日——
上面贴着玻璃糖纸
和北方童话的插图

我是一个任性的孩子
我想涂去一切不幸
我想在大地上
画满窗子
让所有习惯黑暗的眼睛
都习惯光明
我想画下风
画下一架比一架更高大的山岭
画下东方民族的渴望
画下大海——
无边无际愉快的声音

最后，在纸角上
我还想画下自己
画下一只树熊
他坐在维多利亚深色的丛林里
坐在安安静静的树枝上
发愣
他没有家
没有一颗留在远处的心
他只有，许许多多
浆果一样的梦
和很大很大的眼睛

我在希望
在想
但不知为什么
我没有领到蜡笔
没有得到一个彩色的时刻

我只有我
我的手指和创痛
只有撕碎那一张张
心爱的白纸
让它们去寻找蝴蝶
让它们从今天消失

我是一个孩子
一个被幻想妈妈宠坏的孩子
我任性

1981 年 3 月

赏读指南

诗人用细腻优美的笔调勾勒出一幅幅美丽的画卷，在这些美丽的画卷中诗人生发了无限的遐想："笨拙的自由""永远不会流泪的眼睛""没有痛苦的爱情"……然而，这幻想的美好场景在现实世界中能否实现呢？诗人离开幻想回到现实，"没有领到蜡笔"，指"我"的理想蓝图并没有得到社会的认同。因而，"我"在绝望中"只有撕碎那一张张心爱的白纸"。"白纸"指自我、生命或没有写出的诗。但诗人是否从此就停止对幻想的追求了呢？不，诗的最后一节再次点明，"我"是"一个被幻想妈妈宠坏的孩子"，我将仍然任性而执着地追求理想。

诗人用一个任性孩子的特有语言表现出梦幻般的天真，童真的想法折射出成年人的忧郁。诗歌意象鲜明，情感真挚，是朦胧诗歌的典范之作。

知识链接

朦胧诗

朦胧诗又称"新诗潮诗歌"，是 20 世纪 70 年代末中国新诗潮运动的产物，因其在艺术形式上多采用总体象征的手法，使用大跨度跳跃的多变意象，具有不透明性和多义性，所以被称为朦胧诗。它以"叛逆"的精神，打破了当时现实主义创作原则一统诗坛的局面，为诗歌注入了新的生命力，同时也给文学带来了一次意义深远的变革。食指、北岛、顾城、舒婷、梁小斌、欧阳江河、杨炼等是朦胧诗的代表诗人。

朦胧诗在精神内涵方面主要有三个特点：一是揭露和批判黑暗的社会现实；二是在黑暗中寻找光明，具有反思与探求意识和浓厚的英雄主义色彩；三是在人道主义基础上建立起了对"人"的特别关注。它改写了以往诗歌单纯描摹"现实"与图解政策的传统模式，把诗歌作为探求人生的重要方式，在哲学意义上达到了前所未有的高度。

我愿意是急流①

裴多菲

📖 **导读**

裴多菲（1823—1849），匈牙利 19 世纪最伟大的诗人，革命家。出生于贫困的屠户家庭。15 岁开始写作，以诗歌颂祖国，激励人民为争取民族自由和独立而斗争。1849 年在反抗沙俄军队的战斗中牺牲，年仅 26 岁。他一生共写了八百多首诗，他的《自由与爱情》"生命诚可贵，爱情价更高；若为自由故，二者皆可抛"的诗句，在我国广为流传。

《我愿意是急流》是裴多菲献给未婚妻尤丽娅的一首情诗，诗人用袒露的胸怀、赤诚的心灵，向自己的爱人表达爱意。

我愿是一条急流，
是山间的小河，
穿过崎岖的道路，
从山岩中间流过……
只要我的爱人
是一条小鱼，
在我的浪花里，
愉快地游来游去。

我愿是一片荒林，
坐落在河流两岸；
我高声呼叫着，
同暴风雨作战……
只要我的爱人
是一只小鸟，
停在枝头上啼叫，
在我的怀里作巢。

我愿是城堡的废墟，
耸立在高山之巅，

---

① 选自《裴多菲抒情诗选》，译林出版社，1991 年，有改动。

即使被轻易毁灭，
我也毫不懊丧……
只要我的爱人
是一根常春藤，
绿色枝条恰似臂膀，
沿着我的前额攀缘而上。

我愿是一所小草棚，
在幽谷中隐藏，
饱受风雨的打击，
屋顶留下了创伤……
只要我的爱人
是熊熊的烈火，
在我的炉膛里，
缓慢而欢快地闪烁。

我愿是一块云朵，
是一面破碎的大旗，
在旷野的上空，
疲倦地傲然停立……
只要我的爱人
是黄昏的太阳，
照耀我苍白的脸，
映出红色的光焰。

赏读指南

诗人通过一系列鲜活生动的意象，表达了自己对未婚妻纯洁而坚贞、博大而无私的爱。我愿意是"急流""荒林""废墟""草棚""云朵""破旗"，与此相对，只要我的爱人是"小鱼""小鸟""常春藤""火焰""夕阳"。"我"是残破的、忧郁的、哀伤的、没有前途的，而"我的爱人"是美好的、热情的、欢畅的、明丽的，两者形成了鲜明的对比，由此表达出诗人崇高、伟大的爱情观：不管自身处境多么险恶、命运多么坎坷，只要同"我的爱人"在一起，只要"我的爱人"平安幸福，"我"就幸福。

全诗共五小节，每小节结构相似，对仗工整，围绕同一中心反复吟唱，虽反复但不重复。语言清新、自然、朴素，直截了当地抒发了诗人对爱情的专注、投入与澎湃的激情，读来令人动容。

纵情山水 诗意栖居

田园乐（其六）①

王维

📖 导读

王维（701？—761），字摩诘，祖籍太原祁县（今属山西晋中），人称"诗佛"。盛唐时期山水田园诗派的代表诗人之一，与孟浩然并称"王孟"。其山水诗通过对田园风光的描绘，宣扬隐士生活和佛教禅理。他多才多艺，兼通音乐，擅长书画。曾官至尚书右丞，故又称"王右丞"。晚年居蓝田辋川，过着亦官亦隐的悠闲生活。有《王右丞集》传世。

《田园乐》是由七首六言绝句构成的组诗，写作者退居辋川别墅与大自然亲近的乐趣，所以又题作"辋川六言"。课文选的是其中一首。

桃红复含宿雨②，柳绿更带朝烟。
花落家童未扫，莺啼山客③犹眠。

赏读指南

诗歌描写了春天夜雨过后，清晨美丽、清新、幽寂的景象。诗人捕捉到富于春天特征的景物——桃花、柳丝、莺啼，通过绘形、绘色，形象地勾勒出一幅工笔重彩的春日图景：深红浅红的桃花瓣上还含着昨夜的雨滴，色泽更加柔和可爱；雨后空气清新，弥散着冉冉花香，使人心醉；碧绿的柳丝在一片若有若无的水烟的笼罩下，更显袅娜迷人。

接着诗人由景及人，写家童、山客，"花落"却"未扫"，"莺啼"而"犹眠"，展现出田园生活的悠闲与美好。诗人笔下的田园风光宛如世外桃源，令人心向神往。

---

① 选自《唐诗鉴赏辞典》，上海辞书出版社，2013 年。
② 宿雨：昨夜下的雨。
③ 山客：隐居山中的人，此处为诗人自指。

沁园春①

辛弃疾

导读

辛弃疾（1140—1207），字幼安，号稼轩，历城（今山东济南）人，南宋豪放派词人，人称"词中之龙"，与苏轼并称"苏辛"，与李清照（号易安居士）并称"济南二安"。出生时，中原已为金兵所占。21 岁参加抗金义军，不久归南宋。历任湖北、江西、湖南、福建、浙东安抚使等职，一生力主抗金。其词抒写力图恢复国家统一的爱国热情，倾诉壮志难酬的悲愤，对当时执政者屈辱求和的谴责；也有不少吟咏祖国河山的作品。其词题材广阔，善化用前人典故，风格沉雄豪迈又不乏细腻柔媚之处。有《稼轩长短句》传世。

《沁园春》是辛弃疾歌咏自然山水的名篇。大概写于宁宗庆元二年（1196），作者闲居上饶之时。

灵山齐庵赋②。时筑偃湖未成③

叠嶂西驰，万马回旋，众山欲东④。正惊湍直下，跳珠倒溅；小桥横截，缺月初弓⑤。老合投闲，天教多事，检校长身十万松⑥。吾庐小，在龙蛇⑦影外，风雨声中。

争先见面重重⑧。看爽气⑨朝来三数峰。似谢家子弟，衣冠磊落⑩；相如庭户，车骑雍容⑪。我觉其间，雄深雅健，如对文章太史公⑫。新堤路，问偃湖何日，烟水蒙蒙⑬？

———————————

① 选自《辛弃疾词选》，中华书局，2023 年。

② 灵山齐庵赋：在灵山的齐庵写此词。灵山，在江西上饶城北七十里。古人有"九华五老虚揽结，不及灵山秀色多"之说，足见其雄伟秀美之姿。齐庵，作者游灵山时山上小憩之处。

③ 时筑偃湖未成：作者打算在齐庵开凿一湖，名偃湖。写词时尚未开成。

④ "叠嶂西驰"三句：重叠连绵的群山向西奔涌，就像是万马奔驰一样忽又回旋向东。

⑤ "小桥横截"二句：小桥横跨在清澈湍急的溪流上，像一弯弓形的新月。

⑥ "老合投闲"三句：老了本应当过闲散的生活，偏偏老天爷多事，让我来管理这十万株高大的青松。合，应当。投闲，弃置不用，此处指罢官闲居。检校（jiào），巡查，管理。

⑦ 龙蛇：形容松树弯曲、瘦长的枝干。

⑧ 争先见面重重：夜雾消散，群山"争先"露出与人"见面"。

⑨ 爽气：早晨沁人心脾的新鲜空气。

⑩ "似谢家子弟"二句：东晋谢家是门阀世族，谢安一家子弟杰出，此以谢家的超群出众来形容山峰的挺拔轩昂。

⑪ "相如庭户"二句：连绵的山峰气势磅礴，像司马相如华丽优雅的车马随从。相如，西汉文学家司马相如。车骑雍容，《史记·司马相如列传》载，司马相如到临邛去，跟随他的车马"雍容闲雅，甚都（华丽）。"

⑫ "我觉其间"三句：我站在群山之中，犹如面对太史公雄深雅健的文章一般。此处以雄放、深邃、高雅、刚健的文风，形容群山的美姿。

⑬ "新堤路"三句：新堤已成，不知偃湖何日竣工，以见烟水迷蒙的美好景色。

赏读指南

上片先着力刻画雄伟的山势，随即由山至水，再到眼前的跳珠、小桥等秀丽景色；接着用长松参天蔽日映衬狭小低矮的茅屋，上下远近，井然有序，宛若一幅绝妙的自然山水松林茅屋图。作者以景寄情，巧妙地写出自己被迫隐居的苦闷心情。

下片选用典故，表现群山崇高的形象，将其精神面貌描绘得十分生动饱满，独具风姿。作者先以谢家子弟的衣冠磊落和司马相如的车骑雍容形容千岩竞秀、万壑争流的灵山美景，又以太史公深宏博大的文风比喻群山的万千气象。既写出山的气概，又赋予山以人的性格，是作者潇洒风流形象的写照。最后，作者以想象中筑而未成的偃湖作结，与序言相映成趣。

这首词洋溢着作者寄情山水的欢乐情绪，体现了作者思想的开阔和气魄的雄伟；但同时也表现出作者关注国事却被排斥在朝廷之外的悲愤。

行香子①

秦观

📖 导读

秦观（1049—1100），字少游，又字太虚，号淮海居士，高邮（今江苏高邮）人。北宋词人，与黄庭坚、晁补之、张耒并称"苏门四学士"。元丰八年（1085）中进士。曾任秘书省正字，兼国史院编修官等职。他与苏轼关系密切，其文辞为苏轼所赏识，苏轼被贬后，秦观也屡遭贬谪，职业生涯坎坷。其词多写男女情爱，也颇有感伤身世之作，风格委婉含蓄，清丽淡雅。有《淮海集》传世。

《行香子》是一首描写田园风光的词。整首词色彩鲜明，形象生动，给人以轻松愉快的美感体验。

树绕村庄，水满陂塘②。倚东风、豪兴③徜徉④。小园几许，收尽春光⑤。有桃花红，李花白，菜花黄。

远远围墙，隐隐茅堂。飏⑥青旗、流水桥旁。偶然乘兴，步过东冈。正莺儿啼，燕儿舞，蝶儿忙。

---

① 选自《秦观诗词鉴赏辞典》，上海辞书出版社，2016 年。
② 陂（bēi）塘：池塘。
③ 豪兴：好的兴致，浓厚的兴趣。
④ 徜徉：安闲自在地步行。
⑤ 小园几许，收尽春光：要有多少小园，才能把春天的美景容纳下。几许，多少。
⑥ 飏：通"扬"，飞扬，飘扬。

赏读指南

诗人以白描的手法、明快的节奏和朴实清新的语言，描绘出一幅春光明媚、万物竞发的村野田园风光图。

起笔两句，词人先写村庄周围的景色。接着"倚东风"两句描写词人信步村庄，欣赏春光，表现了词人沉浸于农村景色，怡然自得的状态。"小园"二句，写偶然发现的一个小园子，那里有红色的桃花、白色的李花和黄色的菜花。这绚丽的色彩，浓郁的香味，构成了春满小园的醉人图画。

"远远"四句，词人移步小园转向远处一带的围墙，在墙内隐现出茅草小堂，在墙外流水小桥旁有一家小酒店，青旗飘扬。"偶然"二句，写词人突然萌发酒意，然后乘着一时兴致翻过东边的小山岗，不想眼前莺啼燕舞、蝴蝶采蜜忙，比起小园来，又是另一派春光。

天净沙·秋①

白朴

导读

白朴（1226—1306？），或云初名恒，字仁甫、太素，号兰谷先生，奥州（今山西河曲）人。元代著名杂剧作家和散曲作家，与关汉卿、马致远、郑光祖并称"元曲四大家"。其父白华仕金，为枢密院判官。蒙古灭金后，白朴终身不仕。他一生博览群书，声誉卓著，所作杂剧今知有16种，存《墙头马上》《梧桐雨》《东墙记》3种。前两种为元杂剧名著。又有《流红叶》《箭射双雕》二种，各存曲词一折。另有词集《天籁集》，清初杨友敬撺拾白氏散曲附于集后，名《抵遗》。

白朴这首题为《秋》的小令与马致远的《天净沙·秋思》都是写秋的杰作，二者无论写法还是意境都有相似之处，但又各有特点。

孤村落日残霞，轻烟老树寒鸦，一点飞鸿影下②。青山绿水，白草③红叶黄花。

赏读指南

此曲纯为咏景，不着一情语，用十一种极富秋意的景色构成了一幅秋日黄昏图，冷落而不显肃杀。

首二句以"孤村"领起，着意渲染秋日黄昏的冷寂。落日、残霞笼罩着孤村，老树寒

---

① 选自《元曲鉴赏辞典》，上海辞书出版社，2014年。
② 飞鸿影下：燕影掠过。
③ 白草：本牧草。曲中系草名。

鸦之间轻烟缥缈，传递出一种惆怅的情思。"一点飞鸿"给阴冷的静态画面带来了活力，为后文情感的转折做了铺垫。接着诗人以"青山绿水，白草红叶黄花"作为结句，远方朦胧凄清的景物为眼前明朗的山水花草所取代，色彩也变得鲜明，整个画面充满了诗意，由此衬托出情感上的转折：似乎惆怅失落得到了某种安慰和补偿。

　　此曲极富艺术张力，一笔并写两面，成功地将秋日迟暮萧瑟之景与明朗绚丽之景融合在一起，把赏心悦目的秋景作为曲子的主旋律，不失为一篇写秋的杰作。

《飞鸟集》选读①

泰戈尔

导读

　　泰戈尔（1861—1941），印度诗人、小说家、思想家。生于一个文化底蕴深厚的贵族家庭，8 岁开始写诗，并展露出非凡天赋，13 岁时就能创作颂歌体诗，1878 年赴英国留学研究法律、英国文学、西方音乐等，1880 年回国后专门从事文学写作。1912 年，泰戈尔自译的英文版《吉檀迦利》出版，轰动整个世界。1913 年，他因该诗集荣获诺贝尔文学奖，从此跻身世界文坛，其作品被译成多国文字，广为流传。

　　《飞鸟集》是泰戈尔的代表作之一，创作于 1913 年。共包括 325 首清丽的无标题小诗，基本题材多为小草、流萤、落叶、飞鸟、山水、河流等常见之物。无论白昼和黑夜、溪流和海洋，还是自由和背叛，都在泰戈尔的笔下合二为一，清新亮丽却又韵味醇厚。诗人以抒情的笔法，轻松的语句，写出了他对自然、宇宙和人生的哲理之思。

夏天的飞鸟，飞到我的窗前唱歌，又飞去了。
秋天的黄叶，它们没有什么可唱，只叹息一声，飞落在那里。

如果你因失去了太阳而流泪，那么你也将失去群星了。

有一次，我们梦见大家都是不相识的。
我们醒了，却知道我们原是相亲相爱的。

那些把灯背在背上的人，把他们的影子投到了自己前面。

人是一个初生的孩子，他的力量，就是生长的力量。

———————————————
①　选自《飞鸟集》，商务印书馆，2016 年，有改动。

瀑布歌唱道："我得到自由时便有了歌声了。"

不要因为你自己没有胃口而去责备你的食物。

水里的游鱼是沉默的，陆地上的兽类是喧闹的，空中的飞鸟是歌唱着的。
但是，人类却兼有海里的沉默，地上的喧闹与空中的音乐。

麻雀看见孔雀负担着它的翎尾，替它担忧。

谢谢火焰给你光明，但是不要忘了那执灯的人，他是坚忍地站在黑暗当中呢。

小草呀，你的足步虽小，但是你拥有你足下的土地。

我们把世界看错了，反说它欺骗我们。

使生如夏花之绚烂，死如秋叶之静美。

白云谦逊地站在天之一隅。
晨光给它戴上霞彩。

尘土受到损辱，却以她的花朵来报答。

只管走过去，不必逗留着采了花朵来保存，因为一路上花朵自会继续开放的。

鸟以为把鱼举在空中是一种慈善的举动。

如果你把所有的错误都关在门外时，真理也要被关在外面了。

"谁如命运似的催着我向前走呢？"
"那是我自己，在身背后大跨步走着。"

黄昏的天空，在我看来，像一扇窗户，一盏灯火，灯火背后的一次等待。

太急于做好事的人，反而找不到时间去做好人。

小狗疑心大宇宙阴谋篡夺它的位置。

果实的事业是尊贵的，花的事业是甜美的；但是让我做叶的事业吧，叶是谦逊地专心地垂着绿荫的。

鸟翼上系上了黄金，这鸟便永不能再在天上翱翔了。

月儿把她的光明遍照在天上，却留着她的黑斑给她自己。

不要说"这是早晨"，别用一个"昨天"的名词把它打发掉。你第一次看到它，把它当作还没有名字的新生孩子吧。

您的阳光对着我的心头的冬天微笑着，从来不怀疑它的春天的花朵。

赏读指南

泰戈尔热爱大自然，他认为人类情感和自然之间是有内在联系的，只有融入自然才能净化自己的生命。他的诗像珍珠一般闪耀着深邃的哲理光芒，不仅唤起人们对大自然、对人类、对世界上一切美好事物的热爱，还启示着人们歌赞生命的自由、平等、博爱，以及执着追求人生的理想。读他的作品，会令人觉得宇宙的活动和人生的种种经历是有意义的，是快乐的，给人以无穷的勇气和力量。

四、推荐阅读

蒹葭

蒹葭苍苍，白露为霜。所谓伊人，在水一方。
溯洄从之，道阻且长；溯游从之，宛在水中央。

蒹葭萋萋，白露未晞。所谓伊人，在水之湄（méi）。
溯洄从之，道阻且跻（jī）；溯游从之，宛在水中坻（chí）。

蒹葭采采，白露未已。所谓伊人，在水之涘（sì）。
溯洄从之，道阻且右；溯游从之，宛在水中沚（zhǐ）。

（选自《诗经译注》，上海古籍出版社，2016年，有改动）

《蒹葭》是《诗经》中最广为流传的诗作之一。这首诗把暮秋特有的景色与人物的相思之情融为一体，营造出一个朦胧、清新而又神秘的意境，表现了主人公对美好爱情的执着追求和求而不得的惆怅心情，感情真实、曲折而动人。

登高

杜甫

风急天高猿啸哀，渚清沙白鸟飞回。

无边落木萧萧下，不尽长江滚滚来。

万里悲秋常作客，百年多病独登台。

艰难苦恨繁霜鬓，潦倒新停浊酒杯。

（选自《杜甫全集校注》，上海古籍出版社，2015 年）

杜甫（712—770），唐代诗人，被尊为"诗圣"。全诗通过登高所见秋江景色，倾诉了诗人长年漂泊、年老多病、壮志难酬、忧国伤时的复杂感情，全诗基调慷慨激越，动人心弦。

浪淘沙令

李煜

帘外雨潺潺，春意阑珊。罗衾不耐五更寒。梦里不知身是客，一晌贪欢。

独自莫凭栏，无限江山。别时容易见时难。流水落花春去也，天上人间。

（选自《李煜词集》，上海古籍出版社，2009 年）

这首词表达了词人对故国、家园和往日美好生活的无限追思，反映出词人从一国之君沦为阶下之囚的凄凉心境。就像水自长流、花自飘落，春天自要归去，人生的春天也已完结，尾句一个"去"字包含了多少留恋、惋惜、哀痛和沧桑。

卜算子·黄州定慧院寓居作

苏轼

缺月挂疏桐，漏断人初静。谁见幽人独往来，缥缈孤鸿影。

惊起却回头，有恨无人省。拣尽寒枝不肯栖，寂寞沙洲冷。

（选自《苏轼词集》，上海古籍出版社，2009 年）

推荐理由

词人以象征和拟人的手法，匠心独运地通过"鸿"的孤独徘徊、惊起回头、怀抱幽恨和选求宿处，写出了作者贬谪黄州时期的孤寂处境和高洁自许、不愿随波逐流的情怀。

江城子·乙卯正月二十日夜记梦

苏轼

十年生死两茫茫。不思量，自难忘。千里孤坟，无处话凄凉。纵使相逢应不识，尘满面，鬓如霜。

夜来幽梦忽还乡。小轩窗，正梳妆。相顾无言，惟有泪千行。料得年年肠断处，明月夜，短松冈。

（选自《苏轼词集》，上海古籍出版社，2009 年）

推荐理由

这是一首千古传诵的悼亡词，词人通过记述梦境抒写出对亡妻真挚的爱恋和深沉的思念，以及此生永不得见的哀痛。

一剪梅

李清照

红藕香残玉簟（diàn）秋，轻解罗裳，独上兰舟。云中谁寄锦书来？雁字回时，月满西楼。

花自飘零水自流，一种相思，两处闲愁。此情无计可消除，才下眉头，却上心头。

（选自《李清照词集》，上海古籍出版社，2007 年）

推荐理由

此词作于词人与丈夫赵明诚离别之后，寄寓着作者不忍离别的一腔深情。尤其是结尾处把难以言表的离愁别恨，呈于象，感于目，会于心，具有很强的艺术感染力。

南乡子·登京口北固亭有怀

辛弃疾

何处望神州？满眼风光北固楼。千古兴亡多少事？悠悠，不尽长江滚滚流。

年少万兜鍪（móu），坐断东南战未休。天下英雄谁敌手？曹刘。生子当如孙仲谋。

（选自《辛弃疾词选》，中华书局，2023 年）

推荐理由

这首词三问三答，互相呼应；即景抒情，借古讽今，蕴含着对苟且偷安、怯懦无能的南宋朝廷的愤慨之情。全词风格明快，气魄阔大，格调乐观昂扬，用典精妙，意在言外，耐人寻味。

蝶恋花

柳永

伫倚危楼风细细，望极春愁，黯黯生天际。草色烟光残照里，无言谁会凭阑意。

拟把疏狂图一醉，对酒当歌，强乐还无味。衣带渐宽终不悔，为伊消得人憔悴。

（选自《宋词鉴赏辞典》，上海辞书出版社，2013 年）

推荐理由

这首词先写登高望远，触景生愁；后写酒不消愁，甘愿憔悴；结尾点出春愁就是相思，同时表达了对所思的"伊"的那份坚定不移、锲而不舍的款款深情。

长相思

纳兰性德

山一程，水一程，身向榆关那畔行，夜深千帐灯。

风一更，雪一更，聒碎乡心梦不成，故园无此声。

（选自《纳兰词集》，上海古籍出版社，2009 年）

推荐理由

　　作者用山、水、风、雪等较为宏大的物象，来寄托细腻的情感思绪，缠绵而不颓废，柔情之中显露出男儿镇守边塞的慷慨报国之志。

致橡树

舒婷

我如果爱你——
绝不像攀缘的凌霄花
借你的高枝炫耀自己；
我如果爱你——
绝不学痴情的鸟儿
为绿荫重复单调的歌曲；
也不止像泉源
长年送来清凉的慰藉；
也不止像险峰
增加你的高度，衬托你的威仪。
甚至日光。
甚至春雨。
不，这些都还不够！
我必须是你近旁的一株木棉，
作为树的形象和你站在一起。
根，紧握在地下
叶，相触在云里。
每一阵风过
我们都互相致意，
但没有人
听懂我们的言语。
你有你的铜枝铁干，
像刀、像剑，
也像戟；
我有我红硕的花朵
像沉重的叹息，
又像英勇的火炬。
我们分担寒潮、风雷、霹雳；

我们共享雾霭、流岚、虹霓，

仿佛永远分离，

却又终身相依。

这才是伟大的爱情，

坚贞就在这里：

爱——

不仅爱你伟岸的身躯，

也爱你坚持的位置，足下的土地。

（选自《中国当代文学作品精选》，北京大学出版社，2015 年，有改动）

推荐理由

舒婷（1952—），朦胧诗派代表人物。全诗通过拟物化的艺术手法，借助木棉树的内心独白，以橡树为对象，热情而坦诚地歌唱自己的人格理想，以及各自独立又深情相对的爱情观。

面朝大海，春暖花开

海子

从明天起，做一个幸福的人

喂马，劈柴，周游世界

从明天起，关心粮食和蔬菜

我有一所房子，面朝大海，春暖花开

从明天起，和每一个亲人通信

告诉他们我的幸福

那幸福的闪电告诉我的

我将告诉每一个人

给每一条河每一座山取一个温暖的名字

陌生人，我也为你祝福

愿你有一个灿烂的前程

愿你有情人终成眷属

愿你在尘世获得幸福

我只愿面朝大海，春暖花开

（选自《中国当代文学作品精选》，北京大学出版社，2015 年，有改动）

推荐理由

　　这首诗歌以朴素明朗而又隽永清新的语言，描写了尘世新鲜可爱、充满生机活力的幸福生活，表达了诗人真诚善良的祈愿——愿每一个陌生人都能在尘世中获得幸福。

一代人

顾城

黑夜给了我黑色的眼睛
我却用它寻找光明

（选自《顾城的诗》，人民文学出版社，2023 年）

推荐理由

　　《一代人》既是一代人的自我阐释，又是一代人不屈精神的写照。它形象地展示了人类对于追求光明的执着，即使是在最黑暗的环境中生存，即使受到最残酷的摧残，人类追求光明的本性也不会被磨灭。

当你老了

叶芝

当你老了，头白了，睡意昏沉，
炉火旁打盹，请取下这部诗歌，
慢慢读，回想你过去眼神的柔和，
回想它们昔日浓重的阴影；

多少人爱你青春欢畅的时辰，
爱慕你的美丽，假意或真心，
只有一个人爱你那朝圣者的灵魂，
爱你衰老了的脸上痛苦的皱纹；

垂下头来，在红光闪耀的炉子旁，
凄然地轻轻诉说那爱情的消逝，
在头顶的山上它缓缓踱着步子，
在一群星星中间隐藏着脸庞。

袁可嘉 译

推荐理由

《当你老了》是爱尔兰诗人叶芝献给所爱茅德•冈的爱情诗篇之一，作于 1893 年。诗歌语言简明，情感真切，在世界各国一直传诵不衰。

以文化人

《2024 中国诗词大会》：持续释放古典诗词的能量

在中华优秀传统文化不断传承弘扬的今天，诗词在人们的日常生活中扮演着愈发积极的角色。这些千年风流的华夏气韵，正以无比深沉的精神推力，增强着我们做中国人的志气、骨气、底气。

《2024 中国诗词大会》围绕"春天、多彩、勇毅、山河、相逢、寒暑、风味、先生、灯火、在路上"十大主题词，云集不同年龄阶段、不同行业背景的"诗友"，用人们饱满的诗心、诗思和诗情，呈现新时代发展中的澎湃社会活力和昂扬文化面貌。

人生自有诗意。"弄潮儿向涛头立，手把红旗旗不湿"，这是杭州第十九届亚运会开闭幕式总导演沙晓岚以水为礼，向世界展示的"奔涌成潮"的中国气魄；"大鹏一日同风起，扶摇直上九万里"，这是航空产品设计师李鹏伟心中最美的相逢，他参与研制的大国重器"鲲鹏"，能够振翅翔翔，奔赴苍穹；"山重水复疑无路，柳暗花明又一村"，这是中老铁路建设者在国境线的山峦起伏、河流纵横之间，连缀起的友谊诗行……这束诗意之"光"从不同的角度照进现实的气象万千和生活的瑰丽纷呈，生动折射出时代的华彩。

最丰富的诗意，必然来自火热的生活。千百年来，青灯黄卷，从来都不是欣赏中华诗词之美的唯一场景。诗人浸润在诗中的信念恒久不移，而不同时代、不同身份、不同际遇的人，总能在诗的光辉中找到相似的慰藉，这是中国诗词生生不息的力量所在。《2024 中国诗词大会》通过创新诗词的解读场景和传播模式，让诗词不仅是涵咏沉潜的个体生命体验，更在充分的延展、连接与激荡中，持续构筑着人们的精神家园。

（资料来源：康震，《持续释放古典诗词的能量》，《人民日报》，2024 年 07 月 19 日第 20 版）

思考训练

一、填空题

（1）我国古代诗人中，被称为"诗仙"的是＿＿＿＿＿＿＿＿，被称为"诗圣"的是＿＿＿＿＿＿。

（2）"绿草苍苍，白雾茫茫，有位佳人，在水一方"是对我国最早的诗歌总集《诗经》中一首诗的前四句的翻译，这四句诗是"＿＿＿＿，＿＿＿＿。＿＿＿＿，＿＿＿＿"。

（3）"拣尽寒枝不肯栖，寂寞沙洲冷"出自＿＿＿＿的《＿＿＿＿＿》一词。

（4）"使生如夏花之绚烂，死如秋叶之静美"是诗人＿＿＿＿的诗句。

（5）顾城、舒婷、北岛等是我国当代著名诗人，他们是＿＿＿＿诗派的代表人物。

二、选择题

（1）《诗经》是我国最早的一部诗歌总集，分风、雅、（　　）三个部分。

　　A. 赋　　　　　　B. 比　　　　　　C. 兴　　　　　　D. 颂

（2）辛弃疾是（　　）派词人。

　　A. 豪放派　　　　B. 婉约派　　　　C. 雅正派　　　　D. 闲逸派

（3）下列哪一句诗描写的季节与其他几句诗不同。（　　）

　　A. 落霞与孤鹜齐飞，秋水共长天一色

　　B. 孤村落日残霞，轻烟老树寒鸦

　　C. 孤舟蓑笠翁，独钓寒江雪

　　D. 无边落木萧萧下，不尽长江滚滚来

（4）诗歌《面朝大海，春暖花开》的作者是（　　）。

　　A. 顾城　　　　　B. 海子　　　　　C. 舒婷　　　　　D. 食指

三、简答题

（1）中国古典诗歌有哪些类型？它们各有什么特点？

（2）"意象"和"意境"分别是什么？二者的关系是什么？

（3）运用所学知识，自选推荐阅读中的两首诗歌进行赏析。

专题十一

经典散文赏读

学习目标

1. 掌握赏读散文作品的基本方法和技巧，能自主赏读散文作品。
2. 准确把握散文作品的主旨，体会其人文内涵。
3. 培养关爱自然、关注社会、珍视生命的人文意识和人文精神，树立社会责任感。

文学视窗

一、散文概述

散文是指不讲究韵律的散体文章，包括杂文、随笔、游记等。根据内容和性质的不同，散文可分叙事散文、抒情散文、写景散文和哲理散文等。

叙事散文是以写人记事为主的散文。这类散文往往通过对人和事的描绘和叙述表现作者的认识和感受，且常带有一定的抒情成分。根据内容侧重点的不同，这类散文又可分为写人散文和记事散文。如鲁迅的《藤野先生》、朱自清的《背影》等。

抒情散文以抒发作者的思想感情为重点，或直抒胸臆，或触景生情，即使描写的是自然风物，也常蕴含了深刻的社会内涵和丰富的思想感情，具有强烈的艺术感染力。如杨朔的《荔枝蜜》、冰心的《樱花赞》等。

写景散文是以描绘景物为主的散文。这类文章常常按照空间变换的顺序，采用移步换景的方法描绘景物，并在描绘景物的同时抒发感情，或借景抒情，或寓情于景。如碧野的《天山景物记》、刘白羽的《长江三峡》等。

哲理散文是以散文的形式讲述哲理，启迪人生，或参悟生命真谛，或透析人性真伪，或思考生存死亡……我国自古就有散文与哲学和谐共生的良好传统，先秦时期便已然有诸多哲理散文，其中，《论语》堪称哲理散文的典范。

散文最主要的特点就是形散而神不散。所谓"形散"主要是指散文取材十分自由，不受时间和空间的限制，表现手法不拘一格；"神不散"是指无论散文的题材多么广泛，表

现手法多么灵活，其表达的主题都必须明确而集中。因此阅读与鉴赏散文的重点是在于准确把握其"形"与"神"的关系。

二、散文的阅读与鉴赏

1．了解创作背景

作者是生活在具体的环境中的，时代、社会、家庭、个人经历都会对创作产生影响。因此，作品在体现作者思想感情的基础上，还能折射社会现实，反映时代面貌。了解作品的创作背景，是阅读和鉴赏散文的一把钥匙，它可以帮助我们洞悉作者的创作意图，并准确把握作品的主旨和蕴含在文中的思想感情。

2．识得"文眼"

所谓"文眼"是指文中最能揭示主旨、升华意境、涵盖内容的关键性词句。文眼是作者思想感情的喷发口，是文章思想感情的焦点，同时也对文章的结构起着支配统摄的作用，往往能奠定文章的感情基调。许多散文都设置有文眼。阅读与鉴赏散文时，要全力找出能揭示全篇主旨和有画龙点睛作用的文眼，以便领会作者的创作缘由与目的。如朱自清的《荷塘月色》开篇第一句"这几天心里颇不宁静"就是全篇的文眼。

3．抓住写作线索

散文要做到形散神不散，就必须有明晰的线索贯穿全文。一般来说，散文或以事物形象为线索，或以感情发展变化为线索，或以时间、空间顺序为线索，或以人物活动为线索，或以事理为线索。有许多散文其标题就是全文的线索，如朱自清的《背影》、巴金的《灯》都是如此。线索是文章的脉络，抓住散文的写作线索，便可理清作者的写作思路，准确把握作者的写作意图和文章的立意。

4．分析表现手法

散文常使用象征、联想、以小见大、托物言志、融情于景、借景抒情等表现手法。因此，阅读与鉴赏散文就要从其所使用的表现手法出发，结合个人的生活体验进行由此及彼、举一反三的想象和联想，把自己的想象和作者的想象融合在一起，丰富作品的意境，这样才能进入作者创设的情境中，领悟作品的神韵与内涵。

5．体味语言特点

散文素有"美文"之称，语言优美凝练，富于文采，是散文的重要特点。每个作家、每篇散文的语言风格是不尽相同的，有的清新隽永、简洁质朴，有的委婉明丽、精练深邃，有的细腻如潺潺小溪，有的奔放如滔滔江河。阅读与鉴赏散文就要体味不同作家、不同作品的语言特点，从而加深对作品内容的理解。

三、名作赏读

融情入景　关爱自然

听听那冷雨①

余光中

📖 **导读**

余光中（1928—2017），当代诗人、散文家。出生于江苏南京，祖籍福建永春，1947 年考入金陵大学（现南京大学）外语系，后转入厦门大学。1949 年随父母赴中国香港，次年定居中国台湾，并考入台湾大学外文系，直至 1992 年才回访大陆。他的文学生涯悠远而深沉，代表作有诗集《白玉苦瓜》、散文集《记忆像铁轨一样长》及评论集《分水岭上：余光中评论文集》等。其诗作如《乡愁》《乡愁四韵》、散文如《听听那冷雨》《我的四个假想敌》等，广泛收录于各版本语文课本。

《听听那冷雨》写于 1974 年春，此时作者离开大陆已整整二十五年。

惊蛰一过，春寒加剧。先是料料峭峭，继而雨季开始，时而淋淋漓漓，时而淅淅沥沥，天潮潮地湿湿，即连在梦里，也似乎把伞撑着。而就凭一把伞，躲过一阵潇潇的冷雨，也躲不过整个雨季。连思想也都是潮润润的。每天回家，曲折穿过金门街到厦门街迷宫式的长巷短巷，雨里风里，走入霏霏令人更想入非非。想这样子的台北凄凄切切完全是黑白片的味道，想整个中国整部中国的历史无非是一张黑白片子，片头到片尾，一直是这样下着雨的。这种感觉，不知道是不是从安东尼奥尼②那里来的。不过那一块土地是久违了，二十五年，四分之一的世纪，即使有雨，也隔着千山万山，千伞万伞。二十五年，一切都断了，只有气候，只有气象报告还牵连在一起。大寒流从那块土地上弥天卷来，这种酷冷吾与古大陆分担。不能扑进她怀里，被她的裙边扫一扫吧，也算是安慰孺慕之情。

这样想时，严寒里竟有一点温暖的感觉了。这样想时，他希望这些狭长的巷子永远延伸下去，他的思路也可以延伸下去，不是金门街到厦门街，而是金门到厦门。他是厦门人，至少是广义的厦门人，二十年来，不住在厦门，住在厦门街，算是嘲弄吧，也算是安慰。不过说到广义，他同样也是广义的江南人，常州人，南京人，川娃儿，五陵少年。杏花春雨江南，那是他的少年时代了。再过半个月就是清明。安东尼奥尼的镜头摇过去，摇过去

---

① 选自《散文精读·余光中》，浙江人民出版社，2018 年，有改动。
② 安东尼奥尼（1912—2007），意大利现代主义电影导演，也是公认在电影美学上最有影响力的导演之一。

又摇过来。残山剩水犹如是。皇天后土犹如是。纭纭黔首纷纷黎民从北到南犹如是。那里面是中国吗？那里面当然还是中国永远是中国。只是杏花春雨已不再，牧童遥指已不再，剑门细雨渭城轻尘也都已不再。然则他日思夜梦的那片土地，究竟在哪里呢？

在报纸的头条标题里吗？还是傅聪①的黑键白键、马思聪②的跳弓拨弦？还是安东尼奥尼的镜底勒马洲的望中？还是呢，故宫博物院的壁头和玻璃橱内，京戏的锣鼓声中，太白和东坡的韵里？

杏花。春雨。江南。六个方块字，或许那片土就在那里面。而无论赤县也好神州也好中国也好，变来变去，只要仓颉的灵感不灭、美丽的中文不老，那形象，那磁石一般的向心力当必然长在。因为一个方块字是一个天地。太初有字，于是汉族的心灵、他祖先的回忆和希望便有了寄托。譬如凭空写一个"雨"字，点点滴滴，滂滂沱沱，淅沥淅沥淅沥，一切云情雨意，就宛然其中了。视觉上的这种美感，岂是什么 rain 也好 pluie 也好所能满足？翻开一部《辞源》或《辞海》，金木水火土，各成世界，而一入"雨"部，古神州的天颜千变万化，便悉在望中，美丽的霜雪云霞，骇人的雷电霹雹，展露的无非是神的好脾气与坏脾气，气象台日读不厌、门外汉百思不解的百科全书。

听听，那冷雨。看看，那冷雨。嗅嗅闻闻，那冷雨。舔舔吧，那冷雨。雨在他的伞上，这城市百万人的伞上、雨衣上、屋上、天线上，雨下在基隆港、在防波堤、在海峡的船上，清明这季雨。雨是女性，应该最富于感性。雨气空濛而迷幻，细细嗅嗅，清清爽爽新新，有一点点薄荷的香味，浓的时候，竟发出草和树沐发后特有的淡淡土腥气，也许那竟是蚯蚓和蜗牛的腥气吧，毕竟是惊蛰了啊。也许地上的地下的生命，也许古中国层层叠叠的记忆皆蠢蠢而蠕，也许是植物的潜意识和梦吧，那腥气。

第三次去美国，在高高的丹佛他山居了两年。美国的西部，多山多沙漠，千里干旱，天，蓝似安格罗·萨克逊人的眼睛；地，红如印第安人的肌肤；云，却是罕见的白鸟。落基山簇簇耀目的雪峰上，很少飘云牵雾。一来高，二来干，三来森林线以上，杉柏也止步，中国诗词里"荡胸生层云"，或是"商略黄昏雨"的意趣，是落基山上难睹的景象。落基山岭之胜，在石，在雪。那些奇岩怪石，相叠互倚，砌一场惊心动魄的雕塑展览，给太阳和千里的风看。那雪，白得虚虚幻幻，冷得清清醒醒，那股皑皑不绝一仰难尽的气势，压得人呼吸困难，心寒眸酸。不过要领略"白云回望合，青霭入看无"的境界，仍须回来中国。台湾湿度很高，最饶云气氤氲③雨意迷离的情调。两度夜宿溪头，树香沁鼻，宵寒袭肘，枕着润碧湿翠、苍苍交叠的山影和万籁都歇的岑寂，仙人一样睡去。山中一夜饱雨，次晨醒来，在旭日未升的原始幽静中，冲着隔夜的寒气，踏着满地的断柯折枝和仍在流泻的细股雨水，一径探入森林的秘密，曲曲弯弯，步上山去。溪头的山，树密雾浓，蓊郁的

---

① 傅聪（1934—2020），英籍华裔钢琴家，有"钢琴诗人"的美誉。
② 马思聪（1912—1987），中国第一代小提琴音乐作曲家与演奏家。
③ 氤（yīn）氲（yūn）：形容烟或云气浓郁。

水气从谷底冉冉升起，时稠时稀，蒸腾多姿，幻化无定，只能从雾破云开的空处，窥见乍现即隐的一峰半壑，要纵览全貌，几乎是不可能的。至少入山两次，只能在白茫茫里和溪头诸峰玩捉迷藏的游戏。回到台北，世人问起，除了笑而不答心自闲，故作神秘之外，实际的印象，也无非山在虚无之间罢了。云缭烟绕，山隐水迢的中国风景，由来予人宋画的韵味。那天下也许是赵家的天下，那山水却是米家的山水。而究竟，是米氏父子下笔像中国的山水，还是中国的山水上纸像宋画，恐怕是谁也说不清楚了吧？

雨不但可嗅，可观，更可以听。听听那冷雨。听雨，只要不是石破天惊的台风暴雨，在听觉上总是一种美感。大陆上的秋天，无论是疏雨滴梧桐，或是骤雨打荷叶，听去总有一点凄凉，凄清，凄楚，于今在岛上回味，则在凄楚之外，更笼上一层凄迷了。饶你多少豪情侠气，怕也经不起三番五次的风吹雨打。一打少年听雨，红烛昏沉。二打中年听雨，客舟中，江阔云低。三打白头听雨在僧庐下，这便是亡宋之痛，一颗敏感心灵的一生：楼上，江上，庙里，用冷冷的雨珠子串成。十年前，他曾在一场摧心折骨的鬼雨中迷失了自己。雨，该是一滴湿漓漓的灵魂，窗外在喊谁。

雨打在树上和瓦上，韵律都清脆可听。尤其是铿铿敲在屋瓦上，那古老的音乐，属于中国。王禹偁①在黄冈，破如椽的大竹②为屋瓦。据说住在竹楼上面，急雨声如瀑布，密雪声比碎玉，而无论鼓琴，咏诗，下棋，投壶，共鸣的效果都特别好。这样岂不像住在竹筒里面，任何细脆的声响，怕会加倍夸大，反而令人耳朵过敏吧。

雨天的屋瓦，浮漾湿湿的流光，灰而温柔，迎光则微明，背光则幽暗，对于视觉，是一种低沉的安慰。至于雨敲在鳞鳞千瓣的瓦上，由远而近，轻轻重重轻轻，夹着一股股的细流沿瓦槽与屋檐潺潺泻下，各种敲击音与滑音密织成网，谁的千指百指在按摩耳轮。"下雨了"，温柔的灰美人来了，她冰冰的纤手在屋顶拂弄着无数的黑键啊灰键，把晌午一下子奏成了黄昏。

在古老的大陆上，千屋万户是如此。二十多年前，初来这岛上，日式的瓦屋亦是如此。先是天暗了下来，城市像罩在一块巨幅的毛玻璃里，阴影在户内延长复加深。然后凉凉的水意弥漫在空间，风自每一个角落里旋起，感觉得到，每一个屋顶上呼吸沉重都覆着灰云。雨来了，最轻的敲打乐敲打这城市，苍茫的屋顶，远远近近，一张张敲过去，古老的琴，那细细密密的节奏，单调里自有一种柔婉与亲切，滴滴点点滴滴，似幻似真，若孩时在摇篮里，一曲耳熟的童谣摇摇欲睡，母亲吟哦鼻音与喉音。或是在江南的泽国水乡，一大筐绿油油的桑叶被啮③于千百头蚕，细细琐琐屑屑，口器与口器咀咀嚼嚼，雨来了，雨来的时候瓦这么说，一片瓦说千亿片瓦说，说轻轻地奏吧沉沉地弹，徐徐地叩吧嗒嗒地打，间间歇歇敲一个雨季，即兴演奏从惊蛰到清明，在零落的坟上冷冷奏挽歌，一片瓦吟千亿片

---

① 王禹偁（chēng）（954—1001），北宋文学家。

② 破如椽（chuán）的大竹：劈开像椽子一样的竹子。王禹偁在《黄冈竹楼记》中提到："黄冈之地多竹，大者如椽。竹工破之，刳去其节，用代陶瓦。"椽，放在檩上架着屋顶的木条。

③ 啮（niè）：咬。

瓦吟。

在日式的古屋里听雨，听四月，霏霏不绝的黄梅雨，朝夕不断，旬月绵延，湿黏黏的苔藓从石阶下一直侵到他舌底，心底。到七月，听台风台雨在古屋顶上一夜盲奏，千寻海底的热浪沸沸被狂风挟来，掀翻整个太平洋只为向他的矮屋檐重重压下，整个海在他的蜗壳上哗哗泻过。不然便是雷雨夜，白烟一般的纱帐里听羯鼓①一通又一通，滔天的暴雨滂滂沛沛扑来，强劲的电琵琶忐忑忐忑忐忑，弹动屋瓦的惊悸腾腾欲掀起。不然便是斜斜的西北雨斜斜，刷在窗玻璃上，鞭在墙上打在阔大的芭蕉叶上，一阵寒濑泻过，秋意便弥漫日式的庭院了。

在日式的古屋里听雨，春雨绵绵听到秋雨潇潇，从少年听到中年，听听那冷雨。雨是一种单调而耐听的音乐，是室内乐是室外乐，户内听听，户外听听，冷冷，那音乐。雨是一种回忆的音乐，听听那冷雨，回忆江南的雨下得满地是江湖下在桥上和船上，也下在四川在秧田和蛙塘，下肥了嘉陵江下湿布谷咕咕的啼声。雨是潮潮润润的音乐，下在渴望的唇上，舐舐那冷雨。

因为雨是最最原始的敲打乐，从记忆的彼端敲起。瓦是最最低沉的乐器，灰蒙蒙的温柔覆盖着听雨的人，瓦是音乐的雨伞撑起。但不久公寓的时代来临，台北你怎么一下子长高了，瓦的音乐竟成了绝响。千片万片的瓦翩翩，美丽的灰蝴蝶纷纷飞走，飞入历史的记忆。现在雨下下来，下在水泥的屋顶和墙上，没有音韵的雨季。树也砍光了，那月桂，那枫树，柳树和擎天的巨椰，雨来的时候不再有丛叶嘈嘈切切，闪动湿湿的绿光迎接。鸟声减了啾啾，蛙声沉了咯咯，秋天的虫吟也减了唧唧。七十年代的台北不需要这些，一个乐队接一个乐队便遣散尽了。要听鸡叫，只有去《诗经》的韵里寻找。现在只剩下一张黑白片，黑白的默片。

正如马车的时代去后，三轮车的时代也去了。曾经在雨夜，三轮车的油布篷挂起，送她回家的途中，篷里的世界小得多可爱，而且躲在警察的辖区以外。雨衣的口袋越大越好，盛得下他的一只手里握一只纤纤的手。台湾的雨季这么长，该有人发明一种宽宽的双人雨衣，一人分穿一只袖子，此外的部分就不必分得太苛。而无论工业如何发达，一时似乎还废不了雨伞。只要雨不倾盆，风不横吹，撑一把伞在雨中仍不失古典的韵味。任雨点敲在黑布伞或是透明的塑胶伞上，将骨柄一旋，雨珠向四方喷溅，伞缘便旋成了一圈飞檐。跟女友共一把雨伞，该是一种美丽的合作吧。最好是初恋，有点兴奋，更有点不好意思，若即若离之间，雨不妨下大一点。真正初恋，恐怕是兴奋得不需要伞的，手牵手在雨中狂奔而去，把年轻的长发和肌肤交给漫天的淋淋漓漓，然后向对方的唇上颊上尝凉凉甜甜的雨水。不过那要非常年轻且激情，同时，也只能发生在法国的新潮片里吧。

大多数的雨伞想来不会为约会张开。上班下班，上学放学，菜市来回的途中，现实的伞，灰色的星期三。握着雨伞，他听那冷雨打在伞上。索性更冷一些就好了，他想。索性

_____

① 羯（jié）鼓：一种乐器，两面蒙皮，腰部细。

把湿湿的灰雨冻成干干爽爽的白雨，六角形的结晶体在无风的空中回回旋旋地降下来，等须眉和肩头白尽时，伸手一拂就落了。二十五年，没有受故乡白雨的祝福，或许发上下一点白霜是一种变相的自我补偿吧。一位英雄，经得起多少次雨季？他的额头是水成岩削成还是火成岩？他的心底究竟有多厚的苔藓？厦门街的雨巷走了二十年与记忆等长，一座无瓦的公寓在巷底等他，一盏灯在楼上的雨窗子里，等他回去，向晚餐后的沉思冥想去整理青苔深深的记忆。前尘隔海。古屋不再。听听那冷雨。

一九七四年春分之夜

赏读指南

本文是一篇借景抒怀之作。作者出色运用移步换景的手法，描摹了在不同地点听冷雨的意境、情趣和感受，借雨声、雨景将自己的思乡之情娓娓道来。同时，作者巧妙化用中国古典诗词使这种乡情表现得更加淋漓尽致。整篇散文仿佛用雨珠纵横交织而成，叠词叠句交错运用，极富音乐美，从而给读者带来了多维的审美体验。

瓦尔登湖（节选）[①]

亨利·戴维·梭罗

导读

亨利·戴维·梭罗（Henry David Thoreau，1817—1862），19 世纪具有世界影响力的美国作家、哲学家，美国环境运动的先驱，提倡回归本心，亲近自然。为此，他曾在瓦尔登湖畔隐居两年。其间，梭罗因为反对黑奴制（Negro Slavery）拒交"人头税"而被捕入狱。虽然他只在狱中度过了一夜，但这一夜却激发他思考了许多问题。出狱后，曾有一些市民问他为什么宁愿坐牢也不愿意交税。为解释这一问题，他结合自己的亲身体验，写成了著名的政论《抵制国民政府》（Resistance to Civil Government），后改名为《论公民的不服从》（Civil Disobedience），文章所宣传的依靠个人的力量、"非暴力抵抗"的斗争形式对印度民族运动领袖莫汉达斯·卡拉姆昌德·甘地（1869—1948）和美国黑人领袖马丁·路德·金（1929—1968）产生了很大的影响。

《瓦尔登湖》是梭罗在瓦尔登湖林中两年零两个月又两天的生活和思想纪录，它向世人揭示了作者在回归自然的生活实验中所发现的人生真谛：如果一个人能满足于基本的生活所需，便可以更从容、更充实地享受人生。该作内容丰富，意义深远，语言生动。课文节选部分是原书中对湖光水色描写得尤其精彩的篇章。

[①] 选自徐迟译：《瓦尔登湖》，人民文学出版社，2019 年，有改动。

　　一个湖是风景中最美、最有表情的姿容。它是大地的眼睛；望着它的人可以测出他自己的天性的深浅。湖所产生的湖边的树木是睫毛一样的镶边，而四周森林蓊郁的群山和山崖是它的浓密突出的眉毛。

　　站在湖东端的平坦的沙滩上，在一个平静的九月下午，薄雾使对岸的岸线看不甚清楚，那时我了解了所谓"玻璃似的湖面"这句话是什么意思了。当你倒转了头看湖，它像一条最精细的薄纱张挂在山谷之上，衬着远处的松林而发光，把大气的一层和另外的一层隔开了。你会觉得你可以从它下面走过去，走到对面的山上，而身体还是干的，你觉得掠过水面的燕子很可以停在水面上。是的，有时它们尒水到水平线之下，好像这是偶然的错误，继而恍然大悟。当你向西，望到湖对面去的时候，你不能不用两手来保护你的眼睛，一方面挡开本来的太阳光，同时又挡开映在水中的太阳光；如果，这时你能够在这两种太阳光之间，批判地考察湖面，它正应了那句话，所谓"波平如镜"了，其时只有一些掠水虫，隔开了同等距离，分散在全部的湖面，而由于它们在阳光里发出了最精美的想象得到的闪光来，或许，还会有一只鸭子在整理它自己的羽毛，或许，正如我已经说过的，一只燕子飞掠在水面上，低得碰到了水。还有可能，在远处，有一条鱼在空中画出了一个三四英尺的圆弧来，它跃起时一道闪光，降落入水，又一道闪光，有时，全部的圆弧展露了，银色的圆弧；但这里或那里，有时会漂着一枝蓟草，鱼向它一跃，水上便又激起水涡。这像是玻璃的溶液，已经冷却，但是还没有凝结，而其中连少数尘垢也还是纯洁而美丽的，像玻璃中的细眼。你还常常可以看到一片更平滑、更黝黑的水，好像有一张看不见的蜘蛛网把它同其余的隔开似的，成了水妖的栅栏，躺在湖面。从山顶下瞰，你可以看到，几乎到处都有跃起的鱼；在这样凝滑的平面上，没有一条梭鱼或银鱼在捕捉一只虫子时，不会破坏全湖的均势的。真是神奇，这简简单单的一件事，却可以这么精巧地显现，——这水族界的谋杀案会暴露出来——我站在远远的高处，看到了那水的扩大的圆涡，它们的直径有五六杆长。甚至你还可以看到水蝎（学名 Gyrinus）不停地在平滑的水面滑了四分之一英里；它们微微地犁出了水上的皱纹来，分出两条界线，其间有着很明显的潺澜；而掠水虫在水面上滑来滑去却不留下显明的可见痕迹。在湖水激荡的时候，便看不到掠水虫和水蝎了，显然只在风平浪静的时候，它们才从它们的港埠出发，探险似的从湖岸的一面，用短距离的滑行，滑上前去，滑上前去，直到它们滑过全湖。这是何等愉快的事啊。秋天里，在这样一个晴朗的天气中，充分地享受了太阳的温暖，在这样的高处坐在一个树桩上，湖的全景尽收眼底，细看那圆圆的水涡，那些圆涡一刻不停地刻印在天空和树木的倒影中间的水面上，要不是有这些水涡，水面是看不到的。在这样广大的一片水面上，并没有一点儿扰动，就有一点儿，也立刻柔和地复归于平静而消失了，好像在水边装一瓶子水，那些战栗的水波流回到岸边之后，立刻又平滑了。一条鱼跳跃起来，一只虫子掉落到湖上，都这样用圆涡，用美丽的线条来表达，仿佛那是泉源中的经常的喷涌，它的生命的轻柔的搏动，它的胸膛的呼吸起伏。那是欢乐的震抖，还是痛苦的战栗，都无从分辨。湖的现象是何等的和平啊！人类的工作又像在春天里一样发光了。是啊，每一树叶、丫枝、石子和蜘蛛网在下午茶时又在发光，跟它们在春天的早晨承露以后一样。每一支划桨的或每一只虫子的动作都能发出一道闪光来，而一声桨响，又能引出何等的甜蜜的回音来啊！

……

我第一次划船在瓦尔登湖上的时候，它四周完全给浓密而高大的松树和橡树围起，有些山凹中，葡萄藤爬过了湖边的树，形成一些凉亭，船只可以在下面通过。形成湖岸的那些山太峻峭，山上的树木又太高，所以从西端望下来，这里像一个圆形剧场，水上可以演出些山林的舞台剧。我年纪轻一点的时候，就在那儿消磨了好些光阴，像和风一样地在湖上漂浮过，我先把船划到湖心，而后背靠在座位上，在一个夏天的上午，似梦非梦地醒着，直到船撞在沙滩上，惊动了我，我就欠起身来，看看命运已把我推送到哪一个岸边来了；那种日子里，懒惰是最诱惑人的事业，它的产量也是最丰富的。我这样偷闲地过了许多个上午。我宁愿把一日之计在于晨的最宝贵的光阴这样虚掷；因为我是富有的，虽然这话与金钱无关，我却富有阳光照耀的时辰以及夏令的日月，我挥霍着它们；我并没有把它们更多地浪费在工场中，或教师的讲台上，这我一点儿也不后悔。可是，自从我离开这湖岸之后，砍伐木材的人竟大砍大伐起来了。从此要有许多年不可能在林间的甬道上徜徉了，不可能从这样的森林中偶见湖水了。我的缪斯女神如果沉默了，她是情有可原的。森林已被砍伐，怎能希望鸣禽歌唱？

现在，湖底的树干，古老的独木舟，黑魆魆的四周的林木，都没有了，村民本来是连这个湖在什么地方都不知道的，却不但没有跑到这湖上来游泳或喝水，反而想到用一根管子来把这些湖水引到村中去给他们洗碗洗碟子了。这是和恒河之水一样的圣洁的水！而他们却想转动一个开关，拔起一个塞子就利用瓦尔登的湖水了！这恶魔似的铁马，那裂破人耳的鼓膜的声音已经全乡镇都听得到了，它已经用肮脏的脚步使沸泉的水混浊了，正是它，它把瓦尔登岸上的树木吞噬了；这特洛伊木马①，腹中躲了一千个人，全是那些经商的希腊人想出来的！哪里去找呵，找这个国家的武士，摩尔大厅的摩尔人②，到名叫"深割"的最深创伤的地方去掷出复仇的投枪，刺入这傲慢瘟神的肋骨之间？

然而，据我们知道的一些角色中，也许只有瓦尔登坚持得最久，最久地保持了它的纯洁。许多人都曾经被譬喻为瓦尔登湖，但只有少数几个人能受之无愧。虽然伐木的人已经把湖岸这一段和那一段的树木先后砍光了，爱尔兰人也已经在那儿建造了他们的陋室，铁路线已经侵入了它的边境，冰藏商人已经取过它一次冰，它本身却没有变化，还是我在青春时代所见的湖水；我反倒变了。它虽然有那么多的涟漪，却并没有一条永久性的皱纹。它永远年轻，我还可以站在那儿，看到一只飞燕坦然扑下，从水面衔走一条小虫，正和从前一样。今儿晚上，这感情又来袭击我了，仿佛二十多年来我并没有几乎每天都和它在一

①特洛伊木马：源于古希腊传说。希腊人远征特洛伊，久攻不下，于是将一批精兵埋伏于一匹大木马腹内，并将木马放在城外，佯作退兵。特洛伊人以为敌兵已撤，把木马移到城内。夜间伏兵跳出，打开城门，攻城大军又至，里应外合，特洛伊城由此被攻破。
②摩尔人：摩尔·霍尔，英国民谣中杀死一条龙的英雄。

起厮混过一样，——啊，这是瓦尔登，还是我许多年之前发现的那个林中湖泊；这儿，去年冬天被砍伐了一个森林，另一座林子已经跳跃了起来，在湖边依旧奢丽地生长；同样的思潮，跟那时候一样，又涌上来了；还是同样水露露的欢乐，内在的喜悦，创造者的喜悦，是的，这可能是我的喜悦。这湖当然是一个大勇者的作品，其中毫无一丝一毫的虚伪！他用他的手围起了这一泓湖水，在他的思想中，予以深化，予以澄清，并在他的遗嘱中，把它传给了康科德。我从它的水面上又看到了同样的倒影，我几乎要说了，瓦尔登，是你吗？

> 这不是我的梦，
> 用于装饰一行诗；
> 我不能更接近上帝和天堂
> 甚于我之生活在瓦尔登。
> 我是它的圆石岸，
> 飘拂而过的风；
> 在我掌中的一握，
> 是它的水，它的沙，
> 而它的最深邃僻隐处
> 高高躺在我的思想中。

火车从来不停下来欣赏湖光山色；然而我想那些司机，火夫，制动手和那些买了月票的旅客，常看到它，多少是会欣赏这些景色的。司机并没有在夜里忘掉它，或者说他的天性并没有忘掉它，白天他至少有一次瞥见这庄严、纯洁的景色。就算他看到的只有一瞥，这却已经可以洗净国务街和那引擎上的油腻了。有人建议过，这湖可以称为"神的一滴"。

赏读指南

本文分为两部分。第一部分描写湖面上各种小动物捕食、嬉戏的微妙动态，凸显瓦尔登湖的宁静。第二部分着眼于湖水与人的关系，表达了作者对人们和现代工业文明破坏自然生态的厌恶之情，同时赞颂了瓦尔登湖的庄严与纯洁。

"衣服要卖掉，思想要保留"，梭罗是环保理念和简朴生活方式的倡导者与践行者。他在《瓦尔登湖》一书中指出，大自然是上帝赠予人类的珍贵资产，自然与人类拥有同样的地位，主张人类与自然环境应保持和谐共存的状态。其实，对现代科技文明给人们带来的物质享受，梭罗并不排斥，他只是想告诉人们不要"弄巧成拙"，被繁杂纷乱、光怪陆离的商品社会所迷惑，而失去了生活的方向和意义。

课堂互动

课外阅读梭罗的《瓦尔登湖》，感受瓦尔登湖的自然之美，并谈一谈你对人类与自然界关系的看法。

体验成长 飞扬个性

我很重要①

毕淑敏

📖 导读

毕淑敏（1952—），当代著名作家、内科主治医师。1969 年从军入伍，在西藏阿里高原部队当兵 11 年，历任卫生员、助理军医、军医等职。1987 年，发表中篇小说处女作《昆仑殇》。1989 年，加入中国作家协会。随后创作了《血玲珑》《拯救乳房》等作品。曾获庄重文文学奖、解放军文艺奖、《小说月报》百花奖等奖项。

《我很重要》是一篇探求个体生命的价值和意义，带有浓厚哲理思辨色彩的散文。

当我说出"我很重要"这句话的时候，颈项后面掠过一阵战栗。我知道这是把自己的额头裸露在弓箭之下了，心灵极容易被别人的批判洞伤。

许多年来，没有人敢在光天化日之下表示自己"很重要"。我们从小受到的教育都是——"我不重要"。

作为一名普通士兵，与辉煌的胜利相比，我不重要。

作为一个单薄的个体，与强大的集体相比，我不重要。

作为一位奉献型的女性，与整个家庭相比，我不重要。

作为随处可见的人的一分子，与宝贵的物质相比，我们不重要。

我们——简明扼要地说，就是每一个单独的"我"——到底重要还是不重要？

"我"是由无数星辰日月草木山川的精华汇聚而成的。只要计算一下我们一生吃进去多少谷物，饮下了多少清水，才凝聚成一具美轮美奂的躯体，我们一定会为那数字的庞大而惊讶。平日里，我们尚要珍惜一粒米、一叶菜，难道可以对亿万粒菽粟②亿万滴甘露濡养③出的万物之灵，掉以丝毫的轻心吗？

当我在博物馆里看到北京猿人窄小的额和前凸的嘴时，我为人类原始时期的粗糙而黯然。他们精心打制出的石器，用今天的目光看来不过是极简单的玩具。如今很幼小的孩童，就能熟练地操纵语言，我们才意识到已经在进化之路上前进了多远。我们的头颅就是一部历史，无数祖先进步的痕迹储存于脑海深处。我们是一株亿万年苍老树干上最新萌发的绿叶，不单属于自身，更属于土地。人类的精神之火，是连绵不断的链条，作为精致的一环，

---

① 选自《毕淑敏自选精品集·散文卷》，中国社会出版社，2002 年，有改动。

② 菽（shū）粟：豆和小米，泛指粮食。

③ 濡（rú）养：滋润供养。濡，沾湿。

我们否认了自身的重要，就是推卸了一种神圣的承诺。

回溯我们诞生的过程，两组生命基因的嵌合，更是充满了人所不能把握的偶然性。我们每一个个体，都是机遇的产物。

常常遥想，如果是另一个男人和另一个女人，就绝不会有今天的我……

即使是这一个男人和这一个女人，如果换了一个时辰相爱，也不会有此刻的我……

即使是这一个男人和这一个女人在这一个时辰，由于一片小小落叶或是清脆鸟啼的打搅，依然可能不会有如此的我……

一种令人怅然以至走入恐惧的想象，像雾霭一般不可避免地缓缓升起，模糊了我们的来路和去处，令人不得不断然打住思绪。

我们的生命，端坐于概率垒就的金字塔的顶端。面对大自然的鬼斧神工，我们还有权利和资格说我不重要吗？

对于我们的父母，我们永远是不可重复的孤本。无论他们有多少儿女，我们都是独特的一个。

假如我不存在了，他们就空留一份慈爱，在风中蛛丝般飘荡。

假如我生了病，他们的心就会皱缩成石块，无数次向上苍祈祷我的康复，甚至愿灾痛以十倍的烈度降临于他们自身，以换取我的平安。

我的每一滴成功，都如同经过放大镜，进入他们的瞳孔，摄入他们心底。

假如我们先他们而去，他们的白发会从日出垂到日暮，他们的泪水会使太平洋为之涨潮。

面对这无法承载的亲情，我们还敢说我不重要吗？

我们的记忆，同自己的伴侣紧密地缠绕在一处，像两种混淆于一碟的颜色，已无法分开。你原先是黄，我原先是蓝，我们共同的颜色是绿，绿得生机勃勃，绿得苍翠欲滴。失去了妻子的男人，胸口就缺少了生死攸关的肋骨，心房裸露着，随着每一阵轻风滴血。失去了丈夫的女人，就是齐斩斩折断的琴弦，每一根都在雨夜中长久地自鸣……

面对相濡以沫的同道，我们忍心说我不重要吗？

俯对我们的孩童，我们是至高至尊的唯一。我们是他们最初的宇宙，我们是深不可测的海洋。假如我们隐去，孩子就永失淳厚无双的血缘之爱，天倾东南，地陷西北，万劫不复。盘子破裂可以粘起，童年碎了，永不复原。伤口流血了，没有母亲的手为他包扎；面临抉择，没有父亲的智慧为他谋略……

面对后代，我们有胆量说我不重要吗？

与朋友相处，多年的相知，使我们仅凭一个微蹙①的眉尖、一次睫毛的抖动，就可以明了对方的心情。假如我不在了，就像计算机丢失了一份不曾复制的文件，她的记忆库里

①　蹙（cù）：皱（眉头），收缩。

留下不可填补的黑洞。夜深人静时，手指在揿①了几个电话键码后，骤然停住，那一串数字再也用不着默诵了。逢年过节时，她写下一沓沓的贺卡。轮到我的地址时，她闭上眼睛……许久之后，她将一张没有地址只有姓名的贺卡填好，在无人的风口将它焚化。

相交多年的密友，就如同沙漠中的古陶，摔碎一件就少一件，再也找不到一模一样的成品。面对这般友情，我们还好意思说我不重要吗？

我很重要。

我对于我的工作我的事业，是不可或缺的主宰。我的独出心裁的创意，像鸽群一般在天空翱翔，只有我才捉得住它们的羽毛。我的设想像珍珠一般散落在海滩上，等待着我把它用金线串起。我的意志向前延伸，直到地平线消失的远方……

没有人能替代我，就像我不能替代别人。

我很重要。

我对自己小声说。我还不习惯嘹亮地宣布这一主张，我们在不重要中生活得太久了。

我很重要。

我重复了一遍，声音放大了一点。我听到自己的心脏在这种呼唤中猛烈地跳动。

我很重要。

我终于大声地对世界这样宣布。片刻之后，我听到山岳和江海传来回声。

是的，我很重要。我们每一个人都应该有勇气这样说。我们的地位可能很卑微，我们的身份可能很渺小，但这丝毫不意味着我们不重要。

重要并不是伟大的同义词，它是心灵对生命的允诺。

对于一株新生的树苗，每一片叶子都很重要。对于一个孕育中的胚胎，每一段染色体碎片都很重要。甚至驰骋寰宇②的航天飞机，也可以因为一个油封橡皮圈的疏漏而凌空爆炸，你能说它不重要吗？

人们常常从成就事业的角度，断定我们是否重要。但我要说，只要我们在时刻努力着，为光明在奋斗着，我们就是无比重要地生活着。

让我们昂起头，对着我们这颗美丽的星球上无数的生灵，响亮地宣布——

我很重要。

赏读指南

法国作家赛南古说："对于宇宙，我微不足道；可是对于我自己，我就是一切。"莎士比亚在名剧《哈姆雷特》中写道："人是一件多么了不起的杰作……宇宙的精华，万物的灵长！"人们总是羡慕别人的伟大，而忽略了自我的存在。本文以"我很重要"为中心，

---

① 揿（qìn）：按。

② 寰（huán）宇：寰球，天下。也作"环宇"。

广泛取材，将生活中的小事串联起来，向我们阐述了在历史发展、亲情和友情、事业和理想中每个人都至关重要的道理，为我们展现了个体生命存在的价值和意义。

在本文中，作者运用欲扬先抑的笔法和排比的修辞手法，将问题层层深入，不仅使文章富有节奏美，还将情感抒发得更为淋漓尽致。同时，文中丰富的比喻新颖贴切，使文章生动、鲜活且耐人寻味，具有独特的艺术感染力。

职场箴言　家国使命

赠与今年的大学毕业生①

胡适

📖 导读

胡适（1891—1962），原名洪骍，字适之，安徽绩溪人。现代著名学者、文学家、哲学家，因提倡文学革命而成为新文化运动的领袖之一，是中国自由主义的先驱。1906年考入中国公学，1910年考取"庚子赔款"第二期官费生赴美国留学，于康奈尔大学先读农科，后改读文科，1915年入哥伦比亚大学攻读哲学。1917年回国，任教于北京大学，后加入《新青年》编辑部。他宣传个性自由、民主和科学，积极倡导"文学改良"和白话文学，于1920年出版了中国第一部白话诗集《尝试集》，1939年还曾获诺贝尔文学奖提名。胡适学识渊博，一生涉猎多学科领域，进行过许多开拓性研究，著有《胡适文存》《中国哲学史大纲》（上卷）、《白话文学史》（上卷）等。

本文最初发表于1934年6月24日天津《大公报》。

两年前的六月底，我在《独立评论》（第七号）上发表了一篇《赠与今年的大学毕业生》，在那篇文字里我曾说，我要根据我个人的经验，赠送三个防身的药方给那些大学毕业生：

第一个方子是："总得时时寻一个两个值得研究的问题。"一个青年人离开了做学问的环境，若没有一个两个值得解答的疑难问题在脑子里打旋，就很难保持学生时代的追求知识的热心。"可是，如果你有了一个真有趣的问题天天逗你去想它，天天引诱你去解决它，天天对你挑衅笑，你无可奈何它，——这时候，你就会同恋爱一个女子发了疯一样，没有书，你自会变卖家私去买书；没有仪器，你自会典押衣服去置办仪器；没有师友，你自会不远千里去寻师访友。"没有问题可研究的人，关在图书馆里也不会用书，锁在试验室里也不会研究。

---

① 选自《大学生 GE 阅读》，中国传媒大学出版社，2009年。

第二个方子是："总得多发展一点业余的兴趣。"毕业生寻得的职业未必适合他所学的；或者是他所学的，而未必真是他所心喜的。最好的救济是多发展他的职业以外的正当兴趣和活动。一个人的前程往往全看他怎样用他的闲暇时间。他在业余时间做的事业往往比他的职业还更重要。英国哲人弥儿（J.S.Mill）的职业是东印度公司的秘书，但他的业余工作使他在哲学上、经济学上、政治思想上都有很重要的贡献。乾隆年间杭州魏之琇在一个当铺里做了二十年的伙计，"昼营所职，至夜篝灯读书"，后来成为一个有名的诗人与画家（有《柳洲遗稿》《岭云集》）。

第三个方子是："总得有一点信心。"我们应该信仰：今日国家民族的失败都由于过去的不努力；我们今日的努力必定有将来的大收成。一粒一粒的种，必有满仓满屋的收。成功不必在我，而功力必然不会白费。

这是我对两年前的大学毕业生说的话。今年又到各大学办毕业的时候了。前两天我在北平参加了两个大学的毕业典礼，我心里要说的话，想来想去，还只是这三句话：要寻问题，要培养业余兴趣，要有信心。

但是，我记得两年前，我发表了那篇文字之后，就有一个大学毕业生写信来说："胡先生，你错了。我们毕业之后，就失业了！吃饭的问题不能解决，哪能谈到研究的问题？职业找不到，哪能谈到业余？求了十几年的学，到头来不能糊自己一张嘴，如何能有信心？所以你的三个药方都没有用处！"

对于这样失望的毕业生，我要贡献第四个方子："你得先自己反省，不可专责备别人，更不必责备社会。"你应该想想：为什么同样一张文凭，别人拿了有效，你拿了就无效呢？还是仅仅因为别人有门路有援助而你没有呢？还是因为别人学到了本事而你没学到呢？为什么同叫作"大学"，他校的文凭有价值，而你的母校的文凭不值钱呢？还是仅仅因为社会只问虚名而不问实际呢？还是因为你的学校本来不够格？还是因为你的母校的名誉被你和你的同学闹得毁坏了，所以社会厌恶轻视你的学堂呢？——我们平心观察，不能不说今日中国的社会事业已有逐渐上轨道的趋势，公私机关的用人已渐渐变严格了。凡功课太松，管理太宽，教员不高明，学风不良的学校，每年尽管送出整百的毕业生，他们在社会上休想得着很好的位置。偶然有了位置，他们也不会长久保持的。反过来看那些认真办理而确能给学生一种良好训练的大学——尤其是新兴的清华大学与南开大学——他们的毕业生很少寻不着好位置的。我知道一两个月之前，几家大银行早就有人来北方物色经济学系的毕业人才了。前天我在清华大学，听说清华今年工科毕业的四十多人早已全被各种工业预聘去了。现在国内有许多机关的主办人真肯留心选用各大学的人才。两三年前，社会调查所的陶孟和先生对我说："近年北大的经济系毕业学生不如清华毕业的，所以这两年我们没有用一个北大经济系毕业生。"刚巧那时我在火车上借得两本杂志，读了一篇研究，引起了我的注意；后来我偶然发现那篇文字的作者是一个北大未毕业的经济系学生，我叫他把他做的几篇研究送给陶孟和先生看看。陶先生看了大高兴，叫他去谈，后来那个学生毕业后就在社会调查所工作到如今，总算替他的母校在陶孟和先生的心目中恢复了一点已失的信用。这一件事应该使我们明白社会上已渐渐有了严格的用人标准了：在一个北大老教员主持的学术机关里，若没有一点可靠的成绩，北大的老招牌也不能帮谁寻着工作。在蔡元培先生主持的中央研究院里，去年我看见傅斯年①先生在暑假前几个月就聘定了一个北大国文系将毕业的高才生，今年我又看见他在暑假前几个月就要和清华大学抢一个清华史学系将毕业的高才生。这些事都应该使我们明白今日的中国社会已不是一张大学文凭就能骗得饭吃的了。拿了文凭而找不着工作的人们，应该要自己反省：社会需要的是人才，是本事，是学问，而我自己究竟是不是人才，有没有本领？从前在学校挑容易的功课，拥护敷衍的教员，打倒严格的教员，旷课，闹考，带夹带，种种躲懒取巧的手段到此全失了作用。躲懒取巧混来的文凭，在这新兴的严格用人的标准之下，原来只是一张废纸！即使这张文凭能够暂时混得一只饭碗，分得几个钟点，终究是靠不住保不牢的，终究要被后起的优秀人才挤掉的。打不破的"铁饭碗"不是父兄的势力，不是阔校长的荐书，也不是同学党派的援引，只是真实的学问与训练。——能够如此想，才是反省。能够如此反省，方才有救援自己的希望。

"毕业了就失业"的人们怎样才可以救援自己呢？没有别的法子，只有格外努力，自己多学一点可靠的本事。二十多岁的青年，若能自己勉力，没有不能长进的。这个社会是最缺乏人才又最需要人才的，一点点的努力往往就有十倍百倍的奖励，一分的成绩往往可以得着十分百分的虚声。社会上的奖掖②只有远超过我们所应得的，绝没有真正的努力而不能得着社会的承认的。没有工作机会的人，只有格外努力训练自己才可以希望得着工作；有工作机会而嫌待遇太薄地位太低的人，也只有格外努力工作才可以靠成绩来抬高他的地位。只有责己是生路，因为只有自己的努力最靠得住。

赏读指南

"毕业生寻得的职业未必适合他所学的；或者是他所学的，而未必真是他所心喜的"，甚至毕业即失业，这样的情形在20世纪30年代存在，今天依然不少见。如果有一天我们纠结于这样的问题、面临这样的困惑时，胡适先生几十年前的忠告在今天依然是一剂良药："打不破的'铁饭碗'不是父兄的势力，不是阔校长的荐书，也不是同学党派的援引，只是真实的学问与训练""只有责己是生路"。

---

① 傅斯年（1896—1950），字孟真，中国历史学家，五四运动学生领袖之一。曾任北京大学代理校长。

② 奖掖（yè）：奖励提拔。

我生命中的三个故事①

史蒂夫·乔布斯

导读

史蒂夫·乔布斯（1955—2011），美国发明家、企业家，美国苹果公司联合创办人、前行政总裁。乔布斯推崇简约、便利的设计理念，先后领导和推出了麦金塔计算机、iMac、iPod、iPhone 等风靡全球的电子产品，对现代人们的通讯、娱乐乃至生活的方式产生了深远影响。1985 年获得由前美国总统里根授予的"国家级技术勋章"，1987 年获杰斐逊公众服务奖，2022 年被追授"总统自由勋章"。

2005 年 6 月 12 日，在美国斯坦福大学的毕业典礼上，乔布斯发表了以下精彩的演讲。

斯坦福大学是世界上最好的大学之一，今天能参加各位的毕业典礼，我感到很荣幸。（欢呼）我没有经历过大学毕业，所以，今天或许是我这一生中离大学毕业最近的一刻。（笑）今天我想向你们讲述我生命中的三个故事。并非什么了不得的大事件，只是三个小故事而已。

第一个故事：关于生命中的点点滴滴

我在里德学院（Reed College）读了六个月就退学了，但是在大约一年半以后——我真正做出退学决定之前，我还经常去学校旁听。那么，我为什么要退学呢？（呼声）

故事得从我出生前讲起。我的生母是一个年轻的、未婚的在校研究生，于是她决定让别人收养我。她非常希望收养我的人受过大学教育，所以她安排好了一切，能使我一出生就被一名律师和他的妻子所收养。但是她没有料到，当我出生之后，这对夫妇突然决定收养一个女孩。因此，候选名单上的另外一对夫妇，也就是我的养父母，在一天午夜接到了一通电话："有一个不请自来的男婴，你们想收养吗？"他们回答道："当然！"但是我的生母随后发现，我的养母从来没有上过大学，我的养父甚至从没有读过高中，于是她拒绝签署收养文件。直到几个月后，我的养父母承诺一定要让我上大学，她才改变了态度。

在十七岁那年，我真的上了大学。但是我很愚蠢地选择了一所几乎和你们斯坦福大学一样贵的学校（笑声），我父母还处于蓝领阶层，他们几乎把所有积蓄都花在了我的学费上面。六个月后，我发现自己完全不知道这样念下去究竟有什么用。当时，我的人生漫无目标，也不知道大学对我能起到什么帮助，为了念书，还花光了父母毕生的积蓄。所以我决定退学。不能否认，我当时做这个决定的时候非常害怕，但是现在回头看看，那的确是

---

① 选自《乔布斯箴言录》，甘肃人民出版社，2011 年，有改动。

我有生以来做出的最棒的决定之一。（笑）在我做出退学决定的那一刻，我终于可以不必去选读那些令我提不起丝毫兴趣的课程了。然后我还可以去旁听那些有点意思的课程。

这听起来很浪漫，实际上并非如此。我没有了宿舍，所以只能睡在朋友房间的地板上；我去捡 5 美分的可乐瓶，仅仅为了填饱肚子；在星期天的晚上，我需要走 7 英里（约 11 千米）的路程，穿过这个城市到克利希那（Hare Krishna）神庙，只是为能吃上每周才能享用一顿的美餐。但是我喜欢这样。我跟着我的直觉和好奇心走，遇到的很多东西，此后被证明是无价之宝。让我给你们举一个例子吧：

那个时候，里德学院提供也许是全美国最好的美术字课程。在这个大学里面的每个海报，每个抽屉的标签上面全都是漂亮的美术字。因为我退学了，不用去正常上课，所以我决定去参加这个课程，去学学怎样写出漂亮的美术字。我学到了 serif 和 san serif 字体（衬线字和无衬线字），我学会了怎样在不同的字母组合之中调整空白间距，还有怎样才能让印刷式样最好看。那是科学永远不能捕捉到的、美丽的、真实的艺术精妙，我发现那实在是妙不可言。

当时看起来这些东西在我的生命中，好像都没有什么实际应用的可能。但是十年之后，当我们在设计第一台 Macintosh 电脑的时候，就不是那样了。我把当时我学的那些东西全部设计进了 Mac。那是第一台使用了精美印刷字体的电脑。如果我当时没有退学，就不会有机会去参加这个我感兴趣的美术字课程，Mac 就不会有这么多丰富的字体，以及赏心悦目的字体间距。如果 Windows 没有抄袭 Mac，（笑）那么现在个人电脑就不会有现在这么美妙的字形了。（鼓掌，欢呼）当然我在大学的时候，还不可能把从前的点点滴滴串联起来，但是当我十年后回顾这一切的时候，真的豁然开朗了。

再次说明的是，你在向前展望的时候不可能将生命的点滴串联起来；你只能在回顾的时候才会发现这些点点滴滴之间的联系。所以你必须相信你现在所经历的将会在你未来的某一天串联起来。你必须相信某些东西：你的勇气、目的、生命、因缘际会……正是这种信仰让我不会失去希望，它让我的人生变得与众不同。

第二个故事：关于爱与失去

我非常幸运，因为我在很早的时候就找到了我钟爱的东西。我和沃兹在二十岁的时候就在父母的车库里面开创了苹果公司。我们工作得很努力，十年之后，这个公司从只有两个穷小子发展到了拥有超过四千名雇员、价值超过二十亿的大公司。在公司成立的第九年，我们刚刚发布了最好的产品，那就是 Macintosh。我也快要到三十岁了。在那一年，我被炒了鱿鱼。你怎么可能被你自己创立的公司炒了鱿鱼呢？（笑）嗯，在苹果快速成长的时候，我们雇用了一个很有天分的家伙和我一起管理这个公司，在最初的几年，公司运转得很好。但是后来我们对未来的看法发生了分歧，最终我们吵了起来。当争吵得不可开交的时候，董事会站在了他那一边。所以在三十岁的时候，我被炒了。我失去了一直贯穿在我整个成年生活的重心，这真是毁灭性的打击。

在最初的几个月里，我真是不知道该做些什么。我把从前的创业激情给丢了，我觉得自己让与我一同创业的人都很沮丧。我和戴维·帕卡德（David Packard，惠普创始人之一）和罗伯特·诺伊斯（Robert Norton Noyce，英特尔创始者之一）见面，并试图向他们道歉。我把事情弄得糟糕透了，我甚至想逃离硅谷。但是我渐渐发现了曙光，我仍然喜爱我从事的事业。在苹果公司发生的这些事情丝毫没有改变这一点，一点也没有。虽然被抛弃了，但我的热忱不改。所以我决定从头再来。

我当时没有觉察，但是事后证明，从苹果公司被炒是我这一生所经历过的最棒的事情。因为，作为一个成功者的沉重感被作为一个创业者的轻松感所取代了：对任何事情都不那么特别看重。这让我觉得如此自由，进入了我生命中最有创造力的时期之一。

在接下来的五年里，我创立了一个名叫 NeXT 的公司，还有一个叫皮克斯（Pixar）的公司，然后和一个后来成为我妻子的优雅女士相识。皮克斯制作了世界上第一部用电脑制作的动画电影——《玩具总动员》，皮克斯现在也是世界上最成功的动画制作工作室。（鼓掌、欢呼）在后来的一系列运转中，苹果收购了 NeXT，然后我又回到了苹果。我们在 NeXT 研发出的技术在推动苹果复兴之中发挥了关键作用。我还和劳伦斯也一起建立了一个幸福的家庭。

我非常肯定，如果我不被苹果开除的话，这一切都不会发生。这一剂良药的味道实在是太苦了，但是我想病人需要这个药。有些时候，生活会拿起一块砖头向你的脑袋上猛拍一下。不要失去信心。我很清楚唯一使我一直走下去的，就是我做的事情令我无比钟爱。你需要去找到你所爱的东西。对于工作是如此，对于你的爱人也是如此。你的工作将会占据生活中很大的一部分。你只有相信自己所做的是伟大的工作，你才能怡然自得。如果你现在还没有找到喜欢什么，那么就继续找，不要停下来，全心全意地去找，当你找到的时候你就会知道的。只要是真诚的，这种联系会在岁月的流逝中越来越紧密。在你终有所获之前，不要停下你寻觅的脚步。不要停下。（鼓掌）

第三个故事：关于死亡

当我十七岁的时候，我读到了一句话："如果你把每一天都当作生命中最后一天去生活的话，那么总有一天你会发现自己是正确的。"（笑）这句话给我留下了深刻的印象。从那时开始，在 33 年中，每天早晨我都会对着镜子问自己："如果今天是我生命中的最后一天，你会不会完成你今天想做的事情呢？"当答案连续很多次被给予"不"的时候，我知道自己需要改变某些事情了。

"记住你即将死去"是我一生中遇到的最重要的箴言。它帮我指明了生命中重要的选择。因为几乎所有的事情，包括所有的荣誉、所有的骄傲、所有对难堪和失败的恐惧，这些在死亡面前都会消失。我看到的是留下的真正重要的东西。

你有时候会思考你将会失去某些东西，"记住你即将死去"是避免掉入畏惧失去这个陷阱的最好的办法。人赤条条地来，赤条条地走，没有理由不听从你内心的呼唤。

　　大概一年以前，我被诊断出癌症。我在早晨七点半做了一个检查，检查清楚地显示在我的胰腺有一个肿瘤。我当时都不知道胰腺是什么东西。医生告诉我那很可能是一种无法治愈的癌症，我还有三到六个月的时间活在这个世界上。我的医生建议我回家，把诸事安排妥当，那是医生对临终病人的标准用语。那意味着你将要把未来十年对你小孩说的话在几个月里面说完；那意味着把每件事情都搞定，让你的家人会尽可能轻松的生活；那意味着你要说"再见"了。

　　我整天和那个诊断书一起生活。后来有一天早上我做了一个活切片检查，医生将一个内窥镜从我的喉咙伸进去，通过我的胃进入肠道，用一根针在我的胰腺上的肿瘤上取了几个细胞。我当时很镇静，因为我被注射了镇静剂。但是我的妻子在那里。她后来告诉我，当医生在显微镜底下观察这些细胞的时候他们开始尖叫，因为这些细胞最后竟然是一种非常罕见的，可以通过手术治愈的胰腺癌细胞。我做了这个手术，现在我痊愈了。（鼓掌）

　　那是我最接近死亡的一次，我希望那也是以后的几十年最接近的一次。在经历了这次与死神擦肩而过之后，死亡对我来说，只是一个有用但是纯粹是知识上的概念的时候，我可以更肯定一点地对你们说：

　　没有人愿意死，即使人们想上天堂，人们也不会为了去那里而死。（笑）但是死亡是我们每个人共同的终点，没人能够成为例外。因为死亡就是生命中最好的一个发明，它是生命更迭的媒介，送走耄耋①老者，给新生代让路。现在你们还是新生代，但不久的将来你们也将逐渐老去，被送出人生的舞台。我很抱歉这很具有戏剧性，但生命就是如此。

　　你们的时间很有限，所以不要将它们浪费在重复其他人的生活上。不要被条条框框束缚，否则你就生活在他人思考的结果里。不要被其他人喧嚣的观点掩盖你真正的内心的声音。还有最重要的是，你要有勇气去听从你直觉和心灵的指示——它们在某种程度上知道你想要成为什么样子，所有其他的事情都是次要的。（鼓掌）

　　在我年轻的时候，有一本非常棒的杂志叫《全球目录》（Whole Earth Catalog），它被我们那一代人奉为圭臬②。它是一个叫斯图尔特·布兰德（Stewart Brand）的家伙在离这里不远的门洛帕克（Menlo Park，美国加利福尼亚州的一座城市）书写的，他把这本杂志办得充满诗意。那是60年代后期，个人电脑还没有出现，所以这本书全部是用打字机、剪刀，还有偏光镜制作的。有点像用软皮包装的Google，但那是在Google出现的三十五年前；它充满了理想色彩，内容都是些非常好用的工具和了不起的见解。

　　斯图尔特和他的伙伴出版了几期的《全球目录》，当它完成了自己使命的时候，他们出版了最后一期。那是在70年代的中期，我当时处在你们现在的年龄。在最后一期的封底上是清晨乡村公路的照片，如果你有冒险精神的话，你可以自己找到这条路的。在照片

---

　　① 耄（mào）耋（dié）：老年，高龄。耄，八九十岁的年纪。耋，七八十岁的年纪。

　　② 圭（guī）臬（niè）：比喻准则或法度。圭，表土，古代天文仪器，根据日影的长短测定节气和一年时间的长短。臬，古代测日影的标杆。

之下有一排字："求知若饥，虚心若愚。"这是他们停刊的告别语。"求知若饥，虚心若愚。"我总是希望自己能够那样。现在，在你们即将毕业开始新的旅程的时候，我也希望你们能做到这样：

"求知若饥，虚心若愚。"（*Stay Hungry, Stay Foolish*）

非常感谢你们。（长时间鼓掌）

赏读指南

已被确诊癌症的乔布斯对在场学子讲述了自己亲身经历的三个故事，与大家分享了自己的创业心得。乔布斯的演讲语言简洁而又深刻，既扣人心弦又引人深思，不仅赢得了全场数次热烈的掌声和欢呼，更激励了无数人勇敢、积极、乐观地面对人生。他在演讲最后对所有年轻人所说的"求知若饥，虚心若愚"（*Stay Hungry, Stay Foolish*）是乔布斯一生经验的总结，值得我们反思借鉴。

怡情养性　悟道明理

《老子》选读[①]

导读

老子，姓李，名耳，字聃，又字伯阳。春秋时楚国人，我国古代伟大的哲学家和思想家，道家学派创始人。

《老子》又称《道德经》《道德真经》，相传为老子所著，是中国历史上首部完整的哲学著作，也是道家哲学思想的重要来源。《道德经》分上、下两篇，原文上篇《德经》、下篇《道经》，不分章。后改为《道经》三十七章在前，《德经》四十四章在后，共八十一章。《老子》从天人合一的立场出发，穷究作为天地万物本源及宇宙最高理则的"道"，以之为终极本源生发出宇宙论，继而阐发修身治国之道。《老子》的精华是朴素的辩证法，主张无为而治。"无为"不是不作为，而是不妄为，不违反自然规律而为。对于该做的事情，老子是主张要做的，但要顺应自然规律，以"无为"来削减负面的力量。作为一位哲人，老子的伟大和深刻就在于他早已透过纷繁芜杂的现象，洞悉了事物发展的内因及规律。其学说对中国哲学发展具有深远影响。课文选的是《老子》第八章。

---

① 选自《道德经》，中华书局，2021 年。

上善①若水。水善利万物而不争，处众人之所恶②，故几于道③。居善地④，心善渊⑤，与善仁⑥，言善信，正善治⑦，事善能，动善时⑧。夫唯不争，故无尤⑨。

参考译文

品德最美好的圣人就像水一样。水善于滋润万物而不与万物相争，安居于众人所讨厌的低洼之地，所以最接近于"道"。最善的人，居于卑下之位，心胸开阔，结交有修养的人，说话恪守信用，为政善于治理国家，处事善于发挥所长，行动善于把握时机。最善的人所作所为正因为有不争的美德，所以没有过失，也就没有怨咎。

赏读指南

老子以自然界的水来喻人、教人。水滋润万物而不取于万物，而且甘心停留在地势最低、最潮湿的地方，最完善的人格也应该具有这种心态与行为，愿意去众人不愿去的卑下之地，愿意做别人不愿做的事情，能尽其所能地贡献自己的力量去帮助别人，而不会与别人争功、争名、争利。这就是老子"善利万物而不争"的著名思想。

知识链接

老子哲学思想管窥

道可道，非常道；名可名，非常名。无名，天地之始；有名，万物之母。故常无欲，以观其妙；常有欲，以观其徼（jiào）。此两者同出而异名，同谓之玄。玄之又玄，众妙之门。（《老子》第一章）

不尚贤，使民不争；不贵难得之货，使民不为盗；不见可欲，使民心不乱。是以圣人之治：虚其心，实其腹；弱其志，强其骨。常使民无知无欲，使夫智者不敢为也。为无为，则无不治。（《老子》第三章）

道生一，一生二，二生三，三生万物。万物负阴而抱阳，冲气以为和。人之所恶，唯孤、寡、不穀（gǔ），而王公以为称。故物，或损之而益，或益之而损。人之所教，我亦教之："强梁者不得其死。"吾将以为教父。（《老子》第四十二章）

老子与《道德经》

---

① 上善：最高尚的品格。上，最。
② 众人之所恶：众人所讨厌的地方，指低洼之地。
③ 几于道：接近于道。几，接近。
④ 居善地：居住时善于选择恰当的地方。这个地方指低洼之地，比喻低下的位置。
⑤ 渊：沉静，深沉。
⑥ 与善仁：与人交往时心胸宽阔而善于忍让。与，与别人交往。善仁，有修养的人。
⑦ 正善治：从政时善于治理国家。正，通"政"。
⑧ 动善时：行为动作善于把握有利的时机。善时，顺应四时变化。
⑨ 尤：怨咎，过失，罪过。

其政闷闷，其民淳淳；其政察察，其民缺缺。祸兮福之所倚，福兮祸之所伏。孰知其极？其无正，正复为奇，善复为妖。人之迷，其日固久。是以圣人方而不割，廉而不刿（guì），直而不肆，光而不耀。（《老子》第五十八章）

为无为，事无事，味无味，大小多少，报怨以德。图难于其易，为大于其细。天下难事必作于易，天下大事必作于细。是以圣人终不为大，故能成其大。夫轻诺必寡信，多易必多难。是以圣人犹难之，故终无难矣。（《老子》第六十三章）

（选自《道德经》，中华书局，2021）

《论语》选读①

导读

孔子（前551—前479），名丘，字仲尼，春秋后期鲁国陬邑（今山东曲阜东南）人，我国古代伟大的思想家、教育家，儒家学派创始人，被尊为"至圣"（孟子为"亚圣"）。

《论语》是记录孔子及其弟子言行的一部语录体著作，由孔子的弟子及其再传弟子编撰而成，是儒家经典著作之一，对我国的思想史和文化史有深远的影响，与《大学》《中庸》《孟子》《诗经》《尚书》《礼记》《易经》《春秋》合称"四书五经"。《论语》的内容涉及人们生活的诸多方面，无论做人做事、学习生活、还是修身治国，我们都能从《论语》中获得启示，故民间有"半部《论语》治天下"之说。

有子②曰："其为人也孝弟③，而好犯上者，鲜④矣；不好犯上，而好作乱者，未之有也。君子务本，本立而道生。孝弟也者，其为仁之本与！"（《论语·学而》）

子曰："巧言令色，鲜矣仁！"（《论语·学而》）

曾子⑤曰："吾日三省吾身：为人谋而不忠乎？与朋友交而不信乎？传⑥不习乎？"（《论语·学而》）

子曰："弟子入则孝，出则弟，谨而信，泛爱众而亲仁。行有余力，则以学文。"（《论语·学而》）

子夏曰："贤贤易色；事父母，能竭其力；事君，能致其身；与朋友交，言而有信。虽曰未学，吾必谓之学矣。"（《论语·学而》）

---

① 选自《论语》，中华书局，2016年。

② 有子：孔子的学生，姓有，名若。孔子死后，他曾因相貌与孔子相似而被弟子们"共立为师"（《史记·仲尼弟子列传》），故《论语》尊称他为"有子"。

③ 弟（tì）：通"悌"，敬爱兄长。

④ 鲜（xiǎn）：少。

⑤ 曾子：孔子的得意门生，名参，字子舆，以孝著称。

⑥ 传：名词，指老师传授的知识。

子禽①问于子贡②曰："夫子至于是邦也，必闻其政。求之与？抑与之与？"子贡曰："夫子温、良、恭、俭、让以得之。夫子之求之也，其诸异乎人之求之与？"（《论语·学而》）

子曰："父在，观其志；父没，观其行；三年无改于父之道，可谓孝矣。"（《论语·学而》）

子曰："吾十有③五而志于学，三十而立，四十而不惑，五十而知天命，六十而耳顺④，七十而从心所欲，不逾矩。"（《论语·为政》）

孟武伯问孝。子曰："父母唯其疾之忧。"（《论语·为政》）

子游问孝。子曰："今之孝者，是谓能养。至于犬马，皆能有养。不敬，何以别乎？"（《论语·为政》）

子夏问孝。子曰："色⑤难。有事，弟子服其劳；有酒食，先生馔，曾⑥是以为孝乎？"（《论语·为政》）

子曰："由⑦，诲女⑧知之乎！知之为知之，不知为不知，是知⑨也。"（《论语·为政》）

子曰："富与贵，是人之所欲也；不以其道得之，不处⑩也。贫与贱，是人之所恶也；不以其道得之，不去也。君子去仁，恶⑪乎成名？君子无终食之间违仁，造次⑫必于是，颠沛必于是。"（《论语·里仁》）

子曰："君子怀德，小人怀土；君子怀刑⑬，小人怀惠。"（《论语·里仁》）

子曰："参乎！吾道一以贯之。"曾子曰："唯。"子出，门人问曰："何谓也？"曾子曰："夫子之道，忠恕而已矣。"（《论语·里仁》）

子曰："见贤思齐焉，见不贤而内自省也。"（《论语·里仁》）

子曰："事父母几⑭谏，见志不从，又敬不违，劳⑮而不怨。"（《论语·里仁》）

子曰："父母在，不远游，游必有方。"（《论语·里仁》）

子曰："父母之年，不可不知也。一则以喜，一则以惧。"（《论语·里仁》）

子曰："君子欲讷于言而敏于行。"（《论语·里仁》）

---

① 子禽：人名。或说是陈亢，或说是孔子的学生原亢禽。
② 子贡：孔子的学生，姓端木，名赐，字子贡。他善于辞令，也会经商。
③ 有：通"又"。
④ 耳顺：朱熹解释为"声入心通，无所违逆"，郑玄解释为"耳闻其言，而知其微旨"。
⑤ 色：对父母和颜悦色，恭敬有礼。
⑥ 曾（zēng）：乃，难道，表示疑问。
⑦ 由：孔子的学生。姓仲，名由，字子路，又字季路。
⑧ 女：通"汝"，你。
⑨ 知：通"智"，聪明。
⑩ 处：接受。
⑪ 恶（wū）：疑问代词，哪，何。
⑫ 造次：急迫，慌忙。
⑬ 怀刑：按法度（义理）行事。刑，法度。
⑭ 几（jǐ）：微小，这里指委婉、婉转。
⑮ 劳：担忧。

子贡问曰："孔文子①何以谓之'文'也？"子曰："敏而好学，不耻下问，是以谓之'文'也。"（《论语·公冶长》）

子曰："质胜文则野，文胜质则史②。文质彬彬，然后君子。"（《论语·雍也》）

子曰："知之者不如好之者，好之者不如乐之者。"（《论语·雍也》）

子曰："知者乐水，仁者乐山。知者动，仁者静。知者乐，仁者寿。"（《论语·雍也》）

子曰："中庸之为德也，其至矣乎！民鲜久矣。"（《论语·雍也》）

子贡曰："如有博施于民而能济众，何如？可谓仁乎？"子曰："何事于仁，必也圣乎！尧、舜其犹病诸！夫仁者，己欲立而立人，己欲达而达人。能近取譬，可谓仁之方也已。"（《论语·雍也》）

子曰："默而识③之，学而不厌，诲人不倦，何有于我哉？"（《论语·述而》）

子曰："自行束脩以上，吾未尝无诲焉。"（《论语·述而》）

子曰："不愤④不启，不悱⑤不发。举一隅不以三隅反，则不复也。"（《论语·述而》）

子曰："三人行，必有我师焉。择其善者而从之，其不善者而改之。"（《论语·述而》）

子曰："仁远乎哉？我欲仁，斯仁至矣。"（《论语·述而》）

子曰："君子坦荡荡，小人长戚戚。"（《论语·述而》）

子曰："岁寒，然后知松柏之后凋也。"（《论语·子罕》）

子曰："君子成人之美，不成人之恶。小人反是。"（《论语·颜渊》）

樊迟问仁。子曰："爱人。"问知。子曰："知人。"樊迟未达。子曰："举直错诸枉，能使枉者直。"樊迟退，见子夏曰："乡也吾见于夫子而问知，子曰：'举直错诸枉，能使枉者直。'何谓也？"子夏曰："富哉言乎！舜有天下，选于众，举皋陶，不仁者远矣。汤有天下，选于众，举伊尹，不仁者远矣。"（《论语·颜渊》）

子曰："其身正，不令而行；其身不正，虽令不从。"（《论语·子路》）

子曰："不患人之不己知，患其不能也。"（《论语·宪问》）

或曰："以德报怨，何如？"子曰："何以报德？以直报怨，以德报德。"（《论语·宪问》）

子曰："可与言而不与之言，失人；不可与言而与之言，失言。知者不失人，亦不失言。"（《论语·卫灵公》）

子贡问为仁。子曰："工欲善其事，必先利其器。居是邦也，事其大夫之贤者，友其士之仁者。"（《论语·卫灵公》）

子曰："君子求诸己，小人求诸人。"（《论语·卫灵公》）

子贡问曰："有一言而可以终身行之者乎？"子曰："其'恕'乎！己所不欲，勿施于

---

① 孔文子：卫国大夫孔圉（yǔ），"文"是他死后的谥号。
② 史：浮华。
③ 识（zhì）：记住。
④ 愤：想理解，但一时理解不清。
⑤ 悱（fěi）：想表达，但一时表达不出。

人。"(《论语·卫灵公》)

子曰:"道不同,不相为谋。"(《论语·卫灵公》)

孔子曰:"益者三友,损者三友。友直,友谅,友多闻,益矣。友便辟①,友善柔②,友便佞③,损矣。"(《论语·季氏》)

子曰:"性相近也,习相远也。"(《论语·阳货》)

子曰:"道听而涂④说,德之弃也。"(《论语·阳货》)

子夏曰:"日知其所亡⑤,月无忘其所能,可谓好学也已矣。"(《论语·子张》)

子贡曰:"君子之过也,如日月之食焉。过也,人皆见之;更也,人皆仰之。"(《论语·子张》)

赏读指南

　　《论语》集中体现了孔子的政治主张、伦理思想、道德观念及教育原则,行文言简意赅而又含蓄隽永。在政治上,孔子倡导"仁"与"礼",主张仁政,即用道德和礼教来治理国家;在"义"与"利"两者的关系上,孔子重义轻利,主张"见利思义",而不能见利忘义;在道德修养方面,他提出人要克己内省、勇于改过;在教育方面,孔子主张因材施教、有教无类,同时强调学习要与思考相结合,要学以致用,其教育理念一直为后人所尊崇。

《大学》选读⑥

导读

　　《大学》原为《礼记》中的一篇,约为秦汉之际儒家作品。南宋理学家朱熹将其与《中庸》《论语》《孟子》合编为《四书章句集注》,列为儒家经典。《大学》系统讲述了大学的教育内容与目的,借朱熹引程颢、程颐所言,是"初学入德之门"。

　　大学,即大道之学,其意义在于讲求为人之道,追求德行修养。修身作为立人之本,是人之为人的首要前提。《大学》的核心内容可概括为"三纲领"和"八条目",二者是互诠互释的关系:"三纲领"是"八条目"的统摄之语,明确了"八条目"的意义与方向;"八条目"是"三纲领"的实现路径,阐明了由此及彼、由低到高的修为之路。

---

① 便(pián)辟:谄媚逢迎之人。
② 善柔:表面奉承而背后诽谤别人之人。
③ 便佞(nìng):善于花言巧语之人。
④ 涂:通"途",道路。
⑤ 亡(wú):通"无"。朱熹解释为"谓己之所未有"。
⑥ 选自《四书章句集注今译》,中华书局,2020年,有改动。

大学之道①，在明明德②，在亲民③，在止于至善④。知止⑤而后有定，定而后能静，静而后能安，安而后能虑，虑而后能得。物有本末⑥，事有终始。知所先后，则近道矣。古之欲明明德于天下者，先治其国。欲治其国者，先齐其家⑦。欲齐其家者，先修其身。欲修其身者，先正其心。欲正其心者，先诚其意。欲诚其意者，先致其知。致知在格物⑧。物格而后知至，知至而后意诚，意诚而后心正，心正而后身修，身修而后家齐，家齐而后国治，国治而后天下平。自天子以至于庶人，壹⑨是皆以修身为本。其本乱而末治者否矣⑩。其所厚者薄⑪，而其所薄者厚⑫，未之有也⑬。

六艺

参考译文

　　大学的宗旨在于弘扬光明美好的品德，在于使人弃旧图新，在于使人达到道德修养的最高境界。知道应达到的境界才能够志向坚定，志向坚定才能够思想清静，思想清静才能够心境安宁，心境安宁才能够思虑周密，思虑周密才能够有所收获。每样东西都有根本和枝末，每件事情都有开始和终结。明白了这本末始终的道理，就接近事物发展的规律了。古代那些想要在天下弘扬美好品德的人，先要治理好自己的国家。要想治理好自己的国家，先要管理好自己的家族。要想管理好自己的家族，先要修养自身的品性。要想修养自身的品性，先要端正自己的心思。要想端正自己的心思，先要使自己的意念真诚。要想使自己的意念真诚，先要使自己获得知识。获得知识的途径在于推究万事万物的原理。推究万事万物的原理后才能对外物之理认识充分，对外物之理认识充分后意念才能真诚，意念真诚后心思才能端正，心思端正后才能修养品性，修养品性后才能管理好家族，管理好家族后才能治理好国家，治理好国家后天下才能太平。上至天子，下至平民，人人都要以修养品

---

　　① 大学之道：大学的宗旨，可引申为穷理、正心、修身、治人的根本原则。"大学"是相对"小学"而言的，意在强调它不是"详训诂，明句读"（《三字经》）的"小学"，而是修养身心、治国安邦的"大学"。道，规律，原则。

　　② 明明德：彰明美德。前一个"明"为动词，后一个"明"为形容词。明德，即美好的品德。

　　③ 亲民：使人弃旧图新，去恶向善。亲，通"新"。

　　④ 止于至善：达到道德修养的最高境界。止，达到。

　　⑤ 止：该达到的境界，即"至善"。

　　⑥ 本末：原指树木的根部和树梢，引申为事物的根本与枝节之间的关系。

　　⑦ 齐其家：管理好自己的家族，使家族幸福。齐，整顿。

　　⑧ 格物：探究事物的原理。

　　⑨ 壹：全，都。

　　⑩ 其本乱而末治者否矣："本"是混乱的，却想去做好"末"，这是不可能的。这里的"本"指"修身"，"末"指"齐家、治国、平天下"，意思是如果一个人自身品德败坏，却想去治理好家族、国家甚至天下，这肯定是不可能的。

　　⑪ 厚者薄：该重视的不重视。

　　⑫ 薄者厚：不该重视的却加以重视。

　　⑬ 未之有也：宾语前置，即"未有之也"，没有这样的道理（事情、做法等）。

性为根本。若这个根本被扰乱了，家族、国家、天下要治理好是不可能的。该重视的被轻视，该轻视的反而被重视，本末倒置却想做好事情，这同样也是不可能的。

赏读指南

大学之道就是修为之道。本文明确提出了修为之道在于明明德、亲民、止于至善三条纲领，以及格物、致知、诚意、正心、修身、齐家、治国、平天下八个条目。"三纲领"作为大道之学的根本宗旨，始于"明德"，止于"至善"。"明德""亲民""至善"三个阶段推己及人，循序渐进；"八条目"以"修身"为节点，格物、致知、诚意、正心是修身的手段，齐家、治国、平天下是修身的目的。"修身"作为内在德性修养，是"内圣"之道；"齐家""治国""平天下"作为外在致用，是"外王"之道。全文由内及外，环环相扣，逻辑严谨。

纵览四书五经可以发现，儒家的全部学说实际上都是循着"三纲八目"展开的。所以，抓住这"三纲八目"，就等于抓住了一把打开儒学大门的钥匙。

《中庸》选读①

导读

《中庸》原是《礼记》中的一篇，是儒家经典著作之一。宋元以后，《中庸》成为学校官定的教科书和科举考试的必读书，对古代教育产生了极大的影响。关于《中庸》的作者，向来有不同看法，一般认为作者为孔子之孙子思。

长期以来，许多人认为中庸就是无原则、无立场、无个性。其实，这种认识是有很大偏差的。"子程子曰：不偏之谓中，不易之谓庸。中者天下之正道；庸者天下之定理。"（朱熹《中庸章句》）中庸之道，即君子之道，其核心在于修养人性，在于处理问题要执中守正、执两用中、因时制宜。其中既包括学习的方式（博学、审问、慎思、明辨、笃行），也包括做人的规范，如"五达道"（主要是用中庸之道调节五种人际关系：君臣、父子、夫妇、兄弟、朋友）和"三达德"（智、仁、勇）。中庸之道强调"慎独"，教育人们要自觉进行自我修养、自我监督、自我教育、自我完善；中庸之道倡导人们做事情、处理问题不要走极端，以免过犹不及，要因时制宜、随机应变、与时俱进。中庸之道的理论基础是"天人合一"，天道即"诚"，人道就是追求"诚"。天人合一于至诚才是圣人所要达到的最高境界。

本文选自《中庸》第一章和第二十章。

《中庸》

---

① 选自《论语·大学·中庸》，中华书局，2015 年，有改动。

第一章

天命①之谓性，率性②之谓道，修道之谓教。道也者，不可须臾离也，可离非道也。是故君子戒慎乎其所不睹，恐惧乎其所不闻。莫见③乎④隐，莫显乎微，故君子慎其独也。喜怒哀乐之未发，谓之中⑤；发而皆中节⑥，谓之和。中也者，天下之大本也；和也者，天下之达道也。致中和，天地位焉，万物育焉。

第二十章

诚者，天之道也；诚之者，人之道也。诚者，不勉而中，不思而得，从容中道，圣人也；诚之者，择善而固执之者也。博学之，审问⑦之，慎思之，明辨之，笃行⑧之。有弗学，学之弗能，弗措⑨也；有弗问，问之弗知，弗措也；有弗思，思之弗得，弗措也；有弗辨，辨之弗明，弗措也；有弗行，行之弗笃，弗措也。人一能之，己百之；人十能之，己千之。果能此道矣，虽⑩愚必明，虽柔必强。

参考译文

第一章：人的自然禀赋叫作"性"，顺着本性行事叫作"道"，按照"道"的原则修养叫作"教"。"道"是不可以片刻离开的，如果可以离开，那就不叫"道"了。所以，品德高尚的人在没有人看见的地方也是谨慎的，在没有人听见的地方也是有所戒惧的。越是隐蔽的地方越容易表现出本色，越是细微的事情越容易显露出真情。所以，品德高尚的人在一人独处的时候也是谨慎的。喜怒哀乐没有表现出来的时候，叫作"中"；表现出来以后符合节度，叫作"和"。"中"，是人人都有的本性；"和"，是大家遵循的原则，达到"中和"的境界，天地便各在其位了，万物便生长繁育了。

第二十章：真诚是上天的原则，追求真诚是做人的原则。天生真诚的人，不用勉强就能做到，不用思考就能拥有，自然而然地符合上天的原则，这样的人是圣人。努力做到真诚，就要选择美好的目标并执着追求。广泛学习，详细询问，周密思考，明确辨别，切实实行。要么不学，学了而没有学会决不罢休；要么不问，问了而没有懂得决不罢休；要么不想，想了而没有想通决不罢休；要么不辨，辨了而没有辨别清楚决不罢休；要么不实行，实行了而没有成效决不罢休。别人用一分努力能做到的，自己用一百分的努力去做；别人

---

① 天命：人的自然禀赋。
② 率性：遵循本性。率，遵循，按照。
③ 见（xiàn）：通"现"，显现。
④ 乎：于，比。
⑤ 中（zhōng）：不偏不倚的状态。
⑥ 中（zhòng）节：符合法度。节，节度，法度。
⑦ 审问：详细地询问。审，详细，仔细。
⑧ 笃行：切实实行。笃，切实地，坚定地。
⑨ 弗措：不停止，不罢休。弗，不。措，搁置，终止。
⑩ 虽：即使。

用十分努力能做到的，自己用千分的努力去做。如果真能够做到这样，即使愚笨也一定能聪明起来，即使柔弱也一定能刚强起来。

赏读指南

第一章开篇就明确提出了中庸哲学"天道合一"的核心理念，指出要成为品行高尚的君子就要慎独自修，善于自我管理、自我教育，并将之贯穿于人生的全过程；做事要把握分寸，符合节度，要让"道"成为天下人遵从的基本原则。如此，才能最终达到至善、至诚、至仁、至道、至德、至圣的境界。

第二十章首先强调追求真诚是为人的根本原则，而这一原则也是合乎天道的。真诚体现在树立了目标就要坚定不移地努力下去，不抛弃，不放弃。"弗措"的精神其实就是荀子所谓"锲而不舍"的精神；"人一能之，己百之；人十能之，己千之"的态度，其实就是俗语所谓"笨鸟先飞"的态度，坚持这样的精神与态度，无论是在学习、工作中，还是在生活中，就没有翻不过去的山，就没有趟不过去的河。博学、审问、慎思、明辨、笃行，做学问如是，做事做人亦如是。

《礼记》选读①

导读

《礼记》，儒家经典之一，据传是战国至秦汉年间各种礼仪论著的选集。《礼记》主要记述中国古代重要的典章制度、孔子及其弟子的问答及阐述修身立己、为人处世的准则等，内容极为丰富，鲜明体现了先秦儒家的政治、伦理思想，是研究古代社会的重要资料。然而，两千余年来，作为封建礼教的教科书，它对人们的思想钳制也是很深的。赏读时，我们要取其精华，去其糟粕，将弘扬中华传统文化与催生先进的时代文化相结合。

课文选自《礼记·礼运》。《礼运》对礼的起源、发展与演变、制礼的根据，以及礼的运用等进行了讨论，为我们描述了一个"选贤与能，讲信修睦""不独亲其亲，不独子其子"的大同世界的情景。

大道②之行也，天下为公。选贤与③能，讲信修睦，故人不独亲④其亲，不独子其子，使老有所终，壮有所用，幼有所长，矜⑤寡孤独废疾者，皆有所养。男有分⑥，女

---

① 选自《礼记·孝经》，中华书局，2016 年。
② 大道：古代政治上的最高理想。
③ 与（jǔ）：通"举"，举荐。
④ 亲：意动用法，以……为亲。下文"子其子"中的第一个"子"也是意动用法。
⑤ 矜（guān）：通"鳏"，老而无妻的人。
⑥ 男有分（fèn）：男子有职务。分，职分，职业。

有归①。货②，恶③其弃于地也，不必藏于己；力，恶其不出于身也，不必为己。是故谋闭而不兴，盗窃乱贼而不作，故外户④而不闭。是谓大同⑤。

参考译文

在大道施行的时候，天下是人们所共有的。把品德高尚、能干的人选举出来（给大家办事），（人人）讲求诚信，崇尚和睦，所以人们不只是奉养自己的父母，抚育自己的子女，使老年人能颐养天年，中年人能为社会效力，幼童能顺利地成长，使鳏夫或寡妇、孤儿或无后者、残疾或生病的人都能得到供养。男子有职业，女子有归宿。（人们）憎恶财货被抛弃在地上的现象（而要去收贮它），但决不将它私自占有；（也）憎恶那种在共同劳动中不肯尽力的行为，而不一定为自己谋私利。这样一来，奸邪之谋、盗窃、造反和害人的事情就不会发生，（家家户户）都不用关大门了。这就叫作大同社会。

赏读指南

所谓"大同"，中心是天下为公。而要实现天下为公、社会大同的理想，就要在政治上选贤举能，在为人处世上不存私心，讲求诚信，与人为善，正所谓"老吾老，以及人之老；幼吾幼，以及人之幼"（《孟子·梁惠王上》）。这样，社会才能由乱世而至小康，由小康而至大同。

以文化人

数字化，激活古籍生命力

古籍记录历史、传承文化，是中华文明源远流长、博大精深的表征和见证。随着古籍数字化步伐的加快，越来越多收藏在图书馆里的珍贵古籍走出"象牙塔"，走进社会大众。古籍数字化的持续推进，让古籍面貌焕然一新，不断激发古籍生命力。"活起来"的古籍日益成为传承中华优秀传统文化、坚定文化自信的宝贵滋养。

《永乐大典》数字高清影像库是国家图书馆承接的国家古籍数字化重点项目。该项目第一辑收录国家图书馆馆藏《永乐大典》40册、75卷的内容，除呈现《永乐大典》高清图像、整体风貌及相关知识外，还尝试对部分大典内容做了知识标引，为后续《永乐大典》的知识体系化、利用智能化进行探索。

打开识典古籍网站《永乐大典》数字高清影像库，我们能找到《论语》《孟子》等常见古籍文本，不仅可以阅读，还可以检索。此外，网页上的《永乐大典》还可以

---

① 女有归：女子有归宿。归，指女子出嫁。
② 货：财物，资源。
③ 恶（wù）：憎恶。
④ 外户：大门。
⑤ 大同：理想社会。同，有和平的意思。

随着鼠标调整方向和角度，360度观赏，从而给读者实体书般的阅读体验。

因古籍年代久远、极易破损，珍贵古籍的借阅有一整套严格的流程，普通读者是难以接近的。"纸寿千年"，每一次翻阅都是对古籍的伤害。古籍数字化既减少了纸书的磨损，也使《永乐大典》这部宝贵文献"化身千百""走入寻常百姓家"，从而让更多读者感受中华优秀传统文化的魅力。

（资料来源：张贺，《数字化，激活古籍生命力》，《人民日报》，
2023年10月03日第07版）

四、推荐阅读

渐

丰子恺

使人生圆滑进行的微妙的要素，莫如"渐"；造物主骗人的手段，也莫如"渐"。在不知不觉之中，天真烂漫的孩子"渐渐"变成野心勃勃的青年；慷慨豪侠的青年"渐渐"变成冷酷的成人；血气旺盛的成人"渐渐"变成顽固的老头子。因为其变更是渐进的，一年一年地、一月一月地、一日一日地、一时一时地、一分一分地、一秒一秒地渐进，犹如从斜度极缓的长远的山坡上走下来，使人不察其递降的痕迹，不见其各阶段的境界，而似乎觉得常在同样的地位，恒久不变，又无时不有生的意趣与价值，于是人生就被确实肯定，而圆滑进行了。假使人生的进行不像山坡而像风琴的键板，由do忽然移到re，即如昨夜的孩子今朝忽然变成青年；或者像旋律的"接离进行"地由do忽然跳到mi，即如朝为青年而夕暮忽成老人，人一定要惊讶、感慨、悲伤，或痛感人生的无常，而不乐为人了。故可知人生是由"渐"维持的。这在女人恐怕尤为必要：歌剧中，舞台上的如花的少女，就是将来火炉旁边的老婆子，这句话，骤听使人不能相信，少女也不肯承认，实则现在的老婆子都是由如花的少女"渐渐"变成的。

……

"渐"的本质是"时间"。时间我觉得比空间更为不可思议，犹之时间艺术的音乐比空间艺术的绘画更为神秘。因为空间姑且不追究它如何广大或无限，我们总可以把握其一端，认定其一点。时间则全然无从把握，不可挽留，只有过去与未来在渺茫之中不绝地相追逐而已。性质上既已渺茫不可思议，分量上在人生也似乎太多。因为一般人对于时间的悟性，似乎只够支配搭船乘车的短时间；对于百年的长期间的寿命，他们不能胜任，往往迷于局部而不能顾及全体。试看乘火车的旅客中，常有明达的人，有的宁牺牲暂时的安乐而让其座位于老弱者，以求心的太平（或博暂时的美誉）；有的见众人争先下车，而退在后面，或高呼"勿要轧，总有得下去的！""大家都要下去的！"然而在乘"社会"或"世

界"的大火车的"人生"的长期的旅客中，就少有这样的明达之人。所以我觉得百年的寿命，定得太长。像现在的世界上的人，倘定他们搭船乘车的期间的寿命，也许在人类社会上可减少许多凶险残惨的争斗，而与火车中一样地谦让，和平，也未可知。

（选自《丰子恺散文》，人民文学出版社，2013 年，有改动）

推荐理由

本文收录于我国现代文学家、画家、教育家丰子恺（1898—1975）1931 年出版的散文集《缘缘堂随笔》。在这篇文章里，丰子恺为自己平生所作的文章定下了基调，入渐知微。人生是由"渐"维持的，"渐"的本质是"时间"，"时间则全然无从把握，不可挽留，只有过去与未来在渺茫之中不绝地相追逐而已"。同样写时间，丰子恺的《渐》朴素洗练，朱自清的《匆匆》委婉清丽，二者虽风格不同，但各得其妙。

课不能停

刘墉

纽约的冬天常有大风雪，扑面的雪花不但令人难以睁开眼睛，甚至呼吸都会吞入冰冷的雪花。有时前一天的晚上还是一片晴朗，第二天拉开窗帘，却已经积雪盈尺，连门都推不开了。

遇到这样的情况，公司、商店常会停止上班，学校也通过广播宣布停课。但令人不解的是，唯有公立小学，即使那雪已经积得难以举步，却仍然开放。只见黄色的校车艰难地在路边接送小孩子，老师们则一大早就口中喷着热气，铲去车子前后的积雪，小心翼翼地开车去学校。

据统计，十年来纽约的公立小学只因为超级暴风雪停过七次课。这是多么令人不可思议。犯得着在大人都无须上班的时候让孩子去学校吗？小学的老师也太倒霉了吧？

于是，每逢大雪而小学不停课时，都有家长打电话去骂。妙的是，每个打电话的人，反应全是一样——先是怒气冲冲地责问，然后满口道歉，最后笑容满面地挂上电话。原因是，学校告诉家长：

在纽约有许多百万富翁，但也有不少赤贫的家庭。后者白天开不起暖气，也供不起午餐，孩子的营养全靠学校的免费中饭（甚至可以多拿些回家当晚餐）。学校停一天课，穷孩子就受一天冻，挨一天饿，所以老师们宁愿自己苦，也不愿意停课。

或许有家长会说：何不让富裕的孩子待在家里，而让贫穷的孩子去学校享受暖气和营养午餐呢？

学校的答复是：我们不愿让那些穷苦的孩子感到他们是在接受救济，因为施舍的最高原则，是保护受施者的尊严。

（选自《智慧选择，改变人生》，中国言实出版社，2009 年，有改动）

刘墉（1949—），号梦然，美籍华人画家、作家、教育家。他善于运用一些浅显有趣的小故事传达出深刻的思想内涵，文笔轻松幽默，被誉为"特级热销作家"，本文是他的散文作品。"施舍的最高原则，是保护受施者的尊严"。其实，作者在这里要告诉我们的是，每个人都应该被尊重，不论贫富、美丑。

麻雀

屠格涅夫

我打猎回来，在园中林荫路上走着。狗在我前面跑。

突然，狗放慢脚步，蹑足潜行，好像嗅到了野物似的。

我顺着林荫路望去，看见一只嘴边带黄色、头上生柔毛的小麻雀，它从巢里掉下来（风猛烈地摇着林荫路上的白杨树），呆呆地伏在地上，无力地拍着它的柔嫩的小翅膀。

我的狗慢慢地逼近它。突然从近旁的树上扑下一只黑胸脯的老麻雀，像一颗石子似的落在狗鼻子前面——老麻雀全身的毛竖起来，身子挣成了怪样，它带着绝望而可怜的叫声，两次跳到那张露出利齿、大张着的狗嘴边扑去。

老麻雀是猛扑下来救护幼雀的，它用自己的身体庇护它的幼儿……可是它的小小的身体都在因恐怖而战栗着，它小小的叫声也变得粗暴嘶哑，它昏了，它是在牺牲它自己！

在它的眼里，狗该是多么庞大的怪物啊！然而，它还是不愿站定在它那高而安全的树枝上……一种比它的意志更强大的力量把它从上面推了下来。

我的狗站住了，向后退了退……显然它也感到了这种力量。

我连忙唤住这只有些惊慌的狗，然后，我怀着恭敬的心情，走开了。

是啊，请不要见笑。我尊敬那小小的、英勇的鸟儿，我尊敬它那种爱的冲动和力量。

爱，我想，比死，比死的恐惧更强。——唯有靠它，唯有依靠爱，生命才得以维持，才得以发展。

一八七八年四月

（选自丰子恺等译：《屠格涅夫散文》，人民文学出版社，2010 年，有改动）

屠格涅夫（1818—1883），19 世纪俄国现实主义艺术大师和现实主义作家。代表作有随笔集《猎人笔记》、小说《父与子》等。《麻雀》要告诉我们的是：爱的力量是无穷的，有爱，生命才有意义和价值。

思考训练

一、填空题

（1）许多人家以"温、良、恭、＿＿＿＿＿、＿＿＿＿＿"为家训。

（2）"见贤思齐焉，＿＿＿＿＿＿＿＿。""知之者不如好之者，＿＿＿＿＿＿＿＿。""不患人之不己知，＿＿＿＿＿＿＿＿＿。""君子求诸己，＿＿＿＿＿＿＿＿。""君子坦荡荡，＿＿＿＿＿＿＿＿＿。"

（3）中国的"四书"指的是《论语》《孟子》《大学》和＿＿＿＿＿＿＿；"五经"指的是《诗经》《尚书》《礼记》《周易》和＿＿＿＿＿＿。

（4）《瓦尔登湖》一书的作者是＿＿＿＿＿＿，他提倡回归本心，亲近自然。

二、选择题

（1）某公务员请求辞去公职，其辞职信有"余年近不惑请辞……"的句子。从辞职信看，作者年近（　　）。

  A．三十   B．四十   C．五十   D 六十

（2）春秋战国时期，各种思想流派百家争鸣，老子是（　　）学派的创始人。

  A．儒家   B．法家   C．道家   D 兵家

（3）"无为而治"是（　　）学派的主张。

  A．儒家   B．法家   C．道家   D．兵家

（4）经常被学者们征引来用以说明老子的辩证法思想的一句是（　　）。

  A．祸兮福之所倚，福兮祸之所伏。

  B．上善若水。

  C．喜怒哀乐之未发，谓之中；发而皆中节，谓之和。

  D．见贤思齐焉，见不贤而内自省也。

三、简答题

结合实际谈谈你对下面几段话的理解。

（1）水善利万物而不争，处众人之所恶，故几于道。

（2）身修而后家齐，家齐而后国治，国治而后天下平。自天子以至于庶人，壹是皆以修身为本。其本乱而末治者否矣。

（3）今之孝者，是谓能养。至于犬马，皆能有养。不敬，何以别乎？

（4）子贡问曰："有一言而可以终身行之者乎？"子曰："其'恕'乎！己所不欲，勿施于人。"

（5）是故君子戒慎乎其所不睹，恐惧乎其所不闻。莫见乎隐，莫显乎微，故君子慎

其独也。

（6）有弗学，学之弗能，弗措也；有弗问，问之弗知，弗措也；有弗思，思之弗得，弗措也；有弗辨，辨之弗明，弗措也；有弗行，行之弗笃，弗措也。人一能之，己百之；人十能之，己千之。果能此道矣，虽愚必明，虽柔必强。

专题十二

经典小说赏读

学习目标

1. 掌握赏读小说的基本方法和技巧，能够独立赏读小说作品。
2. 准确把握小说作品的主旨，体会其人文内涵。
3. 培养关爱自然、珍视生命、奉献社会的人文意识和人文精神，树立社会责任感。

文学视窗

一、小说概述

（一）小说的定义及特点

小说是通过塑造人物形象、叙述故事情节和描写环境来反映社会生活、表达思想情感的一种叙事性的文学体裁。它主要有以下三个特点：以塑造人物形象为反映或表现社会生活的主要手段；有较完整、生动的情节；有具体的、典型的环境描写。因此，人物、情节和环境被称为"小说三要素"。

1. 生动、典型的人物形象

小说是叙事性作品，要叙事必须写人，所以人物是小说的核心要素，塑造人物形象是小说反映社会生活的主要手段。

小说中的人物是虚构的，是作者把现实生活中不同原型的某些特征加以综合熔铸而成的，因此比现实中的原型更为生动典型。正如鲁迅所说："人物的模特儿也一样，没有专用过一个人。往往嘴在浙江，脸在北京，衣服在山西，是一个拼凑起来的脚色。"

小说刻画人物的方法多种多样，既能够通过肖像描写、动作描写、语言描写、心理描写等方法来直接勾勒人物轮廓、表现人物性格，也可以通过其他人物的反应和态度等进行侧面描写。此外，小说还强调在情节的发展中表现人物性格的发展和变化，从而使人物具有立体感和生命力。

2. 完整的故事情节

情节是一篇小说的骨架，通过叙述情节，小说能充分展示人物之间、人物与环境之间的矛盾冲突和复杂关系，多方面地表现人物性格，反映生活。同时，情节也是作者创作意图的基本载体。

小说的情节一般比较完整，往往包含开端、发展、高潮和结局，有时前面有序幕，后面还有尾声，能显示矛盾冲突的发展过程。

3. 具体、典型的环境描写

环境是人物活动的场所和故事发生的背景，起着烘托人物性格、推动情节发展等作用。

环境包括社会环境和自然环境。在环境描写中，社会环境是重点，它揭示了种种复杂的社会关系，如人物的身份、地位、成长背景等。自然环境包括人物活动的时间、地点、季节、气候和周围的景物等。自然环境的描写对反映人物的心境、渲染气氛有重要作用。

（二）小说的种类

按不同标准，小说可以划分为不同的种类。

1. 按篇幅和容量大小

按篇幅和容量大小，小说可分为长篇、中篇、短篇和微型小说。人们通常把一千字以内的小说称为微型小说，一千字到一万字的小说称为短篇小说，一万字到十万字的小说称为中篇小说，十万字以上的称为长篇小说。

微型小说篇幅很短、情节简单，对于人物、事件都不做详细的描写和叙述，而是着意描写社会生活的一鳞一爪。

短篇小说篇幅短小、事件集中，情节比较简单，它往往只写一个或很少的几个人物，描写生活的一个片段或插曲。但它同样是完整的，有些还具有深刻、丰富的社会意义。如《孔乙己》。

中篇小说的篇幅长短、人物多少、情节繁简介于长篇小说和短篇小说之间，其故事线索比较单一，能反映一定广度的社会生活。如《人到中年》。

长篇小说篇幅长、容量大，且人物众多，事件纷繁，结构复杂，情节丰富，能够反映广阔的社会生活。如《红楼梦》《平凡的世界》。

2. 其他分类

按题材，小说可分为历史小说、爱情小说、侦探小说、武侠小说、科幻小说、推理小说、恐怖小说、志怪小说等；按语言特点，小说可分为文言小说、白话小说；按结构，小说可分为章回体小说、日记体小说、书信体小说、自传体小说等；按时代，小说可分为古典小说、现代小说等。

四大志怪小说

二、小说的阅读与鉴赏

基于以上对小说的了解，阅读与鉴赏具体的小说作品就有了一定方向和方法。

（一）鉴赏人物形象

人物是小说的核心要素，小说主要通过对人物和人物活动的描写来反映社会生活，所以阅读与鉴赏小说应首先观察其主要人物是否典型、人物形象是否丰富，并分析人物性格的基本类型。

1．看人物形象是否具有典型性

人物形象的典型性指的是人物形象既能表现出社会生活中某一类人的共性，同时又具有鲜明的个性特征。

共性，即读者可以从特定的人物身上，看到现实生活里具有类似特征的这一类人物的影子，人人都可以"对号入座"。如鲁迅笔下的阿Q，有着封建社会人们身上存在的致使国家长期落后的愚昧、软弱、自私、虚荣、狂妄的劣根性。阿Q犹如一面镜子，让无数人从中照见了自己。

个性，即人物形象独一无二，在外貌、语言、动作、神态，以及个人气质、思想感情等方面都必须独特。只有个性鲜明，人物形象才能栩栩如生，从而散发出较强的艺术感染力。以《红楼梦》为例，书中有大小人物几百个，个个呼之欲出，且无一雷同。如林黛玉多愁善感，才情过人；薛宝钗稳重随和，善于审时度势；王熙凤大胆泼辣，能言善辩，善弄权术……不同人物的面貌、声音、性格、气质、体态、衣着，乃至一言一动、一颦一笑，无不各有特点。心性、处境各异，其苦难的命运也不尽相同。

2．看人物形象是否具有丰富性

人物形象的丰富性主要体现在两个方面。首先，一个完整的人物形象是由多方面的特征组成的，而不是单一的、平面的、简单化的；其次，一个完整的人物形象不应是固定僵化、静止不变的，而是处于不断的发展变化之中。如《红楼梦》中的王熙凤既聪明伶俐、极具管理才能，又凶狠残忍、贪财蛮横，她的形象在不同场合有不同的特点，在不同阶段又有不同的变化。

3．了解人物性格的基本类型

有的人物性格特征单一，甚至可以用一个词或一句话来概括。这种人物往往具有较强的象征性，能起到强化主题、传达作者思想观念的作用。如卡夫卡借《变形记》中的小职员格里高尔，表现了现代社会人与人之间关系的淡薄和脆弱。

有的人物有多方面的性格特征，但在某一侧面又特别突出，引人注目。如《三国演义》中的关羽，在他身上集中着多方面的性格特征，如忠、义、仁、智、勇、信等，但最突出的是忠和义。

还有的人物，其性格与现实中的人相比并不超常，更近似生活中的你、我、他。如刘震云小说《一地鸡毛》中的小林由幼稚变得老练，由天真变得世故，由单纯变得复杂，让人感觉这个人物就在我们眼前，就在我们身边，甚至就是我们自己。

（二）欣赏故事情节

情节作为小说的骨架，是吸引读者沉浸其中、享受阅读乐趣的重要因素。情节的跌宕起伏，使读者关心人物的命运，关注事件的结局，以致不见结局不释卷。怎样欣赏小说的情节呢？我们可以从以下四个方面入手。

1. 看情节是否合情合理，符合生活逻辑

小说情节可以虚构，但虚构不等于随意编造，小说情节必须合情合理，符合生活逻辑。合情，即反映人们真切的感受、真诚的意向；合理，即符合事理，符合人物性格的必然。情节是按照因果逻辑组织起来的一系列事件。情节受人物和环境两方面的制约，看一个情节真实与否，就是看某个人物在某种环境下是否会采取某种行动。如《三国演义》中，关羽在华容道放走曹操这一情节，就是关羽忠义仁厚、知恩图报的性格使然。

2. 看情节是否符合作者的创作意图

在符合人情事理且不违背生活逻辑的前提下，小说情节的发展通常具有多种可能性，那么选择哪种可能性，就要看作者的创作意图了。关羽在华容道放走曹操或捉住曹操杀掉他，都有其合理性。但作者选择让关羽放走曹操，目的就在于突出关羽的大仁大义，使之成为"义"的化身。

3. 看情节发展是否有助于刻画人物性格

故事情节的发展对于人物性格的塑造有重要作用。《水浒传》中的林冲，本是东京八十万禁军教头。在小说的前十回里，作者浓墨叙述了"岳庙林娘子受辱""误入白虎堂""刺配沧州道""大闹野猪林""火烧草料场"等情节，展示了林冲一步一步被逼上梁山的过程。一位逆来顺受的"忠臣"最终成为犯上作乱的"贼寇"，其性格刻画运用的就是情节推进法。

4. 看情节能否产生好的社会效果

文学作品具有两重性。一方面，作品是作者个人创造的精神产品，表达作者的思想感情；另一方面，作品又是社会的精神产品，要对社会和大众负责，要有良好的社会效果。因此，文学作品不仅要"真"，还必须辅以"善"和"美"，才能具有永恒的艺术魅力。

（三）欣赏典型环境描写

准确理解作者的创作意图、把握小说主题，既离不开对人物和情节的细致分析，也离不开对典型环境描写的认真考查。典型的环境是人物性格形成和发展的土壤，也是小说情节发展的重要推动力。如老舍的《骆驼祥子》中，为了刻画人力车夫祥子的辛苦，作者极

力描写了日烈雨暴的情景。当日烈到人不能忍受的程度时，祥子不得不拉车挣钱；当雨暴到人不能行走的程度时，祥子不得不拉车挣钱。作者正是通过对严酷环境的描写，展现了祥子吃苦耐劳的本性，从而揭示了 20 世纪 20 年代劳动人民生活的疾苦和悲惨。

（四）挖掘主题思想

小说创作的开端，往往都是作者在观察和体验生活的过程中，被某些人、事、物所打动，由此引发人生思考，并产生创作的欲望与冲动。随后，作者对生活素材加以选择、提炼，经过分析研究，找出主要矛盾，明确中心思想，再通过一定的艺术手法加以表现，最终形成完整的作品。这个中心思想就是作品的主题思想，它是作品的核心和灵魂。因此，欣赏小说就要准确把握作者的创作意图，深入挖掘作者借助人物形象、故事情节、典型环境所传达出的主题思想。

小说鉴赏还可以从语言、风格等多个角度入手。每一位读者都可以有自己独特的鉴赏方法，从而在每一次阅读中获得美感享受，于细微处领悟作品的精妙。阅读与鉴赏小说作品不仅可以提高我们的人文修养，更是一个反观自我、提升自我的过程，这才是阅读与鉴赏优秀小说作品的真正意义。

三、名作赏读

品读人生　提升自我

红楼梦（节选）①

曹雪芹

导读

曹雪芹（约 1715 或 1721—约 1764），名霑，字梦阮，号雪芹，又号芹圃、芹溪，清代小说家。自曾祖父曹玺起，三代任江宁织造，祖父曹寅尤为康熙帝所宠信。少年时代的曹雪芹过着富贵奢华的生活。雍正初年，曹家因受朝廷内部政治斗争牵连，被革职抄家，举家迁居北京，家道从此日渐衰微。家族由盛到衰的巨大转变，使曹雪芹深切地体会到了人生的悲哀和世道的无情，对封建社会有了更清醒、更深刻的认识。从此他致力于小说《红楼梦》的写作，"披阅十载，增删五次"，终于完成了这部中国古典小说的巅峰之作。

———————
① 选自《红楼梦》，人民文学出版社，2022 年，有改动。

《红楼梦》，中国古典四大名著之一，章回体长篇小说，又名《石头记》《情僧录》《风月宝鉴》《金陵十二钗》等。现行一百二十回本，一般认为前八十回为曹雪芹著，后四十回为他人续写。小说以贾宝玉、林黛玉、薛宝钗三人的爱情婚姻故事为主线，以贾、王、史、薛四大家族的兴衰史为暗线，对等级制度、科举制度、封建婚姻制度等进行了深刻批判，表现出作者朦胧的民主主义思想，是一部具有高度思想性和艺术性的伟大作品。全书内容极为丰富，被誉为"中国封建社会的百科全书"。本文选自第一回。

第一回 甄士隐①梦幻识通灵 贾雨村风尘怀闺秀

此开卷第一回也。作者自云：因曾历过一番梦幻之后，故将真事隐去，而借"通灵"之说，撰此《石头记》一书也。故曰"甄士隐"云云。但书中所记何事何人？自又云："今风尘碌碌，一事无成，忽念及当日所有之女子，一一细考较去，觉其行止见识，皆出于我之上。何我堂堂须眉②，诚不若彼裙钗③哉？实愧则有馀，悔又无益之大无可如何之日也！当此，则自欲将已往所赖天恩祖德，锦衣纨绔④之时，饫甘餍肥⑤之日，背父兄教育之恩，负师友规训之德，以至今日一技无成、半生潦倒之罪，编述一集，以告天下人：我之罪固不免，然闺阁中本自历历有人，万不可因我之不肖，自护己短，一并使其泯灭也。虽今日之茅椽蓬牖⑥，瓦灶⑦绳床⑧，其晨夕风露，阶柳庭花，亦未有妨我之襟怀笔墨者。虽我未学，下笔无文，又何妨用假语村言，敷演⑨出一段故事来，亦可使闺阁昭传，复可悦世之目，破人愁闷，不亦宜乎？"故曰"贾雨村"云云。

此回中凡用"梦"用"幻"等字，是提醒阅者眼目，亦是此书立意本旨。

列位看官：你道此书从何而来？说起根由虽近荒唐，细按则深有趣味。待在下将此来历注明，方使阅者了然不惑。

原来女娲氏炼石补天之时，于大荒山无稽崖炼成高经十二丈、方经二十四丈顽石三万六千五百零一块。娲皇氏只用了三万六千五百块，只单单剩了一块未用，便弃在此山青埂峰下。谁知此石自经煅炼之后，灵性已通。因见众石俱得补天，独自己无材不堪入选，遂

① 《红楼梦》中的人名和地名多取谐音寓意，如"甄士隐"谐音"真事隐"，"贾雨村"谐音"假语存"，寓意这部《红楼梦》将真事隐去，是用虚构的"假语村言"写成的。后文中类似表述还有甄英莲（真应怜）、霍启（祸起）、封肃（风俗）、十里街（势利街）、仁清巷（人情巷）等。
② 须眉：代指男子。
③ 裙钗：代指女子。
④ 锦衣纨（wán）绔（kù）：富贵者的穿着，引申为富家子弟的代称。纨，细绢。
⑤ 饫（yù）甘餍（yàn）肥：饱食香甜肥美的食品，形容生活优裕、奢侈。
⑥ 茅椽（chuán）蓬牖（yǒu）：代指草房陋室，贫者所居。
⑦ 瓦灶：土坯烧成的简陋的灶。
⑧ 绳床：一种简易的坐具。
⑨ 敷演：叙说并加以发挥。

自怨自叹，日夜悲号惭愧。

一日，正当嗟悼之际，俄见一僧一道远远而来，生得骨格不凡，丰神迥异，说说笑笑来至峰下，坐于石边高谈快论。先是说些云山雾海神仙玄幻之事，后便说到红尘中荣华富贵。此石听了，不觉打动凡心，也想要到人间去享一享这荣华富贵；但自恨粗蠢，不得已，便口吐人言，向那僧道说道："大师，弟子蠢物，不能见礼了。适闻二位谈那人世间荣耀繁华，心切慕之。弟子质虽粗蠢，性却稍通；况见二师仙形道体，定非凡品，必有补天济世之材，利物济人之德。如蒙发一点慈心，携带弟子得入红尘，在那富贵场中、温柔乡里受享几年，自当永佩洪恩，万劫不忘也。"二仙师听毕，齐憨笑道："善哉，善哉！那红尘中有却有些乐事，但不能永远依恃；况又有'美中不足，好事多魔'八个字紧相连属，瞬息间则又乐极悲生，人非物换，究竟是到头一梦，万境归空，倒不如不去的好。"

这石凡心已炽，那里听得进这话去，乃复苦求再四。二仙知不可强制，乃叹道："此亦静极思动，无中生有之数也。既如此，我们便携你去受享受享，只是到不得意时，切莫后悔。"石道："自然，自然。"那僧又道："若说你性灵，却又如此质蠢，并更无奇贵之处。如此也只好踮脚①而已。也罢，我如今大施佛法助你助，待劫终之日，复还本质，以了此案。你道好否？"石头听了，感谢不尽。那僧便念咒书符，大展幻术，将一块大石登时变成一块鲜明莹洁的美玉，且又缩成扇坠大小的可佩可拿。那僧托于掌上，笑道："形体倒也是个宝物了！还只没有实在的好处，须得再镌上数字，使人一见便知是奇物方妙。然后携你到那昌明隆盛之邦，诗礼簪缨之族②，花柳繁华地，温柔富贵乡去安身乐业。"石头听了，喜不能禁，乃问："不知赐了弟子那几件奇处，又不知携了弟子到何地方？望乞明示，使弟子不惑。"那僧笑道："你且莫问，日后自然明白的。"说着，便袖了这石，同那道人飘然而去，竟不知投奔何方何舍。

后来，又不知过了几世几劫，因有个空空道人访道求仙，忽从这大荒山无稽崖青埂峰下经过，忽见一大块石上字迹分明，编述历历。空空道人乃从头一看，原来就是无材补天，幻形入世，蒙茫茫大士、渺渺真人③携入红尘，历尽离合悲欢炎凉世态的一段故事。后面又有一首偈④云：

无材可去补苍天，枉入红尘若许年。

此系身前身后事，倩⑤谁记去作奇传？

诗后便是此石坠落之乡，投胎之处，亲自经历的一段陈迹故事。其中家庭闺阁琐事，以及闲情诗词倒还全备，或可适趣解闷；然朝代年纪，地舆邦国却反失落无考。

① 踮脚：垫脚。
② 诗礼簪（zān）缨之族：书香门第，官宦家族。诗礼，读诗书，讲礼仪。簪缨，贵者的冠饰，这里代指做官。
③ 茫茫大士、渺渺真人：前文的一僧一道。
④ 偈（jì）：佛经中的唱词，意译为"颂"。
⑤ 倩：请。

空空道人遂向石头说道："石兄，你这一段故事，据你自己说有些趣味，故编写在此，意欲问世传奇。据我看来，第一件，无朝代年纪可考；第二件，并无大贤大忠理朝廷治风俗的善政，其中只不过几个异样女子，或情或痴，或小才微善，亦无班姑①、蔡女②之德能。我纵抄去，恐世人不爱看呢。"石头笑答道："我师何太痴耶！若云无朝代可考，今我师竟假借汉唐等年纪添缀，又有何难？但我想，历来野史，皆蹈一辙，莫如我这不借此套者，反倒新奇别致，不过只取其事体情理罢了，又何必拘拘于朝代年纪哉！再者，市井俗人喜看理治之书者甚少，爱适趣闲文者特多。历来野史，或讪谤君相，或贬人妻女，奸淫凶恶，不可胜数。更有一种风月笔墨，其淫秽污臭，涂毒笔墨，坏人子弟，又不可胜数。至若佳人才子等书，则又千部共出一套，且其中终不能不涉于淫滥，以致满纸潘安、子建、西子、文君③，不过作者要写出自己的那两首情诗艳赋来，故假拟出男女二人名姓，又必旁出一小人其间拨乱，亦如剧中之小丑然。且鬟婢开口即者也之乎，非文即理。故逐一看去，悉皆自相矛盾、大不近情理之话，竟不如我半世亲睹亲闻的这几个女子，虽不敢说强似前代书中所有之人，但事迹原委，亦可以消愁破闷；也有几首歪诗熟话，可以喷饭供酒。至若离合悲欢，兴衰际遇，则又追踪蹑迹，不敢稍加穿凿，徒为供人之目而反失其真传者。今之人，贫者日为衣食所累，富者又怀不足之心，纵一时稍闲，又有贪淫恋色、好货寻愁之事，那里去有工夫看那理治之书？所以我这一段故事，也不愿世人称奇道妙，也不定要世人喜悦检读，只愿他们当那醉淫饱卧之时，或避事去愁之际，把此一玩，岂不省了些寿命筋力？就比那谋虚逐妄，却也省了口舌是非之害，腿脚奔忙之苦。再者，亦令世人换新眼目，不比那些胡牵乱扯忽离忽遇，满纸才人淑女、子建文君红娘④小玉⑤等通共熟套之旧稿。我师意为何如？"

空空道人听如此说，思忖半晌，将《石头记》再检阅一遍，因见上面虽有些指奸责佞贬恶诛邪之语，亦非伤时骂世之旨；及至君仁臣良父慈子孝，凡伦常⑥所关之处，皆是称功颂德，眷眷无穷，实非别书之可比。虽其中大旨谈情，亦不过实录其事，又非假拟妄称，一味淫邀艳约、私订偷盟之可比。因毫不干涉时世，方从头至尾抄录回来，问世传奇。从此空空道人因空⑦见色，由色生情，传情入色，自色悟空，遂易名为情僧，改《石头记》

---

① 班姑：班昭，东汉史学家班固之妹，曾参与续写《汉书》，是中国第一位修撰正史的女史学家。

② 蔡女：蔡文姬，名琰（yǎn），东汉文学家蔡邕（yōng）之女，博学多才，精通音律，是历史上有名的才女。

③ 潘安、子建、西子、文君：代指才子佳人。潘安，即潘安仁，晋代文人，著名美男子。子建，即曹植，三国时文学家，以才高著称。西子，即西施，春秋时越国美女。文君，即卓文君，汉代才女。

④ 红娘：唐代传奇小说《莺莺传》（至元代衍为杂剧《西厢记》）中崔莺莺的丫鬟。

⑤ 小玉：唐代传奇小说《霍小玉传》中的女主人公。

⑥ 伦常：封建伦理道德。

⑦ 空："空"与下文的"色""情"均为佛教用语。佛教认为"空"乃天地万物的本体，一切终属空虚。"色"乃万物本体（空）的瞬息生灭的假象；"情"乃对此等假象（色）所产生的种种感情，如爱、憎等。这里是借用，作者在其中注入了自己的人生体验。

为《情僧录》。东鲁孔梅溪则题曰《风月宝鉴》。后因曹雪芹于悼红轩中披阅十载，增删五次，纂成目录，分出章回，则题曰《金陵十二钗》。并题一绝云：

满纸荒唐言，一把辛酸泪。

都云作者痴，谁解其中味！

出则既明，且看石上是何故事。按那石上书云：

当日地陷东南①，这东南一隅有处曰姑苏②，有城曰阊门③者，最是红尘中一二等富贵风流之地。这阊门外有个十里街，街内有个仁清巷，巷内有个古庙，因地方窄狭，人皆呼作葫芦庙。庙旁住着一家乡宦，姓甄，名费，字士隐。嫡妻封氏，情性贤淑，深明礼义。家中虽不甚富贵，然本地便也推他为望族了。因这甄士隐禀性恬淡，不以功名为念，每日只以观花修竹、酌酒吟诗为乐，倒是神仙一流人品。只是一件不足：如今年已半百，膝下无儿，只有一女，乳名唤作英莲，年方三岁。

一日，炎夏永昼，士隐于书房闲坐，至手倦抛书，伏几少憩，不觉朦胧睡去。梦至一处，不辨是何地方。忽见那厢来了一僧一道，且行且谈。

只听道人问道："你携了这蠢物，意欲何往？"那僧笑道："你放心，如今现有一段风流公案正该了结，这一干风流冤家，尚未投胎入世。趁此机会，就将此蠢物夹带于中，使他去经历经历。"那道人道："原来近日风流冤孽又将造劫历世去不成？但不知落于何方何处？"那僧笑道："此事说来好笑，竟是千古未闻的罕事。只因西方灵河岸上三生石畔，有绛珠草一株，时有赤瑕宫神瑛侍者，日以甘露灌溉，这绛珠草始得久延岁月。后来既受天地精华，复得雨露滋养，遂得脱却草胎木质，得换人形，仅修成个女体，终日游于离恨天外，饥则食蜜青果为膳，渴则饮灌愁海水为汤。只因尚未酬报灌溉之德，故其五内便郁结着一段缠绵不尽之意。恰近日这神瑛侍者凡心偶炽，乘此昌明太平朝世，意欲下凡造历幻缘，已在警幻仙子案前挂了号。警幻亦曾问及，灌溉之情未偿，趁此倒可了结的。那绛珠仙子道：'他是甘露之惠，我并无此水可还。他既下世为人，我也去下世为人，但把我一生所有的眼泪还他，也偿还得过他了。'因此一事，就勾出多少风流冤家来，陪他们去了结此案。"

林黛玉小传

那道人道："果是罕闻。实未闻有还泪之说。想来这一段故事，比历来风月事故更加琐碎细腻了。"那僧道："历来几个风流人物，不过传其大概以及诗词篇章而已；至家庭闺阁中一饮一食，总未述记。再者，大半风月故事，不过偷香窃玉、暗约私奔而已，并不曾将儿女之真情发泄一二。想这一干人入世，其情痴色鬼、贤愚不肖④者，悉与前人传述不同矣。"那道人道："趁此何不你我也去下世度脱几个，岂不是一场功德？"那僧道："正

---

① 地陷东南：东南大地塌陷下沉。

② 姑苏：苏州的别称，因其西南有姑苏山而得名。这里指旧苏州府辖境。

③ 阊（chāng）门：苏州城的西北门。这里代指苏州城。

④ 不肖：旧时称不能继承父业之子为不肖。

合吾意。你且同我到警幻仙子宫中，将蠢物交割清楚，待这一干风流孽鬼下世已完，你我再去。如今虽已有一半落尘，然犹未全集。"道人道："既如此，便随你去来。"

却说甄士隐俱听得明白，但不知所云"蠢物"系何东西。遂不禁上前施礼，笑问道："二仙师请了。"那僧道也忙答礼相问。士隐因说道："适闻仙师所谈因果，实人世罕闻者。但弟子愚浊，不能洞悉明白。若蒙大开痴顽，备细一闻，弟子则洗耳谛听，稍能警省，亦可免沉沦之苦。"二仙笑道："此乃玄机不可预泄者。到那时不要忘我二人，便可跳出火坑矣。"士隐听了，不便再问。因笑道："玄机不可预泄，但适云'蠢物'，不知为何，或可一见否？"那僧道："若问此物，倒有一面之缘。"说着，取出递与士隐。

士隐接了看时，原来是块鲜明美玉，上面字迹分明，镌着"通灵宝玉"四字，后面还有几行小字。正欲细看时，那僧便说已到幻境，便强从手中夺了去，与道人竟过一大石牌坊，上书四个大字，乃是"太虚幻境"。两边又有一副对联，道是：

假作真时真亦假，无为有处有还无。

士隐意欲也跟了过去，方举步时，忽听一声霹雳，有若山崩地陷。士隐大叫一声，定睛一看，只见烈日炎炎，芭蕉冉冉，所梦之事便忘了大半。又见奶母正抱了英莲走来。士隐见女儿越发生得粉妆玉琢，乖觉可喜，便伸手接来，抱在怀内，逗他顽耍一回，又带至街前，看那过会①的热闹。

方欲进来时，只见从那边来一僧一道：那僧则癞头跣脚，那道则跛足蓬头，疯疯癫癫，挥霍谈笑而至。及至到了他门前，看见士隐抱着英莲，那僧便大哭起来，又向士隐道："施主，你把这有命无运、累及爹娘之物，抱在怀内作甚？"士隐听了，知是疯话，也不去睬他。那僧还说："舍我罢，舍我罢！"士隐不耐烦，便抱女儿撤身要进去，那僧乃指着他大笑，口内念了四句言词道：

惯养娇生笑你痴，菱花空对雪澌澌②。
好防佳节元宵后，便是烟消火灭时。

士隐听得明白，心下犹豫，意欲问他们来历。只听道人说道："你我不必同行，就此分手，各干营生去罢。三劫后，我在北邙山③等你，会齐了同往太虚幻境销号。"那僧道："最妙，最妙！"说毕，二人一去，再不见个踪影了。士隐心中此时自忖：这两个人必有来历，该试一问，如今悔却晚也。

这士隐正痴想，忽见隔壁葫芦庙内寄居的一个穷儒——姓贾名化、字表时飞、别号雨村者走了出来。这贾雨村原系胡州人氏，也是诗书仕宦之族。因他生于末世，父母祖宗根基已尽，人口衰丧，只剩得他一身一口，在家乡无益，因进京求取功名，再整基业。自前

---

① 过会：一种集体游艺活动。旧时遇节庆，随地聚演百戏杂耍、笙乐鼓吹之类，观者如潮。

② 菱花空对雪澌澌（sī）：夏季盛开的菱花却遇到冰雪，隐喻英莲（后改名为"香菱"）被薛蟠强占为妾，婚后受尽折磨而死的悲惨命运。雪，谐音"薛"，即薛蟠。澌澌，形容雪声。

③ 北邙（máng）山：在今河南洛阳市北。东汉及北魏的王侯公卿多葬于此，后常被用来泛指墓地。

岁来此，又淹蹇①住了，暂寄庙中安身，每日卖字作文为生，故士隐常与他交接。

当下雨村见了士隐，忙施礼陪笑道："老先生倚门伫望，敢②街市上有甚新闻否？"士隐笑道："非也。适因小女啼哭，引他出来作耍，正是无聊之甚，兄来得正妙，请入小斋一谈，彼此皆可消此永昼。"说着，便令人送女儿进去，自与雨村携手来至书房中。小童献茶。方谈得三五句话，忽家人飞报："严老爷来拜。"士隐慌的忙起身谢罪道："恕诳驾③之罪，略坐，弟即来陪。"雨村忙起身亦让道："老先生请便。晚生乃常造之客，稍候何妨。"说着，士隐已出前厅去了。

这里雨村且翻弄书籍解闷。忽听得窗外有女子嗽声，雨村遂起身往窗外一看，原来是一个丫鬟，在那里撷花，生得仪容不俗，眉目清明，虽无十分姿色，却亦有动人之处。雨村不觉看的呆了。

那甄家丫鬟撷了花，方欲走时，猛抬头见窗内有人，敝巾旧服，虽是贫窘，然生得腰圆背厚，面阔口方，更兼剑眉星眼，直鼻权腮④。这丫鬟忙转身回避，心下乃想："这人生的这样雄壮，却又这样褴褛，想他定是我家主人常说的什么贾雨村了，每有意帮助周济，只是没甚机会。我家并无这样贫窘亲友，想定是此人无疑了。怪道又说他必非久困之人。"如此想来，不免又回头两次。

雨村见他回了头，便自为这女子心中有意于他，便狂喜不尽，自为此女子必是个巨眼英雄⑤，风尘中之知己也。一时小童进来，雨村打听得前面留饭，不可久待，遂从夹道中自便出门去了。士隐待客既散，知雨村自便，也不去再邀。

一日，早又中秋佳节。士隐家宴已毕，乃又另具一席于书房，却自己步月至庙中来邀雨村。原来雨村自那日见了甄家之婢曾回顾他两次，自为是个知己，便时刻放在心上。今又正值中秋，不免对月有怀，因而口占⑥五言一律云：

未卜三生愿，频添一段愁。

闷来时敛额⑦，行去几回头。

自顾风前影，谁堪月下俦⑧？

蟾光如有意，先上玉人楼⑨。

---

① 淹蹇（jiǎn）：停留，耽搁。

② 敢：莫非。

③ 诳（kuáng）驾：失陪。邀来客人后，因故不能陪待，向客人道歉之词。诳，欺骗。驾，对客人的尊称。

④ 权腮：颧骨长得很高，被认为是一种贵相。

⑤ 巨眼英雄：有远见、能识鉴人才的人。

⑥ 口占：随口吟成。

⑦ 敛额：皱眉头。

⑧ 谁堪月下俦（chóu）：有谁能赏识自己，成为我的终身伴侣呢？堪，能，配得上。俦，伴侣。

⑨ "蟾光"二句：月光如真有情意，希望先照玉人的妆楼。暗含若得科举及第，定先到玉人楼上求婚之意。蟾光，月光，亦寓"蟾宫折桂"（即科举及第）。玉人楼，美人居住的地方。

雨村吟罢，因又思及平生抱负，苦未逢时，乃又搔首对天长叹，复高吟一联曰：

玉在椟中求善价，钗于奁内待时飞①。

恰值士隐走来听见，笑道："雨村兄真抱负不浅也！"雨村忙笑道："不过偶吟前人之句，何敢狂诞至此。"因问："老先生何兴至此？"士隐笑道："今夜中秋，俗谓'团圆之节'，想尊兄旅寄僧房，不无寂寥之感，故特具小酌，邀兄到敝斋一饮，不知可纳芹意②否？"雨村听了，并不推辞，便笑道："既蒙厚爱，何敢拂此盛情。"说着，便同士隐复过这边书院中来。

须臾茶毕，早已设下杯盘，那美酒佳肴自不必说。二人归坐，先是款斟漫饮，次渐谈至兴浓，不觉飞觥献斝③起来。当时街坊上家家箫管，户户弦歌，当头一轮明月，飞彩凝辉，二人愈添豪兴，酒到杯干。雨村此时已有七八分酒意，狂兴不禁，乃对月寓怀，口号一绝云：

时逢三五④便团圆，满把晴光护玉栏。

天上一轮才捧出，人间万姓仰头看。

士隐听了，大叫："妙哉！吾每谓兄必非久居人下者，今所吟之句，飞腾之兆已见，不日可接履于云霓之上矣。可贺，可贺！"乃亲斟一斗为贺。雨村因干过，叹道："非晚生酒后狂言，若论时尚之学⑤，晚生也或可去充数沽名，只是目今行囊路费一概无措，神京⑥路远，非赖卖字撰文即能到者。"士隐不待说完，便道："兄何不早言。愚每有此心，但每遇兄时，兄并未谈及，愚故未敢唐突。今既及此，愚虽不才，'义利'二字却还识得。且喜明岁正当大比⑦，兄宜作速入都，春闱一战，方不负兄之所学也。其盘费馀事，弟自代为处置，亦不枉兄之谬识矣！"当下即命小童进去，速封五十两白银，并两套冬衣。又云："十九日乃黄道之期，兄可即买舟西上，待雄飞高举，明冬再晤，岂非大快之事耶！"雨村收了银衣，不过略谢一语，并不介意，仍是吃酒谈笑。那天已交了三更，二人方散。

士隐送雨村去后，回房一觉，直至红日三竿方醒。因思昨夜之事，意欲再写两封荐书与雨村带至神都，使雨村投谒个仕宦之家为寄足之地。因使人过去请时，那家人去了回来说："和尚说，贾爷今日五鼓已进京去了，也曾留下话与和尚转达老爷，说'读书人不在

---

① "玉在"一联：美玉藏在匣子里希望卖得好价钱，玉钗放在镜盒中等待飞腾的时机。传说汉武帝时期，有神女在梳妆匣子里留有一玉钗；昭帝时，有人偷开匣子，不见玉钗，只见一只白燕从中飞出，升天而去。这里贾雨村自比玉、钗，期望得到贵人赏识，飞黄腾达。椟（dú），木匣。

② 芹意：古时有人认为芹菜味美，就向乡豪称赞，乡豪尝后，却觉得很难吃。后人常用"献芹""芹意"等作为送礼或请客的谦词。

③ 飞觥（gōng）献斝（jiǎ）：频频传杯。觥和斝均为古代盛酒的器皿。

④ 三五：阴历十五日。

⑤ 时尚之学：时人所崇尚的学问。这里指明清科举考试用的"八股文"和"试帖诗"等。

⑥ 神京：与下文"神都"均指京城。

⑦ 大比：这里指会试。明清科举考试分为三级，第一级是院试，第二级是乡试，第三级是会试。乡试、会试均三年一考，也称"大比"。乡试在秋天，称为"秋闱（wéi）"；会试在春天，称为"春闱"。

黄道黑道，总以事理为要，不及面辞了。'"士隐听了，也只得罢了。

真是闲处光阴易过，倏忽又是元宵佳节矣。士隐命家人霍启抱了英莲去看社火花灯，半夜中，霍启因要小解，便将英莲放在一家门槛上坐着。待他小解完了来抱时，那有英莲的踪影？急得霍启直寻了半夜，至天明不见，那霍启也就不敢回来见主人，便逃往他乡去了。那士隐夫妇，见女儿一夜不归，便知有些不妥，再使几人去寻找，回来皆云连音响皆无。夫妻二人，半世只生此女，一旦失落，岂不思想，因此昼夜啼哭，几乎不曾寻死。看看的一月，士隐先就得了一病；当时封氏孺人也因思女构疾，日日请医疗治。

不想这日三月十五，葫芦庙中炸供①，那些和尚不加小心，致使油锅火逸，便烧着窗纸。此方人家多用竹篱木壁者，大抵也因劫数，于是接二连三，牵五挂四，将一条街烧得如火焰山一般。彼时虽有军民来救，那火已成了势，如何救得下？直烧了一夜，方渐渐的熄去，也不知烧了几家。只可怜甄家在隔壁，早已烧成一片瓦砾场了。只有他夫妇并几个家人的性命不曾伤了。急得士隐惟跌足长叹而已。只得与妻子商议，且到田庄上去安身。偏值近年水旱不收，鼠盗蜂起，无非抢田夺地，鼠窃狗偷，民不安生，因此官兵剿捕，难以安身。士隐只得将田庄都折变了，便携了妻子与两个丫鬟投他岳丈家去。

他岳丈名唤封肃，本贯大如州人氏，虽是务农，家中都还殷实。今见女婿这等狼狈而来，心中便有些不乐。幸而士隐还有折变田地的银子未曾用完，拿出来托他随分就价薄置些须房地，为后日衣食之计。那封肃便半哄半赚，些须与他些薄田朽屋。士隐乃读书之人，不惯生理稼穑等事，勉强支持了一二年，越觉穷了下去。封肃每见面时，便说些现成话，且人前人后又怨他们不善过活，只一味好吃懒做等语。士隐知投人不着，心中未免悔恨，再兼上年惊唬，急忿怨痛，已有积伤，暮年之人，贫病交攻，竟渐渐的露出那下世的光景来。

可巧这日拄了拐杖挣挫到街前散散心时，忽见那边来了一个跛足道人，疯癫落脱②，麻屣③鹑衣④，口内念着几句言词，道是：

世人都晓神仙好，惟有功名忘不了！
古今将相在何方？荒冢一堆草没了。
世人都晓神仙好，只有金银忘不了！
终朝只恨聚无多，及到多时眼闭了。
世人都晓神仙好，只有姣妻忘不了！
君生日日说恩情，君死又随人去了。
世人都晓神仙好，只有儿孙忘不了！
痴心父母古来多，孝顺儿孙谁见了？

---

① 炸供：油炸供神用的食品。
② 落脱：行为狂放。
③ 麻屣（xǐ）：麻鞋。
④ 鹑（chún）衣：破烂衣服。

士隐听了，便迎上来道："你满口说些什么？只听见些'好''了''好''了'。"那道人笑道："你若果听见'好''了'二字，还算你明白。可知世上万般，好便是了，了便是好。若不了，便不好；若要好，须是了。我这歌儿，便名《好了歌》。"士隐本是有宿慧①的，一闻此言，心中早已彻悟。因笑道："且住！待我将你这《好了歌》解注出来何如？"道人笑道："你解，你解。"士隐乃说道：

> 陋室空堂，当年笏满床②；衰草枯杨，曾为歌舞场。蛛丝儿结满雕梁，绿纱今又糊在蓬窗上。说什么脂正浓、粉正香，如何两鬓又成霜？昨日黄土陇头③送白骨，今宵红灯帐底卧鸳鸯。金满箱，银满箱，展眼乞丐人皆谤。正叹他人命不长，那知自己归来丧！训有方，保不定日后作强梁④。择膏粱⑤，谁承望流落在烟花巷！因嫌纱帽小，致使锁枷扛；昨怜破袄寒，今嫌紫蟒⑥长：乱烘烘你方唱罢我登场，反认他乡是故乡⑦。甚荒唐，到头来都是为他人作嫁衣裳！

那疯跛道人听了，拍掌笑道："解得切，解得切！"士隐便说一声"走罢！"将道人肩上褡裢抢了过来背着，竟不回家，同了疯道人飘飘而去。当下烘动街坊，众人当作一件新闻传说。封氏闻得此信，哭个死去活来，只得与父亲商议，遣人各处访寻，那讨音信？无奈何，少不得依靠着他父母度日。幸而身边还有两个旧日的丫鬟服侍。主仆三人，日夜作些针线发卖，帮着父亲用度。那封肃虽然日日抱怨，也无可奈何了。

这日，那甄家大丫鬟在门前买线，忽听街上喝道之声，众人都说新太爷到任。丫鬟于是隐在门内看时，只见军牢快手⑧，一对一对的过去，俄而大轿抬着一个乌帽猩袍的官府过去。丫鬟倒发了个怔，自思这官好面善，倒像在那里见过的。于是进入房中，也就丢过不在心上。至晚间，正待歇息之时，忽听一片声打的门响，许多人乱嚷，说："本府太爷差人来传人问话。"封肃听了，唬得目瞪口呆，不知有何祸事，且听下回分解。

赏读指南

　　小说以"女娲补天遗石"与"绛珠仙草还泪"两个神话传说作为故事的开端。前者巧妙地为《红楼梦》的成书过程加上了一个神奇的来历，并揭示出此书不同于一般才子佳人、

---

　　① 宿慧：佛家用语，指超越常人的智慧。这种智慧被认为是宿世（即前世）带来的。

　　② 笏（hù）满床：形容家中做大官的人很多。笏，封建时代臣僚上朝时手中所拿的狭长板子，可作临时记事之用。

　　③ 黄土陇（lǒng）头：坟墓。陇，通"垄"，田中高地。

　　④ 强梁：强盗。

　　⑤ 择膏粱：挑选富贵人家的子弟作婿。膏，脂肪，油。粱，精米。膏粱，指精美的饭菜。后人用"膏粱子弟"来形容那些习惯于骄奢享乐生活的富贵人家的子弟，此处的"膏粱"是"膏粱子弟"的简称。

　　⑥ 紫蟒：紫色的官服。

　　⑦ 反认他乡是故乡：这里把现实人生比作暂时寄居的他乡，而把超脱尘世的虚幻世界当作人生本源的故乡；因而说那些为功名利禄、娇妻美妾、儿女后事奔忙而忘掉人生本源的人是错将他乡当作故乡。

　　⑧ 军牢快手：封建官吏手下执行缉捕、防卫和行刑的隶卒。官僚出巡，常由他们前呼后拥，以示威势。

风月笔墨的写作立场，石头（通灵宝玉）也成为贯穿小说的一条重要线索；后者则为贾宝玉与林黛玉的爱情故事添上了一段前缘因果，"还泪"的故事背景使作品由此具有了一种缠绵的诗意。

随后，作者讲述了甄士隐从富贵到衰败、贾雨村从落魄到发迹的过程。贾雨村与甄士隐代表了两种不同的处世态度，以及由此形成的不同人生轨迹。贾雨村入世之心甚切，在官场几经沉浮，是串联小说情节的一个功能性人物。甄士隐禀性恬淡，不以功名为念，在失女破家之后，终被僧道度脱出世。甄、贾二人的人生浮沉既有联系，又互为对比，正是小说所要反映的封建末世社会现实的缩影。

总体而言，本回概括了全书的主线和主题，为主要人物的结局埋下了伏笔，具有总摄全书的重要作用。

三国演义（节选）①

罗贯中

📖 导读

罗贯中（约 1330—约 1400），名本，字贯中，号湖海散人，元末明初文学家。

《三国演义》，全名《三国志通俗演义》，是我国第一部长篇章回体小说，中国古典四大名著之一。本书是罗贯中在陈寿《三国志》和裴松之注，以及后世有关三国的传说和文学作品的基础上，经过一定程度的虚构创作而成。今所见刊本以明嘉靖本为最早，分二十四卷，二百四十则。清初毛宗岗又进行了一些修改，成为现在通行的一百二十回本。全书描写了从东汉末年到西晋初年之间近百年的历史风云，反映了三国时代的政治军事斗争和社会矛盾，塑造了一批个性鲜明的人物形象，对后世文学创作影响深远。

本文选自第二十七回，讲的是关羽接到刘备在袁绍处的消息后，护送二位嫂嫂与刘备汇合途中发生的故事。

第二十七回　美髯公千里走单骑　汉寿侯五关斩六将

却说曹操部下诸将中，自张辽而外，只有徐晃与云长交厚，其馀亦皆敬服；独蔡阳不服关公，故今日闻其去，欲往追之。操曰："不忘故主，来去明白，真丈夫也。汝等皆当效之。"遂叱退蔡阳，不令去赶。程昱曰："丞相待关某甚厚，今彼不辞而去，乱言片楮②，冒渎钧威③，其罪大矣。若纵之使归袁绍，是与虎添翼也。不若追而杀之，以绝后患。"操曰："吾昔已许之，岂可失信！彼各为其主，勿追也。"因谓张辽曰："云长封金挂印，财

① 选自《三国演义》，人民文学出版社，2021 年，有改动。
② 乱言片楮（chǔ）：在纸上胡言乱语几句。楮，纸。
③ 钧威：您的权威。

贿不以动其心，爵禄不以移其志，此等人吾深敬之。想他去此不远，我一发^①结识他做个人情。汝可先去请住他，待我与他送行，更以路费征袍赠之，使为后日记念。"张辽领命，单骑先往。曹操引数十骑随后而来。

却说云长所骑赤兔马，日行千里，本是赶不上；因欲护送车仗，不敢纵马，按辔徐行^②。忽听背后有人大叫："云长且慢行！"回头视之，见张辽拍马而至。关公教车仗从人，只管望大路紧行；自己勒住赤兔马，按定青龙刀，问曰："文远莫非欲追我回乎？"辽曰："非也。丞相知兄远行，欲来相送，特先使我请住台驾，别无他意。"关公曰："便是丞相铁骑来，吾愿决一死战！"遂立马于桥上望之。见曹操引数十骑，飞奔前来，背后乃是许褚、徐晃、于禁、李典之辈。操见关公横刀立马于桥上，令诸将勒住马匹，左右排开。关公见众人手中皆无军器，方始放心。操曰："云长行何太速？"关公于马上欠身答曰："关某前曾禀过丞相。今故主在河北，不由某不急去。累次造府^③，不得参见，故拜书告辞，封金挂印，纳还丞相。望丞相勿忘昔日之言。"操曰："吾欲取信于天下，安肯有负前言。恐将军途中乏用，特具路资相送。"一将便从马上托过黄金一盘。关公曰："累蒙恩赐，尚有余资。留此黄金以赏将士。"操曰："特以少酬大功于万一，何必推辞？"关公曰："区区微劳，何足挂齿。"操笑曰："云长天下义士，恨吾福薄，不得相留。锦袍一领，略表寸心。"令一将下马，双手捧袍过来。云长恐有他变，不敢下马，用青龙刀尖挑锦袍披于身上，勒马回头称谢曰："蒙丞相赐袍，异日更得相会。"遂下桥望北而去。许褚曰："此人无礼太甚，何不擒之？"操曰："彼一人一骑，吾数十余人，安得不疑？吾言既出，不可追也。"曹操自引众将回城，于路叹想云长不已。

不说曹操自回。且说关公来赶车仗，约行三十里，却只不见。云长心慌，纵马四下寻之。忽见山头一人，高叫："关将军且住！"云长举目视之，只见一少年，黄巾锦衣，持枪跨马，马项下悬着首级一颗，引百余步卒，飞奔前来。公问曰："汝何人也？"少年弃枪下马，拜伏于地。云长恐是诈，勒马持刀问曰："壮士，愿通姓名。"答曰："吾本襄阳人，姓廖，名化，字元俭。因世乱流落江湖，聚众五百余人，劫掠为生。恰才同伴杜远下山巡哨，误将两夫人劫掠上山。吾问从者，知是大汉刘皇叔夫人，且闻将军护送在此，吾即欲送下山来。杜远出言不逊，被某杀之。今献头与将军请罪。"关公曰："二夫人何在？"化曰："现在山中。"关公教急取下山。不移时，百余人簇拥车仗前来。关公下马停刀，叉手于车前问候曰："二嫂受惊否？"二夫人曰："若非廖将军保全，已被杜远所辱。"关公问左右曰："廖化怎生救夫人？"左右曰："杜远劫上山去，就要与廖化各分一人为妻。廖化问起根由，好生拜敬，杜远不从，已被廖化杀了。"关公听言，乃拜谢廖化。廖化欲以部下人送关公。关公寻思此人终是黄巾余党，未可作伴，乃谢却之。廖化又拜送金帛，关公

---

① 一发：越发，索性。
② 按辔（pèi）徐行：轻轻按着缰绳，让马慢慢地走。辔，缰绳。
③ 造府：到您府上。

亦不受。廖化拜别，自引人伴投山谷中去了。

云长将曹操赠袍事，告知二嫂，催促车仗前行。至天晚，投一村庄安歇。庄主出迎，须发皆白，问曰："将军姓甚名谁？"关公施礼曰："吾乃刘玄德之弟关某也。"老人曰："莫非斩颜良、文丑的关公否？"公曰："便是。"老人大喜，便请入庄。关公曰："车上还有二位夫人。"老人便唤妻女出迎。二夫人至草堂上，关公叉手立于二夫人之侧。老人请公坐，公曰："尊嫂在上，安敢就坐！"老人乃令妻女请二夫人入内室款待，自于草堂款待关公。关公问老人姓名。老人曰："吾姓胡，名华。桓帝时曾为议郎，致仕①归乡。今有小儿胡班，在荥阳太守王植部下为从事。将军若从此处经过，某有一书寄与小儿。"关公允诺。

次日早膳毕，请二嫂上车，取了胡华书信，相别而行，取路投洛阳来。前至一关，名东岭关。把关将姓孔，名秀，引五百军兵在岭上把守。当日关公押车仗上岭，军士报知孔秀，秀出关来迎。关公下马，与孔秀施礼。秀曰："将军何往？"公曰："某辞丞相，特往河北寻兄。"秀曰："河北袁绍，正是丞相对头。将军此去，必有丞相文凭②？"公曰："因行期慌迫，不曾讨得。"秀曰："既无文凭，待我差人禀过丞相，方可放行。"关公曰："待去禀时，须误了我行程。"秀曰："法度所拘，不得不如此。"关公曰："汝不容我过关乎？"秀曰："汝要过去，留下老小为质。"关公大怒，举刀就杀孔秀。秀退入关去，鸣鼓聚军，披挂上马，杀下关来，大喝曰："汝敢过去么！"关公约退车仗，纵马提刀，竟不打话，直取孔秀。秀挺枪来迎。两马相交，只一合，钢刀起处，孔秀尸横马下。众军便走。关公曰："军士休走。吾杀孔秀，不得已也，与汝等无干。借汝众军之口，传语曹丞相，言孔秀欲害我，我故杀之。"众军俱拜于马前。

关公即请二夫人车仗出关，望洛阳进发。早有军士报知洛阳太守韩福。韩福急聚众将商议。牙将孟坦曰："既无丞相文凭，即系私行；若不阻挡，必有罪责。"韩福曰："关公勇猛，颜良、文丑俱为所杀。今不可力敌，只须设计擒之。"孟坦曰："吾有一计：先将鹿角拦定关口，待他到时，小将引兵和他交锋，佯败诱他来追，公可用暗箭射之。若关某坠马，即擒解许都，必得重赏。"商议停当，人报关公车仗已到。韩福弯弓插箭，引一千人马，排列关口，问："来者何人？"关公马上欠身言曰："吾汉寿亭侯关某，敢借过路。"韩福曰："有曹丞相文凭否？"关公曰："事冗不曾讨得。"韩福曰："吾奉承相钧命，镇守此地，专一盘诘③往来奸细。若无文凭，即系逃窜。"关公怒曰："东岭孔秀，已被吾杀。汝亦欲寻死耶？"韩福曰："谁人与我擒之？"孟坦出马，轮双刀来取关公。关公约退车仗，拍马来迎。孟坦战不三合，拨回马便走。关公赶来。孟坦只指望引诱关公，不想关公马快，早已赶上，只一刀，砍为两段。关公勒马回来，韩福闪在门首，尽力放了一箭，正

---

① 致仕：年老辞官退休。
② 文凭：证明文书。
③ 盘诘（jié）：仔细查问。

射中关公左臂。公用口拔出箭，血流不住，飞马径奔韩福，冲散众军，韩福急走不迭，关公手起刀落，带头连肩，斩于马下；杀散众军，保护车仗。

关公割帛束住箭伤，于路恐人暗算，不敢久住，连夜投汜水关来。把关将乃并州人氏，姓卞，名喜，善使流星锤；原是黄巾馀党，后投曹操，拨来守关。当下闻知关公将到，寻思一计：就关前镇国寺中，埋伏下刀斧手二百馀人，诱关公至寺，约击盏为号，欲图相害。安排已定，出关迎接关公。公见卞喜来迎，便下马相见。喜曰：“将军名震天下，谁不敬仰！今归皇叔，足见忠义！”关公诉说斩孔秀、韩福之事。卞喜曰：“将军杀之是也。某见丞相，代禀衷曲①。”关公甚喜，同上马过了汜水关，到镇国寺前下马。众僧鸣钟出迎。原来那镇国寺乃汉明帝御前香火院，本寺有僧三十馀人。内有一僧，却是关公同乡人，法名普净。当下普净已知其意，向前与关公问讯，曰：“将军离蒲东几年矣？”关公曰：“将及二十年矣。”普净曰：“还认得贫僧否？”公曰：“离乡多年，不能相识。”普净曰：“贫僧家与将军家只隔一条河。”卞喜见普净叙出乡里之情，恐有走泄，乃叱之曰：“吾欲请将军赴宴，汝僧人何得多言！”关公曰：“不然。乡人相遇，安得不叙旧情耶？”普净请关公方丈②待茶。关公曰：“二位夫人在车上，可先献茶。”普净教取茶先奉夫人，然后请关公入方丈。普净以手举所佩戒刀，以目视关公。公会意，命左右持刀紧随。卞喜请关公于法堂筵席。关公曰：“卞君请关某，是好意，还是歹意？”卞喜未及回言，关公早望见壁衣③中有刀斧手，乃大喝卞喜曰：“吾以汝为好人，安敢如此！”卞喜知事泄，大叫：“左右下手！”左右方欲动手，皆被关公拔剑砍之。卞喜下堂绕廊而走，关公弃剑执大刀来赶。卞喜暗取飞锤掷打关公。关公用刀隔开锤，赶将入去，一刀劈卞喜为两段。随即回身来看二嫂，早有军人围住，见关公来，四下奔走。关公赶散，谢普净曰：“若非吾师，已被此贼害矣。”普净曰：“贫僧此处难容，收拾衣钵，亦往他处云游也。后会有期，将军保重。”关公称谢，护送车仗，往荥阳进发。

荥阳太守王植，却与韩福是两亲家；闻得关公杀了韩福，商议欲暗害关公，乃使人守住关口。待关公到时，王植出关，喜笑相迎。关公诉说寻兄之事。植曰：“将军于路驱驰，夫人车上劳困，且请入城，馆驿中暂歇一宵，来日登途未迟。”关公见王植意甚殷勤，遂请二嫂入城。馆驿中皆铺陈了当。王植请公赴宴，公辞不往；植使人送筵席至馆驿。关公因于路辛苦，请二嫂晚膳毕，就正房歇定；令从者各自安歇，饱喂马匹。关公亦解甲憩息。

却说王植密唤从事胡班听令曰：“关某背丞相而逃，又于路杀太守并守关将校，死罪不轻！此人武勇难敌。汝今晚点一千军围住馆驿，一人一个火把，待三更时分，一齐放火；不问是谁，尽皆烧死！吾亦自引军接应。”胡班领命，便点起军士，密将干柴引火之物，搬于馆驿门首，约时举事。胡班寻思：“我久闻关云长之名，不识如何模样，试往窥之。”

----

① 衷曲：内中隐情。
② 方丈：寺庙。
③ 壁衣：遮蔽墙壁的大型帷幕，可用以临时隐藏众人。

乃至驿中，问驿吏曰："关将军在何处？"答曰："正厅上观书者是也。"胡班潜至厅前，见关公左手绰髯，于灯下凭几看书。班见了，失声叹曰："真天人也！"公问何人，胡班入拜曰："荥阳太守部下从事胡班。"关公曰："莫非许都城外胡华之子否？"班曰："然也。"公唤从者于行李中取书付班。班看毕，叹曰："险些误杀忠良！"遂密告曰："王植心怀不仁，欲害将军，暗令人四面围住馆驿，约于三更放火。今某当先去开了城门，将军急收拾出城。"关公大惊，忙披挂提刀上马，请二嫂上车，尽出馆驿，果见军士各执火把听候。关公急来到城边，只见城门已开。关公催车仗急急出城。胡班还去放火。关公行不到数里，背后火把照耀，人马赶来。当先王植大叫："关某休走！"关公勒马，大骂："匹夫！我与你无仇，如何令人放火烧我？"王植拍马挺枪，径奔关公，被关公拦腰一刀，砍为两段。人马都赶散。关公催车仗速行，于路感胡班不已。

行至滑州界首，有人报与刘延。延引数十骑，出郭而迎。关公马上欠身而言曰："太守别来无恙！"延曰："公今欲何往？"公曰："辞了丞相，去寻家兄。"延曰："玄德在袁绍处，绍乃丞相仇人，如何容公去？"公曰："昔日曾言定来。"延曰："今黄河渡口关隘，夏侯惇部将秦琪据守，恐不容将军过渡。"公曰："太守应付船只，若何？"延曰："船只虽有，不敢应付。"公曰："我前者诛颜良、文丑，亦曾与足下解厄①。今日求一渡船而不与，何也？"延曰："只恐夏侯惇知之，必然罪我。"关公知刘延无用之人，遂自催车仗前进。到黄河渡口，秦琪引军出问："来者何人？"关公曰："汉寿亭侯关某也。"琪曰："今欲何往？"关公曰："欲投河北去寻兄长刘玄德，敬来借渡。"琪曰："丞相公文何在？"公曰："吾不受丞相节制，有甚公文！"琪曰："吾奉夏侯将军将令，守把关隘，你便插翅，也飞不过去！"关公大怒曰："你知我于路斩戮拦截者乎？"琪曰："你只杀得无名下将，敢杀我么？"关公怒曰："汝比颜良、文丑若何？"秦琪大怒，纵马提刀，直取关公。二马相交，只一合，关公刀起，秦琪头落。关公曰："当吾者已死，馀人不必惊走。速备船只，送我渡河。"军士急撑舟傍岸。关公请二嫂上船渡河。渡过黄河，便是袁绍地方。关公所历关隘五处，斩将六员。后人有诗叹曰：

挂印封金辞汉相，寻兄遥望远途还。马骑赤兔行千里，刀偃青龙出五关。忠义慨然冲宇宙，英雄从此震江山。独行斩将应无敌，今古留题翰墨间。

关公于马上自叹曰："吾非欲沿途杀人，奈事不得已也。曹公知之，必以我为负恩之人矣。"正行间，忽见一骑自北而来，大叫："云长少住！"关公勒马视之，乃孙乾也。关公曰："自汝南相别，一向消息若何？"乾曰："刘辟、龚都自将军回兵之后，复夺了汝南；遣某往河北结好袁绍，请玄德同谋破曹之计。不想河北将士，各相妒忌；田丰尚囚狱中；沮授黜退不用；审配、郭图各自争权；袁绍多疑，主持不定。某与刘皇叔商议，先求脱身之计。今皇叔已往汝南会合刘辟去了。恐将军不知，反到袁绍处，或为所害，特遣某于路迎接将来。幸于此得见。将军可速往汝南与皇叔相会。"关公教孙乾拜见夫人。夫人问其

---

① 解厄：从危难中救出。

动静。孙乾备说："袁绍二次欲斩皇叔，今幸脱身往汝南去了。夫人可与云长到此相会。"二夫人皆掩面垂泪。关公依言，不投河北去，径取汝南来。正行之间，背后尘埃起处，一彪人马赶来。当先夏侯惇大叫："关某休走！"正是：六将阻关徒受死，一军拦路复争锋。毕竟关公怎生脱身，且听下文分解。

赏读指南

　　"过五关斩六将"是大家耳熟能详的成语，比喻历经重重困难，方才实现目标。关羽"过五关斩六将"的故事多有民间对关羽忠勇形象的美好想象，《三国演义》在吸收民间传说的基础上，将这一故事写得扣人心弦，引人入胜，不仅形象刻画出关羽勇武双全、忠义诚信的形象，还为后面的情节发展巧妙地埋下了多处伏笔（如本回写关羽千里走单骑途中借宿胡华家，为之后荥阳城中胡华之子胡班助关羽脱险做了铺垫），构建了一个逻辑严密的叙事体系，展现出作者高超的文学造诣。

品味情感　发现心灵

简·爱（节选）[①]

夏洛蒂·勃朗特

导读

　　1847 年，夏洛蒂·勃朗特的《简·爱》、安妮·勃朗特的《阿格尼丝·格雷》和艾米丽·勃朗特的《呼啸山庄》先后出版，在英国文学界引起了巨大的轰动。勃朗特三姊妹同时驰名文坛，成为英国文学史上的一段佳话。

　　夏洛蒂·勃朗特（1816—1855）是勃朗特三姊妹中最著名的一位，著有《简·爱》《谢利》《教师》《维莱特》等长篇小说。她的作品表现出女性要求独立自主的强烈愿望。后世许多作家在处理女性主题时都不同程度地受到其作品的影响，尤其是关心女性自身命运问题的女作家，更是将夏洛蒂·勃朗特尊为先驱，把她的作品视为现代女性小说的楷模。

　　《简·爱》是一部具有自传色彩的长篇小说，是作者"诗意的生平写照"，曾被英国19 世纪著名作家萨克雷称赞为是"一位伟大天才的杰作"。作者以巧妙的悬念设计、浓郁抒情的笔法和深刻细腻的心理描写，引人入胜地讲述了家庭教师简·爱与贵族罗切斯特的曲折的爱情经历，歌颂了摆脱一切旧习俗和偏见，扎根于相互理解、相互尊重的基础之上的深挚爱情。课文节选部分叙述的是简·爱对罗切斯特大胆袒露内心感情的片段。

---

　　① 选自宋兆霖译：《简·爱》，人民教育出版社，2018 年，有改动。

明丽的仲夏笼照着英格兰，天空如此明净，阳光如此灿烂，在我们这个波浪围绕的岛国，本来是难得有这样的好天气的，而近来却接连很多天都是这样，仿佛是意大利的天气来到了英国——就像一群欢快的过路候鸟从南方飞来，在阿尔比恩①的悬崖上暂时歇上一歇。干草全都收进来了，桑菲尔德四周的田地都已收割干净，露出一片绿色。大路让太阳晒得又白又硬。树木郁郁葱葱，树篱和林子枝繁叶茂，一片浓荫，与它们之间洒满阳光的明亮的牧草地，正好形成鲜明的对比。

施洗约翰节②的前夕，阿黛尔在干草村小路上采了半天野草莓，采累了，太阳一下山就去睡了。我看着她睡着后，才离开她来到花园里。这是二十四小时中最美好的时刻——"白天已耗尽了它炽热的烈火"，露水清凉地降落在喘不过气来的平原和烤焦了的山顶上。在太阳没有披上华丽的云彩就朴素地沉落的地方，展现出一片壮丽的紫色，只有在一座小山峰尖顶的某一处，正燃烧着红宝石和熊熊炉火般的光辉。那片紫色慢慢扩展着，愈来愈高、愈来愈远、愈来愈淡，直至覆盖了整整半边天空。东方则有它自己湛蓝悦目的美，有它自己那不大炫耀的宝石——一颗正在独自徐徐升起的星星。它过不多久就将以月亮而自豪，不过这会儿它还在地平线下。

我在石子小径上散了一会儿步，可是有一股幽幽的、熟悉的香味——雪茄烟味——从一扇窗子里飘了出来。我看到书房的窗子打开有一手宽光景。我知道可能会有人在那儿窥视我，于是我马上离开，走进果园。庭园里再没有哪个角落比这儿更隐蔽、更像伊甸园的了。这儿树木茂密，鲜花盛开。它的一边有一堵高墙，把它和院子隔开，另一边则有一条山毛榉林荫道形成屏障，使它和草坪分开。果园的尽头是一道低矮篱笆，这是它跟孤寂的田野唯一的分界线。有一条蜿蜒的小路通向篱笆，小路的两边长着月桂树，路的尽头耸立着一棵高大的七叶树，树的根部围着一圈坐凳。在这儿，你可以自由漫步而不让人看见。

在这蜜露降临、万籁俱寂、暮色渐浓的时候，我觉得自己仿佛可以永远在这浓阴里流连下去。果园的一个高处较为开阔，初升的月亮在这儿洒下了一片银辉。我被吸引着走向那儿。正穿行在花丛和果树之间时，我的脚步不由得停了下来——既不是因为听到什么，也不是因为看到了什么，而是因为再次闻到了一股引起警觉的香味。多花蔷薇、青蒿、茉莉、石竹和玫瑰一直都在奉献着晚间的芳香，可是这股新的香味既不是来自灌木，也不是花香，这是——我非常熟悉的——罗切斯特先生的雪茄香味。

我看着四周，侧耳细听，我看到的是枝头挂满正在成熟的果实的果树，听到的是半英里外林子里一只夜莺的歌唱。看不见一个移动的人影，听不见任何走近的脚步声，可是那香味却愈来愈浓。我得赶快逃走。我正举步朝通向灌木丛的边门走去，却一眼看见罗切斯特先生正走了进来。我向旁边一闪，躲进常青藤深处。他不会逗留很久，一定很快就会回去的，只要我坐那儿不动，他绝不会看见我的。可是并非如此——黄昏对他像对我一样

---

① 阿尔比恩：英格兰的旧称。

② 施洗约翰节：宗教节日，在每年的6月24日。

可爱，这个古老的花园对他也同样迷人。他继续信步朝前走着，一会儿托起醋栗树枝，看看枝头那大如李子的累累果实，一会儿从墙头摘下一颗熟透的樱桃，一会儿又朝一簇花朵弯下身去，不是去闻闻它们的香气，就是欣赏一下花瓣上的露珠。一只很大的飞蛾从我身边嗡嗡地飞过，停落在罗切斯特先生脚边的一株花上。他看见后，俯身朝它仔细地察看着。

"现在他正背朝着我，"我想，"而且又在专心地看着。要是我轻轻地走，也许能悄悄地溜掉，不让他发现。"

我踩着小径边上的草丛走，以免路上的石子发出声响把我暴露。他正站在离我的必经之路有一两码远的花坛间，那只飞蛾显然把他给吸引住了。

"我一定可以顺利地走过去的。"我心里暗想。

尚未升高的月亮把他的影子长长地投映在地上，当我跨过他的影子时，他头也不回地轻声说：

"简，过来看看这小东西。"

我刚才并没弄出声音，他的背后又没长眼睛，莫非他的影子也有感觉吗？开始我吓了一跳，接着便朝他身边走去。

"瞧瞧它的翅膀，"他说，"它倒让我想起了西印度群岛的一种昆虫。在英国，这么大、色彩这么艳丽的夜游神，是不能见到的。瞧！它飞走了。"

蛾子飞走了，我也怯生生地退身离去。可是罗切斯特先生一直跟着我。两人走到小门边时，他说：

"转回去吧，这么可爱的夜晚，呆坐在屋子里太可惜了。在这种日落紧接月出的时刻，绝不会有人想到要去睡觉的。"

我有一个缺点：虽然有时候我的舌头能对答如流，可有时候却不幸地怎么也找不出一个借口。而且这种失误往往总是发生在某些紧要关头，在特别需要有一句机敏的话或巧妙的托词来摆脱难堪困境的时候。我不想在这种时候，在这座树影憧憧①的果园单独跟罗切斯特先生一起散步，可是我又找不出一个理由让我作为借口离开他。我缓缓地拖着脚步跟在后面，脑子里苦苦思索着，想找出一个脱身之计。可是他看上去却那么镇静、那么严肃，倒让我因自己的心慌意乱感到愧疚起来。看来邪念——假如有邪念存在或者即将有邪念出现的话——只在我心中，他的心中根本没有这种想法，很平静。

"简，"当我们踏上两旁有月桂树的小径缓缓地朝矮篱笆和那棵七叶树漫步走去时，他又开口说起话来，"在夏天，桑菲尔德是个挺可爱的地方，是不是？"

"是的，先生。"

"你一定有些依恋上这座宅院了吧？……你是个对大自然的美颜有眼光，而且又很容易产生依恋心情的人。"

"我的确依恋它。"

---

① 憧（chōng）憧：摇曳不定。

"而且，尽管我不明白是怎么回事，但我看得出来，你对那个傻孩子阿黛尔，甚至还有那位头脑简单的费尔法克斯太太，已经有了几分感情，是吧？"

"是的，先生，尽管方式不同，我对她们两个都很喜爱。"

"那离开她们你会感到难受吧？"

"是的。"

"真遗憾！"他说完，叹了口气，停了一会儿。"世上的事总是这样，"他又继续说道，"你刚在一个合意的歇息处安顿下来，马上就有一个声音朝你呼唤，要你起身继续上路，因为休息的时间已经过完了。"

"我得继续上路吗，先生？"我问道，"我得离开桑菲尔德？"

"我认为你得离开，简。我很抱歉，简妮特，不过我认为你确实得离开。"

这真是个打击，可是我并没有让它把我打垮。

"好吧，先生，开步走的命令一下，我就可以走。"

"现在就下了——我必须今天晚上就下。"

"这么说，你是要结婚了，先生？"

"正是如此——一点儿不错。凭着你的一贯敏锐，你这是一语道破的。"

"快了吗，先生？"

"很快，我的……哦，爱小姐。你也许还记得，简，我本人或者是传闻向你透露的情况：我打算把我的老单身汉的脖子伸进神圣的套索里，有意进入神圣的结婚阶段——把英格拉姆小姐拥抱在怀里（她那么大的个儿够我抱的，不过这没关系——像我的漂亮的布兰奇这样一个宝贝，是谁也不会嫌她个儿大的）。总之，呃，就像我刚才说的……听我说呀，简！你干吗扭过头去，是在找寻更多的飞蛾吗？那只是只瓢虫，孩子，'正在飞回家'。我是想提醒你，是你带着你那让我敬重的审慎，带着符合你的职责和身份的明智、远见和谦虚，首先向我提出，如果我娶了英格拉姆小姐，你和小阿黛尔最好是马上离开。你这提议中对我爱人的为人所暗含的诋毁，我并不想多做计较。真的，在你远离我之后，简妮特，我会尽量去忘掉它，而只注意其中的明智，这种明智我已把它作为我行动的准则。阿黛尔得进学校，而你，简小姐，得另找新职位。"

"好的，先生，我马上就登广告。在这期间，我想……"我正想说"我想我也许可以暂时待在这儿，等找到新的安身的地方再走吧"，但是我突然住了口，感到不能冒险去说这样长长的一句话，因为我的声音已经不太听从我的使唤了。

"大约再过一个月，我就要当新郎了，"罗切斯特先生继续说道，"在这以前，我会亲自为你找一个工作和安身的地方的。"

"谢谢你，先生，我很抱歉给你……"

"哦，用不着道歉！我认为，一个雇员能像你这样忠于职守，她就有权要求她的雇主提供一点儿他不费吹灰之力就能做到的帮助。说实话，我已经从我未来的岳母那儿听说，有一个我认为很适合你的位置，是在爱尔兰的康诺特的苦果山庄，教狄奥尼修斯·奥高尔太太的五个女儿。我想你会喜欢爱尔兰的，听说那儿的人都很热心肠。"

"可是路很远啊，先生。"

"没关系——像你这样有见识的姑娘总不会怕航行和路远吧。"

"不是怕航行，而是怕路远，再说，还有大海隔开了……隔开了英格兰，隔开了桑菲尔德，还有……"

"什么？"

"还有你，先生。"

我这话几乎是不由自主说出的，而且，同样不由自主地，我的眼泪也夺眶而出。不过我并没有哭出声来，以免被他听见。我压抑着抽泣。一想到奥高尔太太和苦果山庄，我心里就一阵发冷。想到看来注定将横贯在我和走在身边的这位主人之间的茫茫大海，我更觉得心寒。而最使我心寒的，是想起那更辽阔的海洋——阻隔在我和我无法避免、自然而然爱着的人中间的财产、地位和习俗。

"路很远啊。"我又说了一句。

"的确很远。你一去了爱尔兰康诺特的苦果山庄，我就再也见不到你了，简，这是肯定无疑的。我绝不会去爱尔兰，我向来就不太喜欢这个国家。我们一直是好朋友，简，是不是？"

"是的，先生。"

"朋友们在离别的前夕，总喜欢在一起度过余下的一点儿时间。来吧——趁那天空的星星越来越闪亮，让我们从从容容地谈谈这次航行和离别，谈上那么半个来小时。这儿是那棵七叶树，这儿有围着它老根的坐凳。来吧，今天晚上我们就在这儿安安静静地坐上一坐，今后我们可注定再也不能一起坐在这儿了啊。"

他招呼我坐下，然后自己也坐了下来。

"去爱尔兰路途遥远，简妮特，我很过意不去，让我的小朋友去做那么令人厌倦的旅行。不过，我没法安排得更好了，这又有什么办法呢？你觉得你有点儿跟我相像吗，简？"

这一次我没敢答话，我心里异常激动。

"因为，"他说，"对你，有时候我有一种奇怪的感觉——尤其是像现在这样你靠我很近的时候，仿佛我左肋下有根弦，跟你那小小身躯的同一地方的一根弦紧紧相连，无法解开。一旦那波涛汹涌的海峡和两百英里的陆地，把我们远远地分隔两地，我真怕这根联系着两人的弦会一下绷断。我心里一直就有一种惴惴不安的想法，担心到那时我内心准会流血。至于你嘛——你会把我忘得一干二净的。"

"我永远不会的，先生，你知道……"我说不下去了。

"简，你听见那夜莺在林子里歌唱吗？听！"

我听着听着就啜泣起来，因为我再也抑制不住心中的悲伤，我不得不屈服了。剧烈的痛苦使我从头到脚浑身都颤抖着。等到我能说出话来时，我也只能表示出一个强烈的愿望：但愿我从来未出生过，从未来到过桑菲尔德。

"你因为离开它感到难过？"

我心中的痛苦和爱情激起的强烈感情，正在要求成为我的主宰，正在竭力要支配一切，要想压倒一切、战胜一切，要求生存、要求升迁，最后成为统治者。当然——还要说话。

"离开桑菲尔德我感到伤心。我爱桑菲尔德。我爱它。因为我在这儿过了一段——至少是短暂的一段——愉快而充实的生活。我没有受到歧视，我没有给吓得呆若木鸡，没有硬把我限制在低下庸俗的人中间，没有被排斥在和聪明、能干、高尚的人的交往之外。我能面对面地跟我所尊敬的人、我所喜爱的人——跟一个独特、活跃、宽厚的心灵交谈。我认识了你，罗切斯特先生，想到非得永远离开你，这让我感到害怕和痛苦。我看出我非离开不可，可是这就像是看到我非死不可一样。"

"你从哪儿看出非这样不可呢？"他突然问道。

"从哪儿？是你，先生，让我明明白白看出的。"

"在什么事情上？"

"在英格拉姆小姐的事情上，在一位高贵漂亮的女人——你的新娘身上。"

"我的新娘！什么新娘？我没有新娘！"

"可是你就会有的。"

"对，——我就会有的！——我就会有的！"他紧咬着牙关。

"那我就非走不可了，你自己亲口说过的。"

"不，你非留下不可！我要为这发誓——这誓言我一定遵守。"

"我跟你说，我非走不可！"我有点儿生气地反驳道，"你认为我会留下来，成为一个对你来说无足轻重的人吗？你认为我只是一架机器——一架没有感情的机器？你认为我能忍受让人把我的一口面包从嘴里抢走，让人把我的一滴活命水从杯子里泼掉吗？你以为因为我贫穷、低微、不美、矮小，我就没有灵魂，没有心吗？——你想错了！——我跟你一样有灵魂，——也完全一样有一颗心！要是上帝赐给了我一点儿美貌和大量财富，我也会让你感到难以离开我，就像我现在难以离开你一样。我现在不是凭着习俗、常规，甚至也不是凭着肉体凡胎跟你说话，而是我的心灵在跟你的心灵说话，就好像我们都已离开人世，两人平等地一同站在上帝跟前——因为我们本来就是平等的！"

"因为我们本来就是平等的！"罗切斯特先生重复了一句——"就这样，"他补充说，将我一把抱住，紧紧搂在怀中，嘴唇紧贴着我的嘴唇，"就这样，简！"

"对，就这样，先生，"我回答说，"可又不是这样，因为你是个已经结了婚的人，或者等于是结了婚的人，娶的是一个配不上你的女人，一个意气不相投的女人——我不相信你真正爱她，因为我曾耳闻目睹过你讥笑她。我瞧不起这种结合，所以我比你好——让我走！"

"去哪儿，简？去爱尔兰吗？"

"对——去爱尔兰。我已经说出了我的心里话，现在去哪儿都行。"

"简，安静点儿，别这么挣扎了，像只绝望中狂躁的小鸟，拼命抓扯着自己的羽毛。"

"我可不是小鸟，也没有落进罗网。我是个有独立意志的自由人，我现在就要按自己的意志离开你。"

我又使劲一挣扎，终于挣脱出来，昂首直立在他的面前。

"那你就按你的意志来决定你的命运吧。"他说，"我向你献上我的心、我的手和分享我全部家产的权利。"

"你这是在演一出滑稽戏，看了只会让我发笑。"

"我这是在请求你一辈子跟我在一起——成为另一个我和我最好的终身伴侣。"

"对这件终身大事，你已经做出了你的选择，你就应该信守它。"

"简，请安静一会儿，你太激动了。我也要安静一下。"

一阵风顺着月桂树中间的小径吹来，颤抖着穿过七叶树的枝叶，飘然而去——吹向渺茫的远方——消失了。只有夜莺的歌声是这时唯一的声响。我听着听着，又哭了起来。罗切斯特先生默默地坐着，温柔而又认真地看着我。他有好一会儿没有作声，最后终于说：

"到我身边来，简，让我们做些解释，求得互相理解吧。"

"我绝不再到你身边去了。现在我已忍痛离开，不可能回去了。"

"可是，简，我是唤你来做我的妻子，我想要娶的只是你。"

我没有作声。我想他准是在捉弄我。

"来吧，简——过来。"

"你的新娘拦在我们中间。"

他站起身来，一步跨到我面前。

"我的新娘就在这儿，"他说着，再次把我拉进他怀里，"因为和我相配，和我相似的人在这儿。简，你愿意嫁给我吗？"

我仍不做回答，还是扭动着要挣脱他，因为我依然不相信。

"你怀疑我吗，简？"

"完全怀疑。"

"你不相信我？"

"一点儿也不相信。"

"我在你眼里是个撒谎者？"他激动地说，"小怀疑家，你会相信的。我对英格拉姆小姐有什么爱情呢？没有，这你是知道的。她对我又有什么爱情呢？也没有，正如我想方设法已经证实的那样。我有意让一个谣言传到她耳朵里，说我的财产还不到人们料想的三分之一，然后我就亲自去看结果怎么样，结果她跟她母亲全都冷若冰霜。我绝不会——也不可能——娶英格拉姆小姐。是你——你这古怪的，几乎不像尘世的小东西！——只有你，我才爱得像爱自己的心肝！你——尽管又穷又低微，既矮小也不美——我还是要恳求你答应我做你的丈夫。"

"什么，我！"我失声叫了起来。看到他的认真——特别是他的粗鲁——我开始有点儿相信他的真诚。"怎么会是我？我在这个世界上除了你，连一个朋友也没有——如果你是我的朋友的话。除了你给我的那点儿工资外，我连一个先令也没有啊！"

"是你，简。我一定要让你属于我——完完全全属于我一个人。你愿意属于我吗？说愿意，快说！"

"罗切斯特先生，让我看看你的脸。转过来朝着月光。"

"为什么？"

"因为我想看看你脸上的神情。转过来！"

"看吧，你将发现它不见得比一张皱巴巴、乱涂过的纸更容易看得明白。看吧，只要你快一点儿，因为我感到难受。"

他脸上神情激动，满脸通红，五官在抽搐，眼里闪现着奇异的光芒。

"哦，简，你是在折磨我！"他嚷了起来，"你在用寻根究底而又信任、宽厚的目光折磨我！"

"我怎么会折磨你呢？只要你是诚挚的，你的求婚是真心的，我对你的感情只能是感激和挚爱——绝不会是折磨！"

"感激！"他嚷了起来，接着又发狂似的补充说："简，快答应我，说，爱德华——叫我名字——爱德华，我愿意嫁给你。"

"你是认真的吗？你真的爱我？你真心诚意希望我做你的妻子？"

"是的，要是一定要发誓你才能满意，那我就发誓。"

"好吧，先生，我愿意嫁给你。"

"叫我爱德华——我的小妻子！"

"亲爱的爱德华！"

"到我这儿来——现在整个儿投到我怀里来吧。"他说。随后他拿脸贴着我的脸，用最深沉的语调在我耳边继续说："使我幸福吧，我也会使你幸福的。"

"上帝，饶了我吧！"一会儿他又接着说，"别让人来干涉我。我得到她了，我要好好守住她。"

"没有人会来干涉的，先生。我没有亲属会来阻挠。"

"没有——那就太好了。"他说。

要不是我那么深深地爱他，也许我会觉得他那狂喜的口气和神情有点儿太野了，然而，靠着他坐在那儿，从离别的噩梦中醒来——忽然被召入团圆的乐园——我此刻想到的只是那任我畅饮的无穷幸福。

他一遍又一遍地问："你幸福吗，简？"

我一次又一次地回答："幸福。"

接着他又喃喃地说道："我会赎罪的——会得到上帝宽恕的。难道不是我发现她没有朋友、冷清凄凉、得不到安慰的吗？难道我能不去保卫她、爱护她和安慰她吗？难道我心中没有爱情，我的决心还不够坚定吗？这会在上帝的法庭上得到赎罪的。我知道上帝是准许我这么做的。至于人间的评判——我才不去管它。别人的议论——我毫不在乎。"

可是这夜色是怎么啦？月亮还没下落，我们就已被笼罩在一片黑暗之中。尽管靠得那么近，我却几乎看不见我主人的脸。是什么使得那棵七叶树如此痛苦不安？它挣扎着，呻吟着。狂风在月桂树中间的小径上呼啸，急速地从我们头上掠过。

"我们得进屋去，"罗切斯特先生说，"变天了。我本可以跟你一直坐到天亮的，简。"

"我也一样，"我想，"本可以跟你一直坐下去。"本来我也许会这么说出来的，但一道耀眼的青色闪电突然从我望着的云堆里蹿出，紧接着一声噼里啪啦的爆裂声，然后是近处的一阵轰隆隆的雷声。我除了赶紧把闪花了的眼睛贴在罗切斯特先生的肩上藏起外，别的什么也顾不上了。

大雨倾盆而下。他催我赶快走上小径，穿过庭园，逃进屋子。但没等我们进门，全身就已经完全湿透了。正当他在大厅里帮我摘下披巾，抖掉我散开的头发上的雨水时，费尔法克斯太太从她的房间里走了出来。一开始，我没有看见她，罗切斯特先生也没有看见她。灯亮着。钟正打十二点。

"快去脱下你身上的湿衣服。"他说，"临别以前，道一声晚安——晚安，我亲爱的！"

他连连地吻我。当我正从他怀中脱出身来时，抬头一看，那位寡妇就站在那儿，脸色苍白，神情严肃而又吃惊。我只对她笑了笑，便跑上楼去。

"另找时间再解释吧。"我心里想。

可是当我走进自己的房间后，一想到她哪怕是会暂时误解她看到的情况，我心中也仍然感到一阵极度的不安。但是欢乐很快就把其他的心情一扫而空。尽管在持续两小时的暴风雨中，狂风呼啸怒吼，雷声既近又沉，电光频频猛闪，大雨如瀑倾泻，我却并不感到害怕，也没有丝毫畏惧。在这风狂雨暴的时刻，罗切斯特先生曾三次来到我的门前，问我是否平安无事，而这就足以令人安慰，就是应付一切的力量。

第二天早上，我还没起床，小阿黛尔就跑进房来告诉我，果园尽头那棵大七叶树昨天夜里遭了雷击，被劈掉了一半。

赏读指南

本文与其说是简·爱追求幸福爱情的心灵告白，不如说是她追求人格独立和生命尊严的勇敢冲锋，是简·爱向不平等的社会现象发出的挑战书。虽然与心爱之人地位悬殊，她却敢于追求爱情，因为她坚信每个人在精神和人格上都是平等的，她追求的是两颗心的结合。不仅如此，在本书之后的章节中，当简·爱得知罗切斯特已婚且他疯了的妻子还活着时，她决然离开桑菲尔德庄园，因为她要的是一份有尊严的爱。这样一位女性，改写了英国传统女性温柔可爱、逆来顺受的形象，在 19 世纪欧洲文学史上留下了浓重的一笔，被后世视为现代女性的先驱和楷模，是现代女性美的象征。

麦琪的礼物①

欧·亨利

📖 **导读**

> 欧·亨利（1862—1910），美国批判现实主义作家，与契诃夫和莫泊桑并称"世界三大短篇小说大师"。他共创作了近三百篇小说，代表作有《麦琪的礼物》《警察与赞美诗》《最后的藤叶》等。
>
> 欧·亨利长期生活在社会底层，了解下层人民的苦难生活，对小人物的描写是欧·亨利短篇小说中最打动人心的内容。在他的笔下，穷人有着纯洁美好的心灵、仁慈善良的品格和真挚深沉的爱情；但同时他们又命运多舛，食不果腹，身无居所，最终往往会被社会无情地吞噬。
>
> 《麦琪的礼物》是一篇短篇小说，描写了一对穷困的年轻夫妻互赠圣诞礼物的故事。"麦琪"（Magi）是指耶稣降生时，携带礼物前来探望的东方三贤人，后世的圣诞礼物即源于此。

一块八毛七分钱。全在这儿了。其中六毛钱还是铜子儿凑起来的。这些铜子儿是每次一个、两个向杂货铺、菜贩和肉店老板那儿死乞白赖地硬扣下来的；人家虽然没有明说，自己总觉得这种掂斤播两的交易未免太吝啬，当时脸都臊红了。德拉数了三遍。数来数去还是一块八毛七分钱，而第二天就是圣诞节了。

除了倒在那张破旧的小榻上号哭之外，显然没有别的办法。德拉就那样做了。这使一种精神上的感慨油然而生，认为人生是由啜泣、抽噎和微笑组成的，而抽噎占了其中绝大部分。

这个家庭的主妇渐渐从第一阶段退到第二阶段，我们不妨抽空儿来看看这个家吧。一套连家具的公寓，房租每星期八块钱。虽不能说是绝对难以形容，其实跟贫民窟也相去不远。

下面门廊里有一个信箱，但是永远不会有信件投进去；还有一个电钮，除非神仙下凡才能把铃按响。那里还贴着一张名片，上面印有"詹姆斯·迪林汉·扬先生"几个字。

"迪林汉"这个名号是主人先前每星期挣三十块钱的时候，一时高兴，加在姓名之间的。现在收入缩减到二十块钱，"迪林汉"几个字看来就有些模糊，仿佛它们正在郑重考

---

① 选自王永年译：《麦琪的礼物》，人民文学出版社，2012 年，有改动。

虑，是不是缩成一个质朴而谦逊的"迪"字为好。但是每逢詹姆斯·迪林汉·扬先生回家上楼，走进房间的时候，詹姆斯·迪林汉·扬太太——就是刚才已经介绍给各位的德拉——总是管他叫作"吉姆"，总是热烈地拥抱他。那当然是很好的。

德拉哭了之后，在脸颊上扑了些粉。她站在窗子跟前，呆呆地瞅着外面灰蒙蒙的后院里，一只灰猫正在灰色的篱笆上行走。明天就是圣诞节了，她只有一块八毛七分钱来给吉姆买一件礼物。好几个月来，她省吃俭用，能攒起来的都攒了，可结果只有这一点儿。一星期二十块钱的收入是不经用的。支出总比她预算的要多。总是这样的。只有一块八毛七分钱来给吉姆买礼物。她的吉姆。为了买一件好东西送给他，德拉自得其乐地筹划了好些日子。要买一件精致、珍奇而真有价值的东西——够得上为吉姆所有的东西固然很少，可总得有些相称才成呀。

房里两扇窗子中间有一面壁镜。诸位也许见过房租八块钱的公寓里的壁镜。一个非常瘦小灵活的人，从一连串纵的片段的映象里，也许可以对自己的容貌得到一个大致不差的概念。德拉全凭身材苗条，才精通了那种技艺。

她突然从窗口转过身，站到壁镜面前。她的眼睛晶莹明亮，可是她的脸在二十秒钟之内却失色了。她迅速地把头发解开，让它披落下来。

且说，詹姆斯·迪林汉·扬夫妇有两样东西特别引为自豪，一样是吉姆三代祖传的金表，另一样是德拉的头发。如果示巴女王①住在天井对面的公寓里，德拉总有一天会把她的头发悬在窗外去晾干，使那位女王的珠宝和礼物相形见绌。如果所罗门王②当了看门人，把他所有的财富都堆在地下室里，吉姆每次经过那儿时准会掏出他的金表看看，好让所罗门妒忌得吹胡子瞪眼睛。

这当儿，德拉美丽的头发披散在身上，像一股褐色的小瀑布，奔泻闪亮。头发一直垂到膝盖底下，仿佛为她铺成了一件衣裳。她又神经质地赶快把头发梳好。她踌躇了一会儿，静静地站着，有一两滴泪水溅落在破旧的红地毯上。

她穿上褐色的旧外套，戴上褐色的旧帽子。她眼睛里还留着晶莹的泪光，裙子一摆，就飘然走出房门，下楼跑到街上。

她走到一块招牌前停住了，招牌上面写着："莎弗朗妮夫人——经营各种头发用品"。德拉跑上一段楼梯，气喘吁吁地让自己定下神来。那位夫人身躯肥硕，肤色白得过分，一副冷冰冰的模样，同"莎弗朗妮③"这个名字不大相称。

"你要买我的头发吗？"德拉问道。

"我买头发，"夫人说，"脱掉帽子，让我看看头发的模样。"

① 示巴女王，《圣经·旧约》中提到的人物，传说是阿拉伯半岛的一位女王，与所罗门王有过一场甜蜜的恋情，并孕有一子。
② 所罗门王，公元前10世纪以色列国王，以博学、富有著称。
③ 莎弗朗妮，意大利诗人塔索（1544—1595）以第一次十字军东征为题材所作的史诗《被解放的耶路撒冷》中的人物，她为了拯救耶路撒冷全城的基督徒，认下了并未犯过的罪行，成为舍己救人的典型。

那股褐色的小瀑布泻了下来。

"二十块钱。"夫人用行家的手法抓起头发说。

"赶快把钱给我。"德拉说。

噢，此后的两个钟头仿佛长了玫瑰色翅膀似的飞掠过去。诸位不必理会这种杂凑的比喻。总之，德拉正为了送吉姆的礼物在店铺里搜索。

德拉终于把它找到了。它准是专为吉姆，而不是为别人制造的。她把所有店铺都兜底翻过，各家都没有像这样的东西。那是一条白金表链，式样简单朴素，只是以货色来显示它的价值，不凭什么装潢来炫耀——一切好东西都应该是这样的。它甚至配得上那只金表。她一看到就认为非给吉姆买下不可。它简直像他的为人。文静而有价值——这句话拿来形容表链和吉姆本人都恰到好处。店里以二十一块钱的价格卖给了她，她剩下八毛七分钱，匆匆赶回家去。吉姆有了那条链子，在任何场合都可以毫无顾虑地看看钟点了。那只表虽然华贵，可是因为只用一条旧皮带来代替表链，他有时候只是偷偷地瞥一眼。

德拉回家以后，她的陶醉有一小部分被审慎和理智所替代。她拿出卷发铁钳，点着煤气，着手补救由于爱情加上慷慨而造成的灾害。那始终是一件艰巨的工作，亲爱的朋友们——简直是了不起的工作。

不出四十分钟，她头上布满了紧贴着的小发卷，变得活像一个逃课的小学生。她对着镜子小心而苛刻地照了又照。

"如果吉姆看了一眼不把我宰掉才怪呢，"她自言自语地说，"他会说我像是康奈岛游乐场里的卖唱姑娘。我有什么办法呢？——唉！只有一块八毛七分钱，叫我有什么办法呢？"

到了七点钟，咖啡已经煮好，煎锅也放在炉子后面热着，随时可以煎肉排。

吉姆从没有晚回来过。德拉把表链对折着握在手里，在他进来时必经的门口的桌子角上坐下来。接着，她听到楼下梯级上响起了他的脚步声。她脸色白了一忽儿。她有一个习惯，往往为了日常最简单的事情默祷几句，现在她悄声说："求求上帝，让他认为我还是美丽的。"

门打开了，吉姆走进来，随手把门关上。他很瘦削，非常严肃。可怜的人儿，他只有二十二岁——就负起了家庭的担子！他需要一件新大衣，手套也没有。

吉姆在门内站住，像一条猎狗嗅到鹌鹑气味似的纹丝不动。他的眼睛盯着德拉，所含的神情是她所不能理解的，这使她大为惊慌。那既不是愤怒，也不是惊讶，又不是不满，更不是嫌恶，不是她所预料的任何一种神情。他只带着那种奇特的神情凝视着德拉。

德拉一扭腰，从桌上跳下来，走近他身边。

"吉姆，亲爱的，"她喊道，"别那样盯着我。我把头发剪掉卖了，因为不送你一件礼物，我过不了圣诞节。头发会再长出来的——你不会在意吧，是不是？我非这么做不可。我的头发长得快极啦。说句'恭贺圣诞'吧！吉姆，让我们快快乐乐的。我给你买了一件多么好——多么美丽的好东西，你怎么也猜不到的。"

"你把头发剪掉了吗？"吉姆吃力地问道，仿佛他绞尽脑汁之后，还没有把这个显而易见的事实弄明白似的。

"非但剪了，而且卖了。"德拉说，"不管怎样，你还是同样地喜欢我吗？虽然没有了头发，我还是我，可不是吗？"

吉姆好奇地向房里四下张望。

"你说你的头发没有了吗？"他带着近乎白痴般的神情问道。

"你不用找啦，"德拉说，"我告诉你，已经卖了——卖了，没有了。今天是圣诞前夜，亲爱的。好好地对待我，我剪掉头发为的是你呀。我的头发也许数得清，"她突然非常温柔地接下去说，"但我对你的情爱谁也数不清。我把肉排煎上好吗，吉姆？"

吉姆好像从恍惚中突然醒过来。他把德拉搂在怀里。我们不要冒昧，先花十秒钟工夫瞧瞧另一方面无关紧要的东西吧。每星期八块钱的房租，或是每年一百万元房租——那有什么区别呢？一位数学家或是一位俏皮的人可能会给你不正确的答复。麦琪①带来了宝贵的礼物，但其中没有那件东西。对这句晦涩的话，下文将有所说明。

吉姆从大衣口袋里掏出一包东西，把它扔在桌上。

"别对我有什么误会，德尔。"他说，"不管是剪发、修脸，还是洗头，我对我姑娘的爱情是决不会减低的。但是只消打开那包东西，你就会明白，你刚才为什么使我愣住了。"

白皙的手指敏捷地撕开了绳索和包皮纸。接着是一声狂喜的呼喊；紧接着，哎呀！突然转变成女性神经质的眼泪和号哭，立刻需要公寓的主人用尽办法来安慰她。

因为摆在眼前的是那套插在头发上的梳子——全套的发梳，两鬓用的，后面用的，应有尽有；那原是在百老汇路上的一个橱窗里德拉渴望了好久的东西。纯玳瑁做的，边上镶着珠宝的美丽的发梳——来配那已经失去的美发，颜色真是再合适也没有了。她知道这套发梳是很贵重的，心向神往了好久，但从来没有存过占有它的希望。现在这居然为她所有了，可是佩带这些渴望已久的装饰品的头发却没有了。

但她还是把这套发梳搂在怀里不放，过了好久，她才能抬起迷蒙的泪眼，含笑对吉姆说："我的头发长得很快，吉姆！"

接着，德拉像一只给火烫着的小猫似的跳了起来，叫道："喔！喔！"

吉姆还没有见到他的美丽的礼物呢。她热切地伸出摊开的手掌递给他。那无知觉的贵金属仿佛闪闪反映着她那快活和热诚的心情。

"漂亮吗，吉姆？我走遍全市才找到的。现在你每天要把表看上百来遍了。把你的表给我，我要看看它配在表上的样子。"

吉姆并没有照着她的话去做，却坐到榻上，双手枕着头，笑了起来。

"德尔，"他说，"我们把圣诞节礼物搁在一边，暂且保存起来。它们实在太好啦，现

---

① 麦琪：基督降生时来送礼物的三贤人。梅尔基奥尔（光明之王）赠送黄金表示尊贵，加斯帕（洁白者）赠送乳香象征神圣，巴尔撒泽赠送毒药预示基督后来遭受迫害而死。

在用了未免可惜。我是卖掉了金表，换了钱去买你的发梳的。现在请你煎肉排吧。"

那三位麦琪，诸位知道，全是有智慧的人——非常有智慧的人——他们带来礼物，送给生在马槽里的圣子耶稣。他们首创了圣诞节馈赠礼物的风俗。他们既然有智慧，他们的礼物无疑也是聪明的，可能还附带一种碰上收到同样的东西时可以交换的权利。我的拙笔在这里告诉诸位一个没有曲折、不足为奇的故事；那两个住在一间公寓里的笨孩子，极不聪明地为了对方牺牲了他们一家最宝贵的东西。但是，让我们对目前一般聪明人说最后一句话，在所有馈赠礼物的人当中，那两个人是最聪明的。在一切接受礼物的人当中，像他们这样的人也是最聪明的。无论在什么地方，他们都是最聪明的。他们就是麦琪。

赏读指南

欧·亨利的小说构思新颖，诙谐幽默，寓悲于喜，具有"含泪的微笑"的独特风格。他善于设计戏剧化的情节，埋下伏笔，做好铺垫，最后在结尾处突然让人物的心理情境发生出人意料的变化，或使主人公的命运陡然逆转，使结局既在意料之外，又在情理之中，令人不禁拍案称奇。文学界称之为"欧·亨利式结尾"。本文是其写作风格的完美体现。

在本文中，一对穷困的年轻夫妻互赠圣诞礼物，结果阴差阳错，两人珍贵的礼物都变成了无用的东西，但他们之间纯真的爱情却弥足珍贵。尽管生活在社会的底层，但他们拥有着对生活的热情和对对方的挚爱，在这些温暖的感情面前，贫困变得微不足道。文中对于人物内心世界的刻画细致入微，人物形象栩栩如生，呼之欲出。作者通过这个笑中带泪的故事，歌颂了社会底层小人物相濡以沫的爱情。

四、推荐阅读

《活着》

余华

我是吃过晚饭送凤霞回去的，凤霞没有哭，她可怜巴巴地看看她娘，看看她弟弟，拉着我的袖管跟我走了。有庆在后面又哭又闹，反正凤霞听不到，我没理睬他。

那一路走得真是叫我心里难受，我不让自己去看凤霞，一直往前走，走着走着天黑了，风飕飕地吹在我脸上，又灌到脖子里去。凤霞双手捏住我的袖管，一点声音也没有。天黑后，路上的石子绊着凤霞，走上一段凤霞的身体就摇一下，我蹲下去把她两只脚揉一揉，凤霞两只小手搁在我脖子上，她的手很冷，一动不动。后面的路是我背着凤霞走去，到了城里，看看离那户人家近了，我就在路灯下把凤霞放下来，把她看了又看，凤霞是个好孩子，到了那时候也没哭，只是睁大眼睛看我，我伸手去摸她的脸，她也伸过手来摸我的脸。

她的手在我脸上一摸，我再也不愿意送她回到那户人家去了，背起凤霞就往回走。凤霞的小胳膊勾住我的脖子，走了一段她突然紧紧抱住了我，她知道我是带她回家了。

回到家里，家珍看到我们怔住了，我说："就是全家都饿死，也不送凤霞回去。"

家珍轻轻地笑了，笑着笑着眼泪掉了出来。

（选自《活着》，作家出版社，2012年）

推荐理由

《活着》是中国当代作家余华的代表作，小说借主人公福贵的不幸遭遇和坎坷命运，展现了生命的意义：人是为了活着本身而活着，而不是为活着之外的任何事情而活着，活着是生命的一种状态。

《平凡的世界》

路遥

孙少平的建议马上引起了矿长的重视。

矿长亲自带着几个矿领导，来到孙少平的班里，和他一起研究这个问题，并很快形成了一个文件。此文件除过确定惩罚麦收期间私自回家的矿工外，还采纳了少平补充提出的保勤奖励办法：保勤期间采掘一线人员井下出勤在二十一个（含二十一个）班，每超一天奖三元；井下一线二类人员出勤二十六个班，每超一天奖二元；对请假期满能按期返矿无缺勤者，按正常出勤对待，达到奖励条件的按百分之五十折算奖励。同时，对保勤期间区队及机关干部的出勤也作了奖罚规定。在惩罚条例中还增加了更为严厉的两条：私自离矿十天以上者给除名留矿察看处分，支付生活费半年；情节更严重者给予除名、辞退处理……

矿上的文件一下达，协议工们的骚乱很快平息了；绝大多数人已不再打算回家。这状况是多年来从未有过的。

大牙湾煤矿的"经验"很快在局里办的《矿工报》上做了介绍，其他各矿如梦大醒，纷纷效仿。铜城矿务局局长在各矿矿长电话会议上，雷鸣击鼓表彰了大牙湾煤矿的领导。

当然，没有人再把这"成绩"和一个叫孙少平的采煤班长联系起来。

少平自己连想也没想他做了什么了不起的事。他只高兴的是，麦收期间，他们班的出勤率仍然可以保持在百分之八十五以上！

在这期间他也竭力调整自己前段的那种失落情绪。他尽量把内心的痛苦和伤感埋在繁忙沉重的劳动和工作中——这个"官"现在对他再适时不过了！他可以把自己完全沉浸于眼前这种劳动的繁重、斗争的苦恼和微小成功的喜悦中去。是呀，当他独自率领着一帮子人在火线一般的掌子面上搏斗的时候，他的确忘记了一切。他喊叫，他骂人，他跑前跑后纠正别人的错误，为的全部是完成当天的生产任务；而且要完成得漂亮！

（选自《平凡的世界》，北京十月文艺出版社，2017年）

推荐理由

《平凡的世界》是中国当代作家路遥所作的长篇小说，曾获中国第三届茅盾文学奖。这是一部具有恢宏气势的史诗性著作，作品全景式地展现了历史转折时期近十年间中国城乡的社会生活，刻画了当时社会各阶层众多普通人的形象，表现了普通人在大时代历史进程中所走过的艰难曲折的道路。

《围城》

钱锺书

孙柔嘉在订婚以前，常来看鸿渐；订了婚，只有鸿渐去看她，她轻易不肯来。鸿渐最初以为她只是个女孩子，事事要请教自己；订婚以后，他渐渐发现她不但很有主见，而且主见很牢固。她听他说准备退还聘约，不以为然，说找事不容易，除非他另有打算，别逞一时的意气。鸿渐问道："难道你喜欢留在这地方？你不是一来就说要回家么？"她说："现在不同了。只要咱们两个人在一起，什么地方都好。"鸿渐看未婚妻又有道理，又有情感，自然欢喜，可是并不想照她的话做。他觉得虽然已经订婚，和她还是陌生得很。过去没有订婚经验——跟周家那一回事不算数的——不知道订婚以后的情绪，是否应当像现在这样平淡。他对自己解释，热烈的爱情到订婚早已是顶点，婚一结一切了结。现在订了婚，彼此间还留着情感发展的余地，这是桩好事。他想起在伦敦上道德哲学一课，那位山羊胡子的哲学家讲的话："天下只有两种人。譬如一串葡萄到手，一种人挑最好的先吃，另一种人把最好的留在最后吃。照例第一种人应该乐观，因为他每吃一颗都是吃剩的葡萄里最好的；第二种人应该悲观，因为他每吃一颗都是吃剩的葡萄里最坏的。不过事实上适得其反，缘故是第二种人还有希望，第一种人只有回忆。"从恋爱到白头偕老，好比一串葡萄，总有最好的一颗，最好的只有一颗，留着做希望，多少好？

（选自《围城》，人民文学出版社，2020年）

推荐理由

《围城》是钱锺书唯一的长篇小说，也是一部家喻户晓的以婚姻生活为主题的现代文学经典。小说以方鸿渐为中心人物，通过他留学归国后的行踪，以及与几位女性情爱纠葛的描写，反映了抗日战争时期知识分子的生存困境。作品以理胜情，语言幽默而又富有诗意。

知识链接

茅盾文学奖

　　茅盾文学奖是由中国作家协会主办，根据我国现代作家茅盾的遗愿，为鼓励优秀长篇小说创作、推动中国社会主义文学的繁荣而设立的中国长篇小说大奖。它是中国第一个以个人名字命名的文学奖，是中国具有最高荣誉的文学奖项之一。设立于1981年，于1982年举行首届评选。其创立经费由茅盾捐赠，评选活动经费主要源于国家拨款和社会赞助。

　　茅盾文学奖的评选活动最初为每三年评选一次，后改为每四年评选一次。凡在评选年限内于中国大陆地区首次成书出版，能体现长篇小说完整艺术构思与体裁特征，且版面字数在13万以上的作品，均可参加评选。用少数民族文字创作的长篇小说，必须以其出版后的汉语译本参评。多卷本作品以全书参评。

部分获奖作品如下：

周克芹《许茂和他的女儿们》　　　　徐贵祥《历史的天空》

姚雪垠《李自成》　　　　　　　　　贾平凹《秦腔》

张洁《沉重的翅膀》（修订本）　　　迟子建《额尔古纳河右岸》

刘心武《钟鼓楼》　　　　　　　　　张炜《你在高原》

路遥《平凡的世界》　　　　　　　　莫言《蛙》

霍达《穆斯林的葬礼》　　　　　　　刘震云《一句顶一万句》

陈忠实《白鹿原》（修订本）　　　　格非《江南三部曲》

阿来《尘埃落定》　　　　　　　　　王蒙《这边风景》

王安忆《长恨歌》　　　　　　　　　梁晓声《人世间》

思考训练

一、填空题

（1）_____、_____和_____被称为"小说三要素"。

（2）我国古典四大名著是指_____、_____、_____和_____。

（3）《石头记》是我国古典四大名著之一_____的别称。

（4）勃朗特三姊妹的代表作分别是_____、_____、_____。

（5）_____与契诃夫和莫泊桑并称"世界三大短篇小说大师"，其代表作品有_____、_____、_____。

二、选择题

（1）文学作品按体裁可分为诗歌、散文、戏剧和（　　　）。

　　　A．报告文学　　　B．赋　　　　　C．小说　　　　　D．寓言

（2）按篇幅和容量大小，小说可分为长篇小说、中篇小说、短篇小说和（　　　）。

　　　A．章回体小说　　B．微型小说　　C．白话小说　　　D．自传体小说

（3）以下小说中被誉为"中国封建社会的百科全书"的是（　　　）。

　　　A．《活着》　　　B．《围城》　　　C．《红楼梦》　　　D．《三国演义》

（4）《平凡的世界》是一部具有恢宏气势的史诗性著作，由中国当代作家（　　　）创作而成。

　　　A．路遥　　　　　B．余光中　　　C．余华　　　　　D．钱锺书

（5）老师要每位同学选读一本小说，开学后上台发表读书心得。请问下列哪一位同学的报告，不但让一旁的老师听了摇头，还引起全班同学哄堂大笑？（　　　）

　　　A．《论语》读后感　　　　　　　B．《红楼梦》读后感

　　　C．《简·爱》读后感　　　　　　D．《水浒传》读后感

三、简答题

你欣赏《麦琪的礼物》中男女主人公那样的爱情吗？为什么？请描述你的理想爱情。

专题十三

经典戏剧赏读

学习目标

1. 了解戏剧的分类、基本要素和特点，正确把握戏剧的矛盾冲突、人物形象和语言，提高戏剧作品的欣赏能力。

2. 体味优秀戏剧作品所蕴含的深刻的人文内涵，提高文学修养和人文素养。

文学视窗

戏剧是一种综合性的舞台艺术，它借助文学、音乐、舞蹈、美术等多种艺术手段塑造舞台艺术形象，揭示社会矛盾，反映社会生活。在西方，戏剧即指话剧。在中国，戏剧概念的古、今差别很大。中国古代戏剧称为戏曲，以"戏"和"曲"为主要元素，包括宋元南戏、元杂剧、明清传奇及各种地方戏。现代戏剧主要指 20 世纪以来由我国作家创作和从西方传入的话剧、歌剧、舞剧等，其中以话剧为主体。

一、戏剧概述

（一）戏剧的分类

按照不同的标准，戏剧可以分为不同的类型。

（1）按艺术形式和表现手法的不同，戏剧可分为话剧（如《雷雨》《哈姆雷特》）、歌剧（如《白毛女》《费加罗的婚礼》）和舞剧（如《丝路花雨》《天鹅湖》）等。

（2）按剧情繁简和结构形式的不同，戏剧可分为独幕剧（如《一只马蜂》《求婚》）和多幕剧（如《原野》《伪君子》）。

（3）按题材所反映的时代的不同，戏剧可分为历史剧（如《屈原》《亨利四世》）和现代剧（如《日出》《玩偶之家》）。

（4）按矛盾冲突的性质的不同，戏剧可分为悲剧（如《窦娥冤》《俄狄浦斯王》）、喜剧（如《救风尘》《威尼斯商人》）和正剧（如《暴风雨》《北京人》）。

（二）戏剧的基本要素

戏剧是一种综合艺术，其涉及的要素主要有以下四点。

（1）文学要素：剧本。剧本既是戏剧艺术的文学部分，为戏剧表演提供脚本；又可以脱离具体的戏剧表演，作为文学作品而独立存在。

（2）音乐要素：主要指戏剧演出中的环境音和插曲等。在戏曲中，还包括唱腔、韵白等；歌剧中则包括序曲、间奏曲，以及合唱、重唱、独唱等声乐艺术。

（3）美术要素：主要指舞台美术设计，如布景、灯光、化妆、服装、道具等。

（4）舞蹈要素：主要指演员的形体动作。在戏曲中，还包括做功、打功等；舞剧中则包括独舞、双人舞、群舞等不同舞蹈形式。

（三）戏剧的特点

1. 空间和时间高度集中

由于戏剧演出会受到空间和时间的限制，因此，剧本必须在场景选择、情节安排、人物设置等方面高度集中。在相对狭小的空间内，几个人的表演就可以代表千军万马，演员走几圈就可以表现出跨过了万水千山，变换了场景和人物就可以说明到了一个全新的地方或过了多少年之后……这些都可通过幕和场的变换集中在舞台上实现。

释疑解惑

剧本中通常用"幕"和"场"来表示段落和情节。"幕"是情节发展的一个大段落。"一幕"可分为几场，"一场"是指一幕中发生空间变换或时间隔开的情节。一般情况下，剧本篇幅不能太长，人物不能太多，场景也不能过于频繁地转换。

2. 矛盾冲突尖锐集中

各类文学作品都要求表现社会的矛盾冲突，而剧本则要求其所反映的矛盾冲突必须更加尖锐、集中，能够凝缩在适合舞台演出的有限的空间和时间里。可以说，没有矛盾冲突就没有戏剧。戏剧冲突主要指剧本中所展示的人物之间、人物自身，以及人与环境之间的矛盾冲突，其中最主要的是剧中人物的性格冲突。戏剧的矛盾冲突是塑造人物形象、反映社会生活的基本手段，也是构成剧本的根本要素。

戏剧冲突大体可以分为发生、发展、高潮和结尾四部分，矛盾冲突发展到最激烈的时候称为高潮，这时的剧情也最吸引观众，最扣人心弦。

3. 语言能表现人物性格

戏剧语言包括人物语言和舞台说明。人物语言也叫台词，包括对白、独白、旁白等；舞台说明是一种叙述语言，用来说明周围环境和人物的动作、心理等。剧作家通过戏剧语言来展开戏剧冲突，塑造人物形象，推动剧情发展，揭示戏剧主题，表达自己对生活的认识。因此，戏剧语言要富于戏剧张力和表现力，能充分表现人物的性格、身份和思想感情，有的还含有丰富的潜台词。

二、戏剧的阅读与鉴赏

1. 了解戏剧冲突

欣赏戏剧，首先要了解戏剧所展现的矛盾冲突，如冲突是怎样造成的、冲突的性质是什么，进而明确冲突发展的过程，从而完整把握剧本情节。比如《雷雨》第二幕，最初，发生冲突的双方是周朴园与鲁侍萍，两人又各自有内心的矛盾斗争；鲁大海上场后，冲突集中到周朴园与鲁大海之间，进而又出现了周萍与鲁大海、鲁侍萍与周萍之间的冲突。这些冲突既是社会矛盾的反映，也是人物性格发展的必然结果。

欣赏戏剧的意义

2. 把握戏剧语言

第一，要品味个性化的人物语言。所谓个性化，是指受人物的年龄、身份、经历、教养、生活环境等影响而形成的语言特点。

第二，要品味富有动作性的人物语言。动作性包括外部动作和内部动作（内心活动），如周萍打鲁大海时，他们的肢体语言、表情神态等为外部动作；鲁侍萍看见周萍打鲁大海后，内心的痛苦与愤慨是内部动作。

第三，要品味人物语言中蕴含的丰富潜台词。好的潜台词总是以最简练的语言表达最丰富的内容，给人以品味、想象的空间。比如《雷雨》中，鲁侍萍听到周朴园沉吟"无锡是个好地方"的时候，虽然顺着周的话说"哦，好地方"，但内里却产生了往事不堪回首的痛苦之情，实则是对"好地方"的否定，其间包含着丰富的潜台词。

3. 欣赏戏剧人物形象

欣赏戏剧时要抓住人物的主要特征，细心揣摩人物的语言，顺着剧情发展的线索，理清人物性格发展变化的心路历程，力求鉴赏全面、透彻。

三、名作赏读

罗密欧与朱丽叶（节选）[①]

莎士比亚

📖 **导读**

　　莎士比亚（1564—1616），英国文艺复兴时期伟大的剧作家、诗人。悲剧代表作有《罗密欧与朱丽叶》和四大悲剧《哈姆雷特》《奥赛罗》《李尔王》《麦克白》，喜剧代表作有四大喜剧《仲夏夜之梦》《威尼斯商人》《第十二夜》《皆大欢喜》等，历史剧代表作有《亨利四世》《亨利五世》和《查理二世》。除此之外，莎士比亚还创作了一百五十四首十四行诗和两首长诗。莎士比亚戏剧的艺术特色主要体现为情节生动性与丰富性的完美结合，且人物形象具有高度的典型性。此外，他还是语言运用的大师，对于古代和当代的文学语言都运用得得心应手，笔下的许多词句脍炙人口。

　　《罗密欧与朱丽叶》是莎士比亚的爱情悲剧名作，共五幕。作品讲述了罗密欧与朱丽叶于舞会一见钟情后，却发现双方家族有世仇。陷入热烈爱情的二人选择了秘密结婚，然而朱丽叶的父亲却逼迫她嫁给有皇族血统的帕里斯，这时罗密欧因为意外杀了朱丽叶的表哥而遭到流放。为了与心爱的人在一起，朱丽叶在牧师的帮助下，先服假毒，计划醒来后就和罗密欧私奔。但负责告诉罗密欧朱丽叶假死消息的人未能及时传信，不明真相的罗密欧在朱丽叶身边殉情。朱丽叶苏醒后，见爱人已死，于是用匕首结束了自己的生命。在两人的灵柩前，不共戴天的两个家族最终和解。课文节选自第二幕第二场。

第二场　维洛那·凯普莱特[②]家的花园

〔罗密欧上。

罗密欧　　没有受过伤的才会讥笑别人身上的创痕。（朱丽叶自上方窗户中出现）轻声！那边窗子里亮起来的是什么光？那就是东方，朱丽叶就是太阳！起来吧，美丽的太阳！赶走那妒忌的月亮，她因为她的女弟子比她美得多，已经气得面色惨

---

① 选自《莎士比亚全集》（第三卷），人民文学出版社，2010 年，有改动。
② 本剧故事发生在 14 世纪初的意大利维洛那城，城中的凯普莱特和蒙太古两个家族因有世仇，动辄发生格斗。这一天，凯普莱特要在家中举行舞会，蒙太古的儿子罗密欧也戴着面具偷偷前往。舞会上，他与朱丽叶一见钟情。舞会后，罗密欧按捺不住对朱丽叶的思念之情，不顾危险，夜晚跳墙潜入凯普莱特家的花园。本文选段即为二人在月夜下互诉衷肠的场景。

白了。既然她这样妒忌着你，你不要忠于她吧；脱下她给你的这一身惨绿色的贞女的道服，它是只配给愚人穿的。那是我的意中人；啊！那是我的爱；唉，但愿她知道我在爱着她！她欲言又止，可是她的眼睛已经道出了她的心事。待我去回答她吧；不，我不要太鲁莽，她不是对我说话。天上两颗最灿烂的星，因为有事他去，请求她的眼睛替代它们在空中闪耀。要是她的眼睛变成了天上的星，天上的星变成了她的眼睛，那便怎样呢？她脸上的光辉会掩盖了星星的明亮，正像灯光在朝阳下黯然失色一样；在天上的她的眼睛，会在太空中大放光明，使鸟儿误认为黑夜已经过去而唱出它们的歌声。瞧！她用纤手托住了脸，那姿态是多么美妙！啊，但愿我是那一只手上的手套，好让我亲一亲她脸上的香泽！

朱丽叶	唉！

罗密欧　她说话了。啊！再说下去吧，光明的天使！因为我在这夜色之中仰视着你，就像一个尘世的凡人，张大了出神的眼睛，瞻望着一个生着翅膀的天使，驾着白云缓缓地驰过了天空一样。

朱丽叶　罗密欧啊，罗密欧！为什么你偏偏是罗密欧呢？否认你的父亲，抛弃你的姓名吧；也许你不愿意这样做，那么只要你宣誓做我的爱人，我也不愿再姓凯普莱特了。

罗密欧　（旁白）我还是继续听下去呢，还是现在就对她说话？

朱丽叶　只有你的名字才是我的仇敌；你即使不姓蒙太古，仍然是这样的一个你。姓不姓蒙太古又有什么关系呢？它又不是手，又不是脚，又不是手臂，又不是脸，又不是身体上任何其他的部分。啊！换一个姓名吧！姓名本来是没有意义的；我们叫做玫瑰的这一种花，要是换了个名字，它的香味还是同样的芬芳；罗密欧要是换了别的名字，他的可爱的完美也决不会有丝毫改变。罗密欧，抛弃了你的名字吧；我愿意把我整个的心灵，赔偿你这一个身外的空名。

罗密欧　那么我就听你的话，你只要称我为爱，我就重新受洗，重新命名；从今以后，永远不再叫罗密欧了。

朱丽叶　你是什么人，在黑夜里躲躲闪闪地偷听人家的话？

罗密欧　我没法告诉你我叫什么名字。敬爱的神明，我痛恨我自己的名字，因为它是你的仇敌；要是把它写在纸上，我一定把这几个字撕成粉碎。

朱丽叶　我的耳朵里还没有灌进从你嘴里吐出来的一百个字，可是我认识你的声音；你不是罗密欧，蒙太古家里的人吗？

罗密欧　不是，美人，要是你不喜欢这两个名字。

朱丽叶　告诉我，你怎么会到这儿来，为什么到这儿来？花园的墙这么高，是不容易爬上来的；要是我家里人瞧见你在这儿，他们一定不让你活命。

罗密欧	我借着爱的轻翼飞过园墙，因为砖石的墙垣是不能把爱情阻隔的；爱情的力量所能够做到的事，它都会冒险尝试，所以我不怕你家里人的干涉。
朱丽叶	要是他们瞧见了你，一定会把你杀死的。
罗密欧	唉！你的眼睛比他们二十柄刀剑还厉害；只要你用温柔的眼光看着我，他们就不能伤害我的身体。
朱丽叶	我怎么也不愿让他们瞧见你在这儿。
罗密欧	朦胧的夜色可以替我遮过他们的眼睛。只要你爱我，就让他们瞧见我吧；与其因为得不到你的爱情而在这世上挨命，还不如在仇人的刀剑下丧生。
朱丽叶	谁叫你找到这儿来的？
罗密欧	爱情怂恿我探听出这一个地方；它替我出主意，我借给它眼睛。我不会操舟驾舵，可是倘使你在辽远辽远的海滨，我也会冒着风波寻访你这颗珍宝。
朱丽叶	幸亏黑夜替我罩上了一重面幕，否则为了我刚才被你听去的话，你一定可以看见我脸上羞愧的红晕。我真想遵守礼法，否认已经说过的言语，可是这些虚文俗礼，现在只好一切置之不顾了！你爱我吗？我知道你一定会说"是的"；我也一定会相信你的话；可是也许你起的誓只是一个谎，人家说，对于恋人们的寒盟背信①，天神是一笑置之的。温柔的罗密欧啊！你要是真的爱我，就请你诚意告诉我；你要是嫌我太容易降心相从，我也会堆起怒容，装出倔强的神气，拒绝你的好意，好让你向我婉转求情，否则我是无论如何不会拒绝你的。俊秀的蒙太古啊，我真的太痴心了，所以也许你会觉得我的举动有点轻浮；可是相信我，朋友，总有一天你会知道我的忠心远胜过那些善于矜持作态的人。我必须承认，倘不是你乘我不备的时候偷听去了我的真情的表白，我一定会更加矜持一点的；所以原谅我吧，是黑夜泄漏了我心底的秘密，不要把我的允诺看作无耻的轻狂。
罗密欧	姑娘，凭着这一轮皎洁的月亮，它的银光涂染着这些果树的梢端，我发誓——
朱丽叶	啊！不要指着月亮起誓，它是变化无常的，每个月都有盈亏圆缺；你要是指着它起誓，也许你的爱情也会像它一样无常。
罗密欧	那么我指着什么起誓呢？
朱丽叶	不用起誓吧；或者要是你愿意的话，就凭着你优美的自身起誓，那是我所崇拜的偶像，我一定会相信你的。
罗密欧	要是我的出自深心的爱情——
朱丽叶	好，别起誓啦。我虽然喜欢你，却不喜欢今天晚上的密约；它太仓促、太轻率、太出人意料了，正像一闪电光，等不及人家开一声口，已经消隐了下去。好人，

---

① 寒盟背信：背弃誓约。

再会吧！这一朵爱的蓓蕾，靠着夏天的暖风的吹拂，也许会在我们下次相见的时候，开出鲜艳的花来。晚安，晚安！但愿恬静的安息同样降临到你我两人的心头！

罗密欧　啊！你就这样离我而去，不给我一点满足吗？

朱丽叶　你今夜还要什么满足呢？

罗密欧　你还没有把你的爱情的忠实的盟誓跟我交换。

朱丽叶　在你没有要求以前，我已经把我的爱给了你了；可是我倒愿意重新给你。

罗密欧　你要把它收回去吗？为什么呢，爱人？

朱丽叶　为了表示我的慷慨，我要把它重新给你。可是我只愿意要我已有的东西：我的慷慨像海一样浩渺，我的爱情也像海一样深沉；我给你的越多，我自己也越是富有，因为这两者都是没有穷尽的。（乳媪①在内呼唤）我听见里面有人在叫；亲爱的，再会吧！——就来了，好奶妈！——亲爱的蒙太古，愿你不要负心。再等一会儿，我就会来的。（自上方下。）

罗密欧　幸福的，幸福的夜啊！我怕我只是在晚上做了一个梦，这样美满的事不会是真实的。

〔朱丽叶自上方重上。

朱丽叶　亲爱的罗密欧，再说三句话，我们真的要再会了。要是你的爱情的确是光明正大，你的目的是在于婚姻，那么明天我会叫一个人到你的地方来，请你叫他带一个信给我，告诉我你愿意在什么地方、什么时候举行婚礼；我就会把我的整个命运交托给你，把你当作我的主人，跟随你到天涯海角。

乳　媪　（在内）小姐！

朱丽叶　就来。——可是你要是没有诚意，那么我请求你——

乳　媪　（在内）小姐！

朱丽叶　等一等，我来了。——停止你的求爱，让我一个人独自伤心吧。明天我就叫人来看你。

罗密欧　凭着我的灵魂——

朱丽叶　一千次的晚安！（自上方下。）

罗密欧　晚上没有你的光，我只有一千次的心伤！恋爱的人去赴他情人的约会，像一个放学归来的儿童；可是当他和情人分别的时候，却像上学去一般满脸懊丧。（退后。）

〔朱丽叶自上方重上。

朱丽叶　嘘！罗密欧！嘘！唉！我希望我会发出呼鹰的声音，招这只鹰儿回来。我不能

---

① 乳媪（ǎo）：奶妈。

高声说话，否则我要让我的喊声传进厄科①的洞穴，让她的无形的喉咙因为反复叫喊着我的罗密欧的名字而变成嘶哑。

罗密欧　那是我的灵魂在叫喊着我的名字。恋人的声音在晚间多么清婉，听上去就像最柔和的音乐！

朱丽叶　罗密欧！

罗密欧　我的爱！

朱丽叶　明天我应该在什么时候叫人来看你？

罗密欧　就在九点钟吧。

朱丽叶　我一定不失信；挨到那个时候，该有二十年那么长久！我记不起为什么要叫你回来了。

罗密欧　让我站在这儿，等你记起了告诉我。

朱丽叶　你这样站在我的面前，我一心想着多么爱跟你在一块儿，一定永远记不起来了。

罗密欧　那么我就永远等在这儿，让你永远记不起来，忘记除了这里以外还有什么家。

朱丽叶　天快要亮了；我希望你快去；可是我就好比一个淘气的女孩子，像放松一个囚犯似的让她心爱的鸟儿暂时跳出她的掌心，又用一根丝线把它拉了回来，爱的私心使她不愿意给它自由。

罗密欧　我但愿我是你的鸟儿。

朱丽叶　好人，我也但愿这样；可是我怕你会死在我的过分的爱抚里。晚安！晚安！离别是这样甜蜜的凄清，我真要向你道晚安直到天明！（下。）

罗密欧　但愿睡眠合上你的眼睛！
　　　　但愿平静安息我的心灵！
　　　　我如今要去向神父求教，
　　　　把今宵的艳遇诉他知晓。（下。）

赏读指南

　　罗密欧、朱丽叶与家族的冲突，是人文主义者的爱情理想与封建恶习、封建观念之间的冲突；罗密欧与朱丽叶对爱情的勇敢捍卫，是青春和爱情对抗陈腐和仇恨的胜利。他们的爱情英勇、坚贞，凄婉而又悲壮，令人为之赞叹，又为之扼腕。

　　剧作反映了英国封建制度解体、资本主义兴起时的社会矛盾，表达了人文主义者的政治要求和生活理想。剧本情节生动丰富，人物性格鲜明，语言精练而富于表现力，对欧洲文学和戏剧的发展有重大影响。

---

① 厄科（Echo）：希腊神话中的仙女，因爱恋美少年那喀索斯不成而形消体灭，化为山谷中的回声。

日出（节选）

曹禺

导读

　　曹禺（1910—1996），原名万家宝，中国著名剧作家。曹禺十分关注人与命运的关系，以及现代社会中"人"的处境，即人的本性、人的存在价值和意义、人的出路等问题。他的代表作品《雷雨》《日出》《原野》《北京人》等都表现了困境中的人生，以及困境中人们不安的灵魂和压抑的精神。在艺术特点方面，曹禺的剧作具有神秘性、象征性和暗示性，戏剧冲突激烈，情节扣人心弦；语言高度个性化，富于动作性，且蕴含丰富的潜台词。

　　《日出》为四幕话剧，创作于 1935 年。剧本以 20 世纪 30 年代初期半殖民地半封建社会的中国大都市生活为背景，着重塑造了陈白露这样一个既向往纯真生活又贪图物质享受、既玩世不恭又珍视感情的具有复杂性格的悲剧形象。同时，剧本把社会各阶层各色人物的生活展现在观众面前，揭露了当时社会制度"损不足以奉有余"的剥削本质。课文节选自《日出》的第一幕和第二幕。

　　一阵短暂的静寂。潘月亭一动不动地站立着。

　　又是几声门响。

　　卧室里，小东西在睡梦中颤抖了一下。

　　陈白露突然转身向门口走去，她俯在门上听了听，——粗声粗气地对话："是这个门么？""八成没错儿！""敲，再敲！"

　　她回过头，发现潘月亭已经不在客厅里了。

　　陈白露的脸上浮起一丝冷笑，她毅然打开门。

　　黑三带着几个打手立在门外。

陈白露　你们是干什么来啦？

黑　三　（不理睬，对后面的人）进来，你们都进来！

陈白露　（突然声色俱厉）站住！都进来？谁叫你们都进来！你们吃什么长大的？你们要是蛮不讲理，这个码头不讲理的祖宗在这儿呢！（黑三呆住了，陈白露笑）你们是搜私货么？我这间屋子里有五百两烟土，（指着卧室，又转而指着左面小客厅的门）那间屋子里有八十杆手枪！你们说，要什么吧，这点东西总够你们大家玩的吧！

　　〔她目光灼灼地从门口的人脸上扫过。

黑　三　（尴尬地笑着）您这生的是哪一门子气？我们没事也不会到这儿来打搅。我们跑丢了一个孩子，一个刚混事由的。我们到这儿来也是看看，怕她藏在什么地方，回头吓着您。

陈白露　哦，（恍然地）你们这一帮子赶到我这儿来，是为了找一个小姑娘呀。

黑　三　（狡猾地）那么说，您是看见她了。

陈白露　对不起，我没看见。

黑　三　（悠着）可是您瞧，刚才有人像是看见她进这屋了。

陈白露　进我的屋子来了！那我可说在头里，我这儿要是丢了东西。你们可得包赔。

黑　三　您别打哈哈。我们说不定都是一家子的人，您也帮个忙，您跟金八爷……

陈白露　金八爷，哦，你们也是八爷的朋友。

黑　三　（笑）够不上朋友，常给他老人家办点小事儿。

陈白露　那就对了，金八爷刚才告诉我，叫你们滚开。

黑　三　刚才？

陈白露　（索性做到底）八爷就在这儿！

黑　三　（疑惑）在这儿？（停顿，看出她说谎）那我们得见见，我们得把这件事禀告禀告他。（向门口的人）你们说，对不对？

打手们　对，我们得见见八爷。

陈白露　不成，八爷说不愿见人。

黑　三　他不能不见见我们，我得见见。

陈白露　不成，你不能见。

黑　三　不能见，我也得见！

〔向小东西睡着的屋门走去。陈白露忽然跑向左面小客厅的门，她站在门口，不顾一切地死死盯视着黑三。

黑　三　（向陈白露走来）哦，八奶奶又要跟我们打哈哈啦！

〔他越走越近，慢悠悠地狞笑着。

陈白露　你大概要找死！（高声、急不可待地）八爷！八爷！您出来，教训教训这帮混账东西！

〔小客厅的门开了，潘月亭披着一件睡衣走出。

潘月亭　（低声、平静地）白露，吵什么，八爷睡觉了。（望着黑三）咦，黑三，是你？

黑　三　（想不到）哦，四爷，您老人家也在这儿。

潘月亭　我跟八爷到这儿来歇歇腿，抽口烟，你这是要干什么？

黑　三　（喃喃）怎么，八爷在这儿，呃，在这儿睡觉了？

潘月亭　你要进来谈谈么？我烧一口烟，叫金八起来陪陪你。

黑　三　（赔着笑）潘四爷，您别跟我们开心，您看我们也是有公事……

潘月亭　好极了，你们要有事，那就请你们给我滚蛋，少在这儿废话！

黑　三	是，潘四爷，您别生这么大的气。（忽然对身后的人）你们看什么，你们这些混蛋还不滚！（转过笑脸）没法子，这一群人！回头，潘四爷，八爷醒了，您千万别说我们到这儿来过。小姐，刚才的事，您，——是我该死！（打自己的嘴巴）该死！该死！
陈白露	好好，快滚吧！
黑　三	（谄媚地）您出气了吧，好，我们走了。
	〔黑三们退出去，门关上了。
	〔陈白露默默地看了看潘月亭。
潘月亭	（嘘了一口长气）我第一次做这么个荒唐事！
陈白露	我第一次做这么一件痛快事儿！
	〔突然间，她哈哈大笑起来，笑得止不住，潘月亭看着她，简直不知该怎么办才好。轻轻的敲门声。
潘月亭	有人敲门。
	〔陈白露不理，依然纵声大笑。门推开了，方达生走进来。
方达生	（有些奇怪地看着这样无比快活的陈白露）竹均①，什么事儿这么高兴？
	〔陈白露并不回答，而是一把拉住方达生的手，"咚"地打开卧室的门。
	〔小东西猛的惊醒了。睁着一双天真的，惊奇的，还未醒过来的眼睛，望着面前的陈白露和方达生。
陈白露	（欢悦地）哦，你醒啦，可算醒啦！
	〔她满心欢喜地望望小东西。又望望方达生。
陈白露	这是我的干女儿，她叫小东西。（解下自己头上的红缎带，给小东西扎在辫子上）你看，她多美！
	〔小东西害羞地低下头。
	一个清冽的下午，天空湛蓝，阳光明媚。
	在租界的法国公园里，陈白露和方达生坐在长椅上。草坪早已枯黄了，树枝光秃秃的，几片发黑的叶子在风中轻轻作响。
	不远处，是儿童的游乐场。
方达生	多好啊，这里。
陈白露	（同样畅快地）是啊，总算找到一块清静的地方。（她把头向后一仰）真舒服啊！
方达生	在我那里，就更好了你知道吗？你会感到一个人，是多么自由。
	〔陈白露眯起眼睛望着天空。
陈白露	是啊，我知道。

---

① 竹均：陈白露学生时期曾用名。

〔她闭上眼睛。方达生望着沐浴在冬日阳光中的陈白露宁静的侧影。

方达生　　竹均，你真美，这个时候，你才美。

〔陈白露睁开眼睛，面对方达生凝视的目光，她忽然不好意思地笑了。

〔方达生仍然目不转睛地向陈白露望着。

方达生　　（恳切地）跟我走，竹均，到乡下去……把小东西也带去，她可以在那里读书。

〔陈白露突然站起来。

陈白露　　来，咱们去荡秋千吧！

〔游乐场，秋千在风中微微摇晃。陈白露一边笑着，一边站了上去。她两手抓住绳子，用力地一下一下地荡起来。秋千越荡越高。方达生仰头望着。陈白露散开的长发随风飞扬。

背景上，远处的教堂的尖顶在阳光下闪烁。响起了钟声：当、当、当……钟声越来越响。

方达生　　小东西！小东西！……

〔陈白露从门外走进自己的房间。她看见，窗子打开着，方达生探身在窗外，向下面张望。

陈白露　　达生！

方达生　　（猛地回过头）竹均，你刚才上楼来看见小东西了吗？

陈白露　　她不是在屋里吗？

方达生　　不，这儿没她，你来，快来！

〔陈白露跑向窗子。

方达生　　（指着远处）你看，你看那边。

陈白露　　哪儿？什么？

〔街上，人群熙熙攘攘。方达生的手在空中停了一会儿，无力地垂下来。

方达生　　看不见了！他们把小东西带走了。

陈白露　　（不相信地看着方达生）你说什么！

方达生　　真的，我看见的，两三个男人夹着她，一晃就没有了。

〔陈白露转身飞快地跑进卧室。卧室里一个人也没有。她又跑到另一间屋子，同样是空的。她在房间里寻找，然而没有任何痕迹，就像小东西从来没有存在过似的。

〔她瘫软地坐在沙发上，怔怔地望着地板，一滴愤怒的泪水，无声地流下来。

方达生　　（走到她身边，蹲下，震动地）怎么，你哭了？

〔陈白露没有说一句话，狠狠地抹去了那一滴挂在腮边的眼泪。

赏读指南

本文节选部分围绕"小东西"的命运展开了一系列激烈的戏剧冲突，作者以个性化的人物对话，塑造了陈白露这样一个立体的艺术形象：陈白露受过良好的教育，却不幸陷入上流社会混乱的泥沼中，靠银行家潘月亭的供养过着纸醉金迷的生活，为此她牺牲了自尊与人格；但为了保护被人随意买卖的"小东西"，她又冒险利用潘月亭做掩护，甚至不惜与金八作对，与魔鬼周旋，体现出她内心深处未被磨灭的纯真和善良。

处于社会底层如蝼蚁般存活的小东西没有钱，也没有背景，因此无法掌控自己的命运。同样，陈白露也是个"看不到太阳"的人。作者借助与陈白露命运相似的"小东西"，展现了陈白露未被上流社会金钱至上、弱肉强食的价值观所腐蚀的一面，以及她在堕落与不甘堕落之间挣扎徘徊的过程，使人物形象更加复杂、立体。剧作深刻揭示了旧社会女性的悲剧命运，对黑暗腐朽的社会制度进行了强烈的批判。

窦娥冤（节选）[①]

关汉卿

📖 导读

关汉卿，号已斋叟，元杂剧代表作家，"元曲四大家"（关汉卿、马致远、郑光祖、白朴）之首。关汉卿的剧作既无情揭露了官场的黑暗，又热情讴歌了人民的反抗斗争，深刻再现了金元时代的社会现实。他成功塑造了窦娥、赵盼儿、杜蕊娘、王瑞兰、谭记儿等典型的女性形象，描写了她们的悲惨遭遇，刻画出她们正直、善良、聪明、机智的性格，同时又赞美了她们敢于同黑暗势力斗争、至死不屈的反抗精神。慷慨悲歌，勇敢奋争，构成关汉卿剧作的主要基调。在《南吕一枝花·不伏老》中，关汉卿曾狂傲倔强地表示："我是个蒸不烂、煮不熟、捶不扁、炒不爆、响当当一粒铜豌豆"。其代表作有《窦娥冤》《救风尘》《拜月亭》《调风月》《望江亭》《单刀会》等。

《窦娥冤》全名《感天动地窦娥冤》，四折一楔子。全剧通过窦娥幼年被卖作童养媳，成年后被流氓欺负，陷入冤案而被杀害的悲剧故事，揭露了元代高利贷盛行、恶势力猖獗、吏治腐败的黑暗现实。课文选的是第三折：窦娥赴刑场和临终誓愿。

---

① 选自《西厢记 窦娥冤》，中华书局，2016 年，有改动。

第三折

（外①扮监斩官上，云）下官②监斩官是也。今日处决犯人，着③做公的④把住巷口，休放往来人闲走。（净⑤扮公人，鼓三通、锣三下科⑥。刽子磨旗⑦、提刀，押正旦⑧带枷上）（刽子云）行动些⑨，行动些，监斩官去法场上多时了。（正旦唱）

【正宫⑩】【端正好⑪】没来由犯王法，不提防遭刑宪⑫，叫声屈动地惊天！顷刻间游魂先赴森罗殿⑬，怎不将天地也生埋怨⑭。

【滚绣球】有日月朝暮悬，有鬼神掌着生死权，天地也，只合⑮把清浊分辨，可怎生糊突了盗跖、颜渊⑯？为善的受贫穷更命短，造恶的享富贵又寿延。天地也，做得个怕硬欺软，却原来也这般顺水推船。地也，你不分好歹何为地？天也，你错勘⑰贤愚枉做天！哎，只落得两泪涟涟。

（刽子云）快行动些，误了时辰也。（正旦唱）

【倘秀才】则被这枷纽的我左侧右偏，人拥的我前合后偃。我窦娥向哥哥行⑱有句言。（刽子云）你有甚么话说？（正旦唱）前街里去心怀恨，后街里去死无冤，休推辞路远。

（刽子云）你如今到法场上面，有甚么亲眷要见的，可教他过来，见你一面也好。（正旦唱）

---

① 外：角色名，这里是"外末"的意思，扮演老年男子。

② 下官：官吏自称的谦词。

③ 着（zhuó）：命令。

④ 做公的：官府里的公差。

⑤ 净：角色名，俗称"花脸"，扮演性格刚烈或粗暴的男性人物。

⑥ 科：杂剧剧本中指示角色动作、表情和舞台效果的用语，又称为"介"。

⑦ 磨旗：摇旗。

⑧ 正旦：角色名，扮演女主角。

⑨ 行动些：走快些，表示催促。

⑩ 正宫：宫调之一。曲子分许多宫调，是表示声音高低的。

⑪ 端正好：和下文的"滚绣球""倘秀才""叨叨令""快活三""鲍老儿""耍孩儿""二煞""一煞""煞尾"都是曲牌名。

⑫ 不提防遭刑宪：没想到遭受刑罚。

⑬ 森罗殿：迷信传说中的"阎罗殿"。

⑭ 怎不将天地也生埋怨：怎么不把天地呀深深地埋怨。生，甚，深。

⑮ 合：应该，应当。

⑯ 可怎生糊突了盗跖（zhí）、颜渊：可是怎么混淆了坏人和好人？糊突，同"糊涂"，这里是"混淆"的意思。跖，传说是春秋时期的一个农民起义的首领，过去被诬称为"盗跖"。颜渊，孔子的徒弟，被推崇为"贤人"。盗跖和颜渊在这里泛指坏人和好人。

⑰ 勘：判断。

⑱ 行（háng）：用于自称或人称之后，相当于这里、那里。哥哥行，即哥哥这里、哥哥跟前。

【叨叨令】可怜我孤身只影无亲眷，则落的吞声忍气空嗟怨。（刽子云）难道你爷娘家也没的？（正旦云）只有个爹爹，十三年前上朝取应①去了，至今杳无音信。（唱）早已是十年多不睹爹爹面。（刽子云）你适才要我往后街里去，是甚么主意？（正旦唱）怕则怕前街里被我婆婆见。（刽子云）你的性命也顾不得，怕他见怎的？（正旦云）俺婆婆若见我披枷带锁赴法场餐刀②去呵，（唱）枉将他气杀也么哥③，枉将他气杀也么哥！告哥哥，临危好与人行方便。

（卜儿④哭上科，云）天那，兀的⑤不是我媳妇儿？（刽子云）婆子，靠后！（正旦云）既是俺婆婆来了，叫他来，待我嘱咐他几句话咱⑥。（刽子云）那婆子近前来，你媳妇要嘱咐你话哩！（卜儿云）孩儿，痛杀我也！（正旦云）婆婆，那张驴儿把毒药放在羊肚儿汤里，实指望药死了你，要霸占我为妻。不想婆婆让与他老子吃，倒把他老子药死了。我怕连累婆婆，屈招了药死公公，今日赴法场典刑。婆婆，此后遇着冬时年节，月一十五，有瀽⑦不了的浆水饭，瀽半碗儿与我吃；烧不了的纸钱，与窦娥烧一陌儿。则是看你死的孩儿面上！（唱）

【快活三】念窦娥葫芦提当罪愆⑧，念窦娥身首不完全，念窦娥从前已往干家缘⑨。婆婆也，你只看窦娥少爷无娘面。
【鲍老儿】念窦娥服侍婆婆这几年，遇时节将碗凉浆奠；你去那受刑法尸骸上烈些纸钱，只当把你亡化的孩儿荐。（卜儿哭科，云）孩儿放心，这个老身都记得。天那，兀的不痛杀我也！（正旦唱）婆婆也，再也不要啼啼哭哭，烦烦恼恼，怨气冲天。这都是我做窦娥的没时没运，不明不暗，负屈衔冤。

（刽子做喝科，云）兀那婆子靠后，时辰到了也。（正旦跪科）（刽子开枷科）（正旦云）窦娥告监斩大人，有一事肯依窦娥，便死而无怨。（监斩官云）你有甚么事？你说。（正旦云）要一领净席，等我窦娥站立；又要丈二白练，挂在旗枪⑩上。若是我窦娥委实冤枉，

---

①　上朝取应（yìng）：到京城里去应考。取应，参加科举考试。
②　餐刀：吃刀，挨刀。
③　也么哥：元曲中常用的句尾助词，没有实在意义。
④　卜儿：角色名，扮演老妇人。
⑤　兀的：语气助词，这里有"这"的意思，带有惊讶的语气。
⑥　咱：元曲中常用于句尾，表示祈使语气，相当于"吧"。
⑦　瀽（jiǎn）：泼（水）或倾倒（液体）。它与下一句的"瀽"联系起来理解，意思为"有吃不了的浆水饭，倒半碗儿与我吃"。
⑧　念窦娥葫芦提当罪愆（qiān）：可怜我窦娥被官府糊里糊涂地判了死罪。葫芦提，当时的口语，糊涂的意思。罪愆，罪过，过失。
⑨　干家缘：操持家务。
⑩　旗枪：旗杆顶端。

刀过处头落，一腔热血休半点儿沾在地下，都飞在白练上者。（监斩官云）这个就依你，打甚么不紧①。（剑子做取席科，站②科，又取白练挂旗上科）（正旦唱）

【耍孩儿】不是我窦娥罚③下这等无头愿，委实的冤情不浅；若没些儿灵圣与世人传，也不见得湛湛青天。我不要半星热血红尘洒，都只在八尺旗枪素练悬。等他四下里皆瞧见，这就是咱苌弘化碧④，望帝啼鹃⑤。

（剑子云）你还有甚的说话？此时不对监斩大人说，几时说那？（正旦再跪科，云）大人，如今是三伏天道，若窦娥委实冤枉，身死之后，天降三尺瑞雪，遮掩了窦娥尸首。（监斩官云）这等三伏天道，你便有冲天的怨气，也召不得一片雪来，可不胡说！（正旦唱）

【二煞】你道是暑气暄，不是那下雪天，岂不闻飞霜六月因邹衍⑥？若果有一腔怨气喷如火，定要感的六出冰花⑦滚似绵，免着我尸骸现；要什么素车白马⑧，断送出⑨古陌荒阡！

（正旦再跪科，云）大人，我窦娥死的委实冤枉，从今以后，着这楚州亢旱⑩三年。（监斩官云）打嘴！那有这等说话！（正旦唱）

【一煞】你道是天公不可期，人心不可怜，不知皇天也肯从人愿。做甚么三年不见甘霖降，也只为东海曾经孝妇冤⑪。如今轮到你山阳县。这都是官吏每无心正法，使百姓有口难言！

（剑子做磨旗科，云）怎么这一会儿天色阴了也？（内做风科⑫，剑子云）好冷风也！

---

① 打甚么不紧：没什么要紧。

② 站：这里指让窦娥站在席上。

③ 罚：通"发"，发愿。

④ 苌（cháng）弘化碧：此处形容刚直忠正，为正义事业而蒙冤抱恨。苌弘，周朝的贤臣。传说他无罪被杀，他的血被蜀人藏起来，三年后变成了美玉。碧，青绿色的美玉。

⑤ 望帝啼鹃：此处寓指因冤屈而悲哀凄惨地啼哭。望帝，古代神话中蜀王杜宇的称号。传说他因水灾让位给他的臣子，自己隐居山中，死后化为杜鹃，日夜悲鸣，啼到血出才停止。

⑥ 邹衍：战国时人，相传他对燕惠王很忠心，燕惠王却听信谗言把他囚禁了。他入狱时仰天大哭，正当夏天，竟然下起霜来。后来常用"六月飞霜"来表示冤情。

⑦ 六出冰花：雪花。雪的结晶一般有六角，所以叫"六出"。

⑧ 素车白马：送葬的车马。

⑨ 断送出：发送往。断送，发送，指殡葬。

⑩ 亢旱：大旱。亢，极。

⑪ 东海曾经孝妇冤：《汉书》记东海孝妇蒙冤被杀，郡中大旱三年。

⑫ 内做风科：演出时在后台制造出刮风的音响效果。

（正旦唱）

【煞尾】浮云为我阴，悲风为我旋，三桩儿誓愿明题遍①。（做哭科，云）婆婆也，直等待雪飞六月，亢旱三年呵，（唱）那其间才把你个屈死的冤魂这窦娥显！

（刽子做开刀②，正旦倒科）（监斩官惊云）呀，真个下雪了，有这等异事！（刽子云）我也道平日杀人，满地都是鲜血。这个窦娥的血都飞在那丈二白练上，并无半点落地，委实奇怪。（监斩官云）这死罪必有冤枉。早两桩儿应验了，不知亢旱三年的说话，准也不准？且看后来如何。左右，也不必等待雪晴，便与我抬他尸首，还了那蔡婆婆去罢。（众应科，抬尸下）

赏读指南

《窦娥冤》第三折是全剧的高潮。前两折写窦娥由童养媳到寡妇到被人陷害、成为死囚的悲惨命运，在这个过程中，她是一个顺从命运的弱女子，到张驴儿逼婚时，才开始反抗。到第三折，当她被推上刑场，即将经受她生命中最后也是最大的一次灾难时，她的反抗意识终于强烈爆发。以此为契机，关汉卿写出了一个震撼人心的戏剧场面。

全剧运用夸张的手法和丰富大胆的想象，通过窦娥临刑发出的三桩誓愿（血溅白绫、六月飘雪、大旱三年），表达了元代底层人民反抗压迫、渴求政治清明的愿望，塑造了窦娥这样一个被剥削、被压迫而又善良、坚强、富有强烈反抗精神的底层妇女的典型形象。

四、推荐阅读

《牡丹亭》

汤显祖

【醉扶归】

你道翠生生出落的裙衫儿茜，
艳晶晶花簪八宝填，
可知我常一生儿爱好是天然。
恰三春好处无人见。
不堤防沉鱼落雁鸟惊喧，

---

① 题遍：全部讲完。
② 开刀：执行斩刑。

则怕的羞花闭月花愁颤。

【皂罗袍】

原来姹紫嫣红开遍，
似这般都付与断井颓垣。
良辰美景奈何天，
赏心乐事谁家院！
朝飞暮卷，云霞翠轩；
雨丝风片，烟波画船——
锦屏人忒看的这韶光贱！

【好姐姐】

遍青山啼红了杜鹃，
荼蘼外烟丝醉软。
牡丹虽好，他春归怎占的先！
闲凝眄，生生燕语明如剪，
呖呖莺歌溜的圆。

（选自《牡丹亭》，中华书局，2016 年）

推荐理由

　　《牡丹亭》是明代剧作家汤显祖的代表作。作品通过杜丽娘和柳梦梅由生入死、死而复生的爱情故事，歌颂了男女青年为追求自由幸福的爱情生活所作的不屈不挠的斗争，表达了人们挣脱封建牢笼、粉碎宋明理学枷锁，追求个性解放、向往理想生活的朦胧愿望。《牡丹亭》文辞典丽，宾白（戏曲中人物的说白）饶有机趣，曲词兼具北曲的直白泼辣和南曲的婉转清丽，很多剧段堪称经典。

《牡丹亭》欣赏

《雷雨》

曹禺

周　冲　（无法，含着泪，向着母亲）您喝吧，为我喝一点吧，要不然，父亲的气是不会消的。

蘩　漪　（恳求地）哦，留着我晚上喝不成么？

周朴园　（冷峻地）蘩漪，当了母亲的人，处处应当替孩子着想，就是自己不保重身体，也应当替孩子做个服从的榜样。

蘩　漪　（四面看一看，望望朴园，又望望周萍。拿起药，落下眼泪，忽而又放下）哦！

不！我喝不下！

周朴园　　萍儿，劝你母亲喝下去。

周　萍　　爸！我——

周朴园　　去，走到母亲面前！跪下，劝你的母亲。

〔周萍走至繁漪前。

周　萍　　（求恕地）哦，爸爸！

周朴园　　（高声）跪下！

〔周萍望着繁漪和周冲；繁漪泪痕满面，周冲身体发抖

周朴园　　叫你跪下！

〔萍正向下跪

繁　漪　　（望着周萍，不等周萍跪下，急促地）我喝，我现在喝！（拿碗，喝了两口，气得眼泪又涌出来，她望一望朴园的峻厉的眼和苦恼着的周萍，咽下愤恨，一气喝下）哦……（哭着，由右边饭厅跑下）

（选自《雷雨》，人民文学出版社，2008 年，有改动）

推荐理由

　　《雷雨》（见图 13-1）是曹禺的处女作和成名作，也是中国现代话剧的典范之作。此剧以 1925 年前后的中国社会为背景，以两个家庭三十年的恩怨为主线，讲述了一个带有浓厚封建色彩的资产阶级家庭的悲剧故事。在叙述家庭矛盾纠葛、怒斥封建家庭腐朽顽固的同时，反映了更为深层的社会及时代问题。全剧情节扣人心弦，语言精练含蓄，人物各具特色。

图 13-1　《雷雨》舞台剧照

课堂互动

　　选择一部你喜欢的戏剧作品，写出"一句话评论"，并向大家推荐该作。

思考训练

一、填空题

（1）元曲四大家是指_____、_____、_____和_____。

（2）《窦娥冤》是_____代剧作家_____的代表作。

（3）窦娥临死前发的三桩誓愿是_____、_____和_____。

（4）莎士比亚的四大喜剧是_____、_____、_____和_____。

二、选择题

（1）以下剧作不是悲剧的是（　　）。

    A.《罗密欧与朱丽叶》　　　　　　B.《麦克白》

    C.《威尼斯商人》　　　　　　　　D.《哈姆雷特》

（2）以下剧作的作者不是关汉卿的是（　　）。

    A.《窦娥冤》　　　B.《救风尘》　　　C.《望江亭》　　　D.《西厢记》

（3）《牡丹亭》的作者是（　　）。

    A. 关汉卿　　　　B. 汤显祖　　　　C. 马致远　　　　D. 白朴

（4）陈白露是（　　）中的人物。

    A.《北京人》　　　B.《日出》　　　C.《雷雨》　　　D.《茶馆》

三、简答题

（1）请结合对戏剧艺术本质的认识，谈谈对"天地大舞台，舞台小世界"这一观念的理解。

（2）从古今中外戏剧名作中任选一位著名戏剧人物进行形象分析。

美育浸润：欣赏与体验

专题十四

建筑艺术

学习目标

1. 了解中西方建筑艺术的特点及分类。
2. 认识不同建筑形式的文化内涵，树立保护建筑文物的意识。
3. 欣赏我国古代建筑，感受传统艺术的魅力，培养家国情怀，树立文化自信。

艺术视窗

　　建筑与人们的日常生活联系十分紧密，是最早诞生的艺术门类之一。早在远古时期，为了抵御自然灾害和动物侵害，人们就开始了营造建筑的活动。随着建筑材料的不断丰富和建筑技术的不断发展，建筑在实现遮风挡雨、防寒祛暑等实用功能的同时，其美学价值也不断提高。不同类型的建筑在结构、布局、装饰等方面呈现出不同艺术特色，鲜明地体现了一个时代、一个民族的审美理想与追求。如今，建筑已经发展成为一门富有生命力的综合性造型艺术。

一、中国建筑艺术

（一）中国建筑的特点

1. 巧妙而科学的木结构式框架

　　中国传统建筑以木材为主要建筑材料，使用柱、梁、檩、枋等木构件构成房屋的框架，屋顶与房檐的重量由木构架承担，墙壁只起围护、隔断的作用，所以有"墙倒屋不塌"的说法。这种木结构式框架实用经济、古朴典雅，且具有较高的灵活性。设计师可以根据各地区的自然环境来设计建筑方案，房屋的高度、墙壁的厚薄、门窗的位置和大小，以及内部空间的分割等都较为自由，此外还可以建造出没有墙壁的建筑，如凉亭与长廊。

2. 独具特色的单体造型

　　中国传统单体建筑一般由台基、屋身和屋顶三大部分组成。各部分的造型丰富多姿，呈现出独特的使用价值和审美价值。

　　台基是建筑的重要组成部分，具有挡水防潮的功能。由于其本身具有一定尺度，因此还会增强建筑视觉上的稳定感。重要建筑物一般都建在一层台基之上，规模宏大的殿堂（如故宫太和殿）常常建在高大的三重台基之上，以彰显其庄严雄伟。

　　中国传统建筑的屋身包括柱、梁、檩、枋等支撑构件和门窗、格扇等围护构件，是造型变化最为丰富的部分。以柱为例，按其所处位置的不同可将其分为檐柱、金柱、中柱、瓜柱、角柱等类型，其截面又有方形、鼓形和瓜形等形状。不同类型的建筑构件不仅具有很强的实用性，还极大地丰富了屋身的形象。

　　中国传统建筑的屋顶样式也十分丰富，主要有庑（wǔ）殿顶、歇山顶、悬山顶、硬山顶、攒尖顶、盝顶等类型，如图 14-1 所示。屋角向上微翘的飞檐不但扩大了建筑内部的采光面，还有利于排泄雨水，同时为建筑物带来了灵动轻快的美感。

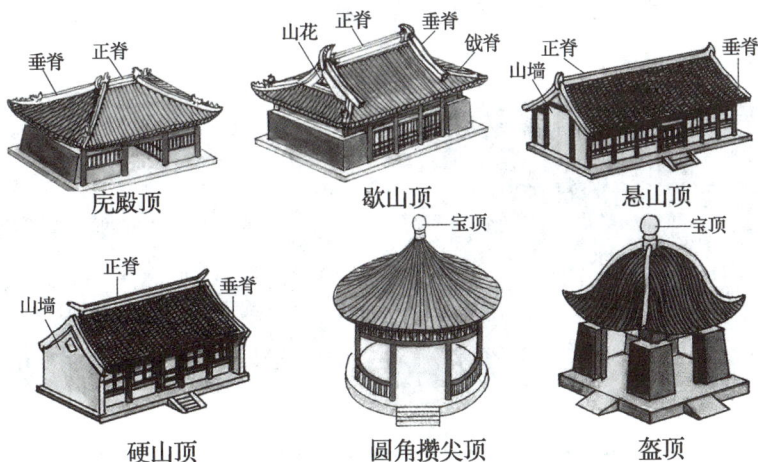

图 14-1　中国古代建筑屋顶样式

知识链接

特色建筑构件——斗拱、雀替

　　斗拱（见图 14-2）是中国传统木结构建筑中屋身与屋顶之间的过渡构件。其中，"斗"是方形木块，"拱"是弓形短木；拱架在斗上，向外挑出，拱端之上再接斗，这样逐层叠加形成上大下小的托架，使屋檐荷载均匀传递到柱子上，从而起到支撑和减震的作用。除实用功能外，斗拱还有较强的装饰性。屋檐下，排列整齐、逐层递减的木块给人一种层次感和韵律美，如图 14-3 所示。

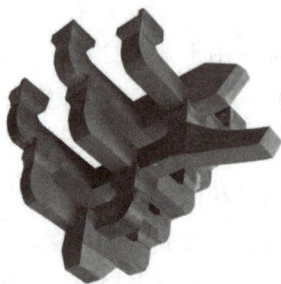

图14-2　斗拱

图14-3　中国古建筑中的斗拱

　　雀替又称"插角"或"托木"，是中国传统建筑构件之一，通常被置于建筑横材（梁、枋）与竖材（柱）相交处，如图14-4所示。雀替能缩短梁、枋的净跨度，以此来增强梁、枋的荷载力。明清以来，雀替的装饰功能日益凸显，不仅融合了圆雕、浮雕、透雕等多种雕刻技法，其表面还常绘有龙、凤、仙鹤、花鸟、花篮、金蟾等丰富多彩的图案。

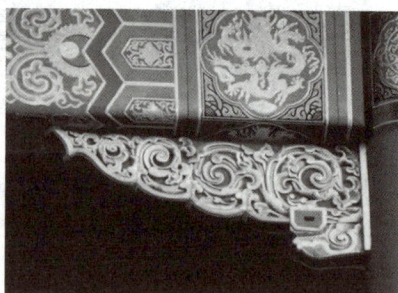

图14-4　雀替

3. 中轴对称、方正严整的庭院式群组布局

　　我国古代建筑中有许多由若干单体建筑和一些围墙组成的方形庭院（如北京四合院）。庭院式布局要求各个单体建筑遵循固定的组合原则，即以庭院为中心，四面布置单体建筑物，每个单体建筑物的正面都面向庭院，并在正面设置门窗。

　　当一组庭院不能满足需要时，就形成了由若干个庭院组成的群体建筑（如北京故宫）。这种建筑形式通常有明确的中轴线，并将主要建筑布置在中轴线上，两侧的次要建筑作对称式布局。不同院落之间相互串连，通过前院可以到达后院，布局平衡舒展，引人入胜。

　　中轴对称、方正严整的庭院式群组布局，既具有安全向阳的实用价值，也是中国传统社会"长幼有序，内外有别"的宗法和礼教制度在建筑形式上的反映，体现了传统儒学中正思想对中国建筑的影响。

4. 丰富多彩的建筑装饰

　　彩画是中国建筑极具特色的装饰手法。由于木质材料具有易腐、易燃的特性，因此，人们会在木构件表面涂抹油漆以延长木材的使用寿命，后来逐步发展成绘制具有装饰性和象征性的建筑彩画，如图14-5所示。彩画样式丰富、风格多样，主要有和玺彩画、旋子彩画和苏式彩画三种类型，其题材范围十分广泛，龙凤、山水、花鸟、鱼虫、历史故事、神话传说无所不包。

此外，雕饰也是古代建筑装饰的重要组成部分，主要包括屋脊上的装饰构件（见图14-6）、墙壁上的砖雕、柱础（柱子下面安放的基石）上的石雕（见图14-7）等。雕饰的内容十分丰富，有动植物、人物、戏剧场面及历史故事等。

图 14-5　建筑彩画　　　　图 14-6　屋脊装饰　　　　图 14-7　柱础上的石雕

（二）中国建筑的分类

中国传统建筑艺术类型多样，依据建筑的功能主要可分为宫殿建筑、民居建筑、园林建筑、宗教建筑、陵寝建筑、生产建筑、公共建筑、纪念性建筑等。下面主要介绍宫殿建筑、民居建筑和园林建筑。

1. 宫殿建筑

宫殿建筑又称"宫廷建筑"，是皇室为巩固统治、彰显皇权威严、满足物质生活和精神生活的需要而建造的建筑物。宫殿建筑规模宏大，气势雄伟，金碧辉煌，巍峨壮观。其上常有硕大的斗拱、绚丽的彩画、雕镂精细的藻井（位于建筑内顶部的装饰构件，见图14-8）等。由于朝代更迭及战乱，中国古代宫殿建筑留存下来的并不多，现存除北京故宫外，还有沈阳故宫（见图14-9）、南京故宫，以及西安的大明宫、未央宫等宫殿遗址。

图 14-8　藻井　　　　　　图 14-9　沈阳故宫

建筑赏析

北京故宫

　　北京故宫，旧称紫禁城，是明清两代的宫殿，始建于明代永乐年间，历时14年基本建成。故宫是中国古代建筑中的杰作，也是世界上现存最大、最完整的木质结构的古建筑群。

　　故宫由大小各异的数十个院落组成，房屋共9 000多间，建筑面积约15万平方米，占地面积72万平方米，周围有10米高的城墙和52米宽的护城河，构成完整的防卫系统。城墙上开有四门，南有午门，北有神武门，东有东华门，西有西华门，城墙四角各有一座风姿绰约的角楼，如图14-10和图14-11所示。1987年，联合国教科文组织世界遗产委员会将故宫列入"世界文化遗产名录"。

北京故宫

图 14-10　北京故宫

图 14-11　故宫角楼

　　故宫建筑群沿一条南北向中轴线排列，三大殿、后三宫、御花园都位于这条中轴线上，并向两旁展开，左右对称。为体现皇权的至高无上，处于建筑布局中轴线上的建筑高大华丽，位于轴线两侧的建筑则相对低小简单。这条中轴线不仅贯穿在紫禁城内，而且南达永定门，北到鼓楼、钟楼，贯穿整个城市，气魄宏伟，规划严整，极为壮观。

　　故宫严格按照《周礼·考工记》中"前朝后寝，左祖右社"的帝都营建原则建造，天安门东侧为太庙，西侧为社稷坛。全部建筑由"外朝"与"内廷"两部分组成，乾清门以南为外朝，乾清门以北为内廷，外朝与内廷的建筑气氛迥然不同。外朝以太和殿、中和殿、保和殿三大殿为中心，位于整座皇宫的中轴线上。三大殿都建在汉白玉砌成的八米多高的基台上，建筑形象庄严、壮丽、雄伟，内部装饰金碧辉煌。三大殿两翼东有文华殿、文渊阁、上驷院、南三所；西有武英殿、内务府等建筑。

　　三大殿中的"太和殿"俗称"金銮殿"，也称"前朝"，是皇室举行大典、皇帝发布政令的地方，也是整个宫城的建筑主体和核心空间，如图 14-12 所示。太和殿高35.05米，东西长63米，南北宽33米，建筑面积2 377平方米。殿前有可容纳上万人朝拜庆贺的广场，皇帝即位、生日、婚礼等庆典仪式都在这里举行。太和殿是紫禁城诸殿中体量最大、等级最高、气势最恢宏、最富丽堂皇的一座，也是我国现存最大的木构殿宇。太和殿的装饰十分豪华，室内外梁枋上装饰有级别最高的和玺彩画，殿内金砖铺地，有直径达 1 米的大柱 72 根支撑大殿的全部重量，围绕御座的是 6 根沥粉金漆的蟠龙巨柱。象征封建皇权的金漆雕龙御座安放在大殿中央的两米高台上，御座前有造型美观、象征延年益寿的仙鹤，以及焚香用的炉鼎，御座后面摆设着七扇雕有云龙纹的髹金漆大屏风。整个大殿装饰得金碧辉煌，庄严绚丽，如图 14-13 所示。

图 14-12 太和殿外景

图 14-13 太和殿内景

故宫的后一部分——"内廷"以乾清宫、交泰殿、坤宁宫为中心，东西两翼有养心殿、东六宫、西六宫、斋宫、毓庆宫等建筑，后有御花园，是皇帝处理日常政务之处，也是皇帝与后妃们居住的地方，建筑节奏紧凑，生活气息浓郁。

乾清宫（见图 14-14）是故宫内廷正殿，面阔 9 间，进深 5 间，建筑面积 1 400 平方米，高 20 余米，重檐庑殿顶，建筑规模居内廷之首，明朝的十四个皇帝和清朝的顺治、康熙两个皇帝，都以乾清宫为寝宫，皇帝在这里读书学习、批阅奏章、处理日常政务、召见官员、接见外国使节以及举行内廷典礼和家宴。乾清宫正殿宝座上方悬挂着由清代顺治皇帝御笔亲书的"正大光明"匾（见图 14-15），这块匾在清雍正以后，成为放置皇位继承人名字的地方。乾清宫始建于明永乐十八年（1420），明清两代曾因数次被焚毁而重建，现有建筑为清代嘉庆三年（1798）所建。

图 14-14 乾清宫外景

图 14-15 乾清宫内景

登录故宫博物院网站，在其"全景故宫"栏目中欣赏太和殿、乾清宫等主要建筑物，说一说各建筑物的美的特征。

2. 民居建筑

我国疆土辽阔，资源丰富，民族众多，各地的自然环境和民俗民风相差较大，民居建筑也因此呈现出多样化的面貌。按照结构、造型和材料的不同，通常可以将民居建筑分为合院式民居（见图 14-16）、窑洞式民居（见图 14-17）、干栏式民居、土楼式民居和水乡民居（见图 14-18）等。不同民居各具特色，反映出当地的社会面貌与人文特征，具有深厚的文化内涵和多元的审美价值。

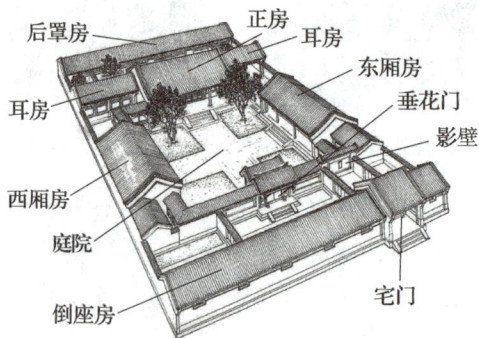

图 14-16　北京四合院示意图

图 14-17　陕北窑洞

图 14-18　江南水乡民居

建筑赏析

徽州民居

今安徽黄山、歙（shè）县、休宁、祁门、绩溪、黟（yī）县和江西婺（wù）源等地，古称徽州。徽州民居（见图14-19）是徽州先民在适应当地环境的过程中发展起来的地方特色建筑。徽州民居聚集而成的徽州村落，是中国农耕社会宗法制度下强调聚族而居的产物。村落布局依山就势，建筑与自然环境融为一体。行走在村落中，幽静、典雅、古朴之感荡漾全心。2000年，徽州民居中

图14-19 依山傍水的徽州古村落

最具代表性的两座古村落——位于安徽黟县的西递和宏村被列入"世界文化遗产名录"。

徽州民居外观较为封闭，一般都以高大的墙体围合，除了门洞，外墙上只在较高处开设通气用的孔洞。外墙装饰以入口宅门为重点，大门框多用质感细腻的"黟县青"大理石制成，与素洁的白墙形成对比，且雕工讲究。房屋两侧的马头墙（又称"封火墙"，见图14-20）高出屋面，并循屋顶坡度倾斜而呈阶梯形，既防火防盗又错落有致，丰富了建筑的轮廓线，成为徽州民居中最为鲜明的外观特征之一。

徽州民居属砖木结构，多采用中轴对称的三合院式布局：中为大厅，用于迎接贵宾或办理婚丧大礼等，平时也作为起居活动场所；大厅前是天井（见图14-21），用以采光通风，其地势通常比大厅低一点，下面有暗沟用于排水；左右厢房可作卧室，光线幽暗。家境富裕、子孙繁盛的家族，则常采用多进式院落布局。

在装饰方面，徽派民居最具特色的是其令人叹为观止的"三雕"（即砖雕、石雕、木雕）艺术，"三雕"艺术中又以"木雕"最为杰出，其雕工精湛，题材广泛，有传统戏曲、民间故事、神话传说和日常生活场景等，使徽派民居充满着书卷气和古朴典雅的特征。

图14-20 马头墙

图14-21 天井

建筑赏析

客家土楼

位于福建省龙岩市的振成楼是客家土楼的典型代表。振成楼坐北朝南，占地约5 000 平方米，由内外两环圆楼组成。外环楼高四层，按《易经》八卦原理布局，以青砖防火墙分隔成 8 个单元；四层中，底层为厨房、餐厅，二层为粮仓，三、四层为卧室。内环楼高两层，底层的中心大厅既是议事厅、宴客厅，又可兼作戏台。振成楼规模宏大，结构奇特，功能完备，具有抗震、防风、防火、防盗等优点，同时还蕴含了丰富的文化内涵，是中国民居建筑中的杰作，如图 14-22 和图 14-23 所示。

图 14-22　振成楼外部

图 14-23　振成楼内部

3. 园林建筑

中国园林建筑历史悠久、风格独特、布局灵活多变。建筑师们广泛使用对景、借景、隔景等造景手法，利用具有浓厚民族风格的小型建筑物，如亭、台、楼、阁、轩、榭、廊、舫、桥等，在有限的空间内创造出深远的意境，使园林成为可望、可行、可游、可居之地。中国传统园林建筑融自然美与人工美为一体，形成巧夺天工的奇异效果，使人"不出城郭而获山水之怡，身居闹市而有灵泉之致"，充分反映了中华民族对自然美的深刻理解力和高度鉴赏力，在世界园林史上享有盛誉。

中国传统园林建筑主要分为北方的皇家园林建筑和江南的古典园林建筑。前者气魄宏大，富丽堂皇，以北京圆明园和颐和园为代表；后者精巧别致，情趣盎然，以苏州四大园林（沧浪亭、狮子林、拙政园、留园）为代表，如图 14-24 所示。

图 14-24　苏州拙政园

建筑赏析

北京颐和园

北京颐和园是我国现存规模最大、保存最完整的皇家园林，与承德避暑山庄、苏州拙政园、苏州留园并称"中国四大名园"。其原本是古代帝王的行宫（帝王出行时居住的宫室）和花园，清乾隆十五年（1750）改建后命名为"清漪园"，咸丰十年（1860）被英法联军严重损毁。随后慈禧重新修建此园，并于光绪十四年（1888）将其改名为"颐和园"。

颐和园

颐和园全园面积约 2.9 平方千米，水面占总面积的四分之三。建筑群依山傍水而建，园内的宫殿、园林建筑丰富多样。"虽由人作，宛自天开"的造园准则使得颐和园既有皇家园林恢宏富丽的气势，又充满自然之趣。1998 年，颐和园被列入"世界文化遗产名录"。

颐和园大致分为三个区域：以庄重威严的仁寿殿为中心的政治活动区；视野开阔、磅礴大气的前山前湖区（见图 14-25）；林木蓊（wěng）郁、景色幽邃的后山后湖区（见图 14-26）。其中，前山前湖区为主要的风景游览区，由万寿山、昆明湖两部分组成。

图 14-25　前山前湖区内的万寿山

图 14-26　后山后湖区内的谐趣园游廊

前山前湖区以佛香阁为中心形成了规模庞大的主体建筑群。从山脚的"云辉玉宇"牌楼，经排云门、排云殿、佛香阁，直至山顶的智慧海，形成了一条层层上升的中轴线，园内主要建筑物均荟萃于此。人工景观与山峦、湖水和谐地融为一体，如同一幅连续展开、如锦似绣的画卷。在万寿山南面的山脚下、昆明湖畔北岸，是一条 728 米的长廊。长廊沿山势而起伏，循湖岸而曲折，自东向西，贯穿整个前山区，将分散的建筑连缀在一起。内望廊间，每根梁枋上都绘有彩画，且题材广泛，描绘精细。

万寿山的南面就是约占全园面积四分之三的昆明湖。长 150 米的十七孔桥飞跨于东堤和南湖岛之间，远远望去像一道长虹飞架在粼粼碧波之上，如图 14-27 所示。湖水澄净如镜，堤上绿树浓荫，岛屿错落有致，再加上隐现在湖畔风光中的各式建筑，共同组成了颐和园中以水为主体的绝色风景，无论远眺还是近观都令人叹为观止。

图 14-27 颐和园中的昆明湖与十七孔桥

以美育人

推陈出新，彰显传统文化魅力

随着全球化的快速发展，我国城市化进程不断推进，城市规划与建筑设计逐步与国际接轨。如何继承、发扬中华优秀传统文化，如何开拓现代建筑的本土化道路，成为一批批优秀的本土建筑师迫切需要解决的问题。虽然，在建筑风格与形式日新月异的今天，我们无法找到既定的标准来评定中国建筑的未来走向，但一些重要的本质规律还是有迹可循的。例如，在建筑创作实践中与时俱进，因地制宜，恰当提炼与融入中国传统文化元素，同时把握当代人文与科技的精髓，不断推陈出新。

图 14-28 宁波美术馆

王澍设计的宁波美术馆（见图 14-28）就鲜明体现出建筑的本土化特色。这座美术馆是由宁波港废弃的航运大楼改造成的，王澍保留了原有航运大楼的空间结构，以保留这座建筑给城市带来的记忆。原有码头也得以保留。建筑外立面上部建材采用杉木和钢，喻示造船和港口的材料；下部建材采用青砖，这是传统宁波民居的主要建材。同时美术馆下部面对甬江的一侧设置有石窟造像，传达着宁波人以前经此到普陀山进香的经历。

2010 年上海世博会中国国家馆（见图 14-29）同样也是现代建筑中的杰作。该馆设计极富中国气韵，建筑外形以"东方之冠、鼎盛中华、天下粮仓、富庶百姓"为主题，展现出中华文化的精神与气质，主体造型雄浑有力；色彩上采用大气、沉稳的"中国红"作为主色调，榫卯结构的完美运用和简约化的装饰线条则实现了中华传统文化要素的当代表达，展现了建筑设计中的中华智慧。

图 14-29　2010 年上海世博会中国国家馆

二、西方建筑艺术

（一）西方建筑的特点

1. 坚固的石质材料

受自然环境、社会生产力和人文理念等因素的影响，西方建筑普遍将石质材料作为主要建筑材料。无论是远古时代的金字塔、神庙建筑、卫城建筑，还是中世纪的拜占庭建筑、哥特式建筑，主要采用的材料都是冷硬、厚沉的石块。这种材料使建筑结实坚固，屹立千年而不倒，由此写出了一部"石头的史书"。从中我们也可以发现西方的巨石崇拜观念和人们对于永恒的精神追求。

2. 高大宏伟的单体建筑

西方建筑追求建筑单体独立的艺术效果和审美价值，建筑往往以造型取胜，注重变化和对比。此外，建筑通常体量巨大、宏伟壮观，复杂的柱式和拱券结构具有良好的承重性能，与石质材料共同构成自由宽阔的内部空间，使建筑整体呈现出高大、雄壮、神秘、威严的视觉效果，体现出西方建筑学家对空间的征服欲和对建筑力学的探索精神，如图 14-30所示。

图 14-30　悉尼圣玛丽大教堂内部

拱券又称"券洞""法圈""法券",是指由石、砖或土坯等块状的建筑材料砌成的跨空砌体。其外形为圆弧状,在不同建筑类型中拱券的造型也略有变化。它除了具有良好的承重功能外,还具有装饰美化的作用。

3. 融入科学理性精神

古希腊哲学家认为,任何美的东西都离不开度量和秩序,这一观念对于西方建筑艺术产生了深远影响。西方建筑学家将自然科学和数学运用到建筑领域中,将几何形状与建筑形象融合起来,注重建筑整体和局部的比例,强调柱式之间严密的度量关系,体现出西方建筑艺术中一丝不苟的科学理性精神,如图 14-31 所示。

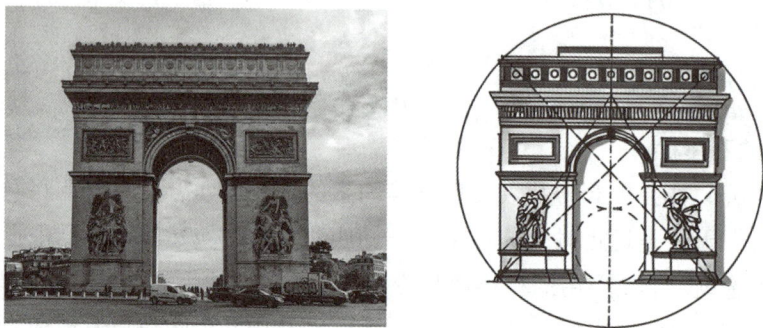

图 14-31　巴黎凯旋门及其几何结构分析

(二)西方建筑的分类

西方历史上的战乱、种族迁徙以及由此带来的文化冲突和融合较为频繁,为不同文化的交流和技术的创新创造了条件。在这一背景下,建筑形式也随之发生变化,形成了多样的艺术风格。从古老的古希腊、古罗马建筑,到中世纪的拜占庭建筑、哥特式建筑,再到巴洛克建筑和现代主义建筑,"变革"成为西方建筑艺术发展的关键词。

1. 古希腊与古罗马建筑

古希腊建筑中,神庙是最重要的建筑类型,除此以外也有大量公共建筑,如议事厅、运动场、露天剧场等。古希腊建筑最杰出的成就是多立克、爱奥尼克、科林斯三种经典柱式。此外,建筑严格遵从黄金分割比例,使建筑在造型、面积、体积等方面形成了协调统一的美感。

古罗马建筑是在继承古希腊建筑艺术的基础上结合本民族特色发展而来的。拱券结构是古罗马时期最大的建筑成就之一,筒形拱、交叉拱、十字拱等不同拱券类型让建筑空间变得更为丰富。古罗马的代表建筑有君士坦丁凯旋门、万神殿、罗马大角斗场和图拉真广场等，如图 14-32 所示。

图 14-32　万神殿

建筑赏析

罗马大角斗场

　　罗马大角斗场（见图 14-33）位于意大利罗马市中心，建于公元 70—82 年，曾经是古罗马帝国专供奴隶主、贵族和自由民观看猛兽角斗或奴隶相互搏斗的地方，是著名的罗马建筑文物古迹。

　　罗马大角斗场的平面为椭圆形，整座建筑占地面积约 2 万平方米，可以容纳近 5 万名观众。建筑分为四层，内部为混凝

图 14-33　罗马大角斗场

土结构层，外贴大理石面层。其底层廊柱采用雄健的多立克柱式，第二层采用秀美的爱奥尼克柱式，第三层采用华丽的科林斯柱式，顶层为实墙。建筑每层各有拱券 80 个，在二、三层的拱券中都放有一尊雕像，增加了建筑的装饰美感。

　　角斗场内分为三个部分：竞技场、观众席和指挥台。走进角斗场，可以看到竞技场下层迷宫似的通道，角斗场表演区地下还隐藏着很多洞口和管道，可以将场内注满水进行海战表演。角斗场的看台逐层向后退，形成阶梯式坡度。观众席按照等级分为不同区域，观众需按照座位编号入场，首先要明确应从哪个底层通道入场，然后再沿着楼梯找到所在区域，最后找到座位。这种入场的设计在今天的大型体育场依然沿用。

2. 拜占庭建筑

　　395 年，罗马帝国分裂为东、西两部分，东罗马将首都迁至拜占庭，故东罗马帝国在

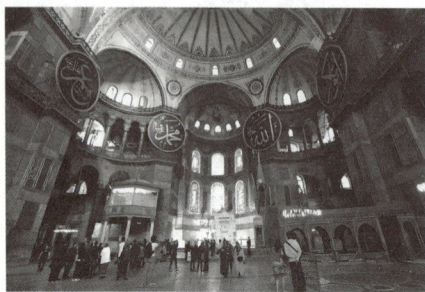

图 14-34 圣索菲亚大教堂内部

历史上又被称为拜占庭帝国。拜占庭的建筑师们在学习古罗马建筑风格的基础上，又从东方文化中汲取营养，由此创造出了宏伟壮观的集中式教堂和巨大的圆形穹顶，使建筑的内部空间十分宽阔。此外，建筑多采用彩色云石、大理石或琉璃镶嵌画进行装饰，整体富丽豪华、灿烂夺目。君士坦丁堡的圣索菲亚大教堂和威尼斯的圣马可教堂都是拜占庭建筑中的典范，如图 14-34 所示。

3. 哥特式建筑

哥特式建筑是 11 世纪下半叶起源于法国，12—16 世纪流行于欧洲的一种建筑风格。其最大的特点是"高、尖、直"，尖肋拱顶、修长的立柱、垂直高耸的飞扶壁等构件使建筑呈现出一股向上升腾的动势。哥特式建筑大多是教堂建筑，在建筑内部，巨大的高侧窗多镶嵌着绘有圣经故事的彩色玻璃。在阳光的照射下，玻璃绚丽夺目，使整个空间充满了光怪陆离的神秘气息，

图 14-35 巴黎圣母院内部绚丽的彩色玻璃

如图 14-35 所示。法国的巴黎圣母院、德国的科隆大教堂和意大利的米兰大教堂都是哥特式建筑的代表。

建筑赏析

米兰大教堂

米兰大教堂（见图 14-36）是意大利著名的哥特式建筑，其工程浩大，始建于 1386 年，一直到 19 世纪才正式宣告竣工。米兰大教堂是欧洲中世纪最大的教堂，内部能容纳 1 万多人。教堂全部用白石砌成，长 148 米，中部堂顶高 44 米，中央尖塔高 103 米，是世界建筑史和世界文明史上的奇迹。

教堂外部使用了大量垂直的壁柱，顶端耸立着 98 座小尖塔，每个尖塔塔顶上都有一个石雕像，直刺天空，与竖向的壁柱一起形成向上飞升的动感，同时也加强了建筑的层次感，使得立面细部丰富多变，如图 14-37 所示。

米兰大教堂是世界上雕像最多的哥特式教堂。整座教堂共有大理石雕像 6 000 多尊，其中 3 159 座位于建筑外部，各种雕像千姿百态。教堂外部还有 96 个怪兽形排水口，每个转角处的怪兽都各不相同。

图 14-36　米兰大教堂

图 14-37　米兰大教堂外部的尖塔

4. 巴洛克建筑

巴洛克建筑是 17—18 世纪流行的一种建筑风格。这种风格反对古典主义的刻板比例，在建筑上多用自由的曲线来增加动感，用穿插的曲面和椭圆形空间来表现自由的思想、营造神秘的气氛，同时巴洛克建筑还喜好繁复的装饰和强烈的色彩，追求富丽豪华的艺术风格和强烈的光影效果。巴洛克风格的代表建筑有罗马的圣卡罗教堂，如图 14-38 所示。

图 14-38　圣卡罗教堂

5. 现代主义建筑

现代主义建筑又称"现代派建筑"，是 20 世纪上半叶在西方具有主导性地位的建筑类型。其主张建筑要随时代的发展而发展，强调摆脱传统建筑形式的束缚，倡导使用新技术、新材料、新结构，重视建筑的功能性，是一种适应于工业化社会的建筑风格，如图 14-39 所示。现代主义建筑的代表人物有沃尔特·格罗皮乌斯、勒·柯布西耶、赖特、阿尔托等。

图 14-39　包豪斯校舍（沃尔特·格罗皮乌斯）

知识链接

普利兹克建筑奖

普利兹克建筑奖（The Pritzker Architecture Prize）由凯悦（Hyatt）基金会于 1979 年设立，独一无二的权威性和影响力使其有"建筑界的诺贝尔奖"之称。该奖项自设立以来，评选出了包括贝聿铭、伦佐·皮亚诺在内的多名优秀建筑师。2012 年，中国建筑师王澍荣获普利兹克建筑奖，成为首位获得这一奖项的中国建筑师。

思考训练

一、填空题

（1）中国传统单体建筑一般由_____、_____和_____三大部分组成。

（2）中国传统建筑群落一般采用_____的布局形式，这体现了古代封建社会的宗法、礼教制度和传统儒学中正思想对中国建筑的影响。

（3）中国四大名园是指_____、_____、_____和_____。

（4）故宫的"三大殿"是指_____、_____和_____；"后三宫"是指_____、_____和_____。

（5）徽州民居的"三雕"艺术是指_____、_____和_____。

二、选择题

（1）故宫的太和殿采用的是传统建筑屋顶形式中等级最高的（   ）。

    A．重檐庑殿顶   B．重檐歇山顶 C．单檐庑殿顶   D．单檐歇山顶

（2）福建省龙岩市的振成楼是（   ）的典型代表。

    A．合院式民居   B．客家土楼   C．窑洞式民居   D．干栏式民居

（3）（   ）是古罗马时期最大的建筑成就之一。

    A．拱券结构   B．多立克柱式 C．爱奥尼克柱式 D．科林斯柱式

（4）下列选项中，（   ）不是哥特式建筑。

    A．法国巴黎圣母院   B．德国科隆大教堂

    C．罗马圣卡罗教堂   D．意大利米兰大教堂

（5）（   ）是中国古代建筑中的杰作，也是世界上现存最大、最完整的木质结构的古建筑群。

    A．北京颐和园   B．北京故宫   C．苏州拙政园   D．苏州留园

三、简答题

（1）中国传统建筑的特点有哪些？

（2）拜占庭建筑与哥特式建筑在建筑形式上的最大区别是什么？

专题十五

音乐艺术

学习目标

1. 了解音乐的基本要素和常见乐谱形式。
2. 了解声乐和器乐的基本分类及特点。
3. 欣赏中西经典音乐作品，感受音乐艺术的魅力，提升审美能力和人文素养。

艺术视窗

　　音乐是用有组织的乐音来表达人们的思想感情、反映现实生活的一门艺术。音乐是对人类感情的直接模拟和升华，是人们抒发感情、寄托感情的重要载体和形式之一，也是一个国家和民族的社会文化的重要组成部分。音乐不仅能反映社会生活，给人以美的享受，还能给予社会生活以深刻的影响，能净化人的灵魂，陶冶人的情操，提高人们的审美情趣和审美水平。

一、音乐艺术概述

（一）音乐的基本要素

　　音乐的基本要素是指构成音乐的各种元素，包括音的高低、长短、强弱和音色。由这些基本要素相互结合，就形成了音乐常用的形式要素，如节奏、旋律、力度、速度、调式、曲式、和声、织体、音色等。

1. 节奏与节拍

　　音乐的节奏是指各种音响有一定规律的长短强弱的交替组合。节奏是构成音乐的骨架，能赋予音乐作品鲜明的个性特征和蓬勃的生气。音乐中的强拍和弱拍周期性地、有规律地律动，称为"节拍"。我国传统音乐称节拍为"板眼"，一般而言，"板"相当于强拍，"眼"相当于次强拍（中眼）或弱拍（小眼）。

2．旋律

旋律又称"曲调"。若干高低起伏的乐音按一定的节奏有秩序地横向组织起来，就形成旋律。旋律是完整的音乐形式中最重要的表现手段之一。旋律的进行方向是变幻无穷的，基本的进行方向有三种：水平进行、上行和下行。"水平进行"即相同音的重复，"上行"即由低音向高音方向进行，"下行"即由高音向低音方向进行。旋律的常见进行方式有：同音反复、级进和跳进。依音阶的相邻音进行称为"级进"，三度的跳进称"小跳"，四度和四度以上的跳进称"大跳"。

3．力度

力度又称"音强"，是指音乐表演时音的强弱程度。力度对音乐形象的塑造有着重要影响。一般来说，力度越强，音乐越雄伟、刚毅、豪放；力度越弱，音乐越婉转、轻柔。

4．速度

速度是指音乐进行的快慢程度。一般来说，快速的音乐可以表达欢快、紧张、热烈、激昂、兴奋的情绪，慢速的音乐则可以表达平缓、柔和、沉痛、忧郁的情绪。

5．调式

若干高低不同的乐音，围绕某一有稳定感的中心音，按一定的音程（两音间的距离）关系组织在一起，成为一个有机的体系，称为"调式"。如大调式、小调式、我国的五声调式等。调式中的各音，从中心音（即主音）开始自低到高排列起来即构成音阶。

6．曲式

曲式是指乐曲的结构形式。音乐的曲式可以分为小型曲式和大型曲式两类。小型曲式包括一部曲式、二部曲式、三部曲式、复二部曲式、复三部曲式。大型曲式包括变奏曲式、回旋曲式、奏鸣曲式。一部曲式又称为"乐段"，是最小的曲式单位。它好像文章中的一个段落，能够表现相对完整的乐思，具备相对完整的结构。一部曲式可以构成一首独立的作品，也可以作为一首大型作品的一个组成部分。

7．和声

和声包括"和弦"及"和声进行"。和弦通常是由三个或三个以上的乐音按一定的法则纵向（同时）重叠而形成的音响组合。和弦的横向组织就是和声进行。和声有明显的浓、淡、厚、薄等色彩，能丰富乐曲的音乐表现力，同时还有构成分句、分乐段和终止乐曲的作用。

8．织体

织体是指乐曲声部的组合方式，大致可分为单声织体（单声部）和多声织体（多声部）两类。比起单声织体，多声织体更为复杂，音响会比较丰满。它的数个声部有多种组合方式，有时是一条旋律加上和声伴奏，有时各个声部都是具有个性和独立意义的旋律。

9．音色

音色有人声音色和乐器音色之分。在人声音色中又分为童声、女声、男声等不同类型。乐器音色的区别更是多种多样。创作时，可以根据具体情况选择使用单一音色还是混合音色。

知识链接

我国的五声调式

　　五声调式就是由五个音（而不是七个）构成的调式，以纯五度的音程关系来排列。这五个音依次被称为"宫、商、角、徵、羽"。五声调式广泛存在于中国古代和民间音乐中，并且在这个基础上形成了中国民族调式的种种变化和完整的音乐理论体系。因此，尽管在许多国家和地区的传统音乐中都可见到五声调式，它还是常被称为"中国调式"或"民族调式"。在五声音阶里，每一个音都可以成为主音，因此在每个调式的前面必须把主音标出来。比如，以 A 做主音的宫调式称为"A 宫调"，F 做主音的角调式称为"F 角调"，D 做主音的羽调式称为"D 羽调"。

（二）音乐乐谱

　　乐谱是一种记录音乐信息的符号系统。不同的文化和地区形成了不同的记谱方法，常见的有记录音高的乐谱和记录指法的乐谱两大类。五线谱和简谱都属于记录音高的乐谱，吉他的六线谱和古琴的减字谱都属于记录指法的乐谱。

1. 五线谱

　　五线谱是目前世界上通用的乐谱。它通过在五条等距离的平行横线上，标以不同时值（音符时间值）的音符及其他记号来记录音乐。五条平行横线构成五线四间九个位置，自下而上，由低到高。超过九个位置的更高或更低的音，临时在上方或下方增加短线，称为"加线音"。五线谱为世界音乐记录的统一提供了基础。

2. 简谱

　　简谱是一种简易的乐谱，有字母简谱和数字简谱两种。一般所称的简谱，是指数字简谱。数字简谱用"1、2、3、4、5、6、7"代表音阶中的 7 个基本音级，读音为"do、re、mi、fa、sol、la、si 或 ti"，休止以"0"表示。每个数字的时值相当于五线谱的四分音符和四分休止符。除 3—4、7—i 是半音外，其他相邻两个音都是全音。为了标记更高或更低的音，可以在基本符号的上面或下面加上小圆点。在简谱中，不带点的基本符号叫"中音"，在基本符号上面加一个点叫"高音"，加两个点叫"倍高音"，加三个点叫"超高音"；在基本符号下面加一个点叫"低音"，加两个点叫"倍低音"，加三个点叫"超低音"。由于简谱的记法与中国的工尺谱（流行于中国民间的一种文字谱）很接近，因此简谱在我国群众中的普及度较高。

（三）音乐的分类

　　音乐种类繁多，且有多种多样的分类方法。人们通常根据表演方式和使用工具的不同将音乐分为声乐和器乐两大类。

声乐是指按词、曲、乐谱进行歌唱表演，从而达到一定艺术效果的音乐形式。声为本，情为魂，声情并茂是声乐艺术显著的美学特征。歌唱者在深刻理解作曲家和作词者创作意图的基础上，凭借自己的认知体验，通过控制节奏、调整情绪等，将音乐作品的内在特征表现出来，从而更好地传情达意。

器乐是指用乐器演奏乐曲，从而达到一定艺术效果的音乐形式。器乐艺术的体裁广泛，题材多样，不同的乐器有不同的表现力，能够带给听众不一样的听觉感受，多种乐器配合演奏更是妙不可言。

二、声乐艺术

（一）声乐作品的体裁

随着社会的进步和音乐艺术的发展，声乐作品的体裁不断丰富，常见的有以下几种。

1. 民歌

民歌即民间歌曲，泛指人们在劳动、交往等社会活动中自发编唱的各种歌曲。民歌与人们的社会生活有着最直接、最紧密的联系，表达了劳动人民的情感、意志、要求和愿望，是劳动人民智慧的结晶。在我国传统声乐艺术中，民歌主要包括山歌、劳动号子和小调等。

佳作赏析

中国民歌《小河淌水》

《小河淌水》是一首云南弥渡地区的民歌，有"东方小夜曲"之称。该曲为五声羽调式，旋律缓慢悠扬、清新优美，歌词质朴自然，描绘了一种充满诗情画意的深远意境：皎洁的月光下，四周一片静谧，只有山下小河不时发出潺潺的流水声；青春貌美的阿妹触景生情，对月抒情，把自己对阿哥的深厚情感注入这首优美的民歌中；轻柔的歌声，使这份情谊伴随着河流一起流向阿哥。

音乐的欣赏方法

《小河淌水》具有深厚的人文内涵，其歌词中运用了大量弥渡的方言（如"亮汪汪""清悠悠"等），曲调上更是将弥渡地区真挚、柔美的民歌特色展现得淋漓尽致，实现了歌与声、情与意的统一。从中，我们不仅能感受到云南当地的风土人情和人们对爱情的向往与执着，还能感受到中华民族文化的博大精深。

知识链接

西部歌王——王洛宾

王洛宾（1913—1996），中国作曲家。以搜集、整理、创作西部民歌著称，人称"西部歌王"，是第一位荣获联合国教科文组织颁发的"东西方文化交流特别贡献奖"的华人音乐家。在 60 余年的音乐创作中，他为人们留下了近千首歌曲，其中许多歌曲被编入大学声乐教材。他译配改编的许多维吾尔、哈萨克等民族的民歌优美、舒展，且极富民族风味，其中《半个月亮爬上来》《玛依拉》《在那遥远的地方》《阿拉木汗》《达坂城的姑娘》等作品家喻户晓，深受群众喜爱。

2. 艺术歌曲

18 世纪末 19 世纪初，在浪漫主义音乐潮流与抒情诗的推动下，具有浪漫主义风格的艺术歌曲诞生了。艺术歌曲的特点如下：歌词多来源于著名诗歌，采用钢琴或管弦乐器伴奏，侧重于表现人的内心世界，作曲技法较为复杂。我国的艺术歌曲创作始于 20 世纪初，代表作品有萧友梅的《问》、赵元任的《教我如何不想她》、廖尚果的《大江东去》等。

佳作赏析

艺术歌曲《教我如何不想她》

《教我如何不想她》诞生于 20 世纪 20 年代，歌词选自中国新文化运动先驱刘半农所作的同名诗歌，由中国现代音乐学先驱赵元任谱曲，深切表达了海外游子对祖国的思念之情。这首歌曲是音乐与诗歌的完美结合，从作词到谱曲都与五四精神一脉相承，反映了进步青年摆脱封建束缚、追求个性解放的思想，是中国艺术歌曲中的经典作品。

歌曲共 4 段，每段 5 句。其中，每段前两句描写自然景物，从微风、微云、月光、海洋，到落花、鱼儿，再到枯树、野火，时间从白天到黑夜，从春天到冬天；第三、四句借景抒情；最后以"教我如何不想她"结尾，主题鲜明突出，前后贯通，意蕴深远。歌词清丽素雅，运用比兴的手法，融情于景；旋律柔和绵长，音韵和谐，词曲相得益彰。

此外，作曲家将中国传统的五声调式和京剧曲调与复调、宣叙调等西方音乐表现技法相结合。这种大胆创新既丰富了该曲的情感表现，使意境更加深远，又实现了中西方文化的融合，为我国艺术歌曲走向世界奠定了基础。

3. 通俗歌曲

通俗歌曲泛指通俗易懂、形式活泼、易于传唱、拥有广大听众和广阔市场的歌曲。通俗歌曲的旋律结构短小，易记易唱，歌词常常与社会生活紧密联系，多以平白如话、直抒胸臆的方式呈现。如《小城故事》《外婆的澎湖湾》《军港之夜》《弯弯的月亮》《烛光里的妈妈》《我和你》。

课堂互动

你喜欢什么风格的歌曲，哪些歌曲曾震撼过你，让你难忘？请把你喜欢的歌曲推荐给大家，并说明理由。

4. 声乐套曲

声乐套曲是一种大型的声乐作品，一般由若干首歌曲组成，并配有统一的标题。套曲中的各首曲目既独立成曲又互有联系，在内容和音乐表现形式上统一且富有变化，不同曲目共同组成一个和谐的整体。声乐套曲包括大合唱、清唱剧、组歌等。如《黄河大合唱》《长征组歌》。

5. 歌剧

歌剧是一种综合性艺术形式，它集音乐、戏剧、诗歌、舞蹈等为一体，以歌唱为主要手段来表现故事情节，塑造人物形象。国外歌剧产生于 16 世纪末 17 世纪初，是文艺复兴时期音乐文化世俗化的结果。代表性的国外歌剧有《费加罗的婚礼》《卡门》《弄臣》《茶花女》《奥赛罗》《魔笛》等。中国歌剧借鉴了国外歌剧的表现手法，同时结合了中国国情和民族的审美习惯，形成了独具特色的艺术风格。代表性的中国歌剧有《江姐》《屈原》《党的女儿》《洪湖赤卫队》等。

佳作赏析

歌剧《费加罗的婚礼》

《费加罗的婚礼》是莫扎特最杰出的歌剧作品之一，于 1786 年在维也纳首演。该剧根据法国戏剧家博马舍的同名喜剧改编，描写了伯爵的理发师费加罗与伯爵夫人的女仆苏珊娜的爱情故事。莫扎特保留了原作的戏剧宗旨，使普通平民以机智、勇敢和胜利的姿态出现在舞台上，并对封建贵族的虚伪和堕落进行了无情的讽刺和批判，体现出人与人之间的平等关系和对自由爱情的追求。

歌剧用音乐的方式来刻画人物、阐释矛盾冲突、渲染气氛，表现出比戏剧原著更强烈的戏剧性和音乐抒情性。此外，莫扎特删除了原著中的次要人物，使故事显得更加凝练，加上精彩的音乐表演，使人物的性格特征更加鲜明，人物形象更加丰满。

剧中，莫扎特把重唱提升到前所未有的地位，高潮段落均采用重唱形式，使作品具有强烈的戏剧性。同时，在揭示人物内心活动、表现内在思想感情时使用咏叹调，从而合理推动了剧情的发展。该剧首演时，观众反应热烈，几乎剧中每一首优美感人的咏叹调都被要求重新演唱一次，以至于演出的时间超出了原定时间一倍。其中，苏珊娜的咏叹调《美妙的时刻即将来临》、费加罗的咏叹调《你再不要去做情郎》、凯鲁比诺的咏叹调《你们可知道》等至今仍受到众多歌唱家的青睐，在世界各地的音乐舞台上被广为传唱。

🍃 知识链接

莫扎特

莫扎特（1756—1791），奥地利作曲家，维也纳古典乐派代表人物之一，与海顿、贝多芬一起被后人称为"维也纳三杰"。其创作遍及音乐各个领域，奠定和发展了协奏曲等体裁规范。作品风格纯真清丽，音乐语言平易近人，作品结构清晰严谨，后趋向戏剧性和悲剧性。莫扎特毕生共创作歌剧 20 余部，以《费加罗的婚礼》《魔笛》《唐璜》最为著名；有编号的交响曲共 41 部，各种独奏乐器与乐队协奏曲 50 余部；此外尚有《安魂曲》及大量器乐独奏、室内乐、合唱、独唱作品。

（二）声乐的演唱方法

声乐的演唱方法主要有美声唱法、民族唱法和通俗唱法三种。

1. 美声唱法

美声唱法产生于 17 世纪的意大利，它以音质圆润饱满、音色华丽流畅著称。该唱法依靠科学的呼吸方法和发声方法歌唱，符合人体生理机能的自然规律，因此能减轻由于长期歌唱所造成的声带负荷过重与磨损，从而有效延长声带的使用时间。五四运动以后，美声唱法传入中国，对中国声乐艺术的发展起到了巨大的推动作用。

2. 民族唱法

民族唱法是我国各族人民按照自己的语言习惯、音乐风格创造并发展起来的一种演唱方法。它汲取了戏曲、民歌等传统音乐艺术的精髓，又借鉴和吸收了美声唱法的优秀成果，强调语言和音乐的融合，要求演唱者根据演唱语言的发音特点来处理共鸣和行腔，从而使声音具有一种符合民族审美习惯的质朴感和亲切感。同时，民族唱法还特别强调歌曲的风格和韵味，要求演唱者的表演体现出"声、情、字、味、表"的民族特色。其中，"声"是指演唱时要有感而发，以情带声，声情并茂；"情"指要投入情感；"字"指要注意咬字清晰，不能太紧，也不能太松；"味"指要根据歌曲的意境，唱出其韵味；"表"指演唱时的面部表情和肢体语言要能够充分表达歌曲的情感。

3. 通俗唱法

通俗唱法又称"流行唱法"，20 世纪 30 年代在我国得到广泛传播。通俗唱法的声音自然，近似说话，演唱形式以独唱为主，强调歌曲的倾诉性和宣泄性，能很好地表现细腻的情感。通俗唱法具有自然化、生活化的特点，深受青年人的欢迎和喜爱。

三、器乐艺术

（一）中国民族乐器

中国民族乐器种类繁多，按演奏方法和性能，可将其分为弹拨乐器、拉弦乐器、吹管乐器和打击乐器四类，这些乐器既能独奏，又能组合成各种形式和乐队进行重奏和合奏，具有独特而丰富的艺术表现力。

1. 古琴

图 15-1 古琴

古琴（见图 15-1）又称"瑶琴""七弦琴"，是中国最古老的弹拨乐器之一，在周朝就已盛行，有文字可考的历史已有三千多年。中国古代曾有伏羲作琴、黄帝造琴等传说，古代诗词中也有很多关于古琴的记载，如"窈窕淑女，琴瑟友之"（《诗经·关雎》），"琴瑟击鼓，以御田祖"（《诗经·小雅》）。

古琴音色古朴典雅，富有韵味，有"琴到无人听时工"之说。古琴演奏手法繁复，常用于独奏或与洞箫合奏。经典古琴名曲有《高山流水》《广陵散》《阳关三叠》《梅花三弄》《胡笳十八拍》等。2003 年，中国古琴艺术被联合国教科文组织列为"人类口述和非物质遗产代表作"。

佳作赏析

《高山流水》

《高山流水》是中国十大古典名曲之一，其内容及曲名源自《列子·汤问》所载伯牙与钟子期的故事，曲谱最早见于明代《神奇秘谱》，其解题称："《高山》《流水》二曲。本只一曲。初志在乎高山，言仁者乐山之意。后志在乎流水，言志者乐水之意。至唐，分为两曲。不分段数。至宋，分《高山》为四段，《流水》为八段。"

此曲音乐浑厚深沉，清澈流畅，形象地描绘了巍巍高山和洋洋流水，两千多年来，此曲随"俞伯牙摔琴谢知音"的故事广泛流传于民间。

2. 古筝

古筝（见图 15-2）是一种古老的弹拨乐器，早在战国时期，就在当时的秦国（现今的陕西）一带广泛流传，所以又叫"秦筝"。筝的形制为长方形木质音箱，汉魏时有 12 根弦，唐宋以后增为13根弦，后增至16弦、18弦、21弦等，目前最常用的规格为21弦。每弦置一柱（现称"码"），移动柱的位置可改变弦的有效长度，以调节音高。通常依五声音阶定弦，有时也定成七声音阶。演奏时，一般采用右手拨弦，奏出旋律、掌握节奏，左手在筝柱左侧顺应弦的张力、控制弦音的变化。筝的指法颇多，右手有托、劈、挑、抹、剔、勾、摇等，左手有按、滑、揉、颤等。筝常用于独奏、重奏、合奏和伴奏，因音域宽广、音色优美动听而被誉为"东方钢琴"。

图 15-2　古筝

3. 琵琶

琵琶（见图15-3），传统弹拨乐器，距今已有两千多年的历史。历史上的所谓"琵琶"，并不仅指具有梨形共鸣箱的曲项琵琶，像现在的柳琴、月琴等都可以说是琵琶类乐器。经历代演奏者的改进，至今琵琶的形制已经趋于统一，目前多采用六相二十四品的四弦琵琶。

琵琶音域广阔，表现力丰富，高音区明亮而富有刚性，中音区柔和而有润音，低音区音质淳厚。琵琶的泛音在古今中外的各类乐器中独具特色，不但音量大，音质清脆明亮，具有较强的穿透力，而且音断意连，使人回味无穷。其演奏方式有独奏、伴奏、重奏、合奏等多种类型。白居易的《琵琶行》和敦煌壁画中的反弹琵琶，更是让这种乐器广为人知。

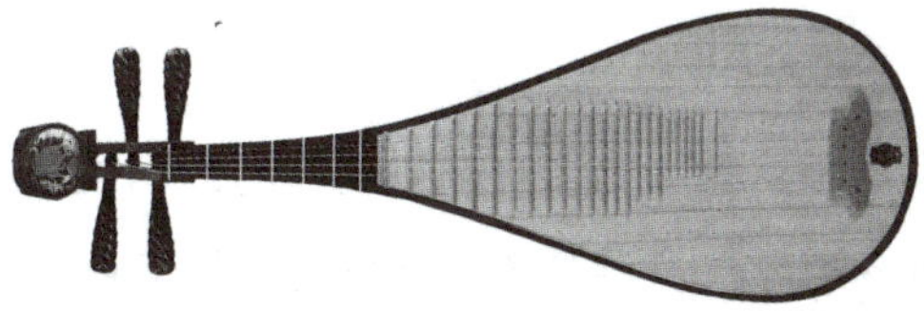

图 15-3　琵琶

民乐名曲欣赏
——春江花月夜

佳作赏析

《十面埋伏》

《十面埋伏》是中国十大古典名曲之一，又名《淮阴平楚》，明代后期已在民间流传。该曲现存乐谱最早见于1818年华秋苹编订的《琵琶谱》。乐曲描写的是公元前202年楚汉战争垓下决战的情景：汉军用十面埋伏的阵法击败楚军，项羽自刎于乌江，刘邦取得胜利。

全曲共三部分，整体来看具有"起、承、转、合"的布局特点。第一部分含五段为"起、承部"，第二部分含三段为"转"部，第三部分含两段为"合"部（原曲还有"众将奏凯""诸将争功""得胜回营"三段，现代演奏者已将其删去，而以"乌江自刎"作为结束段落）。乐曲表现战争场面时旋律高昂激越、气势磅礴，而在表现霸王别姬、乌江自刎的情景时又凄伤而悲壮。明代王猷定《四照堂集·汤琵琶传》中"使闻者始而奋，既而恐，终而涕泣之无从也"一句形象说明了这首琵琶名曲感人至深的艺术魅力。

4. 二胡

图 15-4　二胡

二胡（见图 15-4）又称"胡琴"，是我国民族乐器中独具魅力的拉弦乐器之一，始于唐代，距今已有一千多年的历史。二胡形制为琴筒木制，原多用于民间丝竹（弦乐器与竹制管乐器的合称）音乐演奏或民歌、戏曲的伴奏，20 世纪 20 年代，二胡开始作为独奏乐器出现在舞台上。二胡的演奏手法十分丰富，左手有揉弦、自然泛音、人工泛音、颤音、垫指滑音、拨弦等，右手有顿弓、跳弓、颤弓、抛弓等。二胡的音色柔美抒情，宛如人声，既能表达深沉、悲凄的思想感情，也能表现欢快激昂的情绪和场面。《二泉映月》《江河水》《赛马》等都是经典的二胡曲目。

佳作赏析

《二泉映月》

《二泉映月》是中国民间音乐家华彦钧（艺名阿炳）创作的二胡独奏曲。该曲旋律凄切哀怨而深沉，意境深邃，情真意切，感人至深，展示了中国二胡艺术的独特魅力，曾获"20 世纪华人音乐经典作品奖"，并多次被改编为民族器乐合奏曲、弦乐合奏曲、小提琴独奏曲、弦乐四重奏等。

全曲由引子、六个主要段落和尾声组成。乐曲开始，短小的引子似一声凄楚的长叹；引子之后，低沉、徐缓的旋律营造出夜阑人静、泉清月冷的意境，似作曲家在倾诉自己凄苦、坎坷的一生；随着旋律转入高音区，力度在强弱间快速变化，传达出作曲家忧伤、悲愤、无奈等复杂情绪；高潮处高亢、激越的曲调，表现出作曲家面对生活苦难不懈斗争的精神和刚毅、坚韧的性格。乐曲最后结束在不完全终止的弱音上，形成曲终情未尽的意韵。全曲速度变化不大，欣赏时应注意弓的轻重变化和乐音的强弱起伏。

5. 笛子

笛子（见图 15-5）是中国传统音乐中常用的横吹木管乐器之一，一般分为南方的曲笛和北方的梆笛。笛子的音色具有清新圆润、高亢明亮等特点。它的表现力十分丰富，既能表现辽阔、宽广的情调，也可以奏出欢快华丽的舞曲和婉转优美的小调；不仅可以演奏出连音、断音、颤音和滑音等效果，还能模仿大自然的各种声音，如鸟叫等。代表曲目有《姑苏行》《春到湘江》《喜相逢》《牧笛》等。

图 15-5　笛子

知识链接

常见的外国乐器

外国乐器主要分为弦乐器、管乐器、打击乐器和键盘乐器。

弦乐器是乐器家族的一个重要分支，可分为弓弦乐器和拨弦乐器。弓弦乐器包括小提琴、中提琴、大提琴和低音提琴，其特点是音域宽广，音色优美，合奏时激昂澎湃，独奏时温柔婉约。拨弦乐器包括吉他、竖琴、曼陀林等，其特点是音色明亮、清脆。

管乐器主要包括木管乐器和铜管乐器。木管乐器包括长笛、短笛、大管、单簧管、双簧管等，常用来表现大自然和乡村生活的情景。铜管乐器主要包括小号、大号、长号和圆号等，可以演奏出威武、庄严、嘹亮的声音效果。

打击乐器包括定音鼓、小军鼓、大军鼓、架子鼓等。打击乐器在乐器家族中历史最为悠久，通过演奏者的敲击、摩擦、摇晃来发出声音。打击乐器不仅能增强乐曲的力度，提示音乐的节奏，还能作为旋律乐器使用。

键盘乐器是指用键盘来演奏音乐的乐器的统称，包括钢琴、手风琴、口风琴等。其特点是音域宽广，可以同时发出多个乐音，从而演奏出丰富的和声效果。

（二）器乐作品的体裁

常见的器乐作品的体裁有以下几种。

1. 独奏曲

独奏曲是指用某一件乐器单独演奏而成的乐曲，包括二胡独奏曲、笛子独奏曲、小提琴独奏曲、钢琴独奏曲等。

2. 协奏曲

协奏曲是指由一件或多件独奏乐器与管弦乐队协同演奏的大型器乐曲。协奏曲注重表现独奏乐器的个性和技巧，演奏时，独奏乐器演奏者与管弦乐队常常轮流演奏。具有代表性的协奏曲有德国作曲家门德尔松的《e 小调小提琴协奏曲》，殷承宗、储望华等人改编的钢琴协奏曲《黄河》，以及陈钢、何占豪创作的小提琴协奏曲《梁山伯与祝英台》等。

佳作赏析

小提琴协奏曲《梁山伯与祝英台》

小提琴协奏曲《梁山伯与祝英台》是陈钢与何占豪就读于上海音乐学院时的作品，作于 1958 年冬，翌年 5 月于上海首演后即轰动中外，在世界各国都深受欢迎。作曲家以越剧《梁山伯与祝英台》的曲调为素材，并综合了西方交响乐的表现手法，借鉴了二胡、琵琶的某些演奏技巧，使得乐曲更加美妙动听。

该曲是一首单乐章的协奏曲，用奏鸣曲式结构写成。全曲分为三个部分。

第一部分——呈示部（相爱）：乐曲开始，在轻柔的弦乐震音背景中传来秀丽婉转的笛声，接下来，双簧管乐队奏出的优美旋律描绘出一幅风和日丽、鸟语花香的江南春色图。独奏与乐队演奏交替出现，表现了两人同窗共读时的生活情景，具有欣喜欢快的情调。最后，小提琴与大提琴以"对话"的形式，诉说"长堤惜别"时的依依不舍之情。

第二部分——展开部（抗婚）：大锣、大提琴和大管的沉重音响仿佛是不祥的征兆，铜管乐奏出了凶暴的封建势力的主题。然后，小提琴先后奏出祝英台得知父亲将她许配给豪门子弟马文才后的惶惶不安和悲痛哀伤之情，以及她的愤慨和抗议。接着，小提琴与大提琴以"对话"的形式，奏出如泣如诉的音调，描绘了梁山伯与祝英台楼台相会的情景。随后音乐急转直下，以闪板、快板来表现梁山伯悲愤而死和祝英台哭坟时痛不欲生的控诉。最后，锣鼓管弦齐鸣，表现祝英台纵身投坟的毅然决然，全曲达到最高潮。

第三部分——再现部（化蝶）：长笛和竖琴奏出轻盈缥缈的音乐，将人们引入神话般的仙境；小提琴重新奏出爱情主题，以浪漫主义的手法，表现了人民的美好想象——梁山伯与祝英台化成蝴蝶，翩翩起舞。

释疑解惑

奏鸣曲式一般由呈示部、展开部和再现部构成。其中，呈示部是乐曲的重心，包括主部、连接段、副部及小结尾；展开部通过各种作曲手法使不同情节得以充分展现；再现部则为呈示部的再现或变化再现。

3. 舞曲

舞曲是指以舞蹈节奏为基础写成的乐曲，通常以典型的节奏型贯穿始终，节奏特征鲜明。舞曲通常分为两种：一种是专供舞蹈表演或歌舞表演的舞曲，如桑巴舞曲、伦巴舞曲等；另一种是专为独立演奏而作的舞曲，如波兰作曲家肖邦的《波洛涅兹舞曲》《玛祖卡舞曲》、德国作曲家勃拉姆斯的《匈牙利舞曲》，以及被誉为"圆舞曲之王"的奥地利作曲家小约翰·施特劳斯创作的《蓝色多瑙河》等。

佳作赏析

圆舞曲《蓝色多瑙河》

《蓝色多瑙河》创作于 1867 年，是小约翰·施特劳斯最负盛名的圆舞曲作品，被誉为"奥地利第二国歌"，也是每年维也纳新年音乐会的保留曲目。原为合唱作品，后改为管弦乐。

此曲由序奏、五段小圆舞曲和尾声组成。整首乐曲旋律欢快，渗透了维也纳人热爱故乡的深情厚谊。

序奏开始时，小提琴在 A 大调上用碎弓轻轻奏出徐缓的震音，好似黎明的曙光拨开河面上的薄雾，唤醒了沉睡的大地，多瑙河的水波在轻柔地翻动。圆号随之吹奏出这首乐曲最重要的一个动机（音乐结构的最小单位），连贯优美，高音活泼轻盈，象征着黎明的到来。

序奏过后，是五段各具特色的小圆舞曲，每首小圆舞曲都包含两个相互对比的主题旋律。

第一小圆舞曲表现了在多瑙河畔，陶醉在大自然中的人们翩翩起舞的情景。主题 A 旋律抒情明朗、节奏轻松活泼，使人感到春天的气息已经来到多瑙河；主题 B 轻松、明快，仿佛是对春天的多瑙河的赞美。

第二小圆舞曲首先在 D 大调上出现，第一部分旋律跳跃、起伏，情绪爽朗、活泼，给人朝气蓬勃的感觉；突然乐曲转为降 B 大调，旋律优美委婉，与第一部分形成对比。这一段巧妙而富于变化地表现了南阿尔卑斯山下的小姑娘们穿着鹅绒舞裙欢快跳舞的场景。

第三小圆舞曲属歌唱性旋律，主题 A 有优美典雅、端庄稳重的特点；主题 B 的音乐更富流动性，呈现出狂欢的舞蹈场面。

第四小圆舞曲的主题 A 优美动人，节奏比较自由，富于歌唱性；主题 B 富于舞蹈性，情绪热烈奔放，与主题 A 形成对比。整段曲调给人春意盎然的感受。

第五小圆舞曲是第四小圆舞曲音乐情绪的继续和发展。主题 A 旋律起伏回荡，柔美而又温情；主题 B 则是一段炽热而欢腾的音乐。起伏、波浪式的旋律使人联想到在多瑙河上无忧无虑荡舟的情景。

最后是全曲的高潮和结尾。乐曲的结尾有两种，一种是合唱型结尾，接在第五小圆舞曲之后，很短，迅速地在热烈的气氛中结束。另一种是管弦乐曲结尾，较长，依次再现了第三、四圆舞曲和第一圆舞曲的主题，接着又再现了序奏的主要音调，最后结束在疾风骤雨式的狂欢气氛之中。

4. 交响曲

交响曲是一种由管弦乐队演奏的大型器乐套曲，一般由四个乐章组成。交响曲规模庞大，音响效果丰富，富于戏剧性和表现力，能够通过对各种音乐形象的刻画和对比来展示各种矛盾冲突、表现人们的思想感情，是音乐表现力最强、结构最复杂且最完整的器乐体裁。代表曲目有德国作曲家贝多芬的《c小调第五交响曲》、法国作曲家柏辽兹的《幻想交响曲》、捷克作曲家德沃夏克的《e小调第九交响曲》等。

佳作赏析

交响曲《c小调第五交响曲》

《c小调第五交响曲》又称《命运交响曲》，创作于1807年至1808年，是贝多芬的代表作之一。贝多芬在交响曲第一乐章的开头，写下一句引人深思的警语："命运在敲门"，从而被引用为本交响曲的标题。乐曲不仅展现了贝多芬与命运顽强斗争的精神，更体现了法国资产阶级革命时期欧洲人民争自由、谋幸福的坚定信念，给人以强大的信心和力量，是一首壮丽的充满英雄气概的交响曲。

全曲共有四个乐章。

第一乐章：明亮的快板、奏鸣曲式。

乐曲一开始，由弦乐器和单簧管奏出四个强有力的音，就像命运的敲门声。接着，各种乐器轮番演奏，鲜明的力度对比和紧张的和声使旋律冷峻阴森、气势汹汹，让人感觉惶惶不安，这是这一乐章的第一主题。而后，圆号吹出号角似的音调，引出温柔、抒情、优美的第二主题，表达了对幸福生活的渴望与追求。随后，威风凛凛的命运主题再次袭来，引出了展开部。展开部中，转调非常频繁，增强了音乐的不稳定性，展现了作者与命运斗争的紧张过程。乐章的结尾处，两个主题再次产生冲突，旋律表现出不可阻挡的气势，显示出战胜黑暗的坚强意志和必胜信念。

第二乐章：稍快的行板、双重主题变奏曲式。

乐曲一开始由中提琴、大提琴奏出第一主题，抒情而安详，仿佛英雄经过激烈的斗争之后，转入了沉静的思索。第二主题是进行曲性质的英雄主题，带有当时法国革命歌曲的特色，鼓舞着人们向前挺进。

第三乐章：快板，复三部曲式。

由于它是第一乐章斗争的继续，又是通往胜利终曲的桥梁，因而采用了发展更为快速，并含有戏剧性对比的谐谑曲形式。第一主题中，大提琴和低音提琴快速奏出跃跃欲试的音调，充满着向前突进的动力；随后小提琴奏出的旋律犹如一声无可奈何的叹息，带有一些迟疑不前的情绪。随后，两个主题交替出现，造成了紧张的戏剧性效果，斗争再度开始。但是，黑暗必将过去，曙光就在眼前。伴随着低音弦乐奏出的舞蹈主题，引出了振奋人心的乐段，它象征着人民群众在黑暗势力下的斗争信心和乐观情绪。接着，第一主题轻声出现，音乐自由向上伸展，乐队的音域不断扩大，力度由弱到强，渐渐发展成为一种不可遏制的力量，将音乐导入光辉灿烂的最后乐章。

第四乐章：快板，奏鸣曲式。

乐曲以雄伟壮丽的凯旋进行曲开启第一主题，和弦饱满有力，旋律积极向前，由全乐队强奏；随后第二主题音色明亮而柔和，富于歌唱性，表现人民获得胜利的欢乐之情。到展开部的高潮时，狂欢突然中断，"命运"音型又插了进来，但它已不再刚毅强劲，倒像是对过去斗争的回忆，与第一乐章遥相呼应。辉煌、明亮的进行曲再次响起，以排山倒海的气势，表现出人民经过斗争终于获得胜利的欢乐。这场与命运的决战，终于以光明的彻底胜利而告终。

知识链接

贝多芬

贝多芬（1770—1827），德国著名的作曲家、钢琴家，维也纳古典乐派代表人物之一。其创作成就极大地深化了音乐艺术的思想性和表现力，对世界音乐的发展有着巨大的影响，被世人称为"乐圣"。其主要作品有交响曲9部（以第三《英雄》、第五《命运》、第六《田园》、第九《合唱》最为著名），钢琴奏鸣曲32首（以《月光》《悲怆》《热情》《黎明》最为著名），歌剧《菲岱里奥》，戏剧《埃格蒙特》《雅典的废墟》配乐，另外还有大量室内乐、艺术歌曲与舞曲。

5. 室内乐

室内乐原指欧洲贵族宫廷中演奏的世俗音乐，来区别于教堂音乐和戏剧音乐。18世纪后期，室内乐专指由少数人为少数听众演奏、演唱的音乐；现主要指各种重奏曲。因为重奏曲中每个声部都相对独立，所以对演奏者们在音色、节奏、力度等各方面的配合程度有较高要求。

6. 序曲

序曲是指歌剧、清唱剧、舞剧、戏剧的开场曲，以及音乐会上的声乐、器乐套曲的开场乐曲，一般由管弦乐队演奏。歌剧、清唱剧、舞剧、戏剧的序曲有概括全剧、介绍故事发生背景和勾勒主要人物形象的作用，代表作品有莫扎特的《费加罗的婚礼》序曲等。不附在任何作品之前的、专为音乐会而作的序曲一般是单乐章，内容比较自由，如柴可夫斯基的《1812 序曲》等。

7.进行曲

进行曲是一种具有步伐行进节奏特点的乐曲。进行曲多用二拍子、四拍子等偶数拍子，并突出强拍。其乐句结构规整，常用三部曲式，中段旋律性较强。进行曲常作为军队行进时的伴奏，此外，也可用于各种庆典、游行、体育赛事等。其明快的节奏和激昂的旋律可以营造出积极向上或庄重的气氛。

思考训练

一、填空题

（1）音乐的基本要素包括音的_____、_____、_____和_____。

（2）音乐中的强拍和弱拍周期性地、有规律地律动，称为_____。

（3）乐谱有记录_____的乐谱和记录_____的乐谱两大类。其中，五线谱属于记录_____的乐谱。

（4）《二泉映月》是中国民间音乐家_____创作的_____独奏曲。

（5）《命运交响曲》由_____国音乐家_____创作而成。

（6）被誉为"圆舞曲之王"的是_____音乐家_____。

二、选择题

（1）和弦通常是由（　　）的乐音按一定的法则纵向重叠而形成的音响组合。

    A．两个或两个以上

    B．三个或三个以上

    C．四个或四个以上

（2）音阶中，从 mi 到 fa 是（　　）。

    A．全音　　　　B．半音

（3）在简谱中，在基本符号下面加一个点叫（　　）。

    A．高音　　　　B．中音　　　　C．低音

（4）下列关于西方音乐家的知识中，正确的一项是（　　）。

    A．贝多芬是德国作曲家　　　　B．莫扎特被称为"圆舞曲之王"

    C．肖邦是俄国著名钢琴家　　　　D．勃拉姆斯被称为"乐圣"

三、简答题

（1）音乐的基本要素有哪些？

（2）从常见的中国民族乐器中选择一种，简述其特点。

专题十六

戏曲艺术

学习目标

1. 了解戏曲的发展简史及主要剧种。
2. 掌握中国戏曲艺术的审美特征，认识戏曲艺术的文化内涵。

艺术视窗

  戏曲艺术是中华民族的传统艺术形式之一，因以"戏"和"曲"为主要因素，所以称为"戏曲"。它集表演、文学、音乐、舞蹈、美术、武术、杂技等多种艺术形式为一体，既具有形式美，又富有深厚的传统文化内涵，是中华文明的一张亮丽名片，在世界戏剧史上独树一帜。

一、戏曲发展简史

  中国戏曲历史悠久，从先秦的"傩舞"和"俳优"、汉代的"百戏"、唐代的"参军戏"、宋元时期的南戏和杂剧、明代的传奇，一直到清代地方戏曲空前繁荣和京剧的形成，中国戏曲随着时代的发展而不断发展、变革，逐渐形成自己完整的艺术体系，并始终植根于民族文化的土壤中，植根于人民大众，为广大百姓所喜闻乐见。

1. 先秦歌舞

  中国戏曲的萌芽，最早可追溯到原始社会祭祀活动中的歌舞表演。例如，傩舞是一种祭神驱鬼、除瘟避疫，以求风调雨顺、安居太平的娱神舞蹈。傩舞就是后世傩戏的雏形。

  古代宫廷中优伶的表演也是戏曲的来源之一。优伶是古代以乐舞、戏谑为业的艺人的统称，"优"是男演员，"伶"是女演员。先秦时期，一般将擅长演奏音乐的艺人称为"伶"，擅长歌舞表演的艺人称为"倡优"，擅长用词令调笑的艺人称为"俳优"。

  上述祭祀活动中的傩舞和先秦时期优伶的歌舞表演，虽然不能算作严格意义上的戏曲，但它们对后世戏曲的形成有着深远的影响。

2. 汉代百戏

秦汉时期，民间开始出现百戏，在当时也被称为"角抵戏"。百戏在汉武帝时期极为盛行。据张衡的《西京赋》记载，百戏包括各种杂技（如扛鼎、吞刀、吐火等）、装扮成人物的乐舞及故事性节目《东海黄公》等。从汉代的画像石、壁画和陶俑（见图16-1）中，我们可以窥见当年演出的盛况——既有倡优等艺人的专业演出，也有宾客、主人的自娱性表演，建鼓舞、长袖舞等各展风姿，飞剑（抛、接剑的杂技）、跳丸（表演者两手快速地连续抛接若干弹丸的杂技）等精彩纷呈。

图 16-1　汉代陶俑

3. 唐代参军戏

唐代时，参军戏盛行。参军戏源于秦汉的俳优表演，最初为单一剧目名，到了唐代，演化为一种剧目类型，标志着戏曲艺术初步形成。参军戏主要由参军与苍鹘（hú）两个角色通过滑稽的对话和动作来演绎故事情节，常用于讽刺朝政或社会现象。

4. 宋元时期的南戏和杂剧

宋元戏曲的代表样式有南戏和杂剧。南戏又称"戏文""南曲戏文""温州杂剧""永嘉杂剧"，北宋末年产生于浙江温州一带。南戏的剧本一般为长篇，一场戏为一出，一部戏长的可达五十多出，短的则有二三十出。现在留存的南戏剧本有《张协状元》《小孙屠》《荆钗记》《白兔记》等。南戏的演唱方式比较自由，包括独唱、接唱、合唱等。南戏的角色通常分为生、旦、净、丑、末、外和贴七种，剧情主要围绕生、旦两大角色展开。南戏是中国最早的成熟戏曲形式之一，对明清两代的戏曲影响颇大。

杂剧最早出现于唐代，最初泛指各类表演艺术。直到北宋时期，杂剧才与歌舞戏、百戏等区别开来，成为一种独立的戏曲形式。宋杂剧题材丰富、表现形式多样，有清晰的行当划分，深受百姓喜爱。这一时期，还出现了专门表演百戏杂剧的场所——勾栏。

到了元代，杂剧发展成为一种新型的戏曲形式——元杂剧。元杂剧又称"元曲"，它的出现标志着我国的戏曲艺术已经进入成熟阶段。元杂剧以歌唱为主，同时结合说白表演。全剧由男主角或女主角一人主唱，其他角色只有念白，没有唱词。这种"一人主唱"的形式有助于塑造主要人物的形象。念白部分受参军戏的影响，常常采用插科打诨的形式，富有趣味。当时著名的元杂剧作家就有一百多人，其中以关汉卿、马致远、郑光祖、白朴、王实甫最为著名。他们创作了多部传世佳作，如关汉卿的《窦娥冤》、马致远的《汉宫秋》、郑光祖的《倩女离魂》、白朴的《墙头马上》、王实甫的《西厢记》等。

5. 明代传奇

明代传奇是继元杂剧之后中国戏曲发展史上的第二座高峰。"传奇"原是唐代短篇小说的一种类型。从元代起，"传奇"专指戏曲。自明代以后，"传奇"则多指以南戏为主的长篇戏曲作品。明代传奇在宋元南戏的基础上进一步发展，比起宋元南戏，明代传奇的剧本更规范，结构更完整，韵律更丰富，角色行当的划分也更细致。

明代时，大批文人雅士参与到传奇的创作和演出之中，由此涌现出许多优秀的剧作家，代表人物有汤显祖、李开先、梁辰鱼、李玉等。他们创作出许多脍炙人口的作品，如《牡丹亭》《宝剑记》《浣纱记》《占花魁》等。

6. 清代戏曲

清代时，昆曲得到宫廷皇室的喜爱，成为获得官方肯定的戏曲艺术，被称为"雅部"；而以各地方言为基础的地方戏，如梆子腔、京腔、秦腔、二黄调等，广受民间百姓的喜爱，被称为"花部"。"花部"和"雅部"形成的"花雅之争"，推动了清代戏曲的繁荣发展。

清代地方戏题材广泛，数量众多，代表作有描述日常生活的《张古董借妻》、歌颂梁山义军的《李逵下山》、赞美杨家将的《寡妇征西》、描写一代女性的《玉堂春》《王宝钏》等。清代地方戏经过发展，最终形成了丰富多样的剧种，如京剧、越剧、豫剧、黄梅戏、川剧、滇剧等。

7. 近现代戏曲

民国时期，戏曲艺术得到了进一步创新和改良。上海出现了编演历史故事、排演时装戏的"海派"京剧；传统京剧也进行了改革，如编演新剧目，改良舞台设计等。抗日战争时期，出现了大批表达爱国情感的戏曲剧目，如田汉创作的京剧《江汉渔歌》，任桂林、魏晨旭等创作的京剧《三打祝家庄》，杨绍萱、齐燕铭等创作的京剧《逼上梁山》等。

中华人民共和国成立之后，全国上下开展了深入的戏曲改革工作，不仅清除了戏曲剧本中低级、庸俗的内容，改良了脸谱形象，净化了舞台环境，还编演了一批反映现代生活和健康思想的新戏。在戏曲改革工作的影响下，大批杰出的戏曲艺术工作者接连涌现，同时诞生了大量优秀剧目，如京剧《将相和》《白蛇传》、评剧《秦香莲》、越剧《梁山伯与祝英台》、昆曲《十五贯》等。这使戏曲艺术在国内外产生了巨大影响。

戏曲艺术发展到今天，经历了不同的时期，并在不断适应新时代、新观众需求的同时保持和发扬着传统的艺术特色。

二、戏曲艺术的审美特征

（一）综合性

中国戏曲是一种具有高度综合性的民族艺术形式，其综合性主要体现在两个方面。一方面，它集文学、音乐、舞蹈、美术等多种艺术形式于一体，使多种艺术元素在一个有机的整体中展现各自的个性，从而大大丰富了自身的艺术表现力。另一方面，戏曲的综合性还体现在其表演艺术上。无论是"唱、念、做、打"（即唱腔、念白、做功、武打）四功，还是"手、眼、身、法、步"五法，在戏曲表演中都呈现出"你中有我、我中有你"的综合性表演状态。戏曲表演中，各个角色行当的一举一动都要切合剧情的发展，从而充分展现各种艺术形式的独特感染力，最终发挥出戏曲艺术的综合性优势。

（二）虚拟性

戏曲表演要求反映的生活是无限的，而舞台的空间是有限的。因此戏曲演员常常在舞台上用一种变形的方式来比拟现实环境或对象，借以表现生活。久而久之，戏曲舞台形成了虚拟、写意的风格，不追求还原真实的场景，而追求高妙的意境。在有限的时空环境中，演员运用"无中生有"的表演手法，仅用几个简单的动作便能够实现"顷刻间千秋事业，方丈地万里江山""三五步行遍天下，六七人百万雄兵"等效果。戏曲艺术的虚拟性主要体现在以下两个方面。

1. 时空的虚拟性

戏曲舞台对时间和空间的处理非常灵活。舞台时空的含义，完全由剧作者和演员假定，同时与观众达成默契，具有强烈的虚拟性和主观性。例如，在昆曲《夜奔》中，林冲深夜潜逃，疲乏至极，在山神庙内酣睡了一夜，而演员在舞台上只花了几分钟来表现这一情节，时间的变化通过打更鼓来体现。又如，传统的戏曲舞台布景十分简单，"一桌二椅"是常见的布景。但在不同的剧情中，这些简单的布景可以用来表现不同的场景，如官员升堂、宾主宴会、家庭闲叙等。时空的虚拟性使戏曲完全打破了舞台的局限性，为演员突破时空限制、充分发挥表演才能创造了条件。

2. 动作的虚拟性

戏曲演员在表演时多用虚拟动作，即不用实物或只用部分实物，依靠某些特定的表演来代表舞台上并不存在的实物或情境。例如，演员提衣抬腿，表示正在上楼梯；演员手持一根马鞭做出骑马的动作，表示正在策马奔驰。尽管舞台上并没有楼梯和马，但通过演员生动形象的动作，观众完全能够心领神会。

戏曲艺术的虚拟性主要是追求神似、以形写神的中国传统美学思想积淀的产物。其中，"虚拟"是手段，"写意"是目的。戏曲表演正是通过这种以虚写实、以简代繁的艺术手法来推动情节发展、刻画人物形象、表达人物情感的。戏曲艺术的虚拟性极大地激发了剧作家、舞台艺术家的创造力和观众的艺术想象力，从而使戏曲自身的审美价值获得了极大的提高。

（三）程式性

中国戏曲的程式化，是指戏曲演员的角色行当、表演动作和音乐唱腔等，都有一些特定的规范并形成了一套固定的程式。

1. 角色行当

戏曲演员的角色行当具有程式化特点。近现代各戏曲剧种的角色行当大多以生、旦、净、丑为基本类型，每一行当内又有进一步的细致分工。不同的角色行当在妆容、服装等方面有不同的规定，在表演上也各具特色。

2. 表演动作

戏曲的程式化特点还表现在表演动作上。表演动作的程式化，是指扮演不同角色的戏曲演员在舞台上的一举一动、一招一式都有相对固定的范式。许多程式动作都有特定的名称。例如，"起霸"是指通过一整套连贯的戏曲舞蹈动作，来表现古代将士整盔束甲、准备上阵的情景；"走边"则用于表现人物夜间潜行、靠边疾走的情景；"趟马"又称"跑马"，是用一套连贯的戏曲舞蹈动作来表现人物骑在马上的各种情景，如图16-2所示。此外，对于甩发功、水袖功、手绢功等戏曲表演基本功，不同角色也有各自的一整套程式动作。

图 16-2　趟马

3. 音乐

戏曲的音乐同样也具有程式化特点。例如，京剧唱腔以西皮、二黄为主，西皮较为刚劲激昂、活泼明快，长于抒情、叙事、说理、状物；二黄则较为深沉稳重、凝练肃穆，长于表达忧郁、哀伤的情绪。

总的来说，戏曲的程式化特点让戏曲表演具有规范的舞台节奏与强烈的艺术感染力，也让戏曲表演形成了一种独特的形式美。观众可以在不同剧目的"变"中找到"不变"的元素，从而形成特殊的审美习惯，感受戏曲艺术的独特魅力。

三、戏曲剧种介绍

据不完全统计，我国各民族地区的戏曲约有三百六十多种，传统剧目和新编剧目数以万计，比较流行的剧种有京剧、豫剧、黄梅戏、昆曲、越剧、河北梆子、评剧、秦腔、晋剧、湖南花鼓戏等，尤以京剧流行最广，不受地区所限，遍及全国。一般说来，各地方剧种都有自己的受众，远离故土的人甚至把听、看家乡戏曲作为寄托思乡之情的一种方式。

（一）昆曲

昆曲，又称"昆山腔""昆腔""昆剧"，起源于14、15世纪江苏昆山的曲唱艺术体系，糅合了唱念做表、舞蹈及武术等多种艺术因素。昆曲以鼓、板控制演唱节奏，以笛、箫、笙、琵琶等为主要伴奏乐器，行腔缠绵婉转，文辞典雅华美，以演唱传奇剧本为主，表演上舞蹈性强。昆曲有南曲和北曲之分。南曲以苏州白话为主，北曲以大都韵白和京白为主；南曲侧重文戏，北曲则武打剧目较多；南曲旋律缠绵委婉，节奏舒缓、意境曼妙，北曲则旋律激越、舒朗，充满阳刚之气。经常演出的昆曲剧目有《牡丹亭》（见图16-3）、《十五贯》、《桃花扇》、《长生殿》等。

昆曲对京剧的形成和发展产生过深远而直接的影响，许多地方剧种也都受到过昆曲艺术多方面的哺育和滋养，因此昆曲被尊为"百戏之祖"。2001年，昆曲被联合国教科文组织列为"人类口头和非物质遗产代表作"。

图16-3　青春版《牡丹亭》剧照

（二）京剧

京剧是在北京形成并流行于全国的戏曲剧种。作为中国的"国粹"，京剧剧目之丰富、表演艺术家之多、观众之多、影响之深远均为全国之冠。京剧起源于四个地方剧种：徽剧、汉剧、昆曲、秦剧（又称"梆子"），迄今已有两百多年的历史。在表演上，京剧"唱、念、做、打"并重，演唱形式为板腔体，主要的伴奏乐器有胡琴、月琴、三弦等弹拨乐器和鼓、锣等打击乐器，唱腔以西皮和二黄为主，所以京剧也称"皮黄"。

京剧的经典传统剧目有《霸王别姬》、《贵妃醉酒》、《白蛇传》、《定军山》、《群英会》、《长坂坡》（见图16-4）、《玉堂春》、《望江亭》、《徐策跑城》、《辕门斩子》、《四郎探母》、《红鬃烈马》、《锁麟囊》、《探阴山》、《杨门女将》、《文姬归汉》、《罗成叫关》、《龙凤呈祥》、《谢瑶环》等，现代京剧剧目有《红灯记》《沙家浜》《智取威虎山》《杜鹃山》等。

2006年5月，京剧被国务院批准列入第一批国家级非物质文化遗产名录。2010年，京剧被列入联合

图16-4　《长坂坡》剧照

国教科文组织人类非物质文化遗产代表作名录。

1．京剧行当

京剧角色可分为生、旦、净、丑四大行当。

1）生

京剧中的"生"，是除了花脸、丑角以外的男性角色的统称，又可细分为老生、小生、武生。

老生（见图16-5），又称"须生"，主要扮演中老年男子角色，如《伍子胥》中的伍子胥。老生演出时要戴"髯口"，因此还专门有一套髯口上的表演功夫。老生的唱和念白都用本嗓，风格刚劲、质朴、醇厚，动作造型也以雍容、端庄、稳重为基调。20 世纪 30 年代的观众尤爱听京剧的老生唱腔，当时最负盛名的老生是马连良、谭富英、杨宝森和奚啸伯，他们被人们誉为京剧"四大须生"。

小生（见图16-6），指京剧中比较年轻的男性角色，如《群英会》里的周瑜。按照饰演人物的不同，小生又可分为纱帽生、扇子生、翎子生、穷生、娃娃生等。小生一般扮相较清秀、英俊，唱念都是真假声结合。

武生（见图16-7），指京剧中擅长武艺的角色。武生又分长靠武生、短打武生两类。长靠武生身穿着靠（铠甲），头戴着盔，穿着厚底靴子，一般使用长柄武器，身段稳重、沉着，具有大将风度和英雄气魄，如《长坂坡》中的赵云。短打武生穿短衣裤，用短兵器，身手矫健敏捷，动作干净利索，如《打虎》中的武松、《夜奔》中的林冲。

图 16-5　老生　　　　　　图 16-6　小生　　　　　　图 16-7　武生

2）旦

京剧中把女性角色统称为"旦"，按人物年龄、性格，旦角又可分为正旦、花旦、武旦和老旦等。

正旦（见图16-8），也叫"青衣"，因所扮演的角色常穿青色（即黑色）长衫而得名。青衣扮演的一般都是端庄、严肃、正派的青年或中年妇女，表演上以唱为主，如《三击掌》中的王宝钏、《窦娥冤》中的窦娥。

花旦（见图 16-9），多扮演天真烂漫、活泼开朗的女性形象，常带有喜剧色彩，如《红娘》中的红娘。花旦多穿短衣，或裙子、袄，或裤子、袄，表演上注重做功和念白。

武旦（见图 16-10），多扮演勇武的女性，表演上重武打和绝技的运用，如《穆桂英挂帅》里的穆桂英。表演时往往还伴随着热闹的锣鼓点，以烘托气氛。

老旦（见图 16-11），扮演老年妇女的角色，唱、念都用本嗓，唱腔高亢，念白沉实，动作沉稳，服装色调多为色彩偏暗的秋香色（即暗黄色）、墨绿色，如《杨门女将》里的佘太君。

图 16-8　正旦　　　　　　图 16-9　花旦　　　　　图 16-10　武旦

图 16-11　老旦

3）净

净，俗称"花脸"，大多扮演品貌或性格有特点的男子。演唱上用真声，音色洪亮宽厚，化妆用脸谱，虽有文武善恶之分，但性格气质上都较为粗犷、豪迈。"净"又分为以唱功为主的大花脸（见图 16-12），如包拯，以及以做功为主的二花脸（见图 16-13），如曹操。

图 16-12　大花脸

图 16-13　二花脸

4）丑

丑，因常在鼻梁上抹一小块白粉而俗称"小花脸"。"丑"可分为"文丑"和"武丑"两类：文丑（见图 16-14）多扮演花花公子、狱卒、酒保、更夫、老兵等，如《群英会》中的蒋干。武丑（见图 16-15）多扮演机警风趣、武艺高超的人物，如绿林好汉、侠盗小偷等。丑行虽有文武善恶、身份高低之分，但在剧中通常是幽默、滑稽的喜剧人物，且并不都是反派，丑角的出场常会带来满堂的笑声。

图 16-14　文丑

图 16-15　武丑

2. 京剧脸谱

京剧脸谱是京剧中的一种化妆造型艺术。它通过规范、统一的图案、色彩等来突出人物角色的性格特征和道德品质，具有"寓褒贬、别善恶"的艺术功能。不同行当的脸谱各有不同。生行与旦行的脸谱皆略施脂粉，简单朴素，因此又称"俊扮""素面"。净行与丑行的脸谱则比较复杂，多重施油彩。

京剧脸谱

不同的脸谱颜色具有不同的象征意义。一般说来，红色代表忠贞、勇武，如关羽；黑色代表刚毅、威武、豪爽甚至鲁莽，如包拯、李逵；白色代表奸邪、狡诈、多疑，如曹操；蓝色代表性格刚直、桀骜不驯，如窦尔敦；金色脸谱象征威武庄严，表现神仙一类角色，如二郎神，如图 16-16 至图 16-19 所示。

图 16-16　红脸的关公　　图 16-17　黑脸的包拯　　图 16-18　白脸的曹操　　图 16-19　蓝脸的窦尔敦

佳作赏析

《霸王别姬·劝君王饮酒听虞歌》

《霸王别姬》是京剧传统剧目，取材于《史记·项羽本纪》，又名《九里山》《垓下围》《乌江自刎》等。该剧由我国著名京剧表演艺术家梅兰芳与武生泰斗杨小楼于 1921 年合作创编，是梅派的代表剧目之一。

该剧目讲述了秦末楚汉相争，项羽不听劝告，执意发兵。军队行至九里山附近时，陷入韩信设下的十面埋伏阵，被困于垓下。项羽见大势已去，便回帐中与虞姬饮酒悲歌。虞姬起舞宽慰，为解除项羽的后顾之忧，舞剑后自刎。而后项羽突破重围，逃至乌江，但是觉得无颜面见江东父老，自刎而死。

【选段】

劝君王饮酒听虞歌

解君忧闷舞婆娑

赢秦无道把江山破

英雄四路起干戈

自古常言不欺我

成败兴亡一刹那

宽心饮酒宝帐坐

且听军情报如何

《霸王别姬》用简洁大方的唱腔，配合廓远清幽的唱词，生动地刻画出楚霸王的勇猛无畏、忠贞不渝和虞姬的温婉贤达、潇洒从容。其中，霸王一角有武生、花脸两种演法。武生扮演者以杨小楼为代表，花脸扮演者以金少山为代表。杨小楼身材高大，声如裂帛，饰演楚霸王时台风稳健，气质非凡；金少山天生金嗓，扮相气派、威武，能很好地彰显霸王的英雄气概。

虞姬一角的唱念之法取自青衣，唱腔设计优雅，重要唱段载歌载舞。《劝君王饮酒听虞歌》唱词结束后便有一段风格别致的"剑舞"，是梅兰芳在京剧舞蹈的基础上，吸收武术动作编创而成，是全剧中最精彩的一折。该片段中的虞姬在疾缓相间的伴奏下翩翩起舞，动作优美，刚柔相济，具有较强的观赏性和感染力。

知识链接

京剧"四大名旦"

最著名的京剧表演艺术家是"四大名旦"，即梅派的梅兰芳、程派的程砚秋、尚派的尚小云、荀派的荀慧生，如图16-20所示。他们的艺术风格各具特色：梅兰芳（1894—1961）端庄典雅，扮相俊美，音色纯净饱满，代表剧目有《贵妃醉酒》《霸王别姬》；尚小云（1900—1976）俏丽刚健，适于表演巾帼英雄人物，代表剧目有《雷峰塔》《四郎探母》；程砚秋（1904—1958）深沉委婉，创造出了一种幽咽婉转、若断若续的唱腔风格，代表剧目有《武家坡》《锁麟囊》。荀慧生（1900—1968）娇婉柔媚，代表剧目有《荆钗记》《红娘》。

图16-20　京剧"四大名旦"

（三）豫剧

豫剧又称"河南梆子""河南高调"，流行于河南及河北、山东等邻近省的部分地区。豫剧可以分为豫东调（包括祥符调和沙河调）和豫西调两大流派。豫东调形成并流行于以商丘、开封为中心的豫东地区，其发声多用假嗓，男声的声调高亢激越，女声的声调跃动活泼，擅长表现喜剧风格的剧目。豫西调形成并流行于以洛阳为中心的豫西地区，其发声全用真嗓，男声的声调苍凉悲壮，女声的声调低回婉转，擅长表现悲剧风格的剧目。近年来戏曲工作者不断博采众长，追求创新，使得这两大流派交流活跃，逐步走向合流。

豫剧以梆子击节，以板胡为主要伴奏乐器，节奏明快、欢畅。新时代的豫剧伴奏中又加进了许多民族乐器和国外乐器，增强了音乐的表现力。

豫剧的传统剧目有一千多个，其中大部分取材于历史演义小说，还有一部分描写与爱情、婚姻、道德伦理等有关的故事。20 世纪 50 年代后，还出现了不少描写现实生活的现代戏和新编历史剧，如《朝阳沟》、《李双双》、《红色娘子军》、《铡美案》、《劈山救母》、《花木兰》、《穆桂英挂帅》（见图 16-21）、《七品芝麻官》、《三哭殿》、《程婴救孤》等。

图 16-21 《穆桂英挂帅》剧照

佳作赏析

《花木兰·谁说女子不如男》

豫剧《花木兰》是我国著名的戏曲演员常香玉的代表剧目。常香玉的动人演绎，不仅使剧中花木兰的巾帼英雄形象深入人心，而且使该剧成为豫剧艺术宝库中独树一帜的经典名剧。

该剧讲的是北朝时期，边关告急，花木兰的父亲名列征兵军帖。花木兰考虑到老父体弱、弟弟年幼，决定女扮男装，代父从军。木兰征战十二年，屡建奇功，后得胜回家。朝廷为了奖励花木兰，册封她为尚书郎。元帅率领众将抬着礼物给花木兰贺喜，才得知木兰是女子。听了花木兰的从军缘由后，元帅盛赞她是巾帼英雄。

【选段】

刘大哥讲话理太偏

谁说女子享清闲

男子打仗到边关

女子纺织在家园

白天去种地

夜晚来纺棉

　　不分昼夜辛勤把活干

　　将士们才能有这吃和穿

　　你要不相信

　　请往这身上看

　　咱们的鞋和袜，还有衣和衫

　　千针万线都是她们连

　　有许多女英雄

　　也把功劳建

　　为国杀敌是代代出英贤

　　这女子们哪一点不如儿男

　　《谁说女子不如男》作为《花木兰》的经典唱段，有着很高的审美和艺术价值。在这一唱段中，与花木兰一起从军的刘大哥对女子抱有偏见，他认为天下的辛苦事都让男子做了，女子成天在家享清闲。花木兰面对刘大哥的偏见，列举事实说明女子的功绩，得出"这女子们哪一点不如儿男"的结论，使得刘大哥哑口无言。

　　唱段的节奏比较简单，大部分由八分音符组成，各句紧紧相连，对塑造花木兰的英雄气概起到了极为重要的作用。同时，每句唱腔中还加入了一小段伴奏，使得该段旋律更为优美流畅，情绪表达更为连贯，从而让花木兰的话更具有说服力。整段唱腔富有生活气息，气势激昂，表现了花木兰独立、自信、勇敢的性格。

　　在表演上，演员使用了抱拳、摆手、晃身等一系列动作来配合演唱，尽显男子气概。演唱"你要不相信"几句时，演员自豪地指着自己，底气十足。这一连串的身段表演，将花木兰巾帼英雄的豪迈气概表现得淋漓尽致。

知识链接

常香玉

　　豫剧唱腔艺术源远流长，形式多样、派别纷呈、名家辈出。其中影响较大、流传较广、最受群众喜爱的当首推常香玉的唱腔艺术。

　　常香玉（1923—2004），豫剧表演艺术家，与陈素真、崔兰田、马金凤、阎立品、桑振君并称"豫剧六大名旦"。常香玉音域宽阔，音质雄厚有力，高低音、真假声结合自然，不管是表现高亢、激越、奔放之情，还是抒发细腻、柔美、典雅之意都驾轻就熟，处处给人以字真、腔正、声圆、形美的艺术享受，堪称豫剧艺术史上的一代宗师。

（四）黄梅戏

黄梅戏是流行于安徽、江西和湖北部分地区的戏曲剧种。黄梅戏将湖北省黄梅县的采茶调与民间艺术结合，用安庆方言歌唱和念白，并吸收了青阳腔和徽剧的音乐、剧目及表演方法，逐渐发展为特色鲜明的戏曲形式。黄梅戏的旋律丰富，唱腔淳朴流畅，以明快抒情见长，具有很强的表现力；其表演质朴细腻，以真实活泼著称。黄梅戏来自民间，具有浓郁的生活气息和清新的乡土风情。

黄梅戏最初只有打击乐器（堂鼓、钹、大锣、小锣等）伴奏，由三人演奏并参加帮腔，七人出场演唱，被称为"三打七唱"。中华人民共和国成立以后，黄梅戏逐渐确定用高胡作为主要伴奏乐器，并逐步建立起以民族乐器（高胡、二胡、琵琶、竹笛、扬琴、唢呐、司鼓等）为主，西洋乐器（电子琴、单簧管、口琴等）为辅的混合乐队，来增强音乐的表现力。

黄梅戏的代表剧目有《天仙配》（见图16-22）、《女驸马》（见图16-23）、《牛郎织女》、《槐荫记》、《孟丽君》、《夫妻观灯》、《打猪草》、《柳树井》、《蓝桥会》、《路遇》、《王小六打豆腐》、《小辞店》、《玉堂春》等。

图16-22 《天仙配》剧照

图16-23 《女驸马》剧照

佳作赏析

《天仙配·满工对唱》

黄梅戏《天仙配》是由历史上孝子董永的故事演变而来的。该故事以董永卖身葬父，在傅员外家为奴为背景。玉帝的第七个女儿（七仙女）同情董永的遭遇，由怜生爱，决定下凡陪伴董永。他们以槐树为媒，土地为证，结为夫妻。随后，两人同去傅员外家做工，七仙女一夜织锦十匹，使董永三年长工变为百日工。百日期满，夫妻双双回家，一起憧憬美好生活，不料玉帝逼迫七仙女立即回天庭，不然将以降灾董永为惩罚。七仙女最后在槐树上刻下盟誓后忍痛与董永诀别。

该剧剧情虽简单，却充满戏剧性，剧情扣人心弦；角色虽不多，但个性鲜明，给人留下了深刻的印象；唱词通俗易懂，但寓意深刻。除此之外，《天仙配》的唱腔比较单一，没有过多的演唱技巧，使人很容易就能理解其中所蕴含的情感。

【选段】

树上的鸟儿成双对

绿水青山带笑颜

随手摘下花一朵

我与娘子戴发间

从今不再受那奴役苦

夫妻双双把家还

你耕田来我织布

我挑水来你浇园

寒窑虽破能避风雨

夫妻恩爱苦也甜

你我好比鸳鸯鸟

比翼双飞在人间

《满工对唱》又名《夫妻双双把家还》，描绘了董永与七仙女在傅家做工百日期满，夫妻携手归家时的喜悦心情。整个唱段的唱词简洁工整，易于上口，行腔舒展，深受广大人民群众喜爱。该段唱腔清秀、优美、典雅，结构严谨有序，体现了黄梅戏唱腔"依字行腔"的特点，展现了黄梅戏的音韵美。

唱段在优美、明快的笛声引奏下开始，而后是七仙女与董永的对唱，采用传统唱腔中一人一句的花腔对板，曲调欢快，表达了两人对自由生活的向往。结尾采取男女声此起彼伏的二重唱演唱方式，形式新颖，表达了两人比翼双飞的美好理想。

（五）越剧

越剧是在浙江嵊（shèng）州一带的山歌小调与余姚秧歌班的影响下形成的，主要流行于浙江、上海、江苏、江西、福建等地区。越剧长于抒情，以唱为主，声腔清幽婉丽、优美动听，表演真切动人，极具江南灵秀、典雅之气。其题材以"才子佳人"为主，有袁（雪芬）派、尹（桂芳）派、范（瑞娟）派、傅（全香）派、徐（玉兰）派等众多流派，常见的伴奏乐器有二胡、扬琴、三弦、笛、箫和各种打击乐器。

西厢记·长亭送别

越剧的代表剧目有《梁山伯与祝英台》《红楼梦》《西厢记》《五女拜寿》《追鱼》《打金枝》《白蛇传》《金殿拒婚》《孔雀东南飞》《王老虎抢亲》《陆游与唐琬》《狸猫换太子》等。

思考训练

一、填空题

（1）戏曲艺术具有_____、_____和_____的特点。

（2）戏曲演员的四项基本功是_____、_____、_____、_____。

（3）京剧的角色行当可分为_____、_____、_____、_____四类。

（4）京剧"四大名旦"是指_____、_____、_____、_____；京剧"四大须生"是指_____、_____、_____、_____。

（5）常香玉是著名_____剧表演艺术家。

二、选择题

（1）我国的戏曲艺术种类繁多，其中被誉为"百戏之祖"的剧种是（　　）。

  A．昆曲   B．京剧   C．豫剧   D．越剧

（2）戏曲表演的四项基本功中，"做"功指的是（　　）。

  A．面部表情   B．脸部化妆

  C．武功表演   D．舞蹈化的形体动作

（3）我国的京剧脸谱色彩含义丰富，其中以（　　）脸谱表示奸邪、狡诈、多疑。

  A．红色   B．绿色   C．蓝色   D．白色

（4）京剧《窦娥冤》中，"窦娥"这一角色属于（　　）。

  A．花旦   B．青衣   C．武旦   D．老旦

（5）《夜奔》中的林冲按行当划分属于（　　）。

  A．小生   B．老生   C．武生   D．花脸

三、简答题

（1）简述戏曲艺术的审美特征。

（2）简述京剧艺术的特点。

专题十七

书画艺术

学习目标

1. 了解书法艺术的概念和审美特征。
2. 了解中西方绘画艺术的发展简史和分类。
3. 品味优秀书画作品的人文内涵,培养基本的书画欣赏能力。

艺术视窗

一、书法艺术

(一)书法艺术概述

中国书法艺术的历史源远流长。书法艺术是我国文化宝库中独放异彩的艺术瑰宝,也是中华传统文化的重要组成部分之一。

什么是书法?《现代汉语词典》解释为"用毛笔写汉字的艺术"。《书法篆刻术语辞典》释为"借助于汉字的书写以表达作者精神美的艺术。"概括地说,书法是能够表达文字意思的线条组合艺术。由此可见,书法具有两重性质,即工具性和艺术性。所谓工具性,是说它是记录语言、交流思想的重要手段;所谓艺术性,是说它具有很高的审美价值,简练的线条造型可以表达丰富的情感和精神世界。一幅优秀的书法作品,像优秀的绘画、电影、舞蹈、诗歌作品一样,能给人以震撼、鼓舞和快乐。

中国书法伴随着汉字的产生而产生,又伴随着汉字的发展而发展,至今已形成了篆书、隶书、楷书、行书、草书五种书法体式。每一种书体都有一个从始创、发展到成熟的过程,都经历了不同的时代,每一个时代又都有一批卓有成就的书法家,留下了不朽的传世之作,使书法艺术的奇葩愈开愈艳,长盛不衰。

书法的演变

（二）书法艺术的审美特征

南朝书法家王僧虔在《笔意赞》中说："书之妙道，神采为上，形质次之，兼之者方可绍于古人"。这里强调好的书法应能以形写神，形神兼备。通常来说，"形"包括点画线条以及由此产生的书法空间结构，"神"主要指书法的神采意味。

1. 书法的点画线条

书法艺术的美是通过书法的点画线条表现出来的。一般来说，优秀的书法作品其点画线条应具有力量感、节奏感和立体感。

1）力量感

点画线条的力量感是指点画线条要能在人心中唤起力的感觉。汉代蔡邕在《九势》中指出"藏头护尾，力在字中""令笔心常在点画中行""点画势尽，力收之"。要求点画要深藏圭角，有往必收，有始有终，便于展示力度。但这里强调"藏头护尾"，并不是说可以忽略中间行笔。一般来说，中间行笔常取涩势中锋，以使点画线条温而不柔，力含其中。点画线条的起止并非都是深藏圭角、不露锋芒的（大篆、小篆均须藏锋）。书法家往往会根据需要藏露结合，尤其在行书和草书中，点画线条更是千变万化。欣赏书法时，既要注意点画线条起止的承接和呼应，又要注意中段是否浮滑轻薄。

2）节奏感

节奏本指音符的长短和强弱变化，在书法的创作过程中，运笔的力度和速度不同，能使书法的点画线条产生轻重、粗细、长短等不同形态的交替变化，从而富有了节奏感。而汉字本身笔画长短、大小的不等，更增强了书法中点画线条的节奏感。一般而言，静态的书体（如篆书、隶书、楷书）节奏感较弱，动态的书体（行书、草书）节奏感较强，变化也较为丰富，如图 17-1 所示。

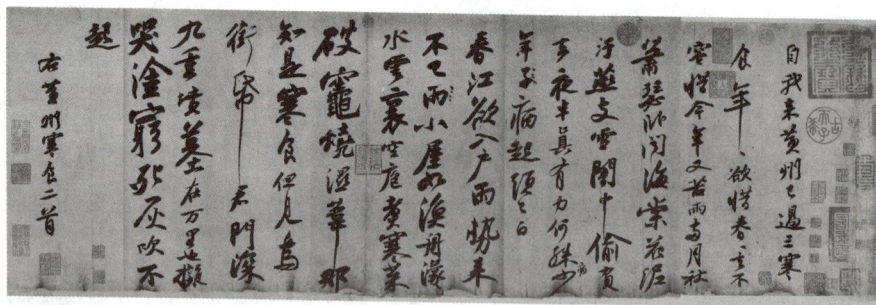

图 17-1 行书《黄州寒食诗帖》（苏轼）

3）立体感

立体感通常是中锋用笔的结果。中锋写出的笔画，"映日视之，画之中心有一缕浓墨，正当其中。至于屈折处亦当中，无有偏侧处"（沈括《梦溪笔谈》）。中锋用笔能使点画线条饱满圆实，浑厚圆润，因而历来很受重视。但在书法创作中，侧锋用笔也并不少见，尤其是在行书和草书中，侧锋经常作为中锋的补充和陪衬出现。

2. 书法的空间结构

书法的点画线条在遵循汉字的形体和笔顺原则的前提下交叉组合，分割空间，形成书法的空间结构。空间结构包括单字的结体、整行的行气和整体的布局三部分。

1）单字的结体

单字的结体要求整齐平正，长短合度，疏密均衡。这样，才能展现字体的正敧朽生，错综变化，于平正中见险绝，险绝中求趣味。

2）整行的行气

书法作品要求字与字上下（或前后）承接，呼应连贯。楷书、隶书、篆书等静态书体虽然字字独立，但笔断而意连。行书、草书等动态书体可字字连贯，游丝牵引。书法家在创作时，还注重字体的大小变化、敧正呼应、虚实对比，以及由此而产生的节奏感，这样才能使行气自然连贯，如血脉般畅通。

3）整体的布局

书法作品中集点成字、连字成行、集行成章，构成了点画线条对空间的切割，并由此构成了书法作品的整体布局。书法作品的整体布局要求字与字、行与行之间疏密得宜，计白当黑；平整均衡，敧正相生；参差错落，变化多姿。其中楷书、隶书、篆书等静态书体以平正均衡为主，如图 17-2 所示；行书、草书等动态书体则要变化错综，起伏跌宕，如图 17-3 所示。

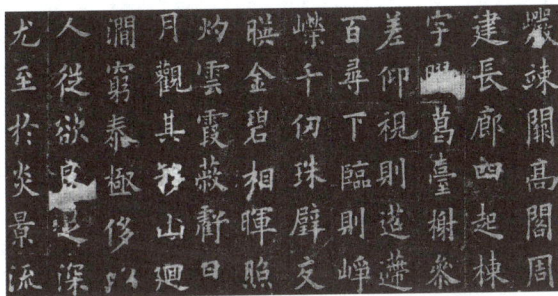

图 17-2 楷书《九成宫醴泉铭》局部（欧阳询）

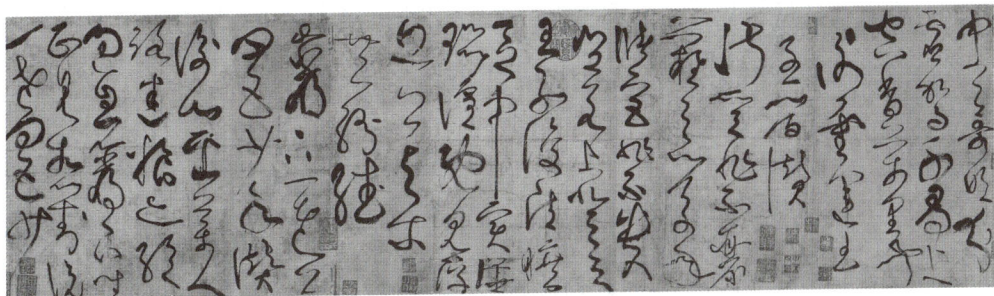

图 17-3 草书《古诗四帖》局部（张旭）

3. 书法的神采意味

书法的神采是指点画线条及其结构组合中透出的精神、格调、气质、情趣和意味的统称。"神采为上，形质次之，兼之者方可绍于古人"说明"神采"高于"形质"，"形质"是"神采"赖以存在的前提和基础。因此，书法艺术神采的实质是点画线条及其空间组合的总体和谐。追求神采、抒写性灵始终是古今书法家孜孜以求的最高境界。

书法中神采的获得，一方面依赖于创作技巧的纯熟，这是前提和基础；另一方面，只有创作心态恬淡自如，创作时心手双畅，物我两忘，才能写出真情至性，才能在点画线条及其结构组合中融入自己的审美趣味。

课堂互动

中国古代的书法艺术有着灿烂辉煌的成果，但在今天，人们对其有着不同的看法。有人说："从前的日色变得慢。车、马、邮件都慢。有了这样的节奏，书写就成了'纸张时代'独有的审美表达。'见字如见人'就成了信笺、书简传递出的一种人文态度。但在如今看来，这些似乎与当下讲求效率、讲求快回报的工作生活方式并不匹配。沉住气，提笔研习一撇一捺，靠写好字去赢得更多机会，已经变得不大现实。"

也有人说："哪怕我们不去精修书法，也应当珍视这笔文化财富。对于大多数人特别是青年人来说，字迹不一定要多出挑、多精致，但最起码要保持认真写字的态度。更何况，楷书、行书等传统书体经过岁月积淀，所具有的美感并不会因时代发展而过气。因此，无论处于什么时代，写一手好字永远都是一笔珍贵的财富。"

对于上述两种观点，你怎么看？我们这代人应该如何肩负起重建中国书法文化大厦的历史重任？

（三）书法作品的欣赏方法

欣赏书法作品同欣赏其他艺术一样，需要遵循人类认识活动的一般规律，但书法艺术的特殊性，又使书法欣赏在方法上表现出一定的独特性。一般来说，我们可以从以下几个方面欣赏书法。

1. 从整体到局部，再由局部到整体

欣赏书法时，应首先统观全局，对其表现手法和艺术风格有一个大概的印象。进而注意用笔、结字、章法、墨韵等局部是否神形兼备、生动活泼。局部欣赏完毕后，再退立远处统观全局，校正首次观赏获得的"大概印象"，重新从理性的高度予以把握，观察艺术表现手法与艺术风格是否协调一致，作品何处精彩、何处尚有不足，从宏观和微观两方面充分地进行赏析。

佳作赏析

《兰亭序》

《兰亭序》又名《兰亭宴集序》《兰亭集序》《临河序》等，是王羲之与好友在暮春时节"天朗气清，惠风和畅"的情形下乘兴而作，记叙了兰亭周围的山水之美和人们聚会时的欢乐之情，由此抒发好景不长、生死无常的感慨。此帖是王羲之的传世名作，有"天下第一行书"的美誉。法帖相传之本，全文共28行，324字。其线条潇洒爽健，体态圆融中和，书风道媚飘逸，骨力内含，行云流水，浑然天成，为历代书家所推崇。

唐时为太宗所得，推为王书代表，曾命赵模等钩摹数本。相传唐太宗死后，该帖真迹作为殉葬品被埋入昭陵。今天所见到的《兰亭序》都是唐代以后的摹本，然而即便是这些唐人摹本，也不失为难得的珍品，"神龙本兰亭"便是其中之一，如图17-4所示。这卷《兰亭序》因卷首有唐中宗李显神龙年号小印，故称"神龙本"，据说是由唐太宗时期的书法家冯承素临摹的。

图17-4 《兰亭序》局部（唐代摹本）

具体而言，《兰亭序》具有以下特点。

在笔法上变化多端：变方为圆以使笔画圆润而有弹性，变长为短以使书写更为流利便捷，变曲为直以增加字的动势，变断为连以使笔画相互呼应，变同为异以使笔画丰富多姿。

在结构上貌似平正，实则在细微之处极具变化，强调攲侧取势；不讲求对称的形式美，而强调揖让的内在呼应。在字形上追求虚实相生，错落有致，有意打破原有的平衡，可谓奇趣横生。

在布局上疏朗有致，开创了行书布局的新形式，对后世影响深远。此文纵有行、横无列，讲究齐上不齐下。通过上下字的大小、疏密变化和彼此的穿插错落来使通篇行气贯通。总之，此帖在追求整体风格统一的同时，又不失局部的丰富变化。

知识链接

王羲之

　　王羲之（303—361），东晋伟大的书法家。字逸少，原籍琅琊临沂（今属山东临沂），后迁居会稽山阴（今浙江绍兴），官至右军将军、会稽内史，故世称"王右军""王会稽"。王羲之精研书法体势，心摹手追，广采众长，创造出"天质自然，丰神盖代"的行书，被后人尊为"书圣"，与儿子王献之并称"二王"。王羲之对真、草、行各体书法的造诣都很深，代表作有楷书《乐毅论》、草书《十七帖》、行书《兰亭序》《快雪时晴帖》《丧乱帖》等。

2. 展开想象，把静止的形象还原为运动的过程

　　书法作品作为创作结果是相对静止的。欣赏时应随着作者的创作过程采用"移动视线"的方法，依照作品的前后（语言、时间）顺序，想象作者创作过程中用笔的节奏、力度等的变化，从而将静止的形象还原为运动的过程，即模拟作者的创作过程，以准确把握作者的创作意图和情感变化等。

3. 展开联想，领会作品意境

　　在欣赏书法的过程中，应充分展开联想，将书法形象与现实生活中相似的事物进行比较，使书法形象具体化。再由与书法形象相似事物的审美特征，进一步联想作品的审美价值，从而领会作品意境。如欣赏颜真卿的楷书，可将其书法形象与"荆卿按剑，樊哙拥盾，金刚瞋目，力士挥拳"等具体形象作类比联想，由此得出颜体书法体格强健—有阳刚之气—富于英雄本色—端严不可侵犯等特征，进而体悟到颜真卿楷书端庄雄伟的艺术风格。

4. 了解创作背景，把握作品情调

　　任何一件书法作品都是某种文化的积淀，都是作者学识修养和审美趣味的体现。因而，了解作品的创作背景（包括创作环境），弄清作品中所蕴含的独特文化气息和作者的人格修养、审美情趣、创作心境、创作目的等，对于准确领会作者的创作意图，把握作品的情调大有裨益。清代王澍《虚舟题跋·唐颜真卿告豪州伯父稿》提到："《祭季明稿》心肝抽裂不自堪忍，故其书顿挫郁屈，不可控勒。此《告伯》文心气和平，故容夷婉畅，无复《祭侄》奇崛之气。所谓涉乐方笑，言哀已叹。情事不同，书法亦随以异，应感之理也。"可见，无论是创作环境，还是作者的人格修养，都对作品情调有一定的影响。加之特定时代的书风和审美风尚的影响，更使书法作品折射出多元的文化气息。这虽然增加了书法欣赏的难度，但也使书法欣赏别有趣味。

佳作赏析

《自叙帖》

《自叙帖》（见图 17-5）是唐代书法家怀素的代表作，被称为"中华第一草书"。其内容主要是怀素写草书的经历和经验的自述，以及当时士大夫们对其书法作品的评价。此帖通篇奔放流畅，一气贯之，将怀素狂草艺术的魅力演绎得痛快淋漓，堪称中国书法史上的千古绝唱。

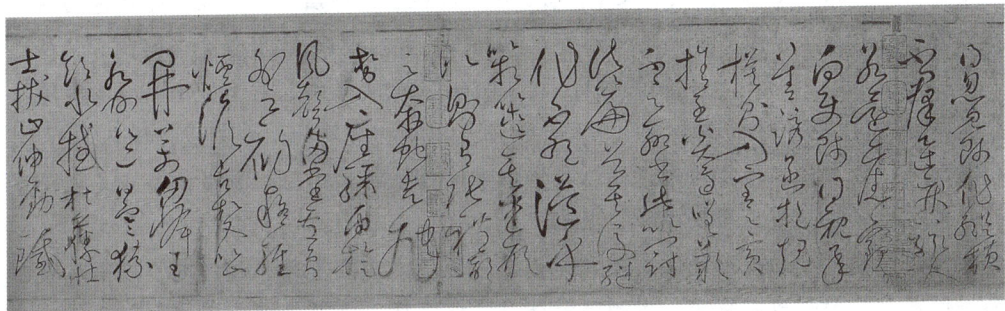

图 17-5　《自叙帖》局部（怀素）

具体而言，《自叙帖》具有以下特点。

在笔法上，多以圆取势，尤其擅长曲转缠绕的笔法，回环矫健，松紧得宜；线条纤瘦而凝练，如抽丝剥茧般连绵不绝；用笔翻转跳跃，随势参差，笔画走势如同节奏感强烈的旋律，极富动感。

在结构方面，此帖的一个重要特点就是"简"，这里的简并非简单之意，而是指字形简约抽象。尽管由于行笔过速，少数字没有遵循约定俗成的化繁为简原则，却也给人以高雅、古朴之感。

此帖的章法体势之新颖，可谓前无古人。前半篇幅，有行无列，潇洒自如，尽显狂草通透、灵动的气质；后半篇幅许是作者进入情绪激昂的创作高峰，已是无行无列，犹如乱石铺街，随心所欲，信手挥洒，将观者带入如醉如狂的艺术境界。

知识链接

文房四宝

中国书法艺术基本的工具和材料有笔、墨、纸、砚，统称为"文房四宝"。古人说："工欲善其事，必先利其器。"练习书法一定要先选择好写字的工具。

1. 笔

笔，在古代指毛笔。毛笔，据传为蒙恬所创，是汉族独具特色的书写和绘画工具，以湖笔最受书法爱好者的青睐，因产于浙江湖州而得名。毛笔在不同时期不同地域有不同的称呼。春秋战国时，吴国称毛笔为"不律"，楚国则叫"插（竹）"。而白居易称笔为"毫锥"，《寄微之》诗云："策目穿如札，毫锋锐若锥。"

毛笔按原材料可分为羊毫、狼毫、紫毫、兼毫等品种。

2. 墨

墨是书写、绘画的黑色颜料，后亦包括朱墨和各种彩色墨。

墨的主要原料是烟料、胶以及中药等，用水在砚台上研磨可以产生用于毛笔书写或绘画的墨水。墨是中国书画创作必不可少的用品，古人曾云："有佳墨者，犹如名将之有良马也"。借助于墨这种独特的材料，中国书画奇幻美妙的艺术意境才能得以实现。

墨分"松烟墨"和"油烟墨"两种。松烟墨以松树烧取的烟灰制成，特点是色乌，光泽度差，胶质轻，只宜写字；油烟墨多以动物或植物油等取烟制成，特点是色泽黑亮，最常见的桐烟墨，坚实细腻，具有光泽。

按用途墨可分为普通墨、贡墨、御墨、珍玩墨、礼品墨等。论产地，以徽墨最著名，因产于古徽州府而得名，徽州的绩溪县、屯溪区、歙县三地为徽墨制造中心，故有"天下墨业在绩溪"之说。

3. 纸

纸是我国古代的伟大发明，现在世界上纸的品种虽以千万计，但"宣纸"仍然是中国书画创作使用的独特的手工纸。宣纸原产于安徽泾县，原属宁国府，府治宣城，故称"宣纸"。宣纸质地柔韧、洁白平滑、色泽耐久、吸水力强，在国际上有"纸寿千年"的声誉。

宣纸按加工方法可分为宣纸原纸和加工纸，按纸面洇墨程度可分为生宣、半熟宣、熟宣。

4. 砚

砚，俗称"砚台"，是书写、绘画研磨色料的工具。砚用于研墨、盛放磨好的墨汁和掭笔。因为研墨，所以有一块平坦的地方；因为盛墨汁，所以有一个凹陷。汉代刘熙在《释名》中解释："砚者，研也，可研墨使和濡也"。汉代时砚已流行，宋代则已普遍使用，明、清两代品种繁多。古代文人对砚十分重视，不仅终日相随，而且死后还用之殉葬。

最常见的砚台制作材料是石材，有来自广东端溪的端砚，来自安徽歙县的歙砚，来自甘肃南部的洮砚，来自河南洛阳的澄泥砚等，这四种砚台被称为"中国四大名砚"。端砚又称"端溪石砚"，位列四大名砚之首。另有"南端北易"之说，"易"指河北易水砚。此外唐开始使用铜雀台遗迹上的砖所做砖砚流行一时。事实上，中国古砚品种繁多，远不止此，如松花石砚、玉砚、漆砂砚等，在砚史上均占有一席之地。

文房四宝

二、绘画艺术

（一）中国绘画艺术

中国绘画是中华文化的重要组成部分，根植于民族文化的土壤之中。它以毛笔、水墨、宣纸为材料，在发展过程中形成了独特的透视理论，大胆而自由地打破时空限制，表现出较高的概括力与想象力。其不仅追求形似，更强调神似。这种出色的表现手段与艺术追求，不仅使中国传统绘画独具艺术魅力，而且日益为世界现代艺术所借鉴吸收。

1. 中国绘画发展简史

中国绘画的历史最早可追溯到原始社会新石器时代的彩陶纹饰和岩画。原始绘画技巧虽幼稚，但古人已初步掌握了基本的造型技巧，能抓住动植物等的动静形态特征进行表现。到了先秦及秦汉时期，人们创作出了具有一定审美价值的帛画、墓室壁画、画像砖和画像石，生动塑造了现实、历史、神话中的众多人物形象，画作具有动态性和情节性。

魏晋南北朝时期，战争频繁，政治黑暗，但绘画艺术仍取得了较大的发展，苦难给佛教提供了传播的土壤，佛教绘画勃然兴起。如新疆克孜尔石窟、甘肃麦积山石窟、敦煌莫高窟都保存了大量该时期的壁画，且具有极高的艺术水平。由于上层社会对绘事的爱好和参与，除了工匠，这一时期还涌现出一批有文化修养的上流社会知名画家，如顾恺之。这一时期的绘画注重对人物精神状态和气质的表现，绘画主题有历史故事、伦理说教、文学作品等，代表作品有顾恺之的《女史箴图》和《洛神赋图》。此外，山水画和花鸟画开始萌芽。

隋唐时期，社会稳定，经济繁荣，对外交流活跃，这些都给绘画艺术注入了新的活力。在人物画方面，虽然佛教壁画中西域画风仍在流行，但吴道子、周昉等人创作的具有鲜明中原画风的作品占了绝对优势，民族风格突出的绘画日益成熟。这一时期，山水画和花鸟画发展成为独立的画科，展子虔、李思训、王维、张璪、韩滉等人的画作都取得了较高的成就，如图 17-6 所示。

图 17-6 《五牛图》局部（韩滉）

宋代绘画在五代的基础上不断发展，宫廷绘画、士大夫绘画、民间绘画各成体系，又互相影响、渗透，名家辈出，佳作纷呈。宋徽宗赵佶的《芙蓉锦鸡图》、王希孟的《千里江山图》（见图 17-7）、张择端的《清明上河图》等一大批优秀画作出现，绘画内容、形式和技法都呈现出丰富多彩、齐头发展的繁荣局面。

王希孟和《千里江山图》

图 17-7　《千里江山图》局部（王希孟）

中国绘画发展至元、明、清，文人画获得了显著发展。在题材上，山水画、花鸟画占据了绝对地位。文人画"不求形似"，不趋附大众审美要求，强调抒发主观情感和人品与画品的统一，注重表现闲情逸趣，并将笔墨情趣逐渐与诗、书、印融为一体，形成了独特的绘画样式。这一时期涌现出众多杰出的文人画家和画派，以及难以计数的优秀画作，如图 17-8 和图 17-9 所示。

图 17-8　《鹊华秋色图》局部（赵孟頫）

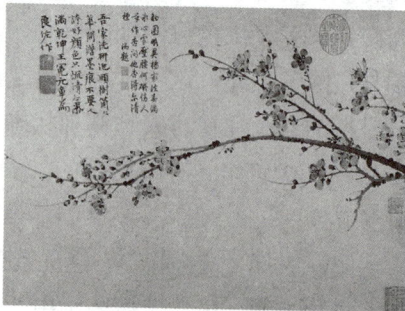

图 17-9　《墨梅图》局部（王冕）

20 世纪上半叶，中国的社会意识形态、思想文化及人们的价值观念等都发生了急剧的变化。此时的画坛精彩纷呈，名师辈出，代表人物有徐悲鸿、张大千、齐白石、潘天寿、黄宾虹等。他们在中西美术的融合方面做了许多有益的探索和尝试，丰富了绘画的表现形式和风格，推动中国绘画逐步朝向多元化发展。

以美育人

郑燮的竹画：俊逸姿态　傲骨天成

古代文人墨客笔下常见的景致大都离不开梅、兰、竹、菊"四君子"，它们既能寄予抒怀之志，又能显现自我的品行情操，暗含着理想化的人生图景，优雅而惬意。

郑燮（1693—1765），字克柔，号板桥，江苏兴化人。50岁出任山东范县县令，后任潍县县令，因岁饥为民请赈，得罪上级，罢归，回扬州以卖画为生。郑燮多画兰、竹、石，也画松菊，其中尤以画竹最为著名。

郑燮画竹蕴含深意，他善于表现竹的形貌与体态，同时又把竹内在的精神融入其中。纵观郑板桥所画之竹，皆独立于无水之立石之中、之上、之间，潇洒高洁之风神则有之，陷于精神的困顿则无。看似羸弱的秀竹却有着岿然不动的精神与力量，也许这就是以己化竹、以抒心性的郑燮将自我也融入其中了。

不同于文人雅士赏玩笔墨、躲避现实的消极姿态，在坎坷的仕途中，郑燮时刻关切民生，心系百姓安危。曾有诗句："衙斋卧听萧萧竹，疑是民间疾苦声。些小吾曹州县吏，一枝一叶总关情。"这种人生态度也反映在他的画作中，就是弃官还乡，他也画竹和县民告别。在《予告归里，画竹别潍县绅士民》中，他这样题诗："乌纱掷去不为官，囊橐萧萧两袖寒。写取一枝清瘦竹，秋风江上作渔竿。"这里的竹，突出清瘦，一方面是呼应前句的"两袖寒"，另一方面，也是"作渔竿"的伏笔。瘦竹在性质上变成了画外的钓竿。不但富于潇洒的情趣，而且带着清高的谐趣。

2. 中国绘画的分类

中国传统绘画题材众多，风格各异，自古以来，人们习惯根据表现形式和绘画内容来分类。

1）按照表现形式分类

从表现形式上看，中国绘画可以分为工笔画和写意画两大类。

工笔画用笔工整细致，敷色层层渲染，细节明彻入微，善用极细腻的笔触描绘物象，以富丽、典雅为主要特征，追求形神兼备的效果，且带有一定的装饰意味。

写意画则不求客观物象的形似，而求以简练、豪放的笔墨来表现物象的神韵和画家的主观情感，意境深远，风格更加洒脱。

当然也有许多画作在表现形式上兼具二者之长，兼工带写，如在一幅画中，林木用写意手法，楼阁用工笔，两者结合，充分发挥用笔、用墨、用色的技巧。

佳作赏析

《清明上河图》

《清明上河图》（见图17-10）是宋代画家张择端（1085—1145）创作的社会风俗画，绢本长卷，现藏于北京故宫博物院。"清明"或谓指清明时节，或谓指汴梁外城东郊的清明坊，或谓指政治清明的升平之时，一般取第一说。画作采用"散点透视法"来摄取所需景象，以精湛的工笔画技法描绘了北宋都城汴梁（今河南开封）城内及近郊物阜民丰、兴旺繁荣的景象，生动再现了当时社会各阶层的生活情态。

画作规模宏大，场面壮观，构图严谨，笔墨古雅。画中城郭、街市、舟桥、车马均刻画精细；商贩、农夫、工匠、艺人、隶役、官绅、仕女、僧侣等各种人物皆惟妙惟肖。人们置身于各种活动之中，其间充满着戏剧性的情节冲突。独特的审美视角、现实主义的表现手法，以及丰富的思想内涵，显示出画家对社会生活的深刻洞察力和娴熟的创作技巧，使作品具有重要的历史价值和杰出的艺术成就。

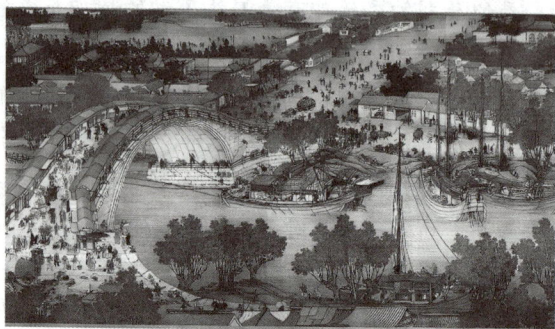

图 17-10　《清明上河图》局部（张择端）

2）按照绘画内容分类

从绘画内容上看，中国绘画可以分为人物画、山水画和花鸟画三个门类。

人物画是指以人物为表现主体的绘画，又可以细分为道释画、仕女画、肖像画、风俗画、历史故事画等。据记载，人物画在春秋时期已经达到很高水准，长期以来一直是中国传统绘画中重要的画科之一。中国传统人物画不拘泥于人物外表的相似，而是更注重人物个性的刻画，强调把握人物内在的气质和神韵，以达到以形写神的目的，如图 17-11 所示。

图 17-11　《李白行吟图》（梁楷）

山水画是指以自然山川为表现主体的绘画。中国山水画以客观景色为依据，同时也十分注重对主观感受的表达。作品的色调自然、柔和，不同浓淡的墨色相互交叠，使作品气韵生动、层次丰富，体现出天人合一的哲学思想，如图 17-12 所示。水墨山水、青绿山水等不同的山水画风，又各自呈现出独特的意蕴，体现出中国绘画特有的意境和格调。

中国花鸟画是指以动植物为表现主体的绘画，其表现对象不仅有花与鸟，还包括果蔬、草虫、牲畜等，如图 17-13 所示。据唐代张彦远《历代名画记》中的记载，东晋和南朝时，画在绢帛上的花鸟画就已经逐步形成独立的画科，并且出现一些专门的画家。五代、两宋时，这一画科更趋成熟。

图 17-12　《潇湘奇观图》局部（米友仁）

图 17-13　《水墨葡萄图》（徐渭）

（二）西方绘画艺术

1. 西方绘画发展简史

1）文艺复兴时期

14 至 16 世纪文艺复兴时期的绘画以体现人文主义思想为宗旨，画家们根据自然科学原理来研究客观物象，在人体结构、空间透视、明暗、色彩及构图等方面的研究成果显著，推动西方的写实绘画达到了高峰。达·芬奇、米开朗琪罗和拉斐尔是这一时期绘画艺术的三位杰出代表，他们创作的《蒙娜丽莎》《创世纪》《最后的晚餐》《西斯廷圣母》等作品更是成为西方绘画史上不朽的名作。

2）18、19 世纪

18 世纪末，随着法国资产阶级大革命的到来，西方新古典主义绘画兴起，其以文艺复兴时期的美学思想为指导思想，强调理性而忽略感性，强调造型而忽视色彩，表现出肃穆、严谨和庄重的美，如图 17-14 所示。代表画家有法国的雅克·路易·大卫和安格尔。

19 世纪初期，浪漫主义随着新古典主义的衰落而兴起，法国画家籍里柯的《梅杜萨之筏》被视为浪漫主义画派的开山之作。这一画派的主将是德拉克洛瓦，其绘画色彩强烈，用笔奔放，充满激情，代表作有《希阿岛的屠杀》和《自由引导人民》。

19 世纪 40 年代，在现实主义思潮的影响下，画家们对传统绘画题材进行了革新，强调如实地反映现实生活，以及客观、准确地描绘大自然，注重真实性、思想性、民主性和批判性，由此形成了现实主义画派。代表作品有让-弗朗索瓦·米勒的《拾穗者》、《播种》和库尔贝的《画室》、《碎石工》（见图 17-15）等。

图 17-14　《荷拉斯兄弟之誓》（大卫）

图 17-15　《碎石工》（库尔贝）

19 世纪中期，印象主义画派开始在法国流行。画家们提倡户外写生，注重通过微妙的色彩变化来表现自然界瞬息万变的光影效果。莫奈是最具代表性的印象派画家，代表作品有《日出印象》、《睡莲》、《撑阳伞的女人》（见图 17-16）等。继印象派之后，欧洲出现了新印象派（又称"点彩派"，代表画家有修拉、西涅克）和后印象派（代表画家有塞尚、凡·高和高更）。实际上，后印象派与印象派的艺术主张并不相同甚至完全相反，后印象派画家们多追求运用明亮、大胆、充满想象力的色彩表达主观感受，使作品极具象征意味。如凡·高的《向日葵》（见图 17-17）、高更的《我们从哪里来？我们是谁？我们往哪里去？》等。

图 17-16　《撑阳伞的女人》（莫奈）

图 17-17　《向日葵》（凡·高）

3）20 世纪至今

20 世纪是西方绘画发生巨大变革的时代。一方面，两次世界大战给人们的心灵带来了巨大伤害，同时，伴随工业化而来的快节奏生活加剧了人们的紧张感，传统的艺术表现形式已无法满足人们的精神需求。另一方面，科技的发展拓宽了艺术家的视野，他们开始尝试用新的表现形式进行创作。基于以上背景，画家们开创了与传统美术迥然不同的诸多新流派，如野兽派、立体主义画派、表现主义画派、超现实主义画派等，它们被统称为"现代主义美术"。其主要特征是反传统和反理性，重视艺术家的内心感受。从作品中，我们可以看出这一时期人们的愤怒、消极、悲观、失望等复杂心理。

知识链接

巴勃罗·毕加索

西班牙画家巴勃罗·毕加索（1881—1973）是立体主义画派的创始人，也是当代西方最具创造性和影响力的艺术家之一。他广泛汲取并改造野兽派、印象派、后印象派的艺术手法，形成了自己独特的创作语言。尽管他的艺术风格不断变换，但他总能在各种手法的运用中达到内在的统一与和谐，同时保持其作品中粗犷刚劲的个性特征。毕加索和他的画作在世界艺术史上占据着不朽的地位，其代表作有《亚威农少女》《卡思维勒像》《瓶子、玻璃杯和小提琴》《格尔尼卡》等。

2. 西方绘画的分类

西方绘画最常见的分类方法是按照使用工具和材料进行划分，主要有素描、油画、水彩画等类型。

1）素描

素描是指使用相对单一的色彩，借助明度变化来表现对象的绘画方式。素描作品的色彩虽然没有油画、水彩等绘画门类丰富，但它同样可以表现丰富的比例关系、空间关系、明暗关系，以及物象的质感和体积感，如图 17-18 所示。

图 17-18　《大胡子男人肖像》（门采尔）

2）油画

油画是指使用快干性的植物油（亚麻仁油、罂粟油、核桃油等）调和颜料，在画布（亚麻布）、纸板或木板上进行创作的一个画科。其颜料色彩丰富、质地浑厚，可以在画布上反复涂改，具有较强的遮盖力和可塑性，能够使画面形成强烈的视觉冲击力。油画是西方绘画中最主要的表现形式，在漫长的历史长河中，油画领域逐渐形成了不同的艺术流派，孕育出无数经典作品。

佳作赏析

《蒙娜丽莎》

《蒙娜丽莎》（见图 17-19）是文艺复兴时期意大利画家达·芬奇（1452—1519）的作品。画作成功塑造了资本主义上升时期城市资产阶级妇女的形象，是一幅享有盛誉的肖像画杰作。

在构图上，达·芬奇改变了以往肖像画多采用侧面半身或截至胸部的习惯，代之以正面胸像，透视点略微上升，构图呈金字塔形，使蒙娜丽莎显得更加端庄、稳重。蒙娜丽莎的一双手柔嫩而丰满，表现出人物尊贵的身份地位，显示出达·芬奇的精湛画技和敏锐的观察力。画家不仅努力使肖像画得生动逼真，而且对于人物神情的刻画也十分精彩，尤其是人物嘴角那如梦似幻的妩媚微笑，显现出一种神秘莫测的千古奇韵，被美术史家称为"神秘的微笑"。《蒙娜丽莎》充分肯定了人的美，反映了时代的要求，成为一首赞美自然人生的赞歌。

图 17-19　《蒙娜丽莎》（达·芬奇）

3）水彩画

水彩画是指以水为调和剂，用透明的水性颜料在纸本上进行创作的一个画科。水性颜料的流动性和透明性能给人以通透的视觉感受，从而形成一种明澈的效果和酣畅淋漓、自然洒脱的意趣。文艺复兴时期，水彩画开始成为主流绘画艺术形式之一。18 世纪时，英国画家们迷恋大自然的蓬勃生命力，他们结合水彩特有的透明质感，创作了大量色彩明亮、格调清新的风景画，这为水彩画的蓬勃发展奠定了基础，如图 17-20 所示。

图 17-20　《诺勒姆城堡，在特威德河之上》（威廉·透纳）

（三）绘画艺术的审美特征

1. 可视性

绘画是一门造型艺术，画家们运用点、线、面、色彩等造型语言，可以在二维平面中塑造出静态的、个性鲜明的视觉形象。因此可视性是绘画艺术最显著的审美特征。

绘画作品中的造型具有独特性，它不是对客观物象的简单模仿，而是融入画家主观意识且具有一定审美价值的艺术形象。优秀的绘画作品还能够通过静态的形象表现出物象的典型特征或内在的精神气质，传达出画家的思想情感和审美趣味，使观者从有限的视觉形象中获得丰富的审美享受。例如，在西班牙画家委拉斯开兹创作的《教皇英诺森十世肖像》

中，教皇双眉紧锁，双目斜视，双唇紧闭，脸色阴沉，形象生动。画家不仅准确地抓住了教皇瞬间的外在形象特点，还在作品中充分展现出教皇狡诈多疑、坚定独断的性格特征，如图17-21所示。

绘画形象的可视性并不局限于画面上所表现出的可见事物，画家通过选择并表现最富有概括性和代表性的瞬间形态，可以使欣赏者由此联想到画中没有出现的事物。正所谓"画外有画"。例如，我国宋代的一幅《骑士猎归图》（见图17-22）画的是一位骑士和一匹负载着猎获品的白马，白马垂着头，眼光疲乏，似在喘息，站在一旁的骑士正聚精会神地检视从猎物身上拔下的箭，神情愉悦。这一画面使人联想到猎人和白马刚结束一场紧张激烈的猎逐，而猎人检视武器的动作又会使人联想到猎人即将再次出猎。

图17-21　《教皇英诺森十世肖像》（委拉斯开兹）

图17-22　《骑士猎归图》

2. 寓情性

情感是艺术形象打动人心、使观者产生共鸣的重要因素。正如中国古代画论中提到的"感物而动，情即生焉"，画家对艺术形象的塑造，与其对生活中各种美丑现象的审美评价，以及由此产生的强烈的爱憎感情紧密相连。例如，我国现代艺术大师徐悲鸿在1928年至1929年创作了大型历史题材布面油画《田横五百士》（见图17-23）。该作取材于《史记·田儋列传》，表现了田横与五百壮士离别时的场景，悲壮气概撼人心魄。画中的男女老幼构成悲愤难当的画面节奏，汇成一种英雄主义气概。徐悲鸿创作此画时，正值中国政局动荡，徐悲鸿意在通过田横的故事，借古喻今，歌颂宁死不屈的精神，启迪中国人民振作精神，复兴中华。

图17-23　《田横五百士》（徐悲鸿）

3. 技艺性

绘画的常用工具有笔、墨、刀、颜料、纸、绢、布等，画家在运用这些工具时所表现出的技艺能体现出不同画家的不同风格和绘画水平。中国画的笔墨韵味，油画的笔触颜色，木刻的"木味""刀味"等，都富于丰富的美感和独特的审美价值。例如，齐白石是我国著名书画家，他以画虾著称，所画墨虾生动活泼如在水中游弋，如图 17-24 所示。画中虾的透明滋润的身躯，刚中带柔的须触，劲挺的大钳，不仅使观者感受到虾的形态之美，还表现出齐白石运用笔、墨、纸等工具的技艺已达到炉火纯青的境界。

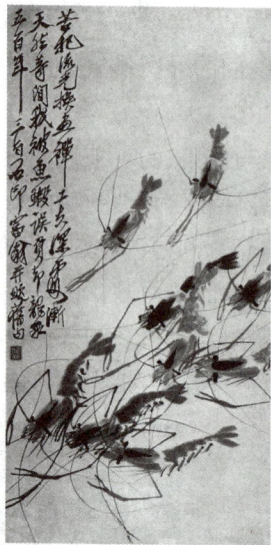

图 17-24　《虾》（齐白石）

思考训练

一、填空题

（1）中国书法有篆书、隶书、楷书、行书、草书五种体式。这五种书体又有_____书体和_____书体之分。其中，草书属于_____。

（2）中国绘画有工笔画和写意画之分，其中更注重形似的是_____画。

（3）被称为"天下第一行书"的是_____时期书法家_____的_____。

（4）《清明上河图》是_____代著名画家_____的风俗画。

（5）《蒙娜丽莎》是画家_____的代表作。

二、选择题

（1）被称为"中华第一草书"的是唐代书法家（　　）的（　　）。

A．怀素，《古诗四帖》　　　　B．怀素，《自叙帖》

C．张旭，《自叙帖》　　　　　D．张旭，《古诗四帖》

（2）下列哪一句诗描写的场景最适合用中国的水墨画来表现。（　　）

A．欲渡黄河冰塞川，将登太行雪满山

B．返景入深林，复照青苔上

C．桃红复含宿雨，柳绿更带朝烟

D．接天莲叶无穷碧，映日荷花别样红

（3）名画《向日葵》的作者是（　　）。

A．毕加索　　　　　　　　　B．莫奈

C．凡·高　　　　　　　　　D．塞尚

（4）画家高更属于（　　）。

  A．印象派   B．新印象派

  C．后印象派   D．古典主义画派

（5）我国艺术大师齐白石以画（　　）著称。

  A．马   B．驴

  C．虾   D．猫

三、简答题

（1）简述书法艺术和绘画艺术的审美特征。

（2）从古今中外书法和绘画名作中各选一幅作品进行赏析。

专题十八

舞蹈艺术

学习目标

1. 了解舞蹈的发展简史、审美特征和分类。
2. 欣赏优秀的舞蹈作品，提高审美素养。

艺术视窗

舞蹈是以经过提炼、组织和美化的人体动作为主要表现手段，结合节奏、表情、构图等多种基本要素，塑造出可被具体感知的生动的舞蹈形象，以此表达人们的思想感情，反映社会生活的一种综合性的动态造型艺术。

在远古社会语言尚未产生以前，人们就用动作、姿态、表情来传达各种信息和进行情感、思想的交流，诸如婚丧嫁娶、生育献祭、播种丰收、除病祛邪等，都离不开舞蹈。舞蹈自诞生之日起就成为人们表达思想感情的重要手段之一，是表现人们内在的深层精神世界，以及表现人与自然、人与社会、人与人之间甚至人自身内部矛盾冲突的重要艺术形式。

一、舞蹈发展简史

1. 古代舞蹈

我国舞蹈的发展历史十分悠久。在目前发现的古代岩画中，就有许多关于狩猎舞的内容，表明当时的舞蹈与人们的狩猎活动密切相关，如图 18-1 所示。

进入奴隶社会以后，随着阶级的划分，出现了专供统治阶层取乐的表演性乐舞，且舞蹈的规模越来越大，不断朝着奢华的方向发展。

夏商时期，随着社会生活的需要，舞蹈向两个不同的方向发展：一是从自娱性活动向表演性舞蹈的方向发

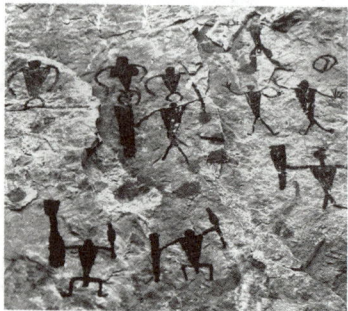

图 18-1 古代岩画中的原始舞蹈

展（部分群众自娱性舞蹈仍广泛流传于民间）；二是从巫术活动向宗教祭祀舞蹈的方向发展。到了周代，随着礼乐制度的制定，乐舞的政治教化功能进一步加强。

秦始皇完成统一大业之后，多姿多彩的七国乐舞文化及其他表演艺术也随之汇集京都。这种汇集，加强了乐舞艺术的交流与发展，对汉代乐舞文化产生了深远影响。

到了汉代，国力强盛，交流频繁，舞蹈百技纷呈，频繁出现于社会生活的各种场合，常在宴会中用来助兴。此外，汉代不仅设立了专门的乐舞机构"太乐署"，还诞生了我国第一篇专门描写舞蹈的辞赋《舞赋》。

💡 **释疑解惑**

《舞赋》是汉代文学家傅毅的作品。该赋形象地描写了古代舞蹈的姿态、造型、节奏、神韵和表演舞蹈的完整场面，以及表演前后的种种情景，文笔细腻传神，铺陈有序，是研究中国舞蹈史的宝贵资料。

中国古代舞蹈在唐代到达了巅峰。唐代进一步丰富和完善了宫廷的各种乐舞机构，如教坊、梨园、太常寺等，集中了大批各民族的民间艺人，使唐代舞蹈成为吸收异域优秀文化和传播东方文明的载体。这一时期，舞蹈风格也进一步多样化，其中代表性的舞蹈是"软舞"（温婉轻柔，节奏舒缓，多为中原乐舞）和"健舞"（矫健有力，节奏明快，多为西域和其他民族的舞蹈），其编曲、动作、技艺等都达到了相当高的水平。此外，"舞谱"在唐代也得到了较好的发展，无论是"秦王破阵图"还是"敦煌舞谱"，都对舞蹈的记录、传授、创作起到了巨大的推动作用。

宋代是我国舞蹈艺术的转折点，许多前朝有名的古典舞蹈逐渐消失，取而代之的是新兴的戏曲中的舞蹈。另外，这一时期民间歌舞空前发展，每逢春节、元宵节、清明节等节日，民间各地都要用歌舞等方式来进行庆祝。

元明清时期，戏曲艺术高速发展，专业戏曲艺人将舞蹈与戏曲充分交融，进一步提高了舞蹈的表现力，同时也大大地提高了戏曲的欣赏价值和审美价值。

总体而言，中国古代的舞蹈经历了由盛转衰的过程，最终走向了民间，走进了戏曲。

2. 近现代舞蹈

到五四运动前后，受新文化运动的影响，中国开始出现以反映现实生活为目的的新舞蹈艺术。后来随着抗日战争爆发，一些从国外留学回来的舞蹈家把舞蹈艺术与抗日宣传相结合，创作出一批在当时广泛流行的舞蹈作品。

中华人民共和国成立后，舞蹈有了更好的发展环境，新一代的舞蹈工作者继往开来，以更广泛的题材反映现实生活，推动了当代中国舞蹈的发展。

20世纪50年代后，我国先后引进了西方芭蕾舞蹈和现代舞蹈。1950年9月首演的芭蕾舞剧《和平鸽》，是第一部由我国艺术家创作的芭蕾舞剧。

改革开放后，中国芭蕾舞艺术迅速发展，创作和演出活动非常活跃，作品的题材范围不断扩大，舞蹈艺术家们在芭蕾舞民族化方面做了大胆尝试，创造出《祝福》《雷雨》《林黛玉》《梁祝》《魂》《黄河》等一大批受到广大观众喜爱的舞蹈作品。现代舞、古典舞及民间舞相互吸收借鉴，中国舞蹈艺术的主要形式基本形成。改革开放后的中国舞蹈不仅仅是一种娱乐形式，更体现出舞蹈艺术工作者对社会的反思、对人生的思考和对人性的关注。

进入 21 世纪以后，中国舞蹈在继承中发展，在发展中创新，真正迎来了百花齐放、争奇斗艳的时代。古典舞、民间舞、现代舞、舞剧等丰富多样的舞蹈形式日益融入人们的生活，成为广大人民群众喜闻乐见的艺术类型。

知识链接

《霓裳羽衣舞》

《霓裳羽衣舞》是唐代著名的歌舞大曲，据传是唐玄宗李隆基在西凉节度使杨敬述所献印度《婆罗门曲》的基础上编创的，亦有唐明皇游月宫作《霓裳羽衣舞》之说。作曲者力图描绘虚幻的仙境，刘禹锡有"三乡陌上望仙山，归作霓裳羽衣曲"的诗句。

"大曲"是古代音乐、舞蹈、诗歌三者相结合的大型歌舞套曲。一般认为可分为三大段。第一段序奏为器乐演奏，节奏自由，无歌、不舞，称"散序"。第二段以歌为主，称"中序"或"拍序"。"中序"入拍起舞，舞者扮成仙女模样，服饰典雅华丽，头戴步摇冠，上穿羽衣、霞帔，下着如霓虹般淡彩色裙（亦有月白色裙）。舞姿轻盈柔曼，飘逸敏捷，"飘然转旋回雪轻，嫣然纵送游龙惊。小垂手后柳无力，斜曳裾时云欲生"（白居易《霓裳羽衣歌》）。第三段歌舞并作，以舞为主，称"破"。破的开始段落称"入破"，是大曲节奏旋律转变的关键之处。"入破"以后是快节奏的舞段，舞蹈动作繁复激烈，最后"唳鹤曲终长引声"（白居易《霓裳羽衣歌》）。

此舞据说以杨贵妃（杨玉环）的表演最为著名。她曾自夸说："《霓裳羽衣》一曲，可掩前古"。《霓裳羽衣舞》的表演形式有独舞、双人舞、群舞等。唐文宗时期，曾由几百位宫女共同表演《霓裳羽衣舞》。舞者执幡节，着羽服，饰珠翠，飘然而舞，好似仙鹤在空中飞翔。

《霓裳羽衣舞》是一部具有较高艺术水平的宫廷乐舞，也是中国古代舞蹈中影响较大的一部作品。但遗憾的是原舞已经失传，现今的表演是后世舞蹈家根据可见的历史资料和自己的想象创编出来的。

二、舞蹈艺术的审美特征

舞蹈艺术的美指的是舞蹈作品能够以具有一定节奏和韵律的人体动作（舞蹈的形式美）创造出鲜明生动的舞蹈形象，以此表现人们赞扬真善美、否定丑恶事物的情感、思想、意志和愿望（舞蹈的内容美）。总体而言，舞蹈艺术有以下几个审美特征。

1. 形象性

形象性是舞蹈艺术最重要的审美特征之一。舞蹈的美表现在舞蹈动作不断变化、发展所形成的具体舞蹈形象之中，没有鲜明、具体、生动的舞蹈形象，也就没有舞蹈美。例如，看过《荷花舞》（由舞蹈艺术家戴爱莲创作于 20 世纪 50 年代）的人谈论它的美时，眼前就会显现一群少女，她们发绾双髻、手舞白纱、绿色长裙下挂有荷叶和四枝荷花的造型，她们在舞台上以轻盈平稳的步伐进行着舞蹈队形的穿插变化，宛如一群荷花仙子在水面上浮游飘动，给人一种和平、安宁、舒畅的美感。

2. 强烈的抒情性

舞蹈是形体的艺术。舞蹈艺术只能利用人的头、躯干和四肢的表情动作作为表现手段，因此与其他艺术形式相比，舞蹈在表现社会生活方面有较大的局限性。但在表现人的情感和思想等方面，舞蹈又具有得天独厚的优势。诗人闻一多曾说过："舞是生命情调最直接、最尖锐、最单纯而又最充足的表现。"人的形体动作能表现人类最激动时的心态，抒发人类最强烈而丰富的思想感情。舞蹈的一切形式要素，诸如节奏的快慢、动作的大小、力度的强弱、构图的繁简等，都是随着情感的变化而改变的。

舞蹈是人的艺术，而人永远是舞蹈艺术所表现的主要内容。在表现劳动、爱情、战斗等题材时，舞蹈形象更能强烈地表现出人的求生存、求发展的内在生命力量，因而具有巨大的感染力，更容易引发欣赏者的情感共鸣。即使是以花鸟虫鱼等自然景物为主题的舞蹈，其舞蹈形象也是拟人化了的，或者说是人化了的自然，它比文学作品和绘画艺术中的借景抒情、托物言志等手法更直接、更具体地表现着人的情感、理想和愿望。

3. 独创性

一个舞蹈作品如果其舞蹈形象有一定的艺术感染力，但在题材的开拓、主题的深入挖掘、艺术构思和艺术表现等方面缺乏独创性，墨守成规地采用老一套的方法，表现的是大家早已看过了的题材内容，它仍然很难给人以美感。所以舞蹈艺术的美还必须具备独创性。《荷花舞》之所以普遍被人们认为是美的，其具有独创性是一个主要原因。荷花少女的形象，既植根于陕北民间舞蹈中的莲花灯元素，又在内容和形式上有了质的飞跃，因此才具有了美的属性。创新是艺术的生命，同时也是形成舞蹈美不可或缺的重要因素。

4. 技巧性

舞蹈艺术的技巧性主要包括两方面的内容。一是指舞蹈演员表演的技巧性，如高跨度的腾空跳跃，急速的多圈旋转，柔软的身体滚翻和慢动作的控制，以及身体各部分的表现能力等；二是指舞蹈编导在艺术结构、场面调度、舞蹈构图的运用和对人物性格、内心情感的细致深入的刻画等方面所具有的艺术技巧和表现能力。无论演员的表演还是编导的创作，只有体现出一定的技巧性，观众才能感受到舞蹈美。而这种具有独创性的技艺是花费了巨大的劳动，甚至是经过不断的失败以后才取得的。这一切都是令人敬佩的，因此其本身又体现出一种精神美。

在优秀的舞蹈作品中，以上四个方面的审美特征往往是互相融合不可分离的。尽管在某一部作品中，可能一个或几个特征比较明显和突出，其他的特征比较隐蔽，但仔细观察，会发现这四个特征都是不可缺少的。舞蹈作品只有具备这四个审美特征，才能给人以美感，并为观众所喜爱。

以美育人

《雀之灵》中的生命哲学

《雀之灵》是著名舞蹈家杨丽萍自编自演的女子独舞，首演于1986年。杨丽萍从孔雀的形象入手，将自己的生命体验和真切动人的情感与舞蹈美融为一体，超越了傣族孔雀舞对孔雀外在形态的简单模拟和再现，创造了一个有生命的、精灵般高洁的舞蹈形象（见图18-2），使作品达到了极高的艺术境界。

《雀之灵》

在动作编排上，杨丽萍充分发挥了舞蹈本身的艺术表现能力，通过手指、腕、臂、胸、腰、髋等关节的神奇的有节奏的运动，把孔雀引颈昂首的姿态和机敏、灵活的神韵淋漓尽致地表现了出来。舞者生动的表演配以优美的音乐，让人觉得眼前仿佛不是舞台而是云南的丛林，台上跳跃的不是舞者而是一只美丽的孔雀。它时而轻梳羽翅，时而随风起舞，时而漫步溪边，时而俯首畅饮，时而伫立，时而飞旋，一首生命的赞歌就在那一举手、一投足中流淌着。

杨丽萍演绎的"孔雀"是一只孤傲、冷峻，在远离人间的净土上受世人仰望的神鸟。杨丽萍通过《雀之灵》表达了她对生命、对人生的思索、感悟和追求：生命源于自然，纯洁神圣，充满灵性，人生也因自然而美丽绚烂。生命不是静止的，人生也不是贫乏的，应该努力追求和实现完美人生，让生命绽放出绚烂的光彩。

图18-2　杨丽萍塑造的孔雀形象

三、舞蹈艺术的分类

从作用和目的来看，舞蹈可以分为生活舞蹈和艺术舞蹈两大类。

（一）生活舞蹈

生活舞蹈是与人们的日常生活密切相关的一类舞蹈，其目的在于自娱或社交，动作简单、随意，可以即兴发挥，具有广泛的群众性和普及性。生活舞蹈包括习俗舞蹈、宗教祭祀舞蹈、社交舞蹈和体育舞蹈等。

1. 习俗舞蹈

习俗舞蹈，又称节庆、仪式舞蹈，是指人们在婚配、丧葬、种植、收获及其他特殊节日时跳的各种群众性的舞蹈。习俗舞蹈表现了不同民族和地区的风俗习惯、社会风貌、文化传统和民族性格特征。

2. 宗教祭祀舞蹈

宗教祭祀舞蹈是人们参与宗教或祭祀活动时跳的舞蹈，它与求雨、抗旱、驱鬼、除疫、迎神、送神等各种人类精神需求紧密相关。宗教舞蹈主要用以祈求神灵庇佑，或是答谢神灵的恩赐；祭祀舞蹈则用以表示对先祖的怀念，或是祈求先祖保佑和赐福后人。

3. 社交舞蹈

社交舞蹈是人们进行社会交往、增进友谊、联络感情的舞蹈，一般多指在舞会中跳的各种交际舞。国际流行的交际舞蹈主要有华尔兹、布鲁斯舞、探戈、伦巴、桑巴等。

4. 体育舞蹈

体育舞蹈是将舞蹈和体育相结合，以舞蹈的方式锻炼身体，使身心全面健康发展的舞蹈新类型，主要包括各种健身舞、冰上舞蹈、水中舞蹈、艺术体操等。

（二）艺术舞蹈

艺术舞蹈是指专业或业余演员在舞台上表演、供观众欣赏的舞蹈。这类舞蹈一般都是根据一定的主题创作而成的，舞蹈动作都经过了精心的设计与美化，具有完整的艺术构思、鲜明的主题思想、较高的技艺水平和生动的艺术形象。

根据舞蹈的风格特点，艺术舞蹈可分为古典舞蹈、民间舞蹈、芭蕾舞和现代舞蹈等。

1. 古典舞蹈

古典舞蹈即古典风格的传统舞蹈，由历代舞蹈艺术家在民族传统舞蹈的基础上提炼、整理、加工创造而成。古典舞蹈具有严谨的程式、规范的动作和高超的技巧。世界上许多国家都有其风格独特的古典舞蹈类型。其中，中国古典舞脱胎于浸透着深厚传统文化和艺术精神的戏曲舞蹈，注重形神兼备、身心互融、内外统一，蕴藏着中华文化悠久而深厚的美学理念，形成了独特的审美风貌，如图 18-3 至图 18-5 所示。

图 18-3　古典舞《丝路天音》

图 18-4　古典舞《问月》　　　　　　　图 18-5　古典舞《共婵娟》

佳作赏析

古典舞蹈《飞天》

敦煌石窟是我国极为重要的舞乐资料宝库。几百年来，有许多艺术家从这座宝库中寻觅灵感、汲取营养，创作出许多精妙感人的传世之作。《飞天》就是著名舞蹈艺术家戴爱莲根据敦煌石窟壁画上的艺术形象创作出来的双人舞，由中央歌舞团于1954年首演。

在《飞天》中，戴爱莲继承、发展了我国传统舞蹈中的长绸舞技法，以凝练的舞蹈语言、抒情浪漫的手法，形神兼备地将"飞天"（佛教壁画或石刻中的在空中飞舞的神）的形象再现于舞台上。舞蹈格调高雅，注入了戴爱莲对自由、光明的向往和追求。舞蹈表演艺术家徐杰、资华筠等人的出色表演，使作品中的艺术形象更加鲜明，韵律特征更加突出。

在该舞中，绸带的舞动既是舞者身体运动的放大与夸张，又是舞者情绪的外现与张扬。舞台上，舞者舞动绸带，时而似长虹贯日，时而若天女散花，情到浓处更是表现出泼墨狂草般的淋漓洒脱，展现出"飞天"不同于凡人的气质。

2. 民间舞蹈

民间舞蹈是由广大人民群众在长期历史进程中集体创造出来并广泛流传于民间的舞蹈类型。民间舞蹈历史悠久、朴实无华、题材广泛、形式多样，直接反映了人民群众的生活，表现其思想感情、理想和愿望。由于各国家、各民族、各地区人民的生活方式、风俗习惯及自然环境等存在差异，所以民间舞蹈有着很强的民族风格和地域特色。我国拥有十分丰富且独具魅力的民间舞蹈，如图 18-6 至图 18-8 所示，西班牙和俄罗斯等国家的民间舞蹈也都闻名于世，如图 18-9 所示。

图 18-6　中国汉族狮子舞

图 18-7　中国苗族芦笙舞

图 18-8　中国瑶族舞蹈

图 18-9　西班牙民间舞蹈弗拉明戈

佳作赏析

民族舞剧《阿诗玛》

民族舞剧《阿诗玛》取材于彝族民间故事。其主要剧情是：勇敢憨厚的牧羊人阿黑和美丽善良的彝族姑娘阿诗玛相爱，然而，头人（早前我国某些少数民族中的首领）的儿子阿支也喜欢阿诗玛，他派人劫走了阿诗玛，逼迫其嫁给他。阿黑听到消息后，赶来救出了阿诗玛。正当两人欢欣相聚时，阿支恼羞成怒，放出洪水，淹没了这对恋人。最后，阿诗玛被洪水吞噬，化成一尊石像，永远留在了石林之中。

《阿诗玛》通过价值观念的不同来引发戏剧冲突，将人物的心理描写与剧情发展相结合，以七彩舞段的特殊结构来完成戏剧冲突的全过程。这七彩舞段分别是：黑色舞段——阿诗玛的诞生，绿色舞段——阿诗玛的成长，红色舞段——爱情火辣辣，灰色舞段——愁思如云，金色舞段——金笼的忧伤，蓝色舞段——恶浪滔滔，白色舞段——回归自然。这种创新编排以色彩传达情感，使作品富有诗情画意。

《阿诗玛》最大的亮点，莫过于大量运用群舞造景、生情，以群舞队形、特色服饰和舞蹈动作的丰富变化，塑造出各种惟妙惟肖的自然景物，如黑色舞段中的石林与羊群，绿色舞段中的绿苗，金色舞段中的牢笼，蓝色舞段中的洪水，白色舞段中的白云……完全以肢体语言表现大自然的一草一木、片云片雨，形象尤为鲜活。

《阿诗玛》站在弘扬优秀民族文化的高度，把流行于云、贵、川的彝族民间舞融入舞剧中，采编了彝族各支系最富有韵味的舞蹈动律，呈现出极具特色的民族风范。此外，《阿诗玛》的音乐以浓郁的彝族民歌为主导，其中融入了许多富有特色的民族乐器，剧中的每一个音符、每一段旋律，都渗透着浓郁的民族文化气息。

课堂互动

你了解哪些民间舞蹈？请选择一种进行简单介绍。

3. 芭蕾舞蹈

芭蕾（见图18-10）是法语"ballet"的音译，是欧洲的一种古典舞蹈，素有"舞蹈艺术皇冠之珠"的称谓。芭蕾舞融舞蹈动作、戏剧服装、音乐伴奏、舞台灯光和布景等多种元素于一体，其最主要的特点是演员要穿上特制的足尖鞋立起脚尖起舞。

图18-10 芭蕾舞

传统的芭蕾舞具有严格的动作规范和训练体系，"开、绷、直、立"是芭蕾舞的主要形体特征。"开"指舞者将肩、胸、胯、膝、踝五大关节部位左右对称地展开，特别是两脚应向外展开至呈一条直线；"绷"指舞者应将身体各部位收紧绷直，尤其是踝部和脚背；"直"指舞者应将膝盖伸直，后背垂直；"立"指身体要直立、挺拔。"开、绷、直、立"

的特点完美展现了形体的对称、和谐、典雅与高贵之美。

女子脚尖舞是芭蕾舞的灵魂，其独舞要求技巧娴熟，有轻盈如飞的跳跃和令人目眩的旋转，还有快感十足、装饰性极强的双脚打击，以烘托主要人物，渲染气氛等。

知识链接

芭蕾舞的起源与发展

芭蕾舞萌芽于意大利15世纪文艺复兴时期，是宫廷宴饮娱乐活动的主要表演形式之一。16世纪后期，意大利宫廷舞蹈进入法国宫廷，并逐渐发展成为一种戏剧艺术形式。1661年，路易十四创立了法国皇家舞蹈学院，芭蕾舞开始向专业化的方向发展。

18世纪的"情节芭蕾"是早期芭蕾发展的重要阶段，这一时期的芭蕾深受17世纪欧洲启蒙运动的影响，创作题材逐渐从"神灵"向"现实"转换。19世纪初，浪漫主义芭蕾兴起，使芭蕾艺术进入到一个"黄金时期"，舞蹈技巧、编导艺术和演出形式都有了新的发展。19世纪末，芭蕾舞蹈在俄罗斯发展至顶峰，后传至世界各地。其间，俄国作曲家柴可夫斯基（1840—1893）创作出《天鹅湖》《睡美人》等经典作品，为芭蕾音乐的交响化发展作出了巨大贡献。

佳作赏析

芭蕾舞剧《天鹅湖》

《天鹅湖》（见图18-11）是俄国古典芭蕾舞剧的典范。由柴可夫斯基作曲，1877年在莫斯科大剧院首演失败，1895年由彼季帕、伊凡诺夫重新编排上演，大获成功。该舞剧为四幕剧，故事取材于民间传说。讲述了公主奥杰塔在天鹅湖畔被恶魔变成白天鹅，王子西格弗里德用真爱破除魔法，最终两人幸福地生活在一起的故事。

图18-11　芭蕾舞剧《天鹅湖》

《天鹅湖》经典片段欣赏

　　《天鹅湖》在故事发生的地点、服装和布景的色彩、不同幕次间的基调和节奏诸方面，均富于鲜明的对比。其中的一、三幕都是宫廷场面，前者是花园，后者是舞会，都是火红热闹、充满人间烟火气的现实世界，戏剧性占据主导地位；二、四幕都是天鹅湖畔，都是朦胧月色下扑朔迷离的虚幻世界，抒情性占据主导地位。

　　《天鹅湖》中，舞者以高超的舞蹈技艺，熟练演绎了各种复杂的跳跃动作。王子与公主眷恋缠绵的双人舞、白天鹅典雅高贵的独舞、黑天鹅热烈奔放的三十二个挥鞭转，以及整齐划一的天鹅群舞，都是芭蕾舞中永恒的经典。尤其是第二幕中那段天真、活泼、欢快的四小天鹅舞，舞者们将手臂交叉相握，将观众的注意力集中在灵巧、整齐、令人眼花缭乱的腿部动作上，足以使人充分领略芭蕾的艺术魅力。

　　此外，恰到好处的音乐、华丽的服装和变幻的舞台设计，也都是促使它成为经典作品的重要因素。例如，在第二幕的《白天鹅双人舞》中，那如泣如诉、哀怨委婉的旋律，形象逼真地表达出了奥杰塔公主对自己被困于魔掌之中的无助与无奈和对纯真爱情和自由生活的无限向往，感人至深，使作品充满了浪漫主义精神。

4. 现代舞蹈

　　现代舞蹈又称"现代派舞蹈"，20世纪初由美国舞蹈家邓肯首创，随后流行于欧美地区。它主张摆脱古典芭蕾过于僵化的动作程式的束缚，追求以合乎自然运动法则的舞蹈动作，自由地抒发人的真实情感，如图18-12和图18-13所示。

图18-12　现代舞《国色》

图18-13　现代舞《秋水》

佳作赏析

现代舞诗剧《诗忆东坡》

　　2023年7月，由中国东方演艺集团有限公司、中共眉山市委宣传部出品的现代舞诗剧《诗忆东坡》（见图18-14）在上海成功首演。《诗忆东坡》由沈伟担任总导演，作品以苏东坡的十五首诗词为线索，借由现代舞蹈的形式，探寻当代人与苏东坡的精神契合点。该剧共分为六幕："人似秋鸿来有信，事如春梦了无痕""千古风流人物"

"夜来幽梦忽还乡""但愿人长久，千里共婵娟""休对故人思故国，且将新火试新茶""一蓑烟雨任平生"。全剧基调舒缓，大气磅礴，气韵生动，以写意的手法呈现出苏东坡的诗词中所承载的中国古典哲学与美学。

图 18-14 现代舞诗剧《诗忆东坡》

该剧的舞蹈形式丰富多样，独舞、双人舞、群舞的变换流畅自然。在舞蹈编排方面，编导沈伟延续了自己的"自然身体发展法"，即以身体自然运动的方式进行舞蹈，探索能量在身体中的波动与变化。同时，沈伟还在剧中运用了一系列独特的中国舞蹈语言。例如，第一幕中的独舞以一轮圆月为背景，舞者"以腰为轴、以圆为律"，在行云流水般的太极气韵中传达出一种泰然自若、从容有度的生命态度。

此外，作品还融合了多种中华传统文化元素和艺术形式：剧中的所有诗词皆用书法、篆刻的形式呈现，既依稀可见东坡风骨，又映现了宋代书法的意趣；悠扬的古琴音乐贯穿全剧，与舞者的动作相辅相成；随着剧情的发展和舞者的跃动，灯光也随之变换，与各幕的诗词主题相呼应。不同元素与舞蹈浑然一体，营造出充满诗意的独特氛围，给人带来综合性的视听体验。

知识链接

艺术舞蹈的其他分类方法

根据舞蹈表现形式的不同，艺术舞蹈又可分为独舞、双人舞、三人舞、群舞、组舞、舞剧等。

独舞是由一个人完成一个主题的舞蹈，多用来直接抒发人物的思想感情和揭示人物的内心世界。

双人舞是由两个人共同完成一个主题的舞蹈，多用来表现人物思想感情的交流和展现人物的关系。

三人舞是由三个人合作完成一个主题的舞蹈。根据其内容三人舞又可分为表现单一情绪、表现一定情节、表现人物之间戏剧矛盾冲突三种类型。

凡四人以上的舞蹈均可称为群舞，一般多为表现某种概括的情节或塑造群体的形象。群舞通过舞蹈队形、画面的更迭、变化和不同速度、不同力度、不同幅度的舞蹈动作、姿态、造型的展示，创造出深邃的意境，具有较强的艺术感染力。

组舞是由若干段舞蹈组成的大型舞蹈作品。其中各段舞蹈既有相对的独立性，又都统一于共同的主题和完整的艺术构思之中。

舞剧是以舞蹈为主要表现手段，并综合了音乐、舞台美术（服装、布景、灯光、道具等），表现一定戏剧内容的舞蹈作品。

思考训练

一、填空题

（1）根据舞蹈的作用和目的，舞蹈可分为_____舞蹈和_____舞蹈两大类。

（2）舞蹈艺术的特点主要有_____、_____、_____、_____。

（3）在西方，_____被称为"舞蹈艺术皇冠之珠"。

（4）"飘然转旋回雪轻，嫣然纵送游龙惊"一句描写的是舞蹈《_____》。

（5）舞蹈《雀之灵》是著名舞蹈家_____的代表作。

二、选择题

（1）《霓裳羽衣舞》是唐代著名的歌舞大曲，编曲是（　　　）。

  A．唐高祖李渊   B．唐太宗李世民

  C．唐玄宗李隆基   D．唐代诗人白居易

（2）《飞天》是著名舞蹈艺术家（　　　）根据敦煌石窟壁画上的艺术形象创作出来的（　　　）。

  A．戴爱莲，双人舞   B．戴爱莲，群舞

  C．沈伟，双人舞   D．沈伟，群舞

（3）芭蕾舞起源于（　　　）。

  A．意大利   B．法国

  C．英国   D．俄国

（4）芭蕾舞剧《天鹅湖》的作者柴可夫斯基是（　　　）著名作曲家。

  A．俄国   B．匈牙利

  C．奥地利   D．德国

（5）《阿诗玛》取材于（　　）民间故事。

  A．傣族   B．黎族   C．苗族   D．彝族

三、简答题

（1）简述舞蹈艺术的审美特征。

（2）简述不同舞蹈类型的特点。

专题十九

影视艺术

艺术视窗

　　影视艺术是以镜头为媒介，以声像结合为表现形式，通过塑造鲜明生动的人物形象，展现丰富的社会生活场景，来作用于观众的感官，引起人们的爱憎悲喜，从而使观众在潜移默化中受到感染、启发和教育的艺术类型。

一、影视发展简史

（一）电影发展简史

1. 外国电影发展概况

　　1895 年 12 月 28 日，法国的卢米埃尔兄弟在巴黎一家咖啡馆里公开放映了用纪实手法拍摄的《工厂的大门》《火车进站》《水浇园丁》等十二部短片，这一天由此被确立为"世界电影诞生日"，标志着无声黑白电影时代的开始，卢米埃尔兄弟也被公认为"电影之父"。

影视作品的分类

　　1896 年至 1927 年是世界电影的完善期。被誉为"戏剧电影之父"的乔治·梅里爱运用了许多创新性的拍摄技巧和布景、化妆等手段拍摄影片，由此创作出《月球旅行记》《海底两万里》等极具艺术性和技术性的作品。电影大师格里菲斯对电影制作和摄影技术尤其是对蒙太奇艺术进行了许多重大的改革和完善。这一时期具有突出成就的作品是卓别林的喜剧电影。

　　1927 年，美国华纳兄弟影片公司推出了世界上第一部有声歌舞影片《爵士歌王》，标志着有声电影时代的来临，从此电影由纯视觉艺术转变为视听综合艺术。

1935 年，美国导演马摩里安导演的彩色故事片《浮华世界》问世，色彩正式进入银幕的世界。自此，电影具备了画面、声音和色彩三大要素。

1945 年以后，电影艺术进入了重要的发展时期，世界电影呈现出多头并进的曲折发展趋势，尤以美国好莱坞电影成就最为突出。《毕业生》《教父》《辛德勒的名单》等一大批优秀的电影作品相继问世，给人们带来了美好的视听体验。

知识链接

好莱坞与奥斯卡奖

好莱坞（Hollywood），位于美国加利福尼亚州洛杉矶市的西北郊区。原为一僻静村庄，因具备拍摄电影外景的各种条件，1908 年后美国各地的制片商陆续向此处集中，遂逐渐成为美国乃至全球电影和音乐产业的中心，环球影片公司、二十世纪福克斯影片公司、索尼影业、原华纳兄弟公司（后被时代公司收购）等电影巨头和顶级唱片公司都汇聚于此。这里既有深厚的时尚底蕴，又有雄厚的科技实力，因而一直被全球各地争相模仿。每年在此举办的奥斯卡颁奖典礼可以说是世界电影的盛会。

奥斯卡奖（Oscars）全称"电影艺术与科学学院奖"（Academy Awards），又称"金像奖"。1929 年起每年由美国电影艺术与科学学院颁发，旨在鼓励优秀电影的创作与发展。奥斯卡奖设有最佳影片、最佳导演、最佳男主角、最佳女主角、最佳男配角、最佳女配角、最佳摄影、最佳剪辑、最佳改编剧本、最佳原创配乐等 20 多个奖项，是全世界最具影响力的电影奖项，很多从影者都把能获得奥斯卡奖作为自己的最高目标。

2. 中国电影发展概况

1896 年，一位法国商人携带电影放映机来到上海，在"又一村"内举办了一场别开生面的电影放映会，拉开了中国电影放映的序幕。

1913 年，由中国早期电影的开拓者郑正秋、张石川导演的中国第一部无声黑白故事片《难夫难妻》诞生。影片虽短，但有具体的故事情节，在中国电影史上具有划时代的意义。之后在一个世纪的漫长历程中，中国电影经历了从无声到有声、从黑白到彩色、从模拟到数字、从传统到现代的技术变革进程。在每个阶段，中国电影都留下了许多优秀的作品，也出现了许多优秀的电影导演和演员。

1918 年，商务印书馆成立了"活动影戏部"，开始兼营电影业务，中国有了第一家自己的电影企业。20 世纪 20 年代是中国电影的拓荒时期，出现了大中华百合影片公司、神州影片公司等一批初具规模的影片公司，张石川、郑正秋、洪深、欧阳予倩等中国第一代导演不断探索中国电影的独特风格和表达方式，拍摄出《火烧红莲寺》《孤儿救祖记》等影片。1931 年，我国第一部有声电影《歌女红牡丹》问世，中国电影从此步入有声时代。

20 世纪三四十年代是中国电影的成熟期，出现了《春蚕》《姊妹花》《渔光曲》《风云儿女》《一江春水向东流》《松花江上》《小城之春》等一批有影响力的影片及一批优秀电影歌曲，如电影《风云儿女》的主题歌《义勇军进行曲》，产生了广泛的社会影响。这一时期活跃的电影创作者被称为中国第二代导演，主要有蔡楚生、费穆、吴永刚、汤晓丹、郑君里、桑弧等，胡蝶、阮玲玉、赵丹、陶金、上官云珠、白杨等都是这一时期著名的电影演员。

1949 年至 1966 年，在中国电影史上被称为"十七年电影"时期。这一时期，涌现出《白毛女》《祝福》《林家铺子》等一大批现实主义和浪漫主义相结合的优秀作品，塑造了一大批具有浓郁民族风格的银幕形象，中国第三代电影导演崔嵬、水华、成荫、凌子风、郭维、谢晋、谢铁骊、王炎等走上影坛。

中国共产党第十一届三中全会后，我国电影事业焕发出勃勃生机。老（第二、三代）、中（第四代）、青（第五代）几代导演同时活跃在电影一线，创作了大量适应新的历史时期的优秀作品，如《小花》《天云山传奇》《高山下的花环》《黄土地》《红高粱》等。其中，《红高粱》等影片在国际电影节上获奖，我国电影开始走出中国，走向世界。

（二）电视剧发展简史

1. 外国电视剧发展概况

世界上第一部真正意义上的电视剧是 1930 年英国广播公司播出的《花言巧语的人》，自此，电视剧迅速登上了世界历史舞台。当今，世界电视剧发展水平较高且对中国电视剧发展产生重要影响的，主要有美国、日本、韩国等国的电视剧。

1）美剧发展简史

20 世纪 50 年代，美国电视剧迅速发展。进入 20 世纪 60 年代，肥皂剧逐渐成为晚间电视的主打节目。20 世纪 80 年代以后，肥皂剧逐渐退出历史舞台，而《成长的烦恼》、《欢乐一家亲》、《老友记》（见图 19-1）等情景喜剧以其独特的魅力收获了广大观众的喜爱。之后，科幻剧、历史剧等剧情剧开始走红，代表作品有《星际迷航》《西部世界》《越狱》《权力的游戏》等。

图 19-1　《老友记》剧照

2）日剧发展简史

1940 年 4 月，日本播出"实验性"电视剧《夕饷前》，这是日本最早的电视剧。20 世纪 60 年代，日本许多电影专业出身的年轻人开始从事电视剧制作，他们把电影拍摄技巧大量运用到电视剧的拍摄中，使得日本电视剧的质量大大提高，改变了电视新闻节目一枝独秀的局面。

20 世纪 70 年代后，《血疑》《阿信》等长篇电视剧的成功，标志着日本电视剧在制作上走向成熟。这一时期，日本的电视剧主要分为校园剧、偶像剧、历史剧和家庭剧等。其中，偶像剧尤其受到观众喜爱，代表作有《东京爱情故事》《悠长的假期》《恋爱时代》等。

3）韩剧发展简史

20 世纪 90 年代，韩剧开始崛起，不仅题材丰富，有浪漫的偶像剧、情节跌宕起伏的悬疑剧，还有喜剧感十足的情景剧，而且在质量上也精益求精。这一时期的优秀电视剧有《爱情是什么》《星梦奇缘》《可爱先生》等。进入 21 世纪后，韩国出现了一些广受欢迎的古装剧和家庭伦理剧，如《大长今》《人鱼小姐》等。

2. 中国电视剧发展概况

1958 年 5 月 1 日，中国第一座电视台——北京电视台（1978 年 5 月 1 日改名为"中央电视台"）开始试验广播。同年 6 月 15 日，北京电视台播出了我国第一部电视剧《一口菜饼子》。

1958 年至 1966 年，我国共制作电视剧二百余部，但受当时的时代背景、技术条件和艺术观念等多方面的限制，这一时期的国产电视剧题材比较单一，多以现实题材为主，制作也比较粗糙，但仍具有重要的教育价值和社会意义。

中国共产党第十一届三中全会后，电视剧行业开始迅速发展。1978 年，我国第一部由室内走向室外、实景拍摄的短篇电视剧《三家亲》在中央电视台播出。1985 年，我国第一部长篇电视连续剧《四世同堂》播出。此后，《新星》《雪野》等以社会热点为题材的电视剧相继播出。这一时期还出现了许多根据名著改编的电视连续剧，如《西游记》《红楼梦》《围城》等。

20 世纪 90 年代以后，我国的电视剧产业日益成熟，种类日益丰富，出现了历史正剧《雍正王朝》《太平天国》、武侠剧《笑傲江湖》《射雕英雄传》等优秀作品。我国电视剧走向成熟的另一个重要标志，是制作者对各种艺术元素（包括情节、人物等）的运用更加娴熟。例如，在《不要和陌生人说话》中，导演充分运用了精神分析学中的"窥视心理"，使剧中的悬念始终牵动着观众的神经，剧中人物的塑造也更加生动。

二、影视艺术的表现手法

1. 蒙太奇

蒙太奇是法语"montage"的音译，原为建筑学用语，意为"构成""装配"，后发展成为影视艺术的重要表现手段。运用这一手段，可以实现镜头的连接和场景的转换，使拍摄的多组素材按照创作构思有机地组接起来，从而形成一部结构完整的影视作品。

蒙太奇具有操纵时空的能力，使影视作品在时空表达上获得了极大的自由。例如，一个化出化入的技巧（或者直接的跳入）就可以在空间上从巴黎跳到纽约，或者在时间上跨过几十年。此外，蒙太奇的表现手法还能够赋予作品更加深刻的内涵，增强其表现力，从而调动观众的情绪，引发观众的思考，引起观众的共鸣。例如，在电影《战舰波将金号》中，导演用卧着的石狮、抬起头的石狮、跃起怒吼的石狮三个镜头（见图19-2）快速连接炮击场面，以此隐喻人民从沉睡到觉醒再到反抗的过程，镜头虽短却意味深长，是使用蒙太奇手段表现深刻内涵的典范。

图 19-2　电影《战舰波将金号》中的石狮镜头

按照功能的不同，蒙太奇可以分为叙事蒙太奇和表现蒙太奇两大类。其中，叙事蒙太奇以讲述事件、交代情节为目的，按照情节发展的时间流程、逻辑顺序、因果关系来组织镜头、场面和段落，以使影视作品结构严整、条理清晰、节奏明快，是影片中最常用的表现手段。叙事蒙太奇又可以细分为连续蒙太奇、平行蒙太奇、交叉蒙太奇、颠倒蒙太奇和重复蒙太奇五种。

与叙事蒙太奇不同，表现蒙太奇不只是为了达到镜头之间线索的连贯，其主要目的是表意。它以镜头的并列为基础，通过不同画面间的呼应、对比等来达到抒情、比喻、象征等效果，以传达某种情感或表达某种思想。表现蒙太奇能引导观众进行想象和联想，不断补充画面，从而进一步深化对作品的理解和感受。表现蒙太奇可细分为隐喻蒙太奇、对比蒙太奇、心理蒙太奇、抒情蒙太奇等。

2. 长镜头

长镜头是指通过对一个场面或一个动作进行不间断的、持续时间较长的拍摄而得到的比较完整的镜头。长镜头是相对较长的单一镜头，并没有绝对的时长标准，它可以用来表现导演的特定构想和审美情趣。

《蛇眼》开篇长镜头欣赏

长镜头可分为固定长镜头、景深长镜头和运动长镜头（即综合性长镜头）。其中，固定长镜头是指摄影机位置保持不变，通过连续拍摄某个场面所得到的镜头。景深长镜头是指使用大景深的技术手段进行拍摄，使处在纵深方向不同位置的景物（从前景到后景）都能被清晰地展示出来，从而尽可能完整地呈现一个场景的镜头。

长镜头的作用主要表现在以下两个方面。

一方面，长镜头可以保证一个影视场景中时间的连续性、空间的完整性、人物行为的不间断性，展现一个较为完整的动作或事件，从而增强影视画面的真实性和感染力。例如，在影片《俄罗斯方舟》的著名长镜头中，摄影机带领观众穿梭于圣彼得堡的 Hermitage 博物馆，游遍所有的 33 个展厅，全程距离超过 2 000 米。镜头里出现了 2 000 多名装扮各异的演员，3 个交响乐团，各色的历史展品……这一长镜头包含了历史与现代的转换，也包含了大型音乐会和宫廷舞会的华丽图景，给观众带来一种完整的时空感。

另一方面，长镜头可以利用场面调度和摄像机的移动使画面产生运动感，这种运动增强了画面的开放性，能够引导观众对画框以外的空间进行想象和补充，从而使长镜头具有比普通镜头更开放的空间容量。例如，影片《找乐》的结尾表现了一个倔强的退休老人的矛盾心理：走进人群重获快乐还是封闭自我，坚持孤独。这时导演用了一个长镜头，先是拍摄一群老人在立交桥边自娱自乐的场面，然后镜头向右横移，在立交桥的另一侧，主人公独自蹲在角落里沉默无语，画外人群的欢声笑语与画内的孤独、寂静产生了强烈的对比，而后镜头又向左回移，拍摄人群，过了一会儿，主人公的背影入画，他慢慢向人群走去。这一长镜头，没有经过过多的艺术处理，而是充分利用了画面的开放性，在画外、画内的对比中刻画了人物的心理和心理变化，细腻委婉、丝丝入扣，显示了长镜头的美学魅力。

3. 景别

景别是指被摄主体在画面中呈现的范围。景别主要有远景、全景、中景、近景、特写五种类型。不同景别可以产生不同的视觉效果，实现不同的功能。犹如我们在实际生活中常常根据需要或趋身近看，或翘首远望，或浏览整个场面，或凝视事物主体乃至某个局部，影视作品也可以随时改变镜头的不同景别，来适应人们在观察某种事物或现象时心理和视觉上的需要。各种景别的镜头在影片中交替出现，完成影像的叙事、抒情和达意等功能，同时使影片产生形式上的节奏美感。

三、影视作品的欣赏方法

影视艺术是视听艺术，影视作品借助视听手段作用于观众的感官，引起观众的共鸣。因而影视艺术的欣赏实际上是影视艺术家与观众之间思想感情的交流，也是影视作品的精神内涵与观众的实际生活体验发生碰撞的过程。

1. 鉴赏影像

1）关注环境和背景塑造

人物生活环境中的风景和各种物象的描写对点染人物的思想性格和推动故事情节发展具有重要作用，因此我们要特别留意那些具有象征意味的物象或画面，感受其深刻内涵。例如，影片《大决战》中边推碾子边商量战事的情节，是推动历史车轮的象征；《红衣少女》

中，安然身着醒目的红衣，是人物活力向上的精神的象征；《一江春水向东流》中的月亮，是剧中人物定情、惜别、情变的见证和象征。

2）关注细节塑造

细节塑造是影视艺术的重要表现手段。恰当运用细节塑造，不仅能揭示人物的性格，推动剧情的发展，而且能够深化作品的主题。细节塑造精妙的画面还能触动观众的情感，给予他们强烈的冲击与震撼，从而给观众留下深刻的印象。例如在电影《唐山大地震》中，徐帆扮演的母亲与张静初扮演的女儿在 32 年后重逢时，母亲提前洗干净的一盆西红柿饱含了母亲对女儿深深的思念与愧疚，观之令人动容。

3）品味光影与色彩

光影和色彩是影视造型的两个重要元素。一方面，光影和色彩具有还原客观物象原貌的功能，可以为观众提供富有真实感的叙事环境；另一方面，光影和色彩还具有传情达意的功能，能寄予某种象征含义，从而强化作品的主题或物象特征，使画面富有很强的感染力。例如，在影片《花样年华》中，导演充分利用光影的变化，使画面具有独特的个人意象和韵味，将一种随意、暧昧、恍惚的气氛淋漓尽致地展现出来。又如，在电影《阳光灿烂的日子》中导演大量运用了绿色和红色。其中马小军、米兰、刘忆苦的服装，父亲的服装，军车、坦克、飞机等都是绿色，因为绿色代表了那个时代；而红色是鲜血的颜色，代表昂扬向上、激情澎湃的理想主义精神，红色的标语和红旗在绿色的海洋中显得格外醒目耀眼。影片尾声部分则用黑白片的形式呈现，与整部影片耀眼夺目的红绿色形成鲜明对照，颇具震撼力，体现了导演创作手法的大气和不同凡响。

《重庆森林》中的
色彩运用

2. 聆听声音

现代影视作品都是有声的，声音对帮助我们理解作品的重要程度丝毫不亚于画面。影视艺术的审美实际上是听觉与视觉的同步审美。影视作品中的声音主要包括人声、音响、音乐三类。人声包括对话、内心独白、旁白（解说）；音响有自然音响（如水声、动物声音等）、机械音响（如汽车、火车发出的声音等）、社会环境音响（如人群声等）、特殊音响（如电子合成音响）等；音乐包括画内音乐和画外音乐。在欣赏影视作品的过程中，我们要细心品味经典对白和旁白所蕴含的深刻含义，感受音响、音乐在突出主题、推动剧情发展、烘托渲染气氛、抒发人物情感、揭示人物性格等方面所起的重要作用，力求全面准确地理解影视作品。

例如，电影《卧虎藏龙》选用了多种中国民族乐器来配乐，旋律单纯、朴素、统一，和声简单明了。其中，音乐运用的最经典之处则要数配合俞秀莲和玉娇龙在屋顶上施展轻功追打跳跃的情景的中国鼓点。两人在鼓声中凌空打斗，绝地奔走，随着打斗越来越激烈，鼓点也一声紧似一声，音乐和画面完美配合，呈现出绝佳的艺术效果。又如，在电影《金陵十三钗》中，如泣如诉的小提琴曲渲染了影片的悲剧色彩，奠定了悲婉、幽怨的感情基调。

3．体味情感

影视欣赏其实是欣赏者对影视作品的一种情感上的再创造。观众循着作品所呈现的波澜起伏的情感脉络，体验编创者设置的情感爆发点和人物的内心情绪，寻求与影视形象情感共振的契合点，进而领会作品的思想意蕴。

电影《阿甘正传》打动了无数人的心。其中一个片段是阿甘在放学的路上被几个骑自行车的男孩追打，他被迫飞跑起来，越跑越快，腿上的金属支架开始一块块散落，最后，他竟然像常人一样，完全靠着自己的双腿飞奔起来。这时候，所有观看影片的人都会忍不住潸然泪下：一个先天脊椎残疾并有轻微智力障碍的普通男孩靠自己的努力收获了比常人更动人的人生。

4．理解深层意蕴

真正优秀的影视作品常常不只有精美的画面、动人的音乐和曲折的情感脉络，还有更深层的思想意蕴潜藏在故事情节和人物形象中。鉴赏者要仔细品悟、理解，以准确把握影视作品的思想内涵。在理性鉴赏阶段我们可以从以下几个环节入手。

1）振起想象的羽翼，补充画面留白

成功的影视作品总会给观众留出想象和品味的余地，这是诸类文学艺术所共同追求的美学品格。观赏者要仔细思索，充分调动想象力以补充画面空白，理清作品的主题线索，把握影片的深层内涵。

2）体察不同导演和演员的不同风格

风格是艺术作品的独特风貌，是作品内容与形式高度统一所呈现出来的艺术特征。任何影视作品都会打上导演和演员的个性印记，包括他们的思想感情、气质修养、价值观、美学观、艺术趣味、生活经历，以及观察生活和解释生活的角度，擅长的影视表现手段和技巧，综合把握和驾驭影视艺术的能力等等，从而形成其独有的艺术风格。比如张艺谋的作品有浓烈的民族特色，摄影师出身的他对宏大场面的把控能力尤其突出；冯小刚的电影则有着强烈的喜剧色彩，多选现代城市题材，主角都是小人物，作品呈现出浓厚的平民情结；喜剧大师卓别林的表演幽默滑稽，费雯·丽的表演则真挚自然……体察不同导演和演员的不同风格，有助于我们全面、透彻地理解和欣赏影视作品。

3）品悟作品主题所蕴含的深刻社会内涵

影视作品所要表现的主题思想是影视作品的灵魂和精华，是创作者对生活、对社会的认识、态度和审美观的体现。对于影视作品所表现出的主题，我们要全面理解，准确把握，认真体味，从而在欣赏过程中提升我们的精神境界。

佳作赏析

《我和我的祖国》

《我和我的祖国》于 2019 年 10 月 1 日上映。影片由《前夜》《相遇》《夺冠》《回归》《北京你好》《白昼流星》《护航》七个故事组成。这七个故事将视角投向了历史大事件中的小人物的喜、怒、哀、乐，在极大程度上引发了观众的集体记忆与情感共鸣。

影片大量运用了连续蒙太奇和交叉蒙太奇的表现手法来讲述故事、表现主题。例如，《前夜》运用连续蒙太奇的手法展示了电动升旗装置设计团队拿到关键材料后制作相关零件的全过程，叙事脉络清晰、逻辑连贯；《夺冠》运用交叉蒙太奇的手法分别展示了三条线索里的不同人物状态，即冬冬修天线时的焦虑、居民们观看女排比赛时的热情和小美寻找冬冬时的疑惑，从而使故事情节更加紧凑且富有张力。

影片中的音乐也运用得十分巧妙。影片同名主题曲《我和我的祖国》分别出现在片首和片尾，点明了影片的主题，使影片的情感表达更加完整和深刻。影片中的插曲同样扣人心弦，无论是《相遇》里出现的《歌唱祖国》，还是《回归》里的大合唱《东方之珠》，都在不知不觉中激起了观众心中无尽的自豪感和深切的爱国情怀。

此外，影片中的道具不仅推动了剧情的发展，而且还具有升华主题的作用。例如，在《前夜》中，升旗杆上的阻断球便是一个耐人寻味的道具。在剧情上，它为故事的发展设置了障碍（见图 19-3），让剧情更加跌宕起伏、扣人心弦；在主题表达上，它隐喻着科研工作者不畏险阻、艰苦奋斗的科研精神，象征着中华儿女舍小利为大义的高尚品质，代表着中国人民的深切爱国之情。

图 19-3 工程师焊接阻断球的场景

佳作赏析

《当幸福来敲门》

《当幸福来敲门》于 2006 年上映，所讲述的故事发生在 20 世纪 80 年代初经济萧条的美国。主角克里斯·加德纳是一位聪明勤奋但生活穷苦的推销员。他倾尽所有积蓄购买了一种高科技医疗设备，希望借此改变家庭的生活状况，然而销售情况并不理想。在多重压力之下，他的妻子选择离开了他，留下克里斯独自带着年幼的儿子面对生活的困境。

他们一度沦落到无家可归的地步，只能住收容所、公厕，甚至露宿街头。尽管面临种种挑战，克里斯仍然保持着乐观的心态，并且教育儿子不要灰心。后来，他抓住了一个在知名证券公司实习的机会，通过不懈的努力，克里斯在激烈的竞争中脱颖而出，成为股票经纪人，开始了自己作为金融投资专家的职业生涯。

影片围绕着克里斯对梦想的拼搏奋进、对儿子的拳拳父爱和对幸福生活的孜孜以求三大主题，展现了平凡人生中不平凡的一面，诠释了"幸福都是奋斗出来的"这一人生真谛。

影片多次采用对比蒙太奇的手法。例如，影片开头展示了 20 世纪 80 年代旧金山的城市风貌：有落魄的流浪者，有意气风发的职场人士，有卖唱的街头艺人，也有开豪车的男士，这些不同角色的对比展现了社会巨大的贫富差距，以及在经济萧条的大环境下社会底层人民的艰辛。

此外，影片在镜头的运用上独具匠心。例如，整部影片中有大量跟随克里斯拍摄的长镜头，这种类似纪录片风格的拍摄方式，让人极易忽视摄影机的存在，以此增强了故事的真实性，拉近了影片与观众之间的距离。又如，父子俩在地铁站厕所过夜的场景（见图 19-4）中，俯视的视角表现出主人公在生活中的渺小与无助，使画面呈现出一种阴郁、压抑的感情，令人感到无比心酸。

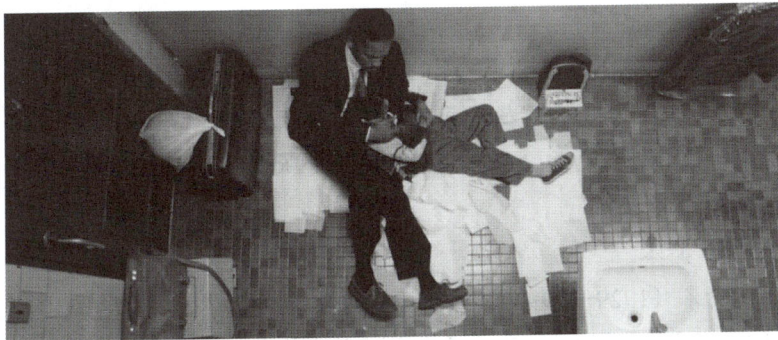

图 19-4　父子俩在地铁站厕所过夜的场景

知识链接

世界著名影视演员及其代表作

1. 查尔斯·斯宾塞·卓别林

查尔斯·斯宾塞·卓别林（1889—1977），电影导演、演员，默片时代的喜剧大师。他生于英国伦敦，1909 年加入卡尔诺剧团，从事哑剧表演，1913 年在美国开始电影活动。他编导并主演的喜剧不但引人发笑，而且引人深思，有强烈的现实感和深刻的内涵。代表作有《摩登时代》《淘金记》《马戏团》《大独裁者》等。

《摩登时代》是卓别林最优秀的作品之一。影片以 20 世纪 30 年代经济大萧条的美国为背景，展示了经济危机给人们带来的生存危机，揭露了资本家对工人的残酷剥削。

2. 葛丽泰·嘉宝

葛丽泰·嘉宝（1905—1990），瑞典籍好莱坞电影演员，1954 年获奥斯卡特别荣誉奖，代表作有《安娜·卡列尼娜》《茶花女》等。

《安娜·卡列尼娜》改编自列夫·托尔斯泰的同名小说，讲述了在 19 世纪的圣彼得堡，追求爱情和婚姻自由的安娜却无法支配自己命运的悲剧故事。

3. 英格丽·褒曼

英格丽·褒曼（1915—1982），瑞典籍好莱坞电影演员，曾三次获得奥斯卡最佳女演员奖。她主演的《卡萨布兰卡》《美人计》《圣女贞德》等堪称世界电影史上的经典之作。

《卡萨布兰卡》又名《北非谍影》，讲述了第二次世界大战期间，发生在卡萨布兰卡的一个爱情故事。该片曾被美国电影协会评为"影史百大爱情电影之首"。

4. 费雯·丽

费雯·丽（1913—1967），英国女演员，曾两次获得奥斯卡最佳女主角奖。代表作有《乱世佳人》《魂断蓝桥》《欲望号街车》等。

《乱世佳人》改编自玛格丽特·米切尔的小说《飘》，影片以美国南北战争为背景，讲述了主人公郝思嘉与白瑞德之间一段跌宕起伏的爱情故事。该片是好莱坞在黄金时代最引以为豪的经典之作，曾在 1940 年的奥斯卡颁奖礼上一举获得了包括最佳影片在内的八项大奖。

5. 奥黛丽·赫本

奥黛丽·赫本（1929—1993），出生于比利时布鲁塞尔，英国女演员。代表作有《罗马假日》《窈窕淑女》《战争与和平》等。赫本晚年投身于慈善事业，常以联合国儿童基金会亲善大使的身份出访贫困地区，1992 年被授予"总统自由勋章"。

《罗马假日》讲述了某国的一位公主与一位美国记者在意大利罗马一天之内发生的浪漫故事，是好莱坞黑白电影的经典之作，赫本也凭借该片获得了奥斯卡最佳女主角奖。

6. 马龙·白兰度

马龙·白兰度（1924—2004），美国电影导演、演员，以饰演反叛性格的角色著称，曾两次获得奥斯卡最佳男主角奖。代表作有《教父》《现代启示录》等。

《教父》改编自马里奥·普佐的同名小说。该片曾获得奥斯卡最佳电影和最佳改编剧本奖。白兰度也凭借该片获得奥斯卡最佳男主角奖。

7. 伊丽莎白·泰勒

伊丽莎白·泰勒（1932—2011），出生于英国伦敦，美国女演员。在长达70年的演员生涯中，曾两次获得奥斯卡最佳女主角奖。代表作有《埃及艳后》《热铁皮屋顶上的猫》等。

《埃及艳后》是一部历史剧情片，讲述了野心勃勃的埃及女王克利奥帕特拉七世传奇的一生。影片以宏大的气魄重现了古罗马时代一段波澜壮阔的历史。

课堂互动

你最喜欢的电影或电视剧是哪一部？将它推荐给大家并说明你喜欢它的理由。

思考训练

一、填空题

（1）电影是由_____国的_____发明的。

（2）我国第一部有声电影《歌女红牡丹》诞生于_____年。

（3）运用_____手段，可以实现镜头的连接和场景的转换，使拍摄的多组素材按照创作构思有机地组接起来。

（4）影视作品中的声音主要包括_____、_____、_____三类。

（5）《摩登时代》是喜剧大师_____的作品。

二、选择题

（1）中国第一部无声黑白故事片是（　　）。

A．《火烧红莲寺》　　　　　　　　B．《孤儿救祖记》

C．《歌女红牡丹》　　　　　　　　D．《难夫难妻》

（2）《义勇军进行曲》原是电影（　　）的主题歌。

　　A.《一江春水向东流》　　　　　　　B.《春蚕》

　　C.《渔光曲》　　　　　　　　　　　D.《风云儿女》

（3）（　　）蒙太奇以讲述事件、交代情节为目的，按照情节发展的时间流程、逻辑顺序、因果关系来组织镜头、场面和段落。

　　A. 心理　　　　　　　　　　　　　B. 叙事

　　C. 隐喻　　　　　　　　　　　　　D. 对比

（4）电影《乱世佳人》的女主角由（　　）扮演。

　　A. 英格丽·褒曼　　　　　　　　　B. 费雯·丽

　　C. 奥黛丽·赫本　　　　　　　　　D. 葛丽泰·嘉宝

三、简答题

欣赏电影《阿甘正传》，回答以下问题。

（1）阿甘作为"英雄源自凡人"的典型代表，请分析他成功的秘诀。

（2）阿甘总在"奔跑"，这是电影使用的象征手法，请谈谈你对"奔跑"内涵的理解。

参考文献

[1] 王春. 中华优秀传统文化 [M]. 北京：中国人民大学出版社，2022.

[2] 张新科. 中华优秀传统文化 [M]. 南京：南京大学出版社，2023.

[3] 周仲强. 人文素质教程 [M]. 北京：清华大学出版社，2010.

[4] 周慧华，陈柔，等. 国学·人文教程 [M]. 北京：清华大学出版社，2010.

[5] 张芹玲. 新编中国传统文化 [M]. 北京：高等教育出版社，2015.

[6] 孙宏典. 中国传统文化导论 [M]. 郑州：河南人民出版社，2007.

[7] 陈蒲清. 四书注译 [M]. 广州：花城出版社，1998.

[8] 程裕祯. 中国文化要略 [M]. 2版. 北京：外语教学与研究出版社，2003.

[9] 王妤彬. 影视鉴赏导论 [M]. 南昌：江西人民出版社，2007.

[10] 赵建新. 中外戏剧经典导读 [M]. 兰州：兰州大学出版社，2008.

[11] 王达靖，韩书芳. 文学作品阅读与欣赏 [M]. 郑州：中原农民出版社，2007.

[12] 刘志成. 文化文字学 [M]. 成都：巴蜀书社，2003.

[13] 左民安. 汉字例话 [M]. 北京：中国青年出版社，1984.

[14] 陈荣赋. 人一生要读的60篇散文 [M]. 北京：中国书籍出版社，2004.

[15] 林琳. 中国古代教育史 [M]. 哈尔滨：黑龙江人民出版社，2006.

[16] 许嘉璐. 中国古代衣食住行 [M]. 北京：北京出版社，2002.

[17] 徐挺. 文学欣赏 [M]. 北京：高等教育出版社，2002.

[18] 沈从文. 中国古代服饰研究 [M]. 上海：上海书店出版社，2011.

[19] 张志春. 中国服饰文化 [M]. 2版. 北京：中国纺织出版社，2009.

[20] 许星. 服饰配件艺术 [M]. 北京：中国纺织出版社，1999.

[21] 裘锡圭. 文字学概要 [M]. 北京：商务印书馆，1988.

[22] 刘翔，陈抗，陈初生，等. 商周古文字读本 [M]. 北京：语文出版社，1989.

[23] 朱东润. 中国历代文学作品选 [M]. 上海：上海古籍出版社，1981.

[24] 萧涤非，马茂元，等. 唐诗鉴赏辞典 [M]. 上海：上海辞书出版社，1983.

[25] 夏承焘，等. 宋词鉴赏辞典 [M]. 上海：上海辞书出版社，2003.

[26] 袁行霈. 中国诗歌艺术研究 [M]. 北京：北京大学出版社，1987.